中国脱贫攻坚的实践与经验

陈锡文　韩　俊◎主编

THE PRACTICE AND EXPERIENCE OF
THE FIGHT AGAINST POVERTY IN CHINA

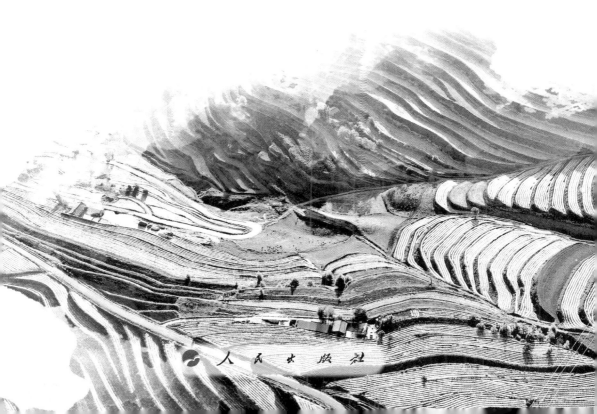

人民出版社

目　　录

总　　论[*]

党的十八大以来,以习近平同志为核心的党中央把脱贫攻坚摆到治国理政突出位置,提升到事关全面建成小康社会、实现第一个百年奋斗目标的新高度,作为第一民生工程,纳入"五位一体"总体布局和"四个全面"战略布局进行决策部署,充分发挥党的领导和中国社会主义制度的政治优势,审时度势提出了精准扶贫精准脱贫基本方略,采取了许多具有原创性、独特性的重大举措,组织实施了人类历史上规模最大、力度最强的脱贫攻坚战。

一、脱贫攻坚取得全面胜利

经过全党全国各族人民共同努力,在迎来中国共产党成立一百周年的重要时刻,我国脱贫攻坚战取得了全面胜利,现行标准下 9899 万农村贫困人口全部脱贫,832 个贫困县全部摘帽,12.8 万个贫困村全部出列,区域性整体贫困得到解决,完成了消除绝对贫困的艰巨任务,创造了又一个彪炳史册的人间奇迹①,谱写了人类反贫困历史新篇章。脱贫攻坚目标任务如期完成,兑现了党对人民的庄严承诺,为实现第一个百年奋斗目标打下了坚实基础。

(一)绝对贫困历史性消除

国家经济社会越发展,越要把贫困群众基本生活保障好。脱贫攻坚

＊　作者:罗丹,中央农办秘书局副局长;陈春良,中央农办秘书局副局长;李文明,中央农业再保险股份有限公司战略发展部(董事会办公室)总经理;刘红岩,中央农办秘书局四级调研员;张哲晰,农业农村部农村经济研究中心助理研究员。

①　习近平:《在脱贫攻坚总结表彰大会上的讲话》,人民出版社 2021 年版,第 1 页。

的标准,就是稳定实现贫困人口"两不愁三保障",就是要不愁吃、不愁穿,义务教育、基本医疗、住房安全、饮水安全有保障。党的十八大以来,平均每年1000多万人脱贫,相当于一个中等国家的人口脱贫。① 2020年,困扰中华民族千百年来的绝对贫困问题历史性地画上句号。

解决吃、穿和饮水安全问题,确保基本生存需求得到满足。根据国家统计局对全国居民家庭调查结果测算,现行扶贫标准包括的食物支出,按农村住户农产品出售和购买综合平均价计算,可保证每天消费1斤米面、1斤蔬菜和1两肉或1个鸡蛋,获得每天2100大卡热量和60克左右的蛋白质,满足基本维持稳定温饱的需要。以2014年低收入农户消费结构计算,该标准下农民的实际食物支出比重为53.5%。通过建立包括农村最低生活保障、特困救助、临时救助、城乡居民基本养老保险等完整的社会保障制度体系,能够确保农村贫困人口基本生活需要得到稳定保障。为破解贫困人口饮水安全这个长期难题,"十三五"以来,国家启动实施了农村饮水安全巩固提升工程,优先解决贫困人口饮水安全问题。根据水利部提供的数据,中央累计投入农村饮水资金265亿元,2016—2019年平均每年巩固提升饮水安全人口数约5700万人。到2020年6月底,全国贫困人口饮水安全问题得到全面解决。

落实义务教育保障制度,让贫困家庭孩子和普通家庭孩子站到同一起跑线上。2006年,免学杂费、免费提供教科书和对家庭经济困难寄宿生补贴生活费的政策在西部地区试行,截至2007年秋季,"两免一补"实现了全国农村的全覆盖。为确保实现义务教育有保障,中国持续开展控辍保学专项行动。根据教育部提供的数据,全国义务教育阶段建档立卡辍学学生2018年年底共有20万,到2020年8月已全部解决,贫困地区义务教育阶段辍学现象基本消除。自2011年起,为改善农村义务教育学生就餐问题,学生营养改善计划普遍实施,义务教育阶段贫困家庭孩子普遍受益。

建立健全贫困人口基本医疗保障制度,群众因病致贫返贫问题得到

① 习近平:《在脱贫攻坚总结表彰大会上的讲话》,人民出版社2021年版,第5页。

有效解决。2016年,中国建立并逐步完善涵盖城乡居民基本医疗保险、大病保险、医疗救助的贫困人口三重基本医疗保障制度,确保贫困人口常见病慢性病能在县、乡、村三级医疗机构获得及时诊治,患大病重病的贫困人口基本生活有保障。实施特困人员参保缴费全额补贴、农村建档立卡贫困人口定额补贴的医保缴费分类补贴政策,确保贫困人口城乡居民医保制度全覆盖。根据国务院扶贫开发领导小组办公室提供的数据,2019年,中央财政对贫困人口的参保补贴投入总额为124.3亿元,相当于贫困人口人均补贴144.9元。为缓解农村贫困人口大病、重病医疗负担,贫困人口享有起付线降低50%、支付比例提高5个百分点待遇,2019年还全面取消贫困人口大病报销封顶线。灵活的、具有特惠性质的一系列医疗救助政策,为贫困人口提供了医疗兜底保障。一些地方探索实施补充医疗保障方式,形成了各具特色的贫困人口多重医疗保障机制。2016—2019年,贫困人口医疗费用自付比例由43%降至10%左右。2019年,贫困人口人均综合保障减负额达474元。实行县域内住院先诊疗后付费和"一站式"结算等政策措施,让贫困人口看病就医更加便利,减轻了垫资负担,看病难、看病贵问题得到有效解决。

抓好农村危房改造,贫困人口实现住房安全有保障。从2017年起,农村危房改造中央补助对象向建档立卡贫困户聚焦,户均补助标准从7500元提高到1.4万元。2019年,国家进一步加大对"三区三州"等深度贫困地区的支持力度,深度贫困地区农村危房改造中央户均补助标准提高到1.6万元,各地也加大了倾斜支持力度。根据住房城乡建设部提供的数据,党的十八大以来,累计有790万户、2568万贫困人口告别泥草房、土坯房等危房,住上了安全住房,同时,支持农村低保户、分散供养特困人员、困难残疾人家庭等共1075万户改造危房。

(二)贫困群众收入快速增长

在发展经济的基础上不断提高人民生活水平,是党和国家一切工作的根本目标。我们党坚持以人民为中心的发展思想不动摇,坚持实现共享发展不动摇,在推动发展中,千方百计增加贫困户收入、缩小贫富差距,不断提高人民生活水平,不断实现好、维护好、发展好最广大人民根本利益,让人民群众有更多获得感、幸福感、安全感,让贫困群众步入全面小康的"快车道"。

贫困地区农村居民收入不断迈上新台阶,增速跑赢全国。根据国家统计局提供的数据,2020 年,贫困地区农村居民人均可支配收入为 12588 元,是 2013 年的 2.1 倍,年均增长 11.6%,增速比全国农村高 2.3 个百分点。贫困人口工资性收入和经营性收入占比逐年上升,转移性收入占比逐年下降,自主增收脱贫能力稳步提高。2020 年,贫困地区农村居民人均可支配收入是全国农村平均水平的 73.5%,比 2013 年(64.5%)提高了 9.0 个百分点,与全国农村平均水平的差距进一步缩小。

贫困地区农村居民消费实现快速增长,与全国农村平均水平差距缩小。随着收入的持续增长,贫困地区农村居民消费支出也稳步提高。根据国家统计局提供的数据 2019 年贫困地区农村居民人均消费支出 10011 元,与 2012 年相比,年均增长 11.4%。其中,集中连片特困地区农村居民人均消费支出达到 9898 元,扶贫开发工作重点县农村居民人均消费支出达到 10028 元。2019 年,贫困地区农村居民人均消费支出是全国农村平均水平的 75.1%,比 2012 年提高了 4.6 个百分点。

贫困地区农村居民生活条件不断改善,升级消费需求逐步得到满足。贫困地区农村居民消费理念逐步提升,消费领域不断拓展,消费结构优化升级。从家庭耐用消费品情况看,贫困地区农村居民家庭耐用消费品从无到有,产品升级换代。根据国家统计局提供的数据,2019 年,贫困地区农村每百户拥有电冰箱、洗衣机等传统耐用消费品分别为 92.0 台、90.6 台,分别比 2012 年增加 44.5 台、38.3 台;每百户拥有汽车、计算机等现代耐用消费品分别为 20.2 辆、17.7 台,分别是 2012 年的 7.5 倍和 3.3 倍。

(三)区域性整体贫困彻底解决

受自然、历史等诸多因素影响,中国贫困问题具有区域性特征。1986 年,国家启动大规模减贫计划时,划定了 18 个集中连片贫困地区。2011 年,出台了《中国农村扶贫开发纲要(2011—2020 年)》,确定了 14 个片区作为扶贫攻坚主战场。2013 年,贫困地区农村居民人均可支配收入为 6079 元,集中连片特困地区农村居民人均可支配收入为 5956 元,扶贫开发工作重点县农村居民人均可支配收入为 5946 元。长期以来,这些地区基础设施薄弱,公共服务匮乏,经济发展滞后。党的十八大以来,中国加大对贫困地区尤其是深度贫困地区的扶贫开发力度,加快补齐基础设施建设短板,大力提升贫困地区教育、医疗、文化、社会保障等基本公共服务水平,为贫困地区经济社会发展注入强大动力,区域性整体减贫成效明显。

从基础设施建设看,根据国家统计局提供的数据,截至 2019 年年底,集中连片特困地区全部片区所在自然村通公路的农户比重达到 100%,且有 99.4% 的农户所在的自然村进村主干道经过硬化处理;全部片区几乎所有农户所在的自然村都已实现电话通信,且有 97.2% 的农户所在的自然村能通宽带;75.7% 的贫困村通客运班车。扶贫开发重点县所在自然村通公路的农户比重达到 100%,有 99.4% 的农户所在的自然村进村主干道经过硬化处理;100% 的农户所在的自然村已实现电话通信,97.3% 的农户所在的自然村能通宽带;75.8% 的贫困村通客运班车。

从公共服务水平看,根据国家统计局提供的数据,截至 2019 年年底,集中连片特困地区 92.3% 的农户所在自然村上小学便利,90.1% 的农户所在自然村上幼儿园便利;85.1% 的贫困村有生产生活垃圾堆放点;96.1% 的农户所在自然村有卫生站。扶贫开发工作重点县 91.7% 的农户所在自然村上小学便利,89.4% 的农户所在自然村上幼儿园便利;86.3% 的贫困村有生产生活垃圾堆放点;96.1% 的农户所在自然村有卫生站。

从经济发展水平看,根据国家统计局提供的数据,截至 2019 年年底,集中连片特困地区农村居民人均可支配收入为 11443 元,达到全国农村平均水平的 71.4%;扶贫开发工作重点县农村居民人均可支配收入为 11524 元,年均增长 11.7%,比全国农村平均增速快 2.5 个百分点。

二、脱贫攻坚的主要政策举措

党的十八大以来,以习近平同志为核心的党中央将扶贫开发工作提到了前所未有的高度,立足精准扶贫精准脱贫基本方略、脱贫攻坚战略,实行发展生产脱贫一批、易地搬迁脱贫一批、生态补偿脱贫一批、发展教育脱贫一批、社会保障兜底一批"五个一批",多措并举,为彻底消除绝对贫困、全面建成小康社会奠定坚实基础。

（一）大力发展产业,筑牢脱贫根基

产业是发展的根基,产业兴旺,乡亲们的收入才能稳定增长。要坚持因地制宜、因村施策,宜种则种、宜养则养、宜林则林,把产业发展落到促进农民增收上来。因地制宜培育产业,是推动脱贫攻坚的根本出路。自1986年开始大规模、有组织地扶贫开发以来,党中央、国务院始终将产业扶贫作为扶贫开发的重点工作大力推进。2015年11月,中央作出打赢脱贫攻坚战决策部署,把"发展生产脱贫一批"摆在脱贫攻坚"五个一批"的首位。根据农业农村部提供的数据,截至2019年年底,贫困户参与种植业的有1157.8万户,参与养殖业的有935.2万户,参与加工业的有167.8万户,贫困县建成3.3万个休闲农业和乡村旅游点,带动37.9万贫困户,产业扶贫帮扶政策已覆盖98%以上的贫困户,有劳动能力和意愿的贫困群众,基本都参与到产业扶贫之中。2015—2019年,贫困地区农民人均经营性收入从3282元增加到4163元,产业扶贫对贫困户收入增长贡献率达57%。

一是突出规划引领,构建特色扶贫产业体系。中西部22个省份和832个贫困县全部编制产业扶贫规划,科学确定产业,精准设计项目,明确带动主体,实现产业对人、人对产业。根据农业农村部提供的数据,截至2020年8月底,832个贫困县累计实施产业扶贫项目超过100万个,建成种植、养殖、加工业等各类产业基地超过30万个,每个贫困县基本形成了2—3个特色鲜明、带贫面广的扶贫主导产业。

二是强化主体培育,建立健全联贫带贫机制。通过支持贫困地区积极培育龙头企业、农民合作社、家庭农场等带贫新型经营主体,强化"造血"功能,发挥新型经营主体龙头带动和全产业链服务功能,激发群众稳定脱贫和可持续发展。根据农业农村部提供的数据,截至2020年8月底,832个贫困县累计培育引进各类企业6.76万家,直接带动贫困人口近1200万人。贫困地区已发展农民合作社71.9万家,带动贫困户626万户、贫困人口2200万人。产业发展带头人数量迅速增加,2017年以来累计培养各类脱贫带头人 131 万人。引导贫困地区通过订单生产、土地流转、就业务工、生产托管、股份合作、资产租赁等产业发展模式，建立"企业+合作社+贫困户""企业+基地+贫困户""园区+合作社+贫困户"等联贫带贫机制，超过 2/3 的贫困户与新型经营主体建立稳定联结关系，贫困人口加快嵌入产业链条。创建扶贫产业园 2100 多个，特色农产品优势区 43 个、农业产业强镇 212 个、全国"一村一品"示范村镇 770 个。

三是开展产销对接，搭建农产品销售平台。深入开展消费扶贫，通过运用政府采购政策推进消费扶贫，将消费扶贫纳入东西部扶贫协作和中央定点扶贫考核体系，依托"万企帮万村"精准扶贫行动，动员民营企业参与消费扶贫。根据农业农村部提供的数据，截至 2020 年 8 月底，中西部 22 个省份认定扶贫产品 7.62 万个、商品价值量达到 8003 亿元，打造特色农产品品牌，贫困县认证地理标志农产品 1600 多个，发展绿色、有机农产品 1.45 万个，扶贫产品市场影响力和竞争力不断提升。广泛开展贫困地区农产品产销对接，在中国国际农产品交易会、农民丰收节等各类节庆活动、展销会、招商会上设立扶贫专区，广泛开展扶贫产品定向直供直销学校、医院、机关食堂和交易市场活动，为贫困地区农产品销售搭建广阔平台。推进电商扶贫，在贫困地区实施信息进村入户、"互联网+"农产品出村进城工程等，利用新技术促进农产品营销，让农产品通过互联网走出乡村。

四是运用市场力量，发挥资产收益扶贫功效。以产业发展为平台，将自然资源、农户自有资源、财政投入、公共资产（资金）或农户权益资本化或股权化，由相关经营主体或经济实体以市场化的方式进行经营，产生经济收益后，贫困村与贫困农户按照股份或特定比例长期获得收益。在具体实践中，主要有土地经营权流转收益扶贫模式、集体和贫困户资源入股收益扶贫模式、财政资金入股收益扶贫模式、资源开发收益扶贫模式等。在资产收益扶贫中，光伏扶贫具有典型代表性。根据国务院扶贫开发领导小组办公室提供的数据，截至 2019 年年底，"十三五"时期光伏扶贫项目规模下达任务全面完成，光伏扶贫电站建设已进入收口阶段，累计建成光伏扶贫电站 2650 万千瓦、惠及约 418 万贫困户。光伏扶贫收益主要留给贫困村集体,通过参加公益岗位劳动,每个贫困户每年可获得 3000 元左右的收入。

(二)狠抓就业扶贫,激发内生动力

就业是最大的民生工程、民心工程、根基工程,是社会稳定的重要保障,必须抓紧抓实抓好。一人就业,全家脱贫,增加就业是最有效、最直接的脱贫方式,要通过落实就业优先战略和积极的就业政策,让贫困人口安居乐业。相关部门强化就业服务,积极开展技能培训,深入推进扶贫劳务协作,全面提升劳务组织化程度,着力加强公益性岗位开发管理,促进贫困人口就业增收。根据国家统计局提供的数据,2016—2019 年,贫困地区农村居民工资性收入的比重从 34.1% 提高到 35.3%,年均名义增长率为 12.5%,高于全国农村居民工资性收入增速,就业帮扶措施取得显著成效。

一是支持贫困劳动力劳务输出,引导贫困劳动力多渠道就业。以"造血式"扶贫为核心,引导和支持所有有劳动能力的贫困人口依靠自己的双手创造美好的明天。依托东西部扶贫协作机制、对口支援机制、省内结对帮扶机制,指导各地开展有组织劳务输出,建设就业扶贫基地近 2000 家。努力扩大劳务输出规模,提升劳务输出组织化程度和就业质量,帮助 1006 万贫困劳动力实现跨省务工。根据国务院扶贫开发领导小组办公室提供的数据,2019 年,全国有 2729 万贫困劳动力外出务工,涉及全国 2/3 的贫困人口,务工收入占到这些家庭收入的 2/3。新冠肺炎疫情发生后,各地积极出台政策,有效克服了疫情对贫困劳动力就业增收的影响。截至 2020 年 9 月,25 个省份外出务工贫困劳动力 2897 万人,比 2018 年增加 168 万人。

二是扶持发展扶贫车间,让贫困群众实现"家门口"就业。各地根据资源禀赋、产业特点,聚焦易地扶贫搬迁大型安置区和深度贫困地区,因地制宜建好用好扶贫车间等就业扶贫载体,让贫困群众在家门口就业,既解决了当地企业用工难题,也让更多的贫困群众在扶贫车间实现增收脱贫目标。根据人力资源社会保障部提供的数据,截至 2020 年 5 月底,扶持发展扶贫车间、社区工厂、卫星工厂、就业驿站 2.8 万多个,帮助贫困劳

动力出家门进厂门。贫困劳动力在本县域内乡村企业扶贫车间务工的超过1300万人，占外出务工总人数的46%。

三是开发公益性岗位兜底就业，安置就业困难贫困人口。加强公益性岗位开发管理，对安置贫困劳动力的乡村公益性岗位，要求明确岗位聘任程序，根据劳动时间、劳动强度等确定岗位补贴标准。根据人力资源社会保障部提供的数据，目前，各地开发农村保洁、护林、护路等乡村公益性岗位，安置"无法外出、无力脱贫、无业可就"的贫困劳动力超过100万。

四是全面落实就业帮扶政策，调动贫困人口就业创业积极性。落实一次性求职创业补贴、交通补助等政策，支持贫困人口外出就业；落实以工代训职业培训补贴、社会保险补贴、税费减免、就业扶贫基金一次性资金奖补等政策，支持经营主体吸纳贫困劳动力；落实创业担保贷款、税费减免、创业孵化基地奖补等政策，支持贫困劳动力创业；落实公益性岗位补贴、购买意外伤害保险等政策，强化就业兜底保障；落实雨露计划、职业培训补贴、生活费补助，支持贫困家庭新增劳动力接受职业教育，拥有一技之长。目前，就业扶贫政策体系已覆盖贫困劳动力、吸纳贫困劳动力就业的各类用人单位、为贫困劳动力服务的各类机构和组织，贯穿了贫困劳动力就业创业各个环节。

（三）改善基础设施，补齐先天短板

长期以来，基础设施薄弱，出行难、用电难、用水难、通信难，是制约贫困地区发展的瓶颈。习近平总书记强调，要把脱贫攻坚重点放在改善生产生活条件上，着重加强农田水利、交通通信等基础设施和技术培训、教育医疗等公共服务建设，特别是要解决好入村入户等"最后一公里"问题。中央和地方政府不断加大对贫困地区基础设施投资力度，为脱贫攻坚提供硬件支撑，贫困地区生产生活条件实现历史性改善，群众满意度和幸福感显著提高。

一是改善贫困地区交通运输条件，建设外通内联、通村畅乡、安全便捷的"脱贫"之路。道路通、百业兴，交通建设是打开贫困地区山门的"金钥匙"。2012年以来，交通运输部先后制定印发《集中连片特困地区交通建设扶贫规划纲要（2011—2020年）》《"十三五"交通扶贫规划》《关于支

持深度贫困地区交通扶贫脱贫攻坚的实施方案》《交通运输脱贫攻坚三年行动计划（2018—2020年）》等文件，优先推进贫困地区加快建设"外通内联、通村畅乡、客车到村、安全便捷"的交通运输网络。大幅度提高贫困地区交通建设中央投资补助标准，其中国家高速公路补助标准由"十二五"时期平均占项目总投资的15%提高到28%以上；普通国道补助标准由"十二五"时期平均占项目总投资的30%提高到50%左右；乡镇、建制村通硬化路补助标准提高到平均工程造价的70%以上。根据交通运输部提供的数据，"十三五"时期各类公路建设中央资金主要向贫困地区倾斜，计划投入的贫困地区车购税投资超过8400亿元，占全部车购税的53%。其中贫困地区国家高速公路、普通国道、农村公路中央投资分别占全国的54%、55%和74%。截至2020年年底，全国贫困地区新改建公路110万千米、新增铁路里程3.5万千米，具备条件的乡镇和建制村全部通硬化路、通客车、通邮路，贫困地区因路而兴、因路而富。

二是改善贫困地区水利条件，加快解决贫困人口饮水安全问题、补齐贫困地区水利基础设施短板。实施水利扶贫，对破解贫困地区水利发展瓶颈问题，补齐贫困地区水利基础薄弱短板具有重要意义。2018年，水利部发布和落实《水利扶贫行动三年（2018—2020年）实施方案》，要求到2020年贫困地区水利基础设施公共服务能力接近全国平均水平，因水致贫的突出水利问题得到有效解决，支撑贫困地区长远发展的水利保障能力得到较大提升。加大农田灌排、防洪减灾、水土保持、重大水利等工程建设，贫困地区水利条件持续改善。根据水利部提供的数据，2012—2019年，安排贫困地区中央水利建设投资4726亿元。2016年以来，新增和改善农田有效灌溉面积8029万亩，新增供水能力181亿立方米，水利支撑贫困地区发展的能力显著增强。

三是支持贫困地区能源设施建设，着力推动贫困地区农网改造、贫困村通动力电、重大能源项目等方面建设。党的十八大以来，国家持续加强贫困地区能源项目规划布局，强化贫困地区电网主网架建设，支持贫困地区水电、火电、煤炭、风电、生物质发电项目和电力外送工程建设，助力贫困地区通过能源资源开发促进经济社会发展。与此同时，大力实施直接惠及贫困人口的能源建设项目。2016 年,启动实施新一轮农村电网改造升级工程。将贫困地区、特别是深度贫困地区作为重点,在投资计划中优先安排。根据能源局提供的数据,2018—2020 年,中央预算内投资分别为 120 亿元、140 亿元、146 亿元,下达给"三区三州"的比重分别达到 51%、64.9%、70.7%。截至 2019 年年底,国家电网供电区域供电可靠率、综合电压合格率、户均配变容量分别达到 99.82%、99.8%、2.76 千伏安,农村全社会用电量较 2015 年提升 18%,其中,居民生活用电量增长 45%;南方电网供电区域内分别达到 99.815%、99%、2.35 千伏安,农村全社会用电量和居民生活用电量均为 2015 年的 1.42 倍,年均增速 10%。2016 年年底,国家启动实施贫困村通动力电工程。到 2017 年年底,完成除西藏外全国其他 23 个省份贫困村通动力电建设任务,涉及约 3.35 万个贫困自然村,农村居民 804.9 万人。到 2020 年年底,西藏 2 万个贫困自然村通动力电,涉及农村居民 279.6 万人。推动贫困地区农村可再生能源开发利用,推动包括生物质燃气在内的生物质能在县域清洁供暖中的应用,重点推动贫困地区替代散煤工作。

四是支持贫困地区信息基础设施建设,提升宽带用户接入速率和普及水平。深入实施网络扶贫行动,统筹推进网络覆盖、农村电商、网络扶智、信息服务、网络公益工程向纵深发展。工业和信息化部就贫困村信息化工作、开展电信普遍服务试点、做好网络夫贫工作等专门制定政策文件,实施网络通信扶贫工程。实施 11.7 万个贫困村通宽带工程,到 2020 年年底实现村村通宽带。推进教育、医疗、电子商务等领域的信息化建设,支持基础电信企业实施信息进村入户,利用大数据等先进手段服务扶贫工作。根据工业和信息化部提供的数据,截至 2019 年年底,贫困地区通电话、通有线电视信号、通宽带的自然村比重分别达到 100%、99.1%、97.3%,比 2012 年分别提高 6.7 个、30.1 个、59.0 个百分点。其中,集中连片特困地区几乎所有农户所在的自然村都已实现电话通信,且有 97.2% 的农户所在的自然村能通宽带;国家扶贫开发工作重点县 100% 农户所在的自然村已实现电话通信,97.3% 的农户所在的自然村能通宽带。

五是大力推进贫困地区农村人居环境整治,全面改善农村生产生活条件。在贫困地区深入开展农村人居环境整治三年行动,因地制宜确定贫困地区村庄人居环境整治目标,重点推进农村生活垃圾治理、卫生厕所改造。2018 年以来,农村人居环境整治全面推开,一系列政策向农村贫困地区倾斜,贫困地区垃圾和污水处理、"厕所革命"、农村供水工程取得明显成效,扭转了长期存在的"脏乱差"局面,贫困村基本实现干净、整洁、有序,贫困群众环境卫生观念发生可喜变化。根据农业农村部提供的数据,截至 2019 年年底,贫困地区所在自然村垃圾能集中处理的农户比重为 86.4%;连片特困地区所在自然村和扶贫重点县所在自然村垃圾能集中处理的农户比重分别为 85.1% 和 86.3%。贫困地区独用厕所的农户比重为 96.6%,相较 2012 年增加 5.6 个百分点;连片特困地区和扶贫重点县独用厕所的农户比重分别为 96.5% 和 96.7%,达到全国平均水平。贫困地区使用管道供水的农户比重为 89.5%,使用经过净化处理自来水的农户比重为 60.9%;连片特困地区使用管道供水的农户比重为 90.0%,使用经过净化处理自来水的农户比重为 58.2%。2020 年,中央预算内投资安排 30 亿元,继续支持中西部地区(含东北地区、河北省、海南省)以县为单位开展农村生活垃圾、污水处理等农村人居环境整治整县推进工程。

(四)实施易地搬迁,逐步实现致富

"挪穷窝""拔穷根",要开对方子、找准路子。针对特殊地区实施易地扶贫搬迁,从根本上改变深度贫困地区困难群众的居住和生产条件,辅以教育、培训、产业指导,才能帮助贫困人口真正摆脱贫困,在致富奔小康的路上同全国人民一起奔跑。为确保易地扶贫搬迁稳步推进,国家制定了《全国"十三五"易地扶贫搬迁规划》《"十三五"时期易地扶贫搬迁工作方案》《关于进一步加大易地扶贫搬迁后续扶持工作力度的指导意见》《关于印发 2020 年易地扶贫搬迁后续扶持若干政策措施的通知》《关于做好易地扶贫搬迁就业帮扶工作的通知》等文件,明确了有关政策和扶持措施。

易地扶贫搬迁对象为生活在"一方水土养不好一方人"地区的建档立卡贫困人口,在迁入地人均住房建设面积不超过 25 平方米,原则上每

户自筹建房资金不能超过 1 万元或人均不超过 3000 元。为实施易地扶贫搬迁工程,中央预算内投资安排 800 亿元,撬动专项建设基金、中长期低息贷款、地方政府债务资金、群众自筹资金等各类资金 5000 多亿元,确保了资金供应。

2020 年 12 月底,"十三五"易地扶贫搬迁规划建设任务已全面完成。根据发展改革委提供的数据,全国累计投入各类资金约 6000 亿元,建成集中安置区约 3.5 万个;建成安置住房 266 万余套,总建筑面积 2.1 亿平方米;配套新建或改扩建中小学和幼儿园 6100 多所、医院和社区卫生服务中心 1.2 万多所、养老服务设施 3400 余个、文化活动场所 4 万余个,960 多万建档立卡贫困群众已全部乔迁新居,其中城镇安置 500 多万人,农村安置约 460 万人。各地通过实施迁出区生态修复与宅基地复垦,迁出区生态环境得到明显改善,取得良好的社会和生态效益。

新时期易地扶贫搬迁的成功实践,有效解决了"一方水土养不好一方人"地区近 1000 万贫困人口的脱贫发展问题。国家已经明确聚焦原深度贫困地区、大型特大型安置区,做好易地扶贫搬迁后续扶持工作,完善后续扶持政策体系,持续巩固易地搬迁脱贫成果,确保搬迁群众稳得住、有就业、逐步能致富。

(五)做好兜底保障,织密民生"安全网"

坚持以人民为中心的发展思想,扎实做好保障和改善民生工作,实实在在帮助群众解决实际困难,兜住民生底线。兜底保障是全面建成小康社会的底线制度安排,通过建立健全完善农村低保、特困人员救助供养和临时救助等制度,兜底保障水平不断提高,为脱贫攻坚战如期打赢、全面建成小康社会提供了坚实的底线支撑。农村最低生活保障制度是基本的救助兜底制度,主要为无法依靠产业就业帮扶脱贫的贫困人口解决基本生活保障问题。2016 年以来,民政部进一步强化了农村低保制度与扶贫开发政策有效衔接的措施,开展社会救助兜底脱贫行动,建立完善对未脱贫人口和收入不稳定、持续增收能力较弱、返贫风险较高的已脱贫人口,以及建档立卡边缘人口的监测预警、比对核实机制,及时将符合条件的贫困人口纳入农村低保、特困救助供养、临时救助等社会救助兜底范围,确保兜底保障"不落一户、不漏一人"。根据贫困户实际需求,对不符合整户纳入低保条件的未脱贫建档立卡贫困户,将家庭中的重度残疾人、重病患者参照"单人户"纳入农村低保,使这部分特殊困难群体的基本生活得到制度性保障。

稳步提高低保标准,持续推动农村低保标准与扶贫标准有效衔接,是确保兜底的重要条件。2017 年年底,全国所有县(市、区)的农村低保标准全部达到或超过国家扶贫标准,之后一直动态保持。根据民政部提供的数据,截至 2020 年 6 月底,全国农村低保平均标准达到 5676 元/人·年(月人均补助 286 元)。22 个脱贫攻坚任务重的省份平均标准达到 5022 元/人·年(月人均补助 294 元),深度贫困县平均标准达到 4507 元/人·年(月人均补助 256 元),"三区三州"所辖县平均标准也达到 4389/人·年(月人均补助 243 元)。纳入兜底保障范围的建档立卡贫困人口稳定实现吃穿"两不愁"。

聚焦精准识别,强化农村最低生活保障家庭经济状况评估认定工作,是确保最低生活保障制度公平、公正、公开的基础。建立健全社会救助家庭经济状况核对工作机制,建立信息化核对平台,实施大数据核对、查询,实现农村低保对象"审核审批必核、动态管理必核",省级层面已全面建立社会救助家庭银行存款信息查询机制。2019 年,全国共开展低保等各类核对 1.78 亿人次,确保兜底保障"一个不漏",并有效解决错评和不实申报等问题。

决战决胜脱贫攻坚兜底保障工作成效显著。根据民政部提供的数据,2019 年,全国共对建档立卡贫困人口实施临时救助 304 万次。纳入低保或特困救助供养的 1890 万建档立卡贫困人口中,老年人、未成年人、重病患者或重残人员占 65%。截至 2020 年 6 月底,全国共有 1890 万建档立卡贫困人口纳入农村低保或特困人员救助供养覆盖范围,占当时建档立卡总人数的 21%。

(六)加强公共服务,共享发展成果

在推进城乡基本公共服务均等化上持续发力,注重加强普惠性、兜底性、基础性民生建设,着力解决百姓挂念、涉及切身利益的热点难点问题,不断增强人民群众获得感。基本公共服务是由政府主导、保障全体公民生存和发展基本需要、与经济社会发展水平相适应的公共服务,推进基本公共服务均等化,是全面建成小康社会的应有之义。近年来,贫困地区群众生活质量发生了翻天覆地的变化,贫困地区养老、教育、医疗、文化等公共服务也日益完善,贫困群众得到平等享有基本公共服务的机会增加,安全感、获得感、幸福感显著提高。

一是进一步织密扎牢社会保障"安全网",做好社会保险扶贫工作。建立统一的城乡居民基本养老保险制度,建立城乡居民基本养老保险待遇确定和基础养老金正常调整机制,切实做好社会保险扶贫工作,让农民群众"老有所养"。为建档立卡未标注脱贫的贫困人口等困难群体,代缴部分或全部最低标准养老保险费,并在提高最低缴费档次时,对其保留现行最低缴费档次。加强城乡居民基本养老保险与农村最低生活保障、特困人员救助供养等社会救助制度的统筹衔接。根据国务院扶贫开发领导小组办公室提供的数据,截至 2019 年年底,全国 5978 万建档立卡贫困人员参加基本养老保险,参保率达到 99.99%,按月领取养老金的贫困老人 2885.5 万人,基本实现贫困人员基本养老保险应保尽保。针对部分 60 周岁以上老人没有养老金的情况,2018 年明确在脱贫攻坚期内,将年满 60 周岁、未领取基本养老保险待遇的贫困人员纳入城乡居民基本养老保险制度,并按月发放待遇。建立激励约束有效、筹资权责清晰、保障水平适度的城乡居民基本养老保险待遇确定和基础养老金正常调整机制,推动城乡居民基本养老保险待遇水平随经济发展而逐步提高。2019 年,全国城乡居民养老保险月人均养老金水平约 160 元,其中基础养老金约 143 元。

二是坚持把教育作为脱贫攻坚的优先任务,以教育扶贫阻断贫困代际传递。充分发挥教育扶贫先扶智的先导性、治贫先治愚的基础性、脱贫防返贫的全局性作用,深入实施教育脱贫攻坚行动,不仅实现义务教育有保障,而且让贫困地区每一个孩子都能接受良好教育,向着美好生活奋力奔跑。根据国务院扶贫开发领导小组办公室提供的数据,中央累计安排地方教育转移支付资金 1.56 万亿元,其中 84% 用于中西部地区;另外安排"三区三州"教育脱贫攻坚专项资金70亿元。中央和地方财政安排资金5400多亿元,全面改善贫困地区义务教育薄弱学校基本办学条件。乡村教师队伍建设持续加强,特岗计划累计招聘教师75.4万名,地方师范生公费教育政策每年吸引4.5万人到乡村从教,生活补助政策惠及中西部8万多所乡村学校、130万名乡村教师。进一步完善资助政策体系,累计资助学生3.91亿人次、7739.85亿元。1762个县实施了义务教育营养改善计划,覆盖学校14.57万所,受益学生4060.82万人。加大职业教育扶贫力度,办好贫困地区职业院校,满足适龄人口接受职业教育的多样化需求。深入实施推普脱贫攻坚,加大青壮年农牧民普通话培训力度。重点高校招收农村和贫困地区学生专项计划累计招生52万余人。接受高等教育的建档立卡贫困学生382.99万人。

三是以技能提升引领技能扶贫提质增效,多措并举保障建档立卡贫困户就业创业。加大贫困劳动力和贫困家庭子女技能扶贫工作力度,对贫困劳动力、贫困家庭子女开展免费职业技能培训,落实生活费等补贴。开展农民工职业培训计划"春潮行动"、返乡创业培训五年行动计划、离校未就业高校毕业生技能就业专项行动、新生代农民工职业技能提升计划等,重点开展就业技能培训、岗位技能提升培训和创业培训。引导技工院校、企业和职业培训机构大力开展订单式培训、定向培训、定岗培训,促进培训项目与市场需求相对接、培训内容与岗位要求相对接。根据国务院扶贫开发领导小组办公室提供的数据,2017—2019年,累计开展政府补贴性贫困劳动力培训639万人次。

四是构建防止因病致贫返贫长效机制,深入推进实施健康扶贫工程。围绕"让贫困人口有地方看病、有医生看病、有医疗保险保障看病"目标,通过实施健康扶贫工程,不仅实现了贫困人口基本医疗有保障,而且迅速提升了贫困地区健康事业的整体发展水平。在健康扶贫和其他脱贫攻坚政策的综合干预下,累计已有近1000万因病致贫返贫人口成功摆脱了贫困。

开展患病贫困人口分类救治行动,减轻农村医疗费用负担。根据疾病不同特点,采取大病集中救治一批、慢病签约服务管理一批、重病兜底保障一批的"三个一批"分类救治措施,为贫困人口提供救治服务。针对大病,按照"定临床路径,定定点医院,定单病种费用,加强责任落实,加强质量管理"方式,规范治疗措施,严格医疗费用管控,实施专项救治。优先遴选儿童先天性心脏病、儿童白血病、胃癌、终末期肾病等9种疾病在全国各地开展试点,目前已扩大到30种主要大病。针对慢病,由乡村医生组成家庭医生团队提供定期随访、用药指导、健康咨询等规范管理,重点开展了高血压、糖尿病、结核病、严重精神障碍4种主要慢性病家庭医生签约服务。针对重病,主要是提供倾斜性医保报销政策。截至2020年4月底,已分类救治1800多万人,基本实现了贫困患者"应治尽治、应保尽保"。

提升贫困地区医疗水平,打通医疗建设"最后一公里"。2012年以来,中央财政安排转移支付地方卫生健康项目资金累计1.4万亿元,用于贫困地区卫生健康事业发展,重点是推进县级医院能力建设、"县乡一体、乡村一体"机制建设和乡村医疗卫生机构标准化建设三个主攻方向,加快改善县域内医疗卫生服务条件,提升服务能力。2012年以来,中央预算内累计投资1000亿元,将符合条件的县医院全部纳入全民健康保障工程范围。落实地方政府投入责任,全面完成乡村两级医疗卫生机构标准化建设。

加强基层人才队伍建设,切实提高乡村卫生机构服务能力。根据国务院扶贫开发领导小组办公室提供的数据,实施农村订单定向免费医学生培养、全科医生特岗计划,国家层面为乡镇卫生院补充1.4万名全科医生,为村卫生室培训6万名村医、培养3万名乡村全科执业助理医师。实现832个贫困县每个县至少有1家公立医院,其中10万人口以上的县至少有1家公立医院达到二级以上医院服务能力,每个乡镇和每个行政村都有一个卫生院和卫生室并配备合格医生,贫困群众常见病、慢性病基本能够就近获得及时诊治。

优化医疗资源配置,调派全国优质医疗资源支持贫困地区。根据国务院扶贫开发领导小组办公室提供的数据,组织1007家三级医院派出8万人次医务人员"组团式"支援贫困地区县医院;城市医疗机构的远程医疗网络已覆盖全部 832 个贫困县并加快向乡镇卫生院延伸。创新机制，逐级下派医疗技术人员，累计支援乡村医务人员 9.8 万人。

三、强化脱贫攻坚要素保障

落实党中央脱贫攻坚决策部署，各相关部门、单位按照职责分工，创新政策供给，制定完善配套政策措施，坚持政府投入在扶贫开发中的主体和主导作用，加强政策供给，丰富政策支持工具，在扶贫资金整合、创新金融服务、土地政策支持、加大科技和人才支持方面探索创新，更加精准、有效地支持脱贫攻坚工作。

（一）加大财政投入力度

党的十八大以来，各级政府坚决贯彻落实中央部署，财政及相关部门加大投入力度，形成有利于贫困地区和扶贫对象加快发展的扶贫战略和政策体系。

一是把脱贫攻坚摆在财政支出优先保障地位，充分发挥政府投入的主体和主导作用。一方面，加大对贫困地区一般性转移支付投入力度，提高地方脱贫攻坚财力保障能力。根据国务院扶贫开发领导小组办公室提供的数据，中央财政专项扶贫资金支持力度最大，投入规模由 2015 年的 461 亿元增加到 2020 年的 1461 亿元，连续 5 年每年增加 200 亿元，2012 年以来，中央、省、市县财政专项扶贫资金累计投入 1.7 万亿元。另一方面，在分配教育、医疗、住房、交通、水利、农业、生态等专项转移支付时，也对贫困地区、贫困人口予以重点倾斜。"十三五"时期以来安排中央预算内投资 146.5 亿元，支持深度贫困地区重点改善义务教育学校等基本办学条件。安排中央预算内投资 84 亿元，支持贫困地区医疗卫生项目建设。安排地方政府一般债券资金，支持实施易地扶贫搬迁等脱贫攻坚重点项目。2019—2020 年两年追加安排投资 60 亿元，重点支持深度贫困地区、氟改水任务较重地区和边境地区解决饮水安全问题。及时下达易地扶贫搬迁年度建设任务，累计下达资金 800 亿元。2016—2019 年，农林水利中央预算内投资用于贫困地区的比例分别为 39.9%、38.62%、44.37%、45.8%。国家发展改革委印发实施《全国"十三五"以工代赈工作方案》和《关于进一步发挥以工代赈政策作用助力打赢脱贫攻坚战的指导意见》,简化以工代赈项目招投标程序,推动以工代赈进一步聚焦贫困地区和贫困人口。2016—2019 年,共投入以工代赈资金235.8 亿元,向参与务工的贫困群众发放劳务报酬超过 24 亿元,劳务报酬占比超过 10%。

二是支持贫困县统筹整合涉农资金,保障集中资源打赢脱贫攻坚战。推进放权改革,对纳入统筹整合使用范围的财政涉农资金,中央和省、市级有关部门仍按照原渠道下达,资金项目审批权限完全下放到处于脱贫攻坚一线的贫困县,由贫困县根据脱贫攻坚任务的轻重缓急统筹安排使用,支持其因地制宜地推进脱贫攻坚。2016 年,国务院办公厅印发《关于支持贫困县开展统筹整合使用财政涉农资金试点的意见》,各省(自治区、直辖市)在连片特困地区县和国家扶贫开发工作重点县范围内,优先选择领导班子强、工作基础好、脱贫攻坚任务重的贫困县开展试点,试点贫困县数量不少于贫困县总数的1/3,具备条件的可扩大试点范围,当年整合资金规模超过 2700 亿元。根据国务院扶贫开发领导小组办公室提供的数据,2017 年,推广到全部贫困县,实际整合 3286 亿元,完成支出2935 亿元。2016—2020 年 6 月底,全国 832 个贫困县累计整合相关涉农资金约 1.5 万亿元。

三是全面加强各类扶贫资金项目监管,确保整合资金围绕脱贫攻坚项目精准使用。建立县级脱贫攻坚项目库,建全扶贫项目资金公告公示制度,严惩违法违纪行为,提高资金使用效率和效益。建立财政扶贫资金动态监控平台,将相关中央转移支付资金全面纳入扶贫资金总台账管理。实施扶贫项目资金全面绩效管理,推行扶贫资金项目信息公告公示,主动接受社会监督。坚持审计项目、审计组织方式两统筹,持续推进扶贫审计全覆盖。组织实施扶贫政策措施落实和资金项目跟踪审计,开展扶贫领域腐败和作风问题审查。落实资金使用者的绩效主体责任,明确绩效目标,加强执行监控,强化评价结果运用。根据国务院扶贫开发领导小组办公室提供的数据,截至 2019 年年底,完成对 832 个贫困县的审计全覆盖,抽查扶贫资金 4000 多亿元,涉及 1.4 万多个单位、7000 多个乡镇、2.2 万多个行政村,入户走访 7.5 万多户贫困家庭。审计查出问题金额占抽查资金比例,由 2013 年的 36.3%下降到 2020 年的 1.5%,贪污侵占等严重违纪违法问题从 15.7%下降到 0.19%。

(二)强化金融供给

在发挥政府投入主体和主导作用的同时,应发挥好资本市场支持贫困地区发展的作用,吸引社会资金广泛参与脱贫攻坚,形成资金多渠道、多样化投入格局。在打赢脱贫攻坚战中,出台全面做好扶贫开发金融服务、金融助推脱贫攻坚、金融支持深度贫困地区脱贫攻坚、加大"三区三州"深度贫困地区银行业保险业扶贫工作力度、加快贫困地区保险市场体系建设、做好金融精准扶贫工作、做好保险业助推脱贫攻坚工作、全面实施城乡居民大病保险等文件,推动银行业、证券业、保险业金融机构立足自身业务特点,精准有效开展金融扶贫。

一是发挥各类金融机构助推脱贫攻坚的主体作用。一方面,支持国家开发银行、农业发展银行设立扶贫金融事业部,大中型商业银行完善普惠金融事业部建设,农业银行深化"三农"金融事业部改革,邮政储蓄银行设立"三农"金融事业部并下设扶贫业务部,地方法人金融机构壮大"三农"、扶贫业务条线力量。引导金融机构对贫困地区在信贷准入、规模、利率、期限等方面实行差异化管理,并在审批权限、风险容忍、业绩考核等方面实施差别化政策。另一方面,积极发挥保险机构对贫困地区产业发展和贫困人口生产生活的保障作用,通过发展农业保险、大病保险、民生保险和创新保险资金运用等全力推动保险精准扶贫,同时发挥证券业行业优势,在拓宽贫困地区融资渠道的同时,发挥资本市场功能,帮助贫困地区培育内生发展动力。

二是引导金融保险机构加大支农支小资金投放力度。针对深度贫困地区设立专项扶贫再贷款,支持贫困地区地方法人金融机构扩大涉农信贷投放。加强扶贫再贷款使用管理,优化运用扶贫再贷款发放贷款定价机制,引导金融机构合理合规增加对带动贫困户就业的企业和贫困户生产经营的信贷投放。推动普惠金融定向降准,实施差别化存款准备金率,支持金融机构将更多信贷资源配置到贫困地区,将新增金融资金优先满足深度贫困地区。积极支持贫困地区企业融资发展,在坚持标准不降、程序不减的基础上,对贫困地区企业首次公开发行股票、债券融资、新三板挂牌等提供支持。尤其是在2020年新冠肺炎疫情发生后,增加了再贷款再贴现额度,加大对脱贫攻坚、春耕备耕等重点领域支持力度,出台中小微企业贷款延期还本付息、普惠小微信用贷款支持计划等直达实体经济的优惠政策,提高贫困地区小微企业融资的"直达性"。根据中国银行保险监督管理委员会提供的数据,截至2020年6月末,全国贫困人口及已脱贫人口贷款余额7429亿元,贷款覆盖面为25.8%,惠及2006万有信贷需求并且有一定还款能力的贫困人口;产业精准扶贫贷款余额1.61万亿元,同比增长30%,帮助657万人(次)贫困人口增收。做好农业保险服务工作,切实发挥风险保障作用。2016—2019年,农业保险累计为9840万户次贫困户提供风险保障9121亿元,累计为3031万受灾农户支付赔款230.38亿元。在全国20多个省(自治区、直辖市)超过300多个县(区)承办了政府针对贫困人口的补充医疗保险,覆盖2000多万贫困人口。

三是创新金融产品和服务模式实现扩面提质增效。推出扶贫小额信贷、创业担保贷款、国家助学贷款等,并结合脱贫攻坚实际,逐步扩大政策支持范围、放宽贷款申请条件、延长贷款期限,充分满足贫困人口创业生产、就业就学等多样化融资需求。各地建立扶贫融资担保及风险补偿缓释体制机制,促进金融扶贫政策常态化、可持续。各银行业金融机构还结合全国各地农业特色产业推出专项信贷产品。注重发挥市场化工具融资功能,推动扶贫票据等融资产品在银行间市场发行,创新易地扶贫搬迁专项金融债,为易地扶贫搬迁筹集信贷资金,以市场化方式引导社会资本投向贫困地区和扶贫项目。

积极发展扶贫小额信贷及保证保险,探索推广"银行+政府+保险"的多方信贷风险分担补偿机制。2014年,针对贫困户家庭状况、发展水平、生产规模、生产周期等特点,创新出台扶贫小额信贷政策,明确"5万元以下、3年期以内、免担保免抵押、基准利率放贷、财政贴息、县建风险补偿金",以解决贫困户发展生产的资金短缺问题。扶贫小额信贷提出,将金融资源更多引入贫困地区,调动了贫困户创业增收的积极性,增强了贫困户市场意识、风险防范意识和信用意识。根据中国银行保险监督管理委员会提供的数据，截至2020年6月底，扶贫小额信贷余额1667亿元，支持421万贫困人口脱贫发展。同时，探索发展小额信贷保证保险，2016—2019年，小额贷款保证保险实现保费收入11.63亿元，支付赔款15.74亿元，支持136万户次农户和涉农小微企业获得融资368.73亿元。此外，创设了"扶贫保险产品降费20%、开辟外出务工农民工异地理赔绿色通道、允许对贫困农户预付赔款、设立产业扶贫投资基金和公益基金"、对扶贫保险业务实行差异化考核等多项保险支持产业扶贫的相关政策。

推动"保险+期货"试点，探索农产品价格风险市场化管理新路径。根据中国银行保险监督管理委员会提供的数据，2017—2019年，50家期货公司和12家保险公司合作，共在23个省（自治区、直辖市）开展了249个试点项目。2019年立项128个，其中62个项目涉及国家级贫困县，43个贫困县15.77万户贫困户从中受益。

四是以基础金融服务为抓手推进普惠金融发展。加强贫困地区金融基础设施建设，提高存取款、转账、支付等基础金融服务的可获得性。在深度贫困地区推进基础金融服务提升计划，深度贫困地区行政村基础金融服务覆盖率达99%。推广网络支付、手机支付等新型支付方式，改善贫困地区支付服务环境。推动农村信用体系建设，创新贫困户信用评价指标体系，开展信用户、信用村、信用乡镇评定，构建以信用为基础的正向激励机制，引导金融机构发放信用贷款。推进普惠金融试点，探索创新普惠金融发展的有效模式和做法，推动数字普惠金融发展。

（三）用足用好土地政策

党的十八大以来，土地政策在改善贫困地区生活条件、促进农民脱贫致富方面发挥了积极作用。通过不断创新和完善土地政策，实施超常规差别化支持措施，构建了用地保障、增加挂钩、耕地保护、项目支持政策体系，加强精准脱贫攻坚行动支持保障。制定了关于加强村庄规划促进乡村振兴、城乡建设用地增减挂钩节余指标跨省域调剂管理、加强和改进永久基本农田保护工作、跨省域补充耕地国家统筹管理、做好中央支持土地整治重大工程有关工作等政策文件,持续深化创新政策措施,着力推进政策落地见效。

一是全力做好扶贫用地保障。扶贫用地政策为脱贫攻坚提供了重要的资源要素保障和资金支持,为"发展生产脱贫一批、易地扶贫搬迁脱贫一批、生态保护脱贫一批"等脱贫攻坚重大工程提供了有力支撑。规划保障方面,整合原村庄规划、村庄建设规划、村土地利用规划等乡村规划,编制"多规合一"的村庄规划,统筹安排各类空间资源。对于能够落地的脱贫攻坚项目,要求各地在土地利用总体规划调整完善工作中落实布局、予以保障,对难以定位的项目,要求纳入重点项目清单予以保障。规划计划管理方面,2014 年分解下达相关省份土地利用计划时,对乌蒙山片区县、赣南革命老区县,以及河北省阜平县、湖南省新田县和广西壮族自治区靖西县等,每县分别安排用地计划指标 300 亩。根据自然资源部提供的数据,2015 年专项指标安排范围扩大到 592 个国家扶贫开发工作重点县,2016 年每县增加到 600 亩。2017 年以来,对 832 个贫困县每县分别安排用地计划指标 600 亩。同时,足额保障深度贫困地区基础设施建设、易地扶贫搬迁、民生发展等用地需求,土地利用规划计划指标不足部分由国家协同所在省份解决。用地审批方面,允许深度贫困地区建设用地,涉及农用地转用和土地征收的,在做好补偿安置前提下,可以边建设边报批;涉及占用耕地的允许边占边补,确实难以落实占优补优、占水田补水田的,可按补改结合方式落实,并按用地审批权限办理用地手续。将深度贫困地区、集中连片特困地区、国家扶贫开发工作重点县省级以下基础设施、易地扶贫搬迁、民生发展等建设项目占用永久基本农田的预审权下放到省级自然资源主管部门,为脱贫攻坚项目尽快落地破解了难题。同时,积极做好用地服务保障工作,对深度贫困地区重大项目即到即办、急事急办,确保重大建设项目依法依规及时落地。土地利用管理方面,明确深度贫困地区在充分保障农户宅基地用益物权、防止外部资本侵占控制的前提下,允许探索农村集体经济组织以出租、合作等方式盘活利用空闲农房及宅基地;通过村庄整治、宅基地整理等节约的建设用地,鼓励采取入股、联营等方式,重点支持农村新产业新业态和农村一二三产业融合发展。

　　二是开展城乡建设用地增减挂钩。2006 年以来,经国土资源部批准,各地陆续开展了城乡建设用地增减挂钩试点工作,对促进节约集约用地、缓解土地供需矛盾、保护耕地资源、统筹城乡发展起到积极作用。增减挂钩政策先后经历了县域内试点支持新农村建设、省域内流转助推脱贫攻坚、跨省域调剂实施东西部扶贫协作 3 个发展阶段。对集中连片特困地区、国家和省级扶贫开发工作重点县、开展易地扶贫搬迁的贫困老区,允许将增减挂钩节余指标在省域范围内流转使用;对"三区三州"及其他深度贫困县,允许将增减挂钩节余指标跨省域调剂使用。根据自然资源部提供的数据,省域内流转方面,自 2016 年 2 月《关于用好用活增减挂钩政策积极支持扶贫开发及易地扶贫搬迁工作的通知》政策实施以来,已有 18 个省份开展了省域内流转,累计流转指标超过 45 万亩,流转收益超过 1300 亿元。跨省域调剂方面,2018 年,帮扶省份共确认调入节余指标 15.05 万亩,附加规划建设用地规模 1.20 万亩,完成调剂资金 743.78 亿元。深度贫困地区所在省份共确认调出节余指标 19.43 万亩,可获得资金 607.28 亿元。2019 年,帮扶省份共确认调入节余指标 21.60 万亩,附加规划建设用地规模 3.28 万亩,完成调剂资金 1152.40 亿元,超额完成 641.60 亿元。深度贫困地区所在省份共确认调出节余指标 20.88 万亩,可获得资金 640.06 亿元。

　　三是用活耕地占补平衡政策。优先实行资源补偿,拓展脱贫攻坚资金渠道。在永久基本农田保护方面,2017 年开始,对深度贫困地区省级以下基础设施、易地扶贫搬迁、民生发展等建设项目,确实难以避让永久基本农田的,可纳入重大建设项目范围。2019 年,这项政策适用范围拓展到全国 832 个贫困县。在生态退耕方面,明确新一轮退耕还林集中用于贫困地区所在的 11 个省份,在直接增加退耕农户收入的同时,促进农村产业结构调整。在跨省域补充耕地方面,构建补充耕地国家统筹机制,明确优先考虑贫困地区。2019 年,安徽省、天津市、浙江省、河北省 4 省(直辖市)向国务院申请国家统筹补充耕地;新疆维吾尔自治区、吉林省、四川省、黑龙江省、青海省 5 省(自治区)向国务院申请承担统筹补充耕地任务。根据自然资源部提供的数据,中央财政收取跨省域补充耕地资金 182.93 亿元,支付 5 省(自治区)国家统筹补充耕地经费 103.79 亿元,中央财政留用资金 79.14 亿元。

四是加强贫困地区生态保护与修复,在各类重大生态工程项目和资金安排上向贫困地区倾斜。生态保护修复方面,在实施山水林田湖草生态保护修复工程、地质灾害防治等工作中,明确在脱贫攻坚期间主要支持贫困地区、革命老区和边疆地区,适当加大中央财政资金支持比例。根据自然资源部提供的数据,2016—2019 年,开展山水林田湖草生态保护修复试点工程 25 个,累计下达中央补助资金 443 亿元。其中,安排“三区三州”所在的六省(自治区)试点工程 6 个,累计下达中央补助资金 116.6亿元。同时,支持贫困地区开展矿山生态修复。土地整治重大工程方面,党的十八大以来,中央财政下达补助资金约 112.4 亿元,支持贫困地区所在省份部署实施土地整治重大工程。

(四)加强科技扶贫支撑

党的十八大以来,科技扶贫坚持实施“内生外因”战略,在引入外部创新力量的同时,坚持“做给农民看、教会农民干、带着农民赚”,针对贫困地区突出存在的科技和人才短板,扎实开展“科技扶贫行动”,大力实施科技扶贫“百千万”工程,推动科技特派员对贫困村科技服务和创业带动全覆盖,组织动员全社会科技力量服务脱贫攻坚。从 2016 年开始,国家瞄准贫困地区和建档立卡贫困人口的具体需求,通过开展技术攻关、成果转化、平台建设、要素对接、创业扶贫、教学培训、科普惠农等行动,到2020 年基本形成贫困地区创新驱动发展的新模式。2017 年 6 月,成立科技扶贫行动部际协调小组,建立科技扶贫行动部际协调机制,组织重大问题调研和专题研究,开展政策协调,加强信息交流共享。

一是瞄准扶贫地区科技人才短板,精准选派科技人才,深入实施科技扶贫“百千万”工程。科技扶贫“百千万”工程是在贫困地区建设“一百个”科技园区、星创天地等平台载体,动员组织高校、院所、园区、企业等与贫困地区建立“一千个”科技精准帮扶结对,实现“一万个”贫困村科技特派员全覆盖。根据科技部提供的数据,“十三五”期间,贫困地区建设国家级和省级农业科技园区、星创天地等创新平台 1152 个。引导高校院所、龙头企业等与贫困地区新建 17918 个结对帮扶关系,带动贫困村 24816 个。围绕贫困地区产业发展中的关键性技术瓶颈,引进推广新品种新技术 6.4 万项。截至 2019 年年底,参与脱贫攻坚的科技特派员达到 6.33 万名,科技特派员覆盖贫困村数达到 4.83 万个。

二是聚焦农业产业技术瓶颈,精准赋能扶贫产业,加大先进适用科技成果示范推广力度。针对贫困地区特色产业发展中普遍存在的良种缺乏、品质不优、缺少适用性技术、产业竞争力不强等问题,调动和引导全国农业科研力量,以县为单位建立产业扶贫技术专家组,各类涉农院校和科研院所组建产业扶贫技术团队,从科技创新、技术服务、人才培育、完善机制等几方面发力,重点为贫困村、贫困户提供技术服务,加大人才培育力度,着力建立并完善科技扶贫的长效机制。根据科技部提供的数据,截至 2020 年 9 月底,组织全国农业科技力量投身产业扶贫,4420 个农业科技单位的 15383 名专家参与产业扶贫,为贫困县组建 4100 多个产业扶贫技术专家组;全面实施农技推广服务特聘计划,贫困县选聘特聘农技员 4200 多人;建立贫困户产业发展指导员制度,中西部 22 个省份共招募产业发展指导员 26 万人。

三是针对贫困地区科技资源短板,精准整合创新资源,强化深度贫困地区智力与科技支持。坚持新增项目、资金、举措向深度贫困地区倾斜,向涉农院校和科研机构定向征集先进适用技术成果 239 项,支持深度贫困地区开发式扶贫。根据科技部提供的数据,2018 年以来,全国科技系统选派到贫困地区挂职扶贫人数为 2.7 万名,其中深度贫困地区 0.9 万名。深入实施"三区"人才支持计划科技人员专项计划,2018 年、2019 年选派"三区"人才 3.62 万人。

(五)创新人才支持机制

治国经邦,人才为急,千秋功业,关键在人。脱贫攻坚中,通过制定政策、创新机制、改善环境、提供服务,集中整合和优化配置各类人才资源,推动优秀人才向贫困地区集聚,加大贫困地区尤其是深度贫困地区的人才人事支持力度。在"引才、用才、留才"上出真招、用实功,突出人才引领,做到更精准、更快速、更稳固地推进脱贫工作。

一是多渠道推进精准引才，畅通乡村聚才道路。选派驻村干部。2015年实现对贫困村全覆盖，2017年进行规范管理，2018年开始实施轮训，全国累计选派300多万名县以上党政机关、国有企事业单位的优秀工作人员担任第一书记和驻村干部，每年保持近100万人在岗。实施"三支一扶"计划。根据国务院扶贫开发领导小组办公室提供的数据，2012—2019年共选派22.5万名高校毕业生到基层从事支教、支农、支医和扶贫等服务，从事扶贫服务的占比从23%提高到36%。加大人才帮扶协作力度，鼓励东部地区通过科研协作、双向挂职、办学合作等方式，加强与贫困地区扶贫人才协作。深入开展医疗人才"组团式"支援工作，逐步拓展到更多贫困地区的科技、文化、农业等领域。支持贫困地区单独或者综合采取适当降低学历条件、放宽专业要求等措施降低进入门槛，着力破解贫困地区"招人难"问题。2016年，中央组织部、人力资源社会保障部印发《关于进一步做好艰苦边远地区县乡事业单位公开招聘工作的通知》，要求合理设置招聘条件，艰苦边远地区在坚持公开招聘基本制度的基础上，可以适当放宽年龄、学历、专业等招聘条件，允许地方拿出一定数量岗位专聘"建档立卡"贫困家庭大学毕业生，并对基层服务人员开展专项招聘，多措并举破解招人难。根据国务院扶贫开发领导小组办公室提供的数据，2017—2019年，全国31个省（自治区、直辖市）艰苦边远地区县乡事业单位统一招聘5541次，招聘74.10万人，每年招聘到县、乡两级单位人员占公开招聘总人数的60%以上。

二是打好事业、情感两张"牌"，在"留才"上出真招。贫困地区基层一线条件相对艰苦，工作相对复杂，必须在物质待遇和人才成长上做文章，营造更加尊重知识、尊重人才的良好氛围，让人才有归属感。在待遇上，推动各地落实国家扶贫开发工作重点县的大中专以上毕业生高定工资政策，加大艰苦边远地区津贴和乡镇工作补贴政策实施力度，鼓励机关事业单位人员扎根基层。调整艰苦边远地区津贴标准，并适当向高类区倾斜，适当向低职务人员倾斜。实行乡镇工作补贴。从2015年1月起，对乡镇事业单位工作人员实行乡镇工作补贴，水平不低于月人均200元，向条件艰苦的偏远乡镇和长期在乡镇事业单位工作的人员倾斜。在评价机制上,持续深化人才发展体制机制改革,在人才评价、激励、流动、保障等方面探索创新。2019年3月,国家出台职称"双定向"和"单独划线"政策,明确对参评职称的贫困地区基层人才实行单独分组、评价、确定通过率,并单独设置定向使用的专业技术岗位,不占总的专业技术岗位结构比例。对护士、执业药师、社工、审计、统计等7项职业资格考试,在"三区三州"等深度贫困地区单独划线。根据国务院扶贫开发领导小组办公室提供的数据,2019年,通过"双定向"政策,为基层增加了1.8万名具有高级职称的专业技术人才;通过"单独划线"政策,为贫困地区增加了7000多名获得职业资格证书的人员。在奖优评先上,将脱贫攻坚一线人才纳入县(市、区、旗)管或乡镇管,加大政策、资金、项目支持,提高脱贫攻坚一线人才的荣誉感和社会地位,让人才在贫困地区有盼头、有奔头。2016年9月21日,设立全国脱贫攻坚奖,包括奋进奖、贡献奖、奉献奖、创新奖4个奖项。各地结合当地情况,对脱贫攻坚表现突出的组织和个人进行奖励。除了设立脱贫攻坚奖之外,在职务职级晋升、优秀党员、先进工作者等评先奖优中,充分考虑参加扶贫工作的因素。

三是深入推进人才培养机制创新,改革人才培养方式方法。加快建立乡村人才培育提升长效机制,健全"短期培训、职业教育、持续提升"相结合的培养体系。加大农村带头人培养力度,实施"定制村官"培育、农村本土人才回归等工程。支持采取定向招生、定向培养、定向就业模式,"订单式"培养贫困地区专业化人才。鼓励贫困地区吸引本地外出务工和经商人员、退役军人等本土人才返乡创业。全面实施贫困地区农技推广特聘计划,从农村乡土专家、种养能手等一线服务人员中特聘一批农技员,加大新型职业农民培育工程向贫困地区倾斜力度。

四是完善干事创业扶持政策,做到"人尽其才、人尽其用"。在资金投入、要素配置、制度供给、公共服务等方面,对乡村人才予以优先保障。明确县级党委政府乡村人才管理权限,细化权责清单,完善"县管乡用""县管校聘"等管理模式,为人才在脱贫攻坚战场干事创业健全制度体系。

四、中国走出了一条中国特色减贫之路

一部中国史,就是一部中华民族同贫困作斗争的历史。改革开放以来,党团结带领人民实施了大规模、有计划、有组织的扶贫开发。党的十八大,拉开了新时代脱贫攻坚的序幕,确立了精准扶贫精准脱贫基本方略,开创扶贫工作新局面。2021年2月25日,习近平总书记在全国脱贫攻坚总结表彰大会上庄严宣告了中国脱贫攻坚战的全面胜利,消除了千年绝对贫困。

中国之所以能开展历史上规模最大、举措有力、方略科学、成效显著的脱贫攻坚战,关键在于以习近平同志为核心的党中央统一思想认识,凝神聚力汇聚起全党全社会强大合力,立足中国国情,把握减贫规律,出台一系列超常规政策举措,构建了一套行之有效的政策体系、工作体系、制度体系,走出了一条具有中国特色的减贫道路,形成了中国特色减贫的理论经验体系。

(一)坚持党的领导,为脱贫攻坚提供坚强政治和组织保证

党政军民学,东西南北中,党是领导一切的。中国共产党是中国特色社会主义事业的坚强领导核心,是最高政治领导力量,坚持党对一切工作的领导,才能进一步增强党的创造力、凝聚力、战斗力,才能为打赢脱贫攻坚战、全面建成小康社会、夺取新时代中国特色社会主义伟大胜利提供根本政治保证。脱贫攻坚取得的伟大成就,无可争辩地证明了中国共产党领导的政治优势,为开展脱贫攻坚并取得卓著成就提供了坚实政治保障和组织保障。一是站在全面建成小康社会、实现中华民族伟大复兴中国梦的战略角度,坚持党中央对脱贫攻坚的集中统一领导。全党全社会统一思想,全力推进全面建成小康社会进程,把实现"两个一百年"奋斗目标向前推进。二是坚持全面实行中央统筹、省负总责、市县抓落实的工作机制。严格执行脱贫攻坚一把手负责制,省、市、县、乡、村五级书记抓扶贫。从中央到地方逐级签订责任书,22个扶贫开发任务重的省(自治区、直辖市)党政主要领导向中央签署脱贫责任书,每年向中央作扶贫脱贫进展情况的报告,各省(自治区、直辖市)党委和政府向市(地)、县(市)、

乡镇提出同样的要求,层层压实责任,高质量完成脱贫攻坚任务。三是切实抓好以村党组织为核心的村级组织配套建设,把基层党组织建设成为带领群众脱贫致富的坚强战斗堡垒。基层党组织既是党在贫困地区领导脱贫攻坚的旗帜和堡垒,又是党与贫困地区人民群众联系沟通的桥梁与纽带,对提高政策实施效果、稳定民心发挥关键作用。各地区切实整顿软弱涣散党组织,配强村"两委"班子。此外,累计选派25.5万个驻村工作队、300多万名第一书记和驻村干部,同近200万名乡镇干部和数百万村干部一道奋战在扶贫一线。① 事实证明,中国共产党展现出强大的领导能力、应对能力、组织动员能力和贯彻执行能力,生动诠释了什么是中国力量,为打赢脱贫攻坚战提供了坚强政治保证。

(二)坚持以人民为中心的发展思想,坚定不移走共同富裕道路

不忘初心,方得始终。人民群众是党的力量源泉,人民立场是中国共产党的根本政治立场。"人民对美好生活的向往,就是我们的奋斗目标"②。坚持人民立场,把人民放在最高的位置,是中国共产党人矢志不渝的政治情怀。一是把人民对美好生活的向往作为奋斗目标。为人民谋幸福是中国共产党的初心,坚持一切为了人民,带领全国人民不断创造美好生活,生动诠释了中国共产党人的根本立场。党的工作路线是群众路线,宗旨是为人民服务,党的每一项工作始终把人民摆到了至高无上的地位。"治国有常,而利民为本",党真正领悟了人民立场的真谛,自觉站在人民立场上想问题、做决策,做事情、干事业,做有利于人民、符合人民眼前利益要求和人民长远利益要求的事。党的十八大以来,党坚持以人民为中心的发展思想,把让老百姓过上好日子作为一切工作的出发点和落脚点,庄严兑现"全面小康路上一个也不能少"的承诺。二是把人民群众满意作为检验工作的第一标准。"治国之道,富民为始",党始终坚定人民立场,强调消除贫困、改善民生、实现共同富裕是社会主义的本质要求,

---

① 习近平:《在脱贫攻坚总结表彰大会上的讲话》,人民出版社2021年版,第12页。

② 中共中央文献研究室编:《人民对美好生活的向往,就是我们的奋斗目标》(2012年11月15日),《十八大以来重要文献选编》上,中央文献出版社2014年版,第70页。

是党坚持全心全意为人民服务的重要体现。人民是党的工作的最高裁决者和最终评判者，党的执政水平和执政成效必须而且只能由人民来评判，最终都要看人民是否真正得到了实惠、人民生活是否真正得到了改善、人民权益是否真正得到了保障。各级党委把责任扛在肩上，始终带领人民为创造美好生活、实现共同富裕而不懈奋斗，让发展成果更多更公平惠及全体人民，不断促进人的全面发展。脱贫攻坚战的一切工作都落实到为贫困群众解决实际问题上，有效防止了形式主义、官僚主义，群众满意度不断提高。三是朝着实现全体人民共同富裕不断迈进。党紧扣新时代中国社会主要矛盾的新变化，自觉用新发展理念统领发展全局，着力破解发展不平衡不充分问题，多谋民生之利、多解民生之忧，发展各项社会事业，加大收入分配调节力度，投入真金白银，打赢脱贫攻坚战，补齐民生短板、促进社会公平正义，在更高水平上不断满足人民群众日益增长的美好生活需要。

（三）坚持发挥中国社会主义制度集中力量办大事的优势，形成脱贫攻坚的共同意志、共同行动

贫困地区发展条件差，贫困人口自我发展能力弱，不仅需要国家意志、国家战略、国家行动的支持，也需要调动各方积极参与，形成社会扶贫大合力。中国坚持发挥社会主义制度优势，构建了政府、社会、市场协同推进，专项扶贫、行业扶贫、社会扶贫互为补充的大扶贫格局，形成了跨地区、跨部门、跨单位、全社会共同参与的多元主体的社会扶贫体系，明显促进了全社会合力攻坚良好局面的形成，彰显社会主义核心价值观的凝心聚力作用。一是加强东西部扶贫协作和对口支援。中国政府强大的政治动员能力和资源整合能力使其在扶贫开发工作中处于主导地位，通过优化政策顶层设计、强化各类法律法规及社会保障制度建设、加大中央和省级财政扶贫投入，为扶贫工作顺利推进保驾护航。各地区各部门不断完善扶贫协作机制，加大资金支持力度，狠抓政策举措落实，促进人才、资金、技术向贫困地区流动，实现优势互补，缩小区域差距，形成了上下联动、东西携手、共奔小康的生动局面。各单位组织开展定点扶贫，中央和国家机关各部门、民主党派、人民团体、国有企业和人民军队等均积极行

动,始终坚持发挥单位优势,立足贫困地区实际,创新帮扶举措,为打赢脱贫攻坚战献计献力。二是用好市场力量开展行业扶贫。打赢脱贫攻坚战是处理好分配问题进而走向共同富裕的关键一步。党的十八大以来,市场在脱贫攻坚战中所发挥的作用显著,产业扶贫、就业扶贫、科技扶贫、教育扶贫、文化扶贫、健康扶贫、消费扶贫、电商扶贫、光伏扶贫、旅游扶贫,通过开放市场,将贫困地区的劳动力和生产资料要素调动和结合起来,建立了稳定脱贫的长效机制。以民营企业为主力开展"万企帮万村"行动参与扶贫开发,实现互惠互利、共同发展,成效显著。三是社会组织、慈善社工力量参与扶贫。强大的动员体系是中国特色社会主义的优势之一,也是脱贫攻坚工作体系建设的重要组成部分。广大社会组织积极响应党中央、国务院号召,广泛参与脱贫攻坚,截至 2019 年年底,全国性社会组织 2301 家①,均不同程度地参与了扶贫工作。此外,中国还设立国家扶贫日,建立脱贫攻坚国家荣誉制度,表彰脱贫攻坚先进典型,营造了人人愿为、人人可为、人人能为的社会帮扶氛围。

(四)坚持精准扶贫精准脱贫基本方略,解决好"扶持谁""谁来扶""怎么扶""如何退"问题

脱贫攻坚,贵在精准,重在精准,成败之举在于精准。必须坚持精准扶贫、精准脱贫,坚持扶持对象精准、项目安排精准、资金使用精准、措施到户精准、因村派人精准、脱贫成效精准"六个精准",解决好"扶持谁""谁来扶""怎么扶""如何退"问题,不搞大水漫灌、不搞"手榴弹炸跳蚤",因村因户因人施策,对症下药、精准滴灌、靶向治疗,扶贫扶到点上、扶到根上。党坚持对扶贫对象精细化管理、对扶贫资源精细化配置、对扶贫对象精准化扶持,确保贫困资源真正用在扶贫对象上、真正用在贫困地区。一是精准识别、建档立卡,解决"扶持谁"问题。精准扶贫、精准脱贫,首要的是确保把真正的贫困人口弄清楚,摸清贫困人数、贫困程度、致贫原因底数。2014 年,中国建立起针对贫困户、贫困村、贫困县和集中特困地区的建档立卡工作体系。贫困户以整户的方式进行识别,以农户收

---

① 数据由民政部提供。

入为基本依据,综合考虑住房、教育、健康等情况,通过农户申请、民主评议、公示公告和逐级审核的方式认定。以贫困发生率、全村农民平均收入水平为主要依据,识别贫困村。通过科学制定贫困识别的标准和程序,组织基层干部进村入户,逐村逐户开展贫困识别,对识别出的贫困村、贫困户建档立卡,决不落下一个贫困地区、一个贫困群众。建档立卡在中国扶贫史上第一次实现贫困信息精准到村到户到人,第一次逐户分析致贫原因和脱贫需求,第一次构建起国家扶贫信息平台,为脱贫攻坚扣好"第一颗扣子"。二是加强领导、建强队伍,解决"谁来扶"问题。越是进行脱贫攻坚,越是要加强和改善党的领导,既要选好配强党组织领导班子、认真履职尽责、不辱使命,也要健全干部担当作为的激励和保护机制,更要加强考核评估和监督检查,打造强有力的工作队伍。脱贫攻坚过程中,建立了中央统筹、省负总责、市县抓落实的管理体制和片为重点、工作到村、扶贫到户的工作机制,构建起横向到边、纵向到底的工作体系,党的政治优势、组织优势得到充分发挥。三是区分类别、靶向施策,解决"怎么扶"问题。按照因村因户因人施策的要求,扎实开展"五个一批"工程,通过发展生产脱贫一批、易地搬迁脱贫一批、生态补偿脱贫一批、发展教育脱贫一批、社会保障兜底一批,坚持用发展的办法解决发展不平衡不充分问题,为经济社会发展和民生改善提供科学路径和持久动力。四是严格标准、有序退出,解决"如何退"问题。严格执行退出标准和程序,科学设定时间表、留出缓冲期、实行严格评估、实行逐户销号,确保脱真贫、真脱贫。可以说,全过程精准是中国脱贫攻坚最重要的法宝。这些思想、方法,也是对当代公共政策的创新和发展。

（五）坚持开发式扶贫与保障式扶贫相结合,创新区域性整体扶贫机制

发展是甩掉贫困帽子的总办法,是解决贫困的根本途径。在脱贫攻坚过程中,建立起了把"增进福祉"和"人的发展"有机结合的制度体系,充分尊重贫困人口的主体性,在兜底保障制度的基础上,提高贫困人群自我发展机会和能力。一是把开发式扶贫作为脱贫的基本路径。开发式扶贫方针是中国特色减贫道路的鲜明特征,其本质是从救济式扶贫到开发式扶贫的转变,用好专项扶贫、产业扶贫、金融扶贫等措施,开发当地资源,改善生产条件,发展商品经济主导产业,帮助有劳动能力的贫困群体树立勤劳致富、脱贫光荣的价值取向,增强内生动力和发展能力,走出一条自我战胜贫困的道路。近年来,中国对贫困地区的支持力度空前加大,特别是在基础设施建设领域,贫困地区与外界的连通性显著增强,经济发展条件显著改善,农民生产生活条件显著提升,同时,适应乡村经济多元化趋势,大力发展乡村特色产业,健全贫困户分享产业链增值收益的机制,提升带贫益贫效果。二是发挥兜底保障在脱贫工作中的重要作用。兜底保障是全面建成小康社会的底线制度安排,重点针对完全丧失劳动能力或部分丧失劳动能力,且无法依靠产业就业帮扶脱贫的贫困人口,建立以社会保险、社会救助、社会福利制度为主体,以慈善帮扶、社工助力为辅助的综合保障体系,充分发挥兜底保障效应。面对经济发展对低收入人群涓滴效应逐步减弱等问题,政府逐渐强化保障制度在反贫困工作中的重要作用,针对劳动力不足的家庭,保障的覆盖范围和保障力度不断提高,切实把兜底保障网做密做实。坚持开发式扶贫与保障式扶贫相结合,是增进人民福祉、促进人的全面发展的必然要求,是解决人民日益增长的美好生活需要和不平衡不充分的发展问题的有力举措。

(六)坚持调动广大贫困群众积极性、主动性、创造性,激发脱贫内生动力

"志之难也,不在胜人,在自胜。"贫困群众既是脱贫攻坚的对象,更是脱贫致富的主体,激发人民群众自力更生、艰苦奋斗的内生动力,对人民群众创造自己的美好生活至关重要。脱贫必须摆脱思想意识上的贫困,引导贫困群众树立"宁愿苦干、不愿苦熬"的观念,充分调动贫困群众的积极性、主动性、创造性,坚持扶贫和扶志、扶智相结合,把激发扶贫对象的内生动力摆在突出位置,用人民群众的内生动力支撑脱贫攻坚,用双手改变贫困落后的面貌。扶贫先扶志,中国反贫困斗争能够取得历史性成就,在于始终坚持从思想上"拔穷根"。对于农村贫困人口而言,不仅需要物质财富的支援,更需要精神和文化营养的补给。扶志就是扶思想、扶观念、扶信心,帮助贫困群众树立起摆脱困境的斗志和勇气。"幸福都是奋斗出来的"。据统计,全国超过九成建档立卡贫困户通过多种方式参与到产业发展当中,2/3以上的贫困人口依靠产业和外出务工实现了脱贫,产业、就业扶贫发挥着强基固本、行久致远的突出作用。扶志必扶智,充分发挥教育扶贫先扶智的先导性、治贫先治愚的基础性、脱贫防返贫的全局性作用是中国打赢脱贫攻坚战的根本之策。在脱贫攻坚战中,建立了较为完善的教育脱贫工作体系,充分发挥了教育阻断贫困代际传递的重要作用,形成了多方参与、各展其能的教育脱贫攻坚大格局。此外,文化扶贫、健康扶贫、典型宣传也通过提升贫困人口的人力资本提升了贫困人口的流动性和就业能力,具有长久的社会效益。要坚持"富脑袋"和"富口袋"并重,加强扶贫同扶志扶智相结合,让贫困群众敢想敢干、能干会干,构建起有内生动力、有活力,能够让贫困人口自己劳动致富的长效机制。通过使贫困群众增强参与发展、共享发展、自主发展的能力,把人民群众中蕴藏着的智慧和力量充分激发出来,让其不仅成为减贫的受益者,也成为发展的贡献者。

（七）坚持弘扬和衷共济、团结互助美德,营造全社会扶危济困的浓厚氛围

社会主义核心价值观、中华优秀传统文化是凝聚人心、汇聚民力的强大力量,必须推动全社会践行社会主义核心价值观,传承中华民族守望相助、和衷共济、扶贫济困的传统美德,引导社会各界关爱贫困群众、关心减贫事业、投身脱贫行动。党切实强化社会合力,完善社会动员机制,搭建社会参与平台,坚持专项扶贫、行业扶贫、社会扶贫多方力量、多种举措有机结合互为支撑的"三位一体"社会扶贫大格局,形成了人人愿为、人人可为、人人能为的社会帮扶局面。一是弘扬社会主义核心价值观推进脱贫攻坚工作。脱贫致富的实践过程不但是改造客观世界、建设物质文明的过程,也是改造主观世界、建设精神文明的过程,必须要发挥社会主义核心价值观的精神引领和价值支撑作用。党通过弘扬社会主义核心价值观凝聚社会共识,坚定决胜全面建成小康社会的必胜信心,充分发挥社会主义核心价值观的凝聚力、向心力,团结集中广大社会力量,一鼓作气、攻坚克难。二是调动各方力量形成全社会参与的大扶贫格局。"人心齐,泰山移",脱贫致富不仅仅是贫困地区的事,也是全社会的事,通过更加广泛、更加有效地动员和凝聚各方面的力量,凸显了中国政治优势和制度优势。在党的统筹协调与大力推动下,东西部扶贫协作、定点扶贫等举措为打赢脱贫攻坚战、推动高质量发展奠定了坚实基础。东部地区帮钱帮物、推动产业层面合作,中央和国家机关各部门、人民团体围绕定点扶贫工作取得积极成效,各类非公有制企业、社会组织、个人等自愿采取包干方式参与扶贫,发挥单位行业优势,提高扶贫成效。三是弘扬守望相助、扶危济困的传统美德。通过研究其他国家的成功做法,创新中国慈善事业制度,动员全社会力量广泛参与扶贫事业,鼓励支持各类企业、社会组织、个人参与脱贫攻坚。同时,引导社会扶贫重心下沉,促进帮扶资源向贫困村和贫困户流动,实现同精准扶贫有效对接。

（八）坚持求真务实、较真碰硬,做到真扶贫、扶真贫、脱真贫

"出水才见两腿泥",扶贫工作必须务实,脱贫过程必须扎实,脱贫结果必须真实。要经得起历史检验,攻坚战就要用攻坚战的办法打,关键在准、实两个字。只有打得准,发出的力才能到位;只有干得实,打得准才能有力有效。一是领导工作实,做到谋划实、推进实、作风实,求真务实,真抓实干。党把全面从严治党要求贯穿脱贫攻坚全过程和各环节,拿出抓铁有痕、踏石留印的劲头,把脱贫攻坚一抓到底,坚决反对形式主义、官僚主义,一切工作都落实到为贫困群众解决实际问题上。二是任务责任实,做到分工实、责任实、追责实,分工明确,责任明确,履责激励,失责追究。加快贫困地区脱贫致富步伐,需真抓实干,贯彻精准扶贫的要求,做到目标准确、任务明确、责任明确、举措明确,精准发力。三是资金保障实,做到投入实、资金实、到位实,精打细算,用活用好,用在关键,用出效益。为支持脱贫攻坚,中央和有关部门、地方出台了一系列政策举措,强度密度空前,必要时采取一些超常规的办法。脱贫攻坚期内,扶贫政策保持稳定,贫困县、贫困村、贫困人口退出后,相关政策继续执行。驻村帮扶、东西部扶贫协作、定点扶贫等政策继续执行。四是督查验收实,做到制度实、规则实、监督实,加强检查,严格验收,既不拖延,也不虚报。一方面,建立健全督查督导体系,包括地方党委和政府的属地监督,中央督查巡查和专项巡视监督、扶贫主管部门职能监督、扶贫审计监督纪检监察机关专责监督、民主监督和社会监督,多元化主体协同联动、互相配合;另一方面,通过分类考核、交叉考核、第三方评估和媒体暗访的方式,有效防止扶贫"钻空子"。依托实施经常性的督查巡查和最严格的考核评估,对脱贫攻坚责任、政策、工作落实情况开展严格监督,层层传导压力,加强风险防控,中国帮扶工作扎实有序、脱贫成果真实可靠。

五、推动巩固拓展脱贫攻坚成果同乡村振兴有效衔接

"胜非其难也,持之者其难也。"[①]脱贫攻坚战的全面胜利,标志着我们党在团结带领人民创造美好生活、实现共同富裕的道路上迈出了坚实的一大步。脱贫摘帽不是终点,而是新生活、新奋斗的起点。在乘势而上开启全面建设社会主义现代化国家新征程、向第二个百年奋斗目标进军的节点上,要把全面推进乡村振兴作为实现中华民族伟大复兴的一项重大任务,举全党全社会之力加快农业农村现代化,让广大农民过上更加美好的生活。民族要复兴,乡村必振兴,全面建设社会主义现代化国家,实现中华民族伟大复兴,最艰巨最繁重的任务依然在农村,最广泛最深厚的基础依然在农村,新发展阶段"三农"工作依然极端重要,须臾不可放松,务必抓紧抓实。2020年后,中国将把减贫事业纳入实施乡村振兴战略框架下统筹安排,巩固拓展脱贫攻坚成果,建立长短结合、标本兼治的体制机制,平稳有序实现巩固拓展脱贫攻坚成果同乡村振兴有效衔接,工作不留空档,政策不留空白,坚决守住不发生规模性返贫的底线。要认清形势、把握规律、奋勇前进,为全面建设社会主义现代化国家开好局、起好步,以优异的成绩为第二个百年奋斗目标奠定坚实的发展基础。

(一)全面加强党的集中统一领导

全面推进乡村振兴的深度、广度、难度都不亚于脱贫攻坚,必须采取更有力的举措,汇聚更强大的力量,以贯彻落实《中国共产党农村工作条例》为抓手,推动健全乡村振兴政策体系、工作体系、制度体系,形成全党

---

① 习近平:《在脱贫攻坚总结表彰大会上的讲话》,人民出版社2021年版,第20页。

全社会合力促振兴的工作格局。一是健全领导体制和工作体系。健全中央统筹、省负总责、市县乡抓落实的工作机制,强化五级书记抓乡村振兴,省、市、县党委定期研究乡村振兴工作,县委书记当好乡村振兴的"一线总指挥",构建责任清晰、各负其责、执行有力的乡村振兴领导体制。充分发挥中央和地方党委农村工作领导小组牵头抓总、统筹协调作用,建立统一高效的决策议事协调工作机制。及时做好巩固拓展脱贫攻坚成果同全面推进乡村振兴各方面工作的有机结合,将脱贫攻坚工作中形成的组织推动、要素保障、政策支持、协作帮扶、考核督导等工作机制,根据实际需要运用到推进乡村振兴。二是科学制定发展规划。以实施乡村振兴战略规划为引领,科学编制"十四五"时期巩固拓展脱贫攻坚成果同乡村振兴有效衔接规划,统揽脱贫地区具体发展规划的编制和实施,带动建设项目和具体工作举措统筹部署推进,将实现巩固拓展脱贫攻坚成果同乡村振兴有效衔接的重大举措、脱贫地区巩固拓展脱贫攻坚成果和乡村振兴重大工程项目纳入"十四五"规划。三是强化考核及结果应用。与高质量发展综合绩效评价做好衔接,科学设置考核指标,强化乡村振兴督查,将巩固拓展脱贫攻坚成果纳入市县党政领导班子和领导干部推进乡村振兴战略的实绩考核范围,将考核结果作为干部选拔任用、评先奖优、问责追责的重要依据。加强乡村振兴宣传工作,在全社会营造共同推进乡村振兴的浓厚氛围。

(二)健全脱贫成果巩固拓展长效机制

巩固拓展脱贫攻坚成果是全面推进乡村振兴的前提和基础,2020年后,要在过渡期内下更大功夫,坚持有序调整、平稳过渡,巩固拓展脱贫攻坚成果,坚持把不发生规模性返贫作为底线任务。一是保持政策整体稳定。设立5年过渡期,严格落实"四个不摘"要求,对现有帮扶政策逐项分类优化调整,合理把握政策调整的节奏、力度、时限。投入力度不减、帮扶队伍不撤,各级财政投入要与巩固拓展脱贫攻坚成果、做好衔接要求相匹配,逐步实现由集中资源支持脱贫攻坚向全面推进乡村振兴平稳过渡,推动"三农"工作重心发生历史性转移。二是健全防止返贫动态监测和帮扶机制。充分利用建档立卡信息系统成果,健全防止返贫大数据检测平台。对脱贫县、脱贫村、脱贫人口开展监测,真正做到早发现、早干预、早帮扶。做好对脱贫不稳定户、边缘易致贫户,以及因病因灾因意外事故等刚性支出较大或收入大幅缩减导致基本生活出现严重困难的人口,开展定期检查、动态管理。优化完善制度性兜底保障政策,合理设置保障标准,健全兜底保障政策对象动态调整机制,确保不出现规模性返贫。三是巩固"两不愁三保障"脱贫成果。坚持现行脱贫攻坚目标标准,落实行业主管部门工作责任,全力支持解决义务教育、基本医疗、基本住房安全、饮水安全方面尚存在的突出问题,防范风险,提高保障水平。

（三）强产业稳就业全力改善民生

产业发展既是增强脱贫摘帽地区发展基础、增强造血功能的主要依托,也是增加脱贫群众收入、增强内生动力和发展信心的重要途径,使贫困地区真脱贫、脱真贫,就必须有产业的支撑和引领,稳定加强发展扶持政策举措,引导和支持以县为单位,坚持因地制宜、因村施策,规划发展乡村振兴特色产业,实施种养业提升行动,持续加大就业和产业扶持力度。一是发展脱贫地区特色产业。要立足当地特色资源,推动乡村产业发展壮大,优化产业布局,探索建立更加有效、更加长效的发展机制,让农民更多分享产业增值收益。从注重政策支持到更加注重利用市场机制,尊重市场规律和产业发展规律,从注重项目争取到更加重视特色优势,充分利用贫困地区产业差异性,集中力量扶持特色优势产业,延伸产业链条,打造区域公共品牌,促进产业提档升级。二是促进脱贫人口稳定就业。就业是巩固脱贫攻坚成果的基本措施,要突出农民主体地位,通过发展产业,带动就业,从注重外在驱动到更加注重依靠内生动力,大力培育和引入具有带动能力的市场主体,激发内生动力,让群众的心热起来、行动起来,自力更生、艰苦奋斗,靠辛勤劳动增收致富。要实施好就业优先政策,加大脱贫人口有组织劳务输出力度、支持脱贫地区在涉农项目建设和管护时广泛采取以工代赈方式、继续支持扶贫车间优惠政策、统筹用好乡村公益岗位,确保脱贫群众持续稳定增收。三是强化抗风险能力。完善脱贫地区基础设施条件,提升脱贫地区公共服务水平,做好财政金融投入服务政策衔接,支持人才培育和科技创新,专项安排新增建设用地计划指标,强化产业发展支撑,提高贫困地区产业抗风险能力。此外,对于脱贫攻坚期形成的大量资产,应分类摸清底数,明晰产权关系,加强管理监督,确保在巩固拓展脱贫攻坚成果和乡村振兴中持续发挥作用。

(四)做好易地搬迁后续扶持工作

党的十八大以来,我们完成了960万贫困人口易地搬迁,有效破解了"一方水土养不好一方人"问题。下一步,要针对不同安置方式,因地制宜,扎实做好易地搬迁后续帮扶工作,确保搬迁群众稳得住、有就业、逐步能致富。一是多渠道促进就业。大力发展易地扶贫搬迁后续产业和增加就业,如强化就业培训,采取劳务输出、以工代赈、乡村公益岗位等手段稳定增加就业,夯实搬迁群众适应美好生活的经济基础。二是完善配套基础设施和公共服务。加强集中安置区的道路、水电、通信、公共活动和服务场所等配套基础设施建设,持续改善村容村貌。从教育、医疗等方面改善搬迁群众生产生活条件,增进搬迁群众的幸福感,对原深度贫困地区、大型特大型安置区的配套教育、医疗设施等方面给予政策倾斜支持。加强大型安置区新型城镇化建设。三是提升社区治理能力。加强安置点社区管理,落实属地管理责任,提供一体化、均等化服务保障,做好社区环境整治工作,开展乡村精神文明建设和爱国卫生运动,增强群众心理归属感,促进社区融入,确保群众既能住上新居所,又能过上新生活。四是发展壮大县域经济。加快培育县域产业,逐步缩小搬迁群众与所在地居民收入差距。

(五)完善农村低收入人口常态化帮扶

走中国特色社会主义乡村振兴道路,必须让低收入人口和欠发达地区共享发展成果,在现代化进程中不掉队、赶上来。在为低收入人口创造更多参与产业、转移就业、自主创业的机会、激发内生发展动力的同时,还应加强对农村低收入人口分层分类救助帮扶。对有劳动能力的人口,探索建立稳定脱贫长效机制,坚持开发式帮扶,激励他们勤劳致富。强化产业扶贫、组织消费扶贫、加大培训力度,促进转移就业。继续提供扶贫车间和助残员、护理员、生态护林员等各类就业扶贫公益性岗位。加强扶贫同扶志扶智相结合,让脱贫具有可持续的内生动力。在计算有劳动能力农村低保家庭收入时,扣除必要就业成本。对没有劳动能力的特殊贫困人口,强化社会保障兜底,分层分类实施社会救助。进一步调整低保认定条件,科学认定农村低保对象,提高政策精准性,加大低保标准认定省级统筹力度。将建档立卡贫困户中完全丧失劳动能力或部分丧失劳动能力且无法通过产业就业获得稳定收入的人口,全部纳入农村低保或特困人员救助供养范围,并按困难类型及时给予困难群众医疗、教育、住房、就业的专项救助、临时救助等,做到应保尽保、应兜尽兜,织密织牢丧失劳动能力人口基本生活保障底线。健全养老、儿童、残疾人福利等各项民政帮扶政策,构建综合性政策保障体系。

（六）着力提升脱贫地区整体发展水平

区域发展不平衡是中国贫困问题的根源,西南和西北地区是中国整体发展相对滞后的地区,完成重点地区的乡村振兴与长远发展,必须通过持续性扶贫开发,扎实打好帮扶组合拳,让脱贫县在乡村振兴中不落后、不掉队,进一步促进区域协调发展。一是对重点地区开展分类帮扶。在西部地区脱贫县中集中支持一批乡村振兴重点帮扶县,从财政、金融、土地、人才、基础设施建设、公共服务等方面给予集中支持,增强区域发展能力,并鼓励各地在脱贫县中自主选择乡村振兴重点帮扶县。健全完善乡村振兴重点帮扶县的监测评估机制。二是坚持和完善东西部扶贫协作和对口支援。继续坚持并完善东西部扶贫协作机制,在保持现有结对关系基本稳定和加强现有经济联系的基础上,调整优化结对帮扶关系,做好省际帮扶关系的衔接,防止出现工作断档、力量弱化。保持资金投入力度、干部选派交流力度,加强劳务、产业和消费协作,增强其巩固脱贫成果及内生发展能力。三是优化协作机制。继续动员社会各方面力量参与帮扶,强化以企业合作为载体的帮扶协作,加强乡村振兴中的央企力量,发挥更大作用优势,更加注重发挥市场作用,组织动员民营企业积极投身乡村振兴,开展"万企兴万村"行动。

中国特色社会主义取得举世瞩目的新的伟大成就,中华民族千百年来存在的绝对贫困问题得到解决,全面建成小康社会目标如期实现,中国乡村振兴建设取得重要进展,制度框架和政策体系基本形成。展望未来,在中国共产党的正确领导下,各地区各部门将继续巩固拓展脱贫攻坚成果,做好乡村振兴衔接工作,进一步提高对"三农"工作的重要性和紧迫性的认识,坚持把解决好"三农"问题作为工作的重中之重,举全党全社会之力推动乡村振兴,促进农业高质高效、乡村宜居宜业、农民富裕富足。2025 年,农业农村现代化将取得重要进展,农村发展安全保障更加有力,农民获得感、幸福感、安全感明显提高。2035 年,乡村振兴将取得决定性进展,农业农村现代化基本实现。我们有信心也有能力在第二个百年完成之际实现乡村全面振兴,写好农业强、农村美、农民富的时代答卷。

第一章 中国农村扶贫标准、对象识别和退出管理[*]

中国一直主要采取目标瞄准的方式开展扶贫开发工作,并根据贫困性质、国家发展目标和能力确定扶贫标准。随着扶贫战略目标和对象从区域开发扶贫转向精准扶贫,中国政府建立起了一整套以扶贫标准为基础的扶贫对象精准识别和退出的实施与管理的制度和方法,为全面打赢脱贫攻坚战提供了坚实可靠的基础数据支撑,保证了精准扶贫精准脱贫基本方略的有效实施,体现了中国的减贫经验和减贫智慧。

第一节 中国农村扶贫标准及其管理

中国是世界上少有的同时使用扶贫标准和贫困标准的国家。1986年以来,中国先后三次制定了全国农村贫困标准。最近的一次是2011年将全国贫困标准大幅提高到按2010年不变价格农民人均年纯收入2300元的水平。与此同时,中国还设定不同时期的扶贫标准,用来界定和识别扶贫工作的对象、确定扶贫的目标。中国的扶贫标准,既具有贫困线的统计和监测功能,还承担作为扶贫工作对象界定、扶贫成效审核、监督和验收依据的功能。

中国目前采用的扶贫标准是多维贫困标准,除了收入以外,还包括其他公共服务和社会保障方面的要求和规定。

---

[*] 作者:吴国宝,中国社会科学院农村发展研究所研究员。

一、中国扶贫标准的变化

(一)中国农村扶贫目标、扶贫标准和贫困线的变化

1986 年以来,中国政府基于国家发展战略和对扶贫形势与可用财力的判断,调整其扶贫战略目标,并相应地更新其贫困线和农村扶贫标准。从中国三十多年的扶贫实践历史来看,中国政府总是先确定和调整扶贫战略目标,据此再确定扶贫对象和扶贫标准,然后再设定或调整贫困线。1986 年国务院贫困地区经济开发领导小组成立时,将农村扶贫目标确定为在 5 年时间内解决大多数贫困地区人民的温饱问题,确定了以 1984 年不变价格农民人均年纯收入 200 元作为扶贫标准。这个标准作为国家农村贫困线使用了 22 年,直到 2008 年才被另一条贫困线所取代(见表 1-1)。

表 1-1 中国扶贫目标、扶贫标准和贫困线的变迁

规划时期及规划文本	贫困线	扶贫标准	扶贫目标
1986—1990 年(《国务院贫困地区经济开发领导小组第一次全体会议纪要》)	1984 年不变价格农民人均年纯收入 200 元	农民人均年纯收入 200 元(1984 年不变价格)	在"七五"期间解决大多数贫困地区人民的温饱问题;并在这个基础上,使贫困地区初步形成依靠自身力量发展商品经济的能力,逐步摆脱贫困,走向富裕
1991—1995 年(《中华人民共和国国民经济和社会发展十年规划和第八个五年计划纲要》)			经过五年努力,基本上解决现在尚属贫困地区群众的温饱问题
1994—2000 年(《国家八七扶贫攻坚计划(1994—2000)》)		农民人均年纯收入 500 元(按 1990 年不变价格)(按当年价格相当于 1994 年 751 元、2000 年 951 元)	绝大多数贫困户人均年纯收入稳定达到 500 元以上(按 1990 年不变价格) ——扶持贫困户创造稳定解决温饱的基础条件 ——基本解决人畜饮水困难 ——绝大多数贫困乡镇和集贸市场、商品产地的地方通公路 ——消灭无电县,绝大多数贫困乡用上电 ——基本普及初等教育,积极扫除青壮年文盲 ——开展成人职业技术教育和技术培训,使多数青壮年劳力掌握一到两门实用技术 ——改善医疗卫生条件,防治和减少地方病,预防残疾

续表

规划时期及规划文本	贫困线	扶贫标准	扶贫目标
2001—2010 年（《中国农村扶贫开发纲要（2001—2010 年）》）	2008 年不变价格农民人均年纯收入1196 元	把贫困地区尚未解决温饱问题的贫困人口作为扶贫开发的首要对象；同时巩固扶贫成果	尽快解决少数贫困人口温饱问题，进一步改善贫困地区的基本生产生活条件，巩固温饱成果，提高贫困人口的生活质量和综合素质，加强贫困乡村的基础设施建设，改善生态环境，逐步改变贫困地区经济、社会、文化的落后状况，为达到小康水平创造条件
2011—2020 年（《中国农村扶贫开发纲要（2011—2020 年）》）	2010 年不变价格农民人均年纯收入2300 元	"两不愁三保障"	到 2020 年，稳定实现扶贫对象不愁吃、不愁穿，保障其义务教育、基本医疗和住房。贫困地区农民人均纯收入增长幅度高于全国平均水平，基本公共服务主要领域指标接近全国平均水平，扭转发展差距扩大趋势

　　到"八五"时期（1991—1995 年），国家扶贫目标调整为基本上解决尚属贫困地区群众的温饱问题，扶贫标准和贫困线则未做调整。国家"八七"扶贫攻坚计划时期（1994—2000 年），扶贫目标调整为使绝大多数贫困户人均年纯收入稳定达到 500 元以上（按 1990 年不变价格），同时将扶贫标准提高到按 1990 年不变价格农民人均年纯收入 500 元（比原来的标准提高了 71%），并且增加了扶持贫困户创造稳定解决温饱的基础条件这个新的内容。值得注意的是，在这期间国家的农村贫困线仍未发生改变。

　　进入新世纪的前 10 年，《中国农村扶贫开发纲要（2001—2010 年）》将扶贫目标确定为尽快解决少数贫困人口温饱问题，巩固温饱成果，逐步改变贫困地区经济、社会、文化的落后状况，为达到小康水平创造条件。这个时期的扶贫任务调整为巩固温饱成果、逐步改变贫困地区经济、社会、文化的落后状况。但农村贫困线到 2008 年前依然没有改变，2008 年才作出调整。

　　2011 年出台的《中国农村扶贫开发纲要（2011—2020 年）》，将农村扶贫目标确定为到 2020 年，稳定实现扶贫对象不愁吃、不愁穿，保障其义务教育、基本医疗和住房；贫困地区农民人均年纯收入增长幅度高于全国平均水平，基本公共服务主要领域指标接近全国平均水平，扭转发展差距扩大的趋势。扶贫标准调整为"两不愁三保障",贫困线也调整为按 2010 年不变价格农民人均年纯收入 2300 元。

从上述国家农村扶贫目标、扶贫标准和贫困线及其相互关系变化的历程和实践来看,中国农村扶贫标准、贫困线的变化,总体上服从于国家扶贫战略目标的变化,并且存在扶贫标准和贫困线的相对分离。也就是说,中国事实上一直都存在用以估计和监测贫困人口数量及其变化的贫困线和用以确定扶贫工作对象的扶贫标准并存的状况。这种状况一方面与中国的开发式扶贫战略有关,另一方面也与以收入定义的贫困线在实际工作中使用比较困难有关。

(二)中国农村贫困线变化

1986 年以来,中国共采用过 3 条农村贫困线或农村贫困标准,分别是"1984 年标准""2008 年标准"和"2010 年标准"。

"1984 年标准",是 1986 年国务院贫困地区经济开发领导小组提出的贫困标准,具体为按 1984 年不变价格的农民人均年纯收入 200 元。这是一条低水平的生存标准,其中食物支出比重约占 85%,可保证每人每天 2100 大卡热量的食物需要。这一贫困标准,只能保证较低质量的食物需要,比如主食中粗粮比重较高,副食中肉蛋比重很低,是名副其实的低水平温饱标准。但是,在当时全国农民收入水平都比较低的情况下,如果将贫困标准提高到恩格尔系数比较合理的 60% 以下的程度,相应地按 1985 年的农民收入分配状况,贫困标准要提高到人均年纯收入 300 元(按恩格尔系数 58% 计算,贫困标准为 300 元),这意味着全国需要增加 2.19 亿贫困人口达到 3.2 亿人,贫困发生率会达到 40.2%。这样的贫困规模远远不是当时一年 30 亿元扶贫资金(包括扶贫贷款)可承受的。

"2008 年标准",从 2000 年开始先作为低收入标准使用,2008 年国家正式将其作为贫困线使用,因而也称"2008 年标准"。按 2000 年不变价格每人每年 865 元,这是一条基本温饱标准,食物支出比重降低到 60%,可基本保证实现"有吃、有穿",基本满足温饱。

"2010 年标准",是 2011 年提出的按 2010 年不变价格农民人均年纯收入 2300 元的标准,按 2015 年和 2016 年价格分别为 2855 元和 2952 元,这是结合"两不愁三保障"测定的基本稳定温饱标准。根据国家统计局对全国居民家庭调查结果测算①,在义务教育、基本医疗和住房安全有保障(三保障)的情况下,这一贫困标准包括的食物支出,按农村住户农产品出售和购买综合平均价,可保证每天消费 1 斤米面、1 斤蔬菜和 1 两肉或 1 个鸡蛋,获得每天 2100 大卡热量和 60 克左右的蛋白质,可以满足基本维持稳定温饱的需要,按 2014 年低收入农户消费结构计算,在该标准下农民的实际食物支出比重为 53.5%。

二、中国现行扶贫标准及其福利内涵

中国在 2011 年发布的《中国农村扶贫开发纲要(2011—2020 年)》中,确定将稳定实现扶贫对象不愁吃、不愁穿,保障其义务教育、基本医疗和住房作为 2011—2020 年的农村扶贫标准。2015 年制定的《"十三五"脱贫攻坚规划》进一步明确将稳定实现现行标准下农村贫困人口不愁吃、不愁穿,义务教育、基本医疗和住房安全有保障("两不愁三保障")确定为农村扶贫标准。这前后两种表述的含义之间没有实质性的差异,都是指现行贫困标准下贫困人口稳定实现"两不愁三保障"。它包括两项内容:一是收入水平达到现行农村贫困标准,即 2010 年不变价格 2300元;二是它们同时要稳定实现"两不愁三保障"。从内容来看,中国现行扶贫标准是常规的收入标准与多维生活质量标准的有机统一。从形式上看,使用"两不愁三保障"这种简单明了的表述,可以更直观地展示扶贫标准的含义,既便于扶贫对象理解,也便于扶贫结果监测和社会对扶贫工作的监督。

中国扶贫标准所蕴含的内容和特点,使其在国际比较时容易产生偏差和混乱。人们更习惯于用它的收入部分去和国外的贫困标准进行比较,而容易忽略"两不愁三保障"部分,因而形成对中国扶贫标准的低估。

按通常的理解和精准扶贫中实际的解决方式,"两不愁"部分可以大

---

① 国家统计局住房调查办公室:《中国农村贫困监测报告 2015》,中国统计出版社 2015年版,第 93—95 页。

体等同于扶贫标准的收入部分加上饮水安全保障,因此"两不愁三保障"基本就等同于标准中的收入部分加上饮水安全、义务教育、基本医疗和住房安全4个保障。不过,要准确估计中国现行扶贫标准的福利内涵,并将其转换成可与国际贫困标准比较的标准,却面临着数据和技术方面的挑战。第一,参照系不好选择,如住房安全实际上的解决方式,既有易地搬迁重建新房的,也有危房改造的,还有其他方式安置的,在估计住房安全保障的福利贡献时究竟选择哪种解决方式作为参照系很困难,直接采用建房和修房的实际投入不合理,转换成租金也比较困难;与之类似的还有饮水安全的福利估计。第二,福利分摊和处置方法不好选择,4项保障实际上采取补缺口的方式,即哪项保障存在问题补哪项,没有义务教育学童、家中没有患病人口、没有饮水安全问题、没有住房安全问题的扶贫对象实际并不享受这些保障,在估计4项保障的福利时,究竟是按实际发生额全国扶贫对象分摊还是只在实际享受到的人口中分摊、是在发生的当年分摊还是参照产生效用的时间分摊不好处置。第三,数据获取和处理存在困难,如义务教育保障、基本医疗保障中实际发生的费用有些并不直接通过扶贫对象,因而他们自己也不知道实际从保障中获得了多少好处。另外,政府为实现4项保障所支出的资金有些构成了扶贫对象的收入,有些只是减少了他们的支出。

估算"两不愁三保障"福利内涵,比较理想的方法是建立各种保障的计量模型,使用实际发生的参数加以估计。这是一项短期内难以完成的任务。作为一种替代,可以使用实际发生的政府用于"两不愁三保障"支出除以受益人口的方法进行处理。这样处理假定受益人口在得到政府相关扶持下,相关的安全保障得到稳定实现,从各地的贫困退出评估结果来看,这个假定基本上没有问题。另一个问题是能够包括所有用于实现"两不愁三保障"的支出,目前有很大的困难。由于这部分资金主要来自中央,可以先用中央在这些方面投入的资金估计。

估算"两不愁三保障"的福利内涵,还需要界定几个基本概念。一是安全保障福利的计算范围。根据通常理解的贫困标准的含义,贫困标准是确定贫困人口的门槛收入或消费支出,而不是贫困人口实际收入与贫困标准的缺口,因此,作为标准的"两不愁三保障"福利含义应该包括达到安全保障时所享有的全部福利而非补差形成的缺口福利,恰如采用2300元收入作为标准时,即使某贫困户家庭实际人均收入达到2200元,所用的标准还是2300元而不是补差的100元。二是贫困标准通常是年度标准,对于具有长期效用的住房建设、饮水安全设施建设费用需要折算成年度支出。三是估算扶贫对象享受的安全保障,只能统计他们专享的福利,不能包括一般农村居民都能享受的福利,因此,不能把贫困地区所有的投资和政策性补助都计入在标准所含的福利内。

按照上述假定,使用中央财政实际发生的对扶贫对象饮水安全、义务教育、基本医疗和住房安全保障的投入,按各类项目受益人口计算的福利,加上当年价格计算的收入贫困标准,并将人民币折算成与国际贫困标准可比的2011年美元购买力平价,2018年和2019年中国现行标准下扶贫对象稳定实现"两不愁三保障"的福利折合为人均每天4.66美元和5.20美元(2011年购买力平价),远高于世界银行确定的中等收入国家每天3.2美元的标准,非常接近中高收入国家每天5.5美元的标准。如果考虑到扶贫对象实际受益的"两不愁三保障"投入,还包括地方和社会的投入以及扶贫贷款(用于易地搬迁等),中国现行扶贫标准应该明显超过世界银行确定的中高收入国家的贫困标准。

三、中国扶贫标准管理的经验

中国在过去三十多年的扶贫标准设立、调整和管理中,积累了一些重要的经验,可作为今后扶贫标准管理的重要借鉴。

第一,根据国家发展目标确定和调整扶贫目标、标准。中国把减贫视为国家发展的一个内在组成部分,根据国家发展目标及其变化来确定和调整扶贫的目标、标准。党的十二大确定在2000年前基本建成小康社会的国家发展战略目标;1986年中国开始大规模扶贫开发计划时将扶贫的目标定为解决大多数人的温饱问题,同时确定了保障低水平温饱程度的扶贫标准;后来随着多数人的温饱问题基本得到解决,扶贫目标调整为巩固温饱成果,相应地将扶贫标准提高到满足基本温饱的水平;国家确定全面建成小康社会的新的战略目标以后,扶贫目标被确定为基本消除绝对贫困现象,扶贫标准相应地调整为现行的 2010 年不变价格农民人均年纯收入 2300 元且实现"不愁吃、不愁穿,义务教育、基本医疗和住房安全有保障"。

根据国家发展目标确定和调整扶贫目标、标准,将扶贫标准和国家发展目标直接联系起来,一方面可以更好地通过发展来减贫,另一方面也可以始终让社会的低收入人口和脆弱人群分享改革和发展的成果,更好地促进社会的和谐与进步。中国通过阶段性调整扶贫标准,保持一定规模的扶贫受益人口。从 1986 年开始,中国调整扶贫标准,使需要国家扶持的贫困人口保持在一定的规模。1986 年确定了一条相对比较低的贫困标准,覆盖了全国 15% 的人口;2008 年适当调高扶贫标准,贫困线下的人口占农村人口的 4.2%;2011 年再次调高扶贫标准,享受扶贫政策的人口占到全国农村人口的 12.7%(见表 1-2)。

表 1-2　按不同标准测算的全国农村贫困人口和贫困发生率

年份	1984 年标准		2008 年标准		2010 年标准	
	贫困人口（万人）	贫困发生率（%）	贫困人口（万人）	贫困发生率（%）	贫困人口（万人）	贫困发生率（%）
1978	25000	30.7				
1980	22000	26.8				
1985	12500	14.8				
1990	8500	9.4				
1995	6540	7.1				
2000	3209	3.5				
2005	2365	2.5				
2007	1479	1.6				
2008	1004	1.0	4007	4.2		
2010			2688	2.8	16567	17.2
2011					12238	12.7
2012					9899	10.2
2013					8249	8.5

续表

年份	1984 年标准		2008 年标准		2010 年标准	
	贫困人口（万人）	贫困发生率（%）	贫困人口（万人）	贫困发生率（%）	贫困人口（万人）	贫困发生率（%）
2014					7017	7.2
2015					5575	5.7
2016					4335	4.5
2017					3046	3.1
2018					1660	1.7
2019					551	0.6

资料来源:国家统计局住户调查办公室:《中国住户调查年鉴 2020》,中国统计出版社 2020 年版,第 392 页。

第二,根据可用资源和能力确定和调整扶贫标准。中国使用扶贫标准,不仅仅是为了估计和监测贫困人口及其变化,更主要的是要帮助扶贫标准下的贫困人群脱贫。因此,在一定标准下的贫困人口规模和贫困缺口会对应一定的扶贫资源和能力。中国在确定扶贫标准时,除了考虑国家的发展目标,同时还考虑一个时期国家可用于扶贫的资源和能够组织实施扶贫计划与行动的能力。通过确定和调整扶贫标准来调整扶贫对象的规模,以提高扶贫工作的有效性进而协调国家发展与减贫之间的关系,是中国农村扶贫标准管理的一个主要做法和经验。其中,利用贫困标准与农民人均收入(中位数收入)比值和贫困发生率作为参考依据来调整贫困标准的做法,为今后的扶贫开发管理提供了借鉴参考。

中国"1984 年标准"确定时,贫困标准与全国农民人均收入的比值为51.8%(见表 1-3)。到 2007 年,"1984 年标准"仅为当年全国农民平均年纯收入的 19%,只能覆盖 1.6%的农村总人口。

"2008 年标准"将原来的标准提高 1/3,相当于当年全国农民人均年纯收入的 25.1%。

"2010 年标准",比前一标准提高 92%,与全国农民人均年纯收入的比值达到 38.9%。在中国扶贫政策实践应用中,当贫困标准与农民人均年纯收入的比值下降到接近 20%,前面的标准都相继被提升为更高的标准。

表1-3　中国农村贫困标准与农民收入的关系

年份	1984年标准	2008年标准	2010年标准	农民人均年纯收入	比值		
	（1）	（2）	（3）	（4）	（1）/（4）	（2）/（4）	（3）/（4）
1978	100			133.6	0.749		
1980	130			191.3	0.680		
1985	206			397.6	0.518		
1990	300			686.3	0.437		
1995	530			1577.7	0.336		
2000	625			2253.4	0.277		
2005	683			3254.9	0.210		
2007	785			4140.4	0.190		
2008	895	1196		4760.6	0.188	0.251	
2010		1274	2300	5919		0.215	0.389
2011			2536	6977.3			0.363
2012			2625	7916.6			0.332
2013			2736	8895.9			0.308
2014			2800	9892			0.283
2015			2855	10772			0.265
2016			2952	12363			0.239
2017			2952	13432			0.220
2018			2995	14617			0.205
2019			3218	16021			0.201

注：（1）数据来源：国家统计局历年农村贫困监测报告和《中国住户调查年鉴2016》，中国统计出版
　　社。（2）同一标准，在不同年份根据农村居民消费价格指数变动进行调整，虽然显示数值不同，但
　　代表了同一生活水平，是可比的，而不同标准代表了不同的生活水平，是不可比的。

　　第三，根据国家经济社会发展不断扩充扶贫标准的内涵，并且以具体、直观的方式呈现扶贫标准的变化，使扶贫标准更易于被人理解。中国在1986年确定了满足农民解决低水平温饱要求的扶贫标准，2001年开始将扶贫标准提高到稳定解决温饱，2011年进一步将扶贫标准提高到"两不愁三保障"，在原有基础上增加了义务教育、基本医疗和住房安全保障，从而将扶贫标准中基本需求的范围和内容，从最初的保障基本生存

需求扩展到了包括保障基本生存和发展需求。以"两不愁三保障"表述扶贫标准,是中国扶贫标准的一个重要特点,体现了中国扶贫的智慧。这既可以更好地呼应人民对基本需求提高的期盼,还以形象和直观的表述把标准进步直接呈现出来,这样扶贫对象胸中更有数,扶贫结果和成效监测也更明确。

第四,贫困监测标准与扶贫工作标准相结合,重视扶贫标准的可操作性。中国实行开发式扶贫和精准扶贫。国家扶贫管理既需要作为估计和监测贫困人口规模和程度及其变化的贫困标准或贫困线,同时也需要用于识别和界定扶贫对象的扶贫工作标准。这种贫困监测标准和扶贫工作标准相结合的方式,既可以保证贫困监测结果的相对稳定与可比性,有助于对扶贫成效进行比较和分析,更重要的是可以使具体的扶贫工作能够更便利和有效地识别出扶贫对象。

第五,国家统一扶贫标准和地方自定扶贫标准相结合,在保证实现全国贫困人口最低保障的同时,允许发达地区确定高于全国的标准。中国根据中央统筹、省负总责、市县抓落实的扶贫工作机制,在确定全国统一扶贫标准的同时,允许和鼓励经济发达地区自行确定高于国家统一标准的扶贫标准。这样一方面可以保证全国可以实现国家要求的扶贫标准,另一方面也能够让经济发达省份的低收入人口分享本地社会经济发展的红利,促进国家和地方的社会稳定与共同进步。

在国家确定按 2010 年不变价格农民人均年纯收入 2300 元并保障实现"两不愁三保障"的统一扶贫标准的基础上,东部省份根据本地的经济发展水平和贫困状况分别确定了自己的地方扶贫标准。如江苏省确定"十三五"期间农村扶贫标准为 2015 年价格农民人均年纯收入 6000 元;浙江省确定 2013—2017 年农村扶贫标准为农民人均年纯收入 4600 元,从 2018 年开始改为动态确定省级扶贫标准;广东省 2016 年确定省内农村扶贫标准为农民人均年纯收入 4000 元;福建省确定"十三五"期间农村扶贫标准为 2015 年价格 3497 元;山东省确定农村扶贫标准为 2010 年不变价格农民人均年纯收入 3000 元,由山东省统计局根据价格指数测算各年度的标准,2018 年为现价 3609 元;辽宁省 2017 年扶贫标准为 3247

元。可见,东部地区各省份之间扶贫标准存在较大的差距,但都高于国家扶贫标准。东部 6 省份中辽宁省的扶贫标准最低,比全国统一标准高10%;江苏省的扶贫标准最高,比全国统一标准高 110%。

第二节　中国农村扶贫对象识别和动态调整

　　准确识别和动态调整扶贫对象,是所有目标瞄准扶贫取得成功的前提和基础。中国从 20 世纪 90 年代中期开始探索扶贫对象识别的办法,并在精准扶贫阶段建立和完善了扶贫对象精准识别的相对比较完备的制度和方法。中国在扶贫对象精准识别上取得的进步,不仅有力地支持了全国精准扶贫战略和脱贫攻坚目标的实现,也为世界上扶贫对象识别贡献了中国经验和智慧。

一、中国农村扶贫对象识别的探索

　　对于大规模的精准扶贫工作来说,找准并动态调整扶贫对象、准确找出各个扶贫对象的致贫原因,是一项事关全局的重要工作。而要从近十亿涉农户籍人口中准确识别出数千万扶贫对象,其难度几近于大海捞针。虽然像巴西、哥伦比亚、菲律宾、印度尼西亚等国家也曾做过贫困人口识别的尝试,但其规模远不如中国这么大。

　　中国自 1986 年开始大规模开发式扶贫以来,就强调将有限的扶贫资源有效分配和使用到扶贫对象身上。1996 年,《中共中央　国务院关于尽快解决农村贫困人口温饱问题的决定》要求扶贫攻坚到村到户。部分地区自发开展了扶贫对象建档立卡的试验。2001 年,《中国农村扶贫开发纲要(2001—2010 年)》提出以贫困村规划落实扶贫开发的任务和措施,在全国范围内开展了贫困村识别。但是,直到 2014 年前一直也没有确定全国性的扶贫对象识别标准、程序和管理制度。这些探索为后来在全国范围内开展更规范、更可信的扶贫对象识别积累了有益的经验。

　　2013 年年底,中共中央办公厅、国务院办公厅《关于创新机制扎实推进农村扶贫开发工作的意见》提出建立精准扶贫工作机制,加快了全国扶贫对象精准识别的进程。2014年4月,国务院扶贫办印发了《扶贫开发建档立卡工作方案》,首次提出了全国扶贫对象建档立卡的标准、做法、登记内容等。该方案提出扶贫对象识别以国家扶贫标准为标准,以农户收入为基本依据,综合考虑住房、教育、健康等情况,通过农户申请、民主评议、公示公告和逐级审核等程序确认。根据这个方案,中国在2014年年底前开展并完成了第一次全国农村扶贫对象建档立卡。再经过三年多的探索和总结,中国基本上建立起了扶贫对象识别和动态调整的制度和方法,也在国家扶贫开发历史上第一次实现全国贫困信息基本精准到户到人,第一次逐户找出了致贫原因和脱贫需求,第一次构建起全国统一的包括所有扶贫对象的扶贫开发信息系统,为精准扶贫、精准脱贫工作建立了重要的信息基础。

中国通过制度和方法创新,探索和建立起了全国性的扶贫对象识别和动态调整。

（一）扶贫对象精准识别和动态调整的制度保障

中国通过一系列相关的制度安排,使扶贫对象的识别和调整逐步趋于精准。首先,中央统筹、省负总责、市县抓落实的扶贫工作机制,使省、县等各级党委、政府能够且必须按照中央确定的方案和计划实施对扶贫对象进行识别和调整并承担责任。其次,建立扶贫对象识别和退出的公示和认定制度,使扶贫对象确定和退出,既需要通过公示接受村民的监督,还需要通过扶贫对象与上级单位的认定,可从制度上避免扶贫对象识别的随意性。再次,通过扶贫工作督查、巡查和审计等制度,监督扶贫对象精准识别的结果和程序,如2014年国家审计署对广西壮族自治区马山县审计发现了问题,推动广西壮族自治区乃至全国扶贫对象精准识别进行了重大的制度性调整,引入了扶贫对象识别的大数据应用和排除法。最后,通过建立包括独立第三方参与的贫困退出评估检查制度,形成扶贫对象精准识别的倒逼机制。中国确定的贫困退出评估检查指标和程序,要求对申请退出的贫困县在贫困人口漏评率、贫困户错退率和受访农户满意率上达到国家确定的最低标准,这就从制度上倒逼地方政府尽量减小精准识别的误差,否则可能前功尽弃。

(二)扶贫对象精准识别的方法创新

国内外对扶贫对象精准识别方法的探索已有数十年的时间,迄今已总结出了多种不同的方法及其评价理论。[①] 但是,已有的方法多数只在项目层面或者人口较少的国家或地区实行,如何在像中国这样的发展中人口大国,在缺乏全面的居民收支、税收基础信息的条件下进行全国性的贫困人口识别,现有的理论研究和经验都不能给出现成的答案和建议。

中国经过数年的反复探索和总结,创新了大国扶贫对象识别的方法。其基本内容包括:

第一,以全国大样本居民收支抽样调查数据推断全国和分省的贫困人口数据,通过贫困人口数据的分解,启动扶贫对象的精准识别工作。使用大样本居民收支调查数据估算国家和地区的贫困人口是国际上通用的方法,其科学性与可靠性已获得理论和实证支持。在不进行居民收支普查的条件下,这样处理差不多是最合理的选择。

第二,自上而下、自下而上相结合,运用可观察的多维贫困指标和参与式方法,逐步使扶贫对象识别趋于精准。基于居民收入和支出抽样调查数据估计的贫困人口,受样本规模和抽样误差的影响,只对国家和省一级具有代表性。省以下的贫困人口分解主要参考辖区内市、县、乡镇和村的社会经济发展水平统计数据,而这些数据虽然与贫困人口规模有一定的相关性,但是据以进行贫困人口的分解显然是不充分的。通过贫困人口逐级往下分解的方法可以先初步匡算出到各个村的贫困人口,在村一级再由村组干部按照他们对农户贫富情况的了解确定扶贫对象,从而完成了贫困识别自上而下的过程。到 2014 年年底,全国共识别 2948 万贫困户、8962 万贫困人口。识别出来的贫困人口,比国家统计局估计的2013 年年底全国贫困人口总数多了 713 万人或增加了 8.6%。其原因是最初湖北省、广西壮族自治区等地参照与其发展水平相似的省的贫困人口数据,认为国家统计局估计的自己所在省的贫困人口数量偏低,经上级

---

① David Coady, Margaret Grosh and John Hoddinott, *Targeting of Transfers in Developing Countries: Review of Lessons and Experience*, Washington, D.C.: The World Bank, 2004, pp.1-105.

研究同意,这些省可以在国家统计局估计总数基础上上浮一定比例后再往下分解。

第一轮建档立卡识别出来的扶贫对象,基本上是全国贫困人口总量自上而下分解和各村少数村组干部商量确定的结果。这一方法基本上是中国传统的指标分解计划方法与国外所谓的社区瞄准(community targeting)方法的混合。这种方法存在三个方面的问题:一是省以下贫困人口分解的标准不统一且相关性未经过严格的分析;二是在村内贫困人口的识别更多的是依据家庭财富或消费支出而非收入;三是村内的贫困识别只有少数村组干部参加,对农户的信息掌握不充分且结果缺乏监督。正是由于上述种种方面的原因,第一轮建档立卡确定扶贫对象之后,对有关结果和方法的可靠性和可信性的质疑和诟病就持续不断。所以,从2015年8月至2016年6月,在全国范围内组织开展了建档立卡"回头看"。"回头看"的过程实际上是完善扶贫对象精准识别制度和方法的过程。"回头看"在某种程度上完成了扶贫对象识别自下而上的过程。在这个过程中,各地结合所在地区的实际情况,探索出了多种以多维贫困为基础、以可观察到的指标为依据、以指标核查和农户参与相结合的扶贫对象识别的方法。通过"回头看",全国共补录贫困人口807万人,剔除识别不准人口929万人。

第三,实行建档立卡扶贫对象数据的动态调整。从2017年6月开始,中国再次组织各地完善扶贫对象的动态管理,把已经稳定脱贫的贫困户标注出去,把符合条件、遗漏在外的贫困人口和返贫人口纳入进来,确保应扶尽扶。从此之后,建立了扶贫对象的动态调整机制,关注扶贫对象的动态变化,及时将新生贫困人口和返贫人口分别标注到建档立卡系统中,纳入帮扶范围,保证了符合条件的扶贫对象及时得到帮扶。

二、中国贫困户识别的基本做法

中国在不断探索贫困户精准识别的过程中,逐渐形成了贫困户识别的基本做法,包括具有可操作性和可信性的贫困户识别和更新的程序、方法和管理制度,解决了"两不愁三保障"扶贫标准执行和落地的难题。

（一）建立可操作的识别方法

中国各地结合实际，探索建立了具有地方特色的贫困户识别方法，找到了"两不愁三保障"标准落地的实现方式。虽然地区之间所用方法各有差异，但基本思路和原则大体相似，都包括了建立容易观察和比较的覆盖"两不愁三保障"内容的识别指标、通过社区参与判断和修正调查数据和结果、利用大数据核查等。

确立容易观察和比较的覆盖"两不愁三保障"内容的识别指标。将"两不愁三保障"标准转换成可操作的指标与方法，全国大体采用两种难易程度不同的做法。第一种是相对简单的，是在家庭收入调查的基础上，重点查看与"两不愁三保障"直接相关的情况，如贵州省威宁县创造的"四看法"（一看房、二看粮、三看劳动力强不强、四看家中有没有读书郎），河北省的"五必看"（一看房、二看粮、三看劳动力强不强、四看有没有读书郎、五看有无病人躺在床）和"六优先"［有重病病人的、有重度残疾的、有因贫辍学的、无劳动能力的、无赡养（抚养）义务人的、无安全住房的］等。第二种是基于可观察指标的打分法，广西壮族自治区采用了对农户住房、家电、农机、机动车、饮水、用电、道路、健康、读书、劳动力、务工、土地、养殖、种植等18类近90项指标综合评分的方法，贵州省黔西南州开发了包括住房、教育、健康、耐用消费品、生产条件、资产等多个维度的21个指标，并给予不同的权重，根据综合得分进行贫困户的分类管理方法。

社区参与式评议。参与式评议，利用熟人社会对社区内成员情况熟悉的特点，让社区内有威信的人来评议收集到的农户信息的完整性、真实性和合理性，判断是否存在漏户、拆户、分户、空挂户现象以及家庭人口是否准确等情况。

建立负面清单。确定贫困户识别的负面清单，排除富人入选。各地在贫困户识别中都设定了大同小异的负面清单。负面清单的内容大多包括：成员职业和就业类、房产和其他财产类、已明确享受其他救助政策不宜列入类等内容。其中，家庭成员职业和就业类负面清单包括：家庭成员中有在国家机关或企事业单位工作且有稳定工资收入的；家庭成员中有任村支部书记或村委会主任的;家庭成员中有作为企业法人或股东在工商部门注册有企业且有年审记录的;家庭成员中有长期雇佣他人从事生产经营活动的;举家长年在外(1年以上)并且失联的。房产和其他财产类负面清单多包括:家庭有在城镇购买商品房、门市房等的(不含因灾重建、易地扶贫搬迁和拆迁建房);家庭成员中拥有小轿车(含面包车)、工程机械、大型农机具的。已明确享受其他救助政策不宜列入的清单主要是享受集中供养政策的五保人员。有些地区还将子女或法定赡养扶养人收入明显高于当地扶贫标准未尽赡养扶养义务的老人户也列入负面清单中。

(二)实行严格公开透明的识别程序

在精准识别贫困户的过程中,各地探索并建立起了包括入户调查和信息收集、参与式评议、审核、大数据核查、公示和确认等程序。

入户调查和信息收集。进入农户进行现场观察、调查和收集数据,被作为精准识别的必需程序,避免了仅仅依靠基层报告和数据确定方式可能出现的农户信息错报、漏报现象。入户调查基本操作程序包括负责入户调查的工作队员进农家了解农户基本情况,查看家庭生活设施和生产设施、估算农户收入、支出和债务,并与同村农户的住房、收入、资产、外出务工等情况进行比较等环节。

参与式评议。参与式评议,根据行政村的大小,可以采取行政村一级评议或村民小组和行政村两级评议的方式。村民小组评议,一般由村民小组长或村"两委"干部主持,评议代表5—9人(单数),由村"两委"干部、村民小组长、驻村退休干部、村里德高望重的老人、老党员、人大代表、政协委员、妇女代表、驻村工作队员等组成,评议结果要获得2/3以上代表通过;行政村评议,一般由村第一书记或村支部书记或村委会主任主持,评议代表9—15人(单数),由驻村干部、驻村退休干部、村里德高望重的老人、老党员、人大代表、政协委员、妇女代表、村教师和村"两委"干部、村民小组长等组成,评议结果要获得2/3以上代表通过。

审核。对扶贫对象识别结果和程序审核,是履行和实现地方各级政府组织对精准扶贫、精准识别工作责任的重要方式,也是扶贫对象精准识别的重要程序。在地方层面对贫困户识别的审核,主要包括行政村、乡镇和县三级。行政村"两委"负责对贫困户名单进行审核,乡(镇)党委和政府负责对贫困户名单及其确定程序进行抽验审核,县委、县政府负责对各乡镇上报的贫困户名单及其确定程序进行抽验审核。

大数据核查。大数据核查,将候选贫困户名单交由本地市县公安、国土、房产、工商、税务等有关部门进行农户财产检索,核查农户拥有房地产、车辆、开办公司、收入等情况。

公示和确认。通过公示接受群众的监督是保证贫困户识别结果公平公正、获得群众认可的重要程序。多数地方采取初选结果出来之后在行政村、自然村或村民小组公示贫困户候选名单的做法,少数采取综合打分法的地方则增加一次在村民小组公示农户分数。待贫困户名单公示无异议后,县扶贫开发领导小组在政府网站和行政村对确定的贫困户名单进行公告。对公告结果仍有异议的,仍可通过相关程序提出诉求。

(三)建立贫困户识别和数据更新的制度

中国在精准扶贫中建立了贫困户精准识别和数据更新的相关制度。《扶贫开发建档立卡工作方案》明确了贫困户建档立卡原则、方法和步骤,对对象初选、公示公告、数据录入和更新等作出了具体规定。在国家总体方案的基础上,各地根据地方特点和情况,制定了更具有可操作性的规定和制度,进一步明确和规范了各参与组织和人员的责任与要求、贫困户识别的方法与程序、数据录入和更新的要求等。

三、贫困村识别

(一)中国贫困村识别的探索

随着贫困规模的不断减小,中国贫困人口分布呈现出"大分散、小集中"的新特点。《中国农村扶贫开发纲要(2001—2010年)》提出扶贫要"到村到户",将扶贫的区域瞄准方式从县级瞄准延伸到村级瞄准,在一定程度上扭转了贫困县以外的贫困人口享受不到扶贫政策和资金的状况。

2002年,全国一共确定了148051个贫困村,作为扶贫工作重点,强调以村为单位调动农民的参与积极性进行农村扶贫综合开发。确定的贫困村占全国行政村的 21.4%,覆盖 83% 的贫困人口①,分布在全国 1861 个县(区、市),占全国县单位总数的 68.8%。其中约一半的村位于西部地区,82256 个重点村分布在重点县,占全国重点村总数的 55.6%。国务院扶贫办在总结各地实践经验的基础上,以贫困村整村推进扶贫规划为切入点,在全国范围内推动"整村推进扶贫工作"。

截至 2010 年年底,全国共有 12.6 万个贫困村实施了整村推进,占贫困村总数的 84%。中央和地方共计投入财政扶贫资金 789 亿元,村均投入约 63 万元。通过整村推进扶贫工作的开展,贫困村在基础设施、产业发展、社会事业、村容村貌等方面实现了突破,农户的生产生活条件得到了较大改善。与此同时,在同一县域内,实施整村推进的贫困村农民人均年纯收入比没有实施的增幅高出 20% 以上②。

2014 年,中国将贫困村识别作为扶贫对象精准识别的重要部分,将贫困村作为实现贫困地区基本公共服务均等化以及产业扶贫、就业扶贫、基础设施改善的重点单元,再次在全国范围内开展了贫困村识别,按照中央确定的识别方法和程序,最终识别出了 12.8 万个贫困村。

(二)中国贫困村识别的标准、程序和方法

中国贫困村识别采取类似于贫困户识别的思路和方法。

识别标准。贫困村识别采取的基本上属于相对贫困的标准。一是根据区域发展水平确定各省的贫困村规模。中国按照"省负总责"的要求,由省级扶贫开发领导小组研究确定本省贫困村规模,并由省扶贫办报国务院扶贫办核定。北京市、天津市、辽宁省、上海市、江苏省、浙江省、福建省、山东省、广东省等东部 9 省(直辖市)贫困村识别规模原则上控制在行政村总数的 15% 左右;河北省、山西省、吉林省、黑龙江省、安徽省、江西省、河南省、湖北省、湖南省、海南省等中部 10 省原则上控制在 20% 左右;内蒙古自治区、广西壮族自治区、重庆市、四川省、贵州省、云南省、西藏自治区、陕西省、甘肃省、青海省、宁夏回族自治区、新疆维吾尔自治区

① 范小建主编:《扶贫开发形势和政策》,中国财政经济出版社 2008 年版,第 17 页。
② 国务院扶贫办等:《扶贫开发整村推进"十二五"规划》,2012 年 8 月,见 http://www.cpad.gov.cn/art/2012/10/19/art_50_10362.html,2012 年 10 月 19 日。

等西部 12 省(自治区、直辖市)原则上控制在 30% 左右。二是在省内考虑贫困程度、农民收入和村集体经济水平确定具体的贫困村,具体来说,要求贫困村(行政村)贫困发生率比全省贫困发生率高一倍以上,2013 年全村农民人均年纯收入低于全省平均水平 60%,且行政村无集体经济收入。

识别程序。贫困村识别,采取规模控制和分解、对象初选、公示公告等程序。各省将贫困村识别规模逐级分解到乡镇。按照贫困村识别标准,符合条件的行政村采取"村委会自愿申请、乡镇人民政府审核、县扶贫开发领导小组审定"的流程进行。

规模分解。各省将该省确定的贫困村规模分解到县,各县将规模分解到乡镇。

初选对象。乡镇人民政府向各村宣传贫困村申请条件和工作流程。各村在广泛征求群众意见和村级组织充分讨论的基础上,自愿提出申请,报乡镇人民政府审核,根据贫困村入选标准形成贫困村初选名单。

公示公告。乡镇人民政府将贫困村初选名单在乡镇范围内各村进行公示,经公示无异议后报县扶贫办,经县扶贫开发领导小组审定后进行公告。

数据更新。贫困村信息要求及时更新,并录入全国扶贫信息网络系统,实现贫困村信息动态管理。此工作在县扶贫办指导下,由乡镇人民政府组织帮扶单位、村委会和驻村工作队在次年 1 月底前完成。

四、对象识别的主要经验

中国通过多年的实践探索,有效地解决了困扰世界各国目标瞄准扶贫中扶贫对象识别的难题,为世界减贫事业贡献了中国经验和智慧。中国扶贫对象识别的主要经验包括以下四个方面。

(一)通过明确各级政府责任来杜绝扶贫造假

中国建立了脱贫攻坚责任制,明确了各级组织在脱贫攻坚中的责任,并实行严格的问责制。对扶贫对象识别核查结果存在问题的,按照"谁调查、谁登记、谁审核、谁签字、谁负责"的原则,严格追究相关人员的责任,为工作队员和基层组织履职尽责戴上了"紧箍咒",划定了"警戒线",

从而增加了有意造假的成本,在一定程度上减少和避免了因工作失误和利益纠葛产生的有意造假。

(二)通过广泛宣传培训,公开建档立卡户的标准、程序和可享受的福利,更好地发挥农户对扶贫对象识别的监督作用

中国在完善扶贫对象识别过程中,各地纷纷加强了建档立卡的宣传和培训。通过宣传贫困户识别的目的、意义、标准和程序以及帮扶的内容,确保精准识别工作家喻户晓,为精准识别的顺利开展奠定良好的基础,也便于更好地发挥群众在识别中的监督作用。通过对驻村干部和扶贫工作人员的培训,确保进村入户的工作人员充分了解识别程序、熟练掌握识别方法和评分标准,提升对扶贫对象的识别能力。

(三)在优化收入测算指标的基础上,结合多维可观察指标、大数据应用和负面清单,提高扶贫对象识别的准确性

中国在扶贫对象识别中认识到了一次性全面收入统计存在的问题,对收入测算指标进行了优化,更多地关注重要收入来源类型的不遗漏而非十分精准的成本收入数字;重点增加了易于识别的多维可观察指标,如劳动力、健康、就业、教育、住房等。同时通过信用工商登记、税务登记、房产登记、机动车登记等大数据和负面清单,排除不该被识别为扶贫对象的名单。通过这些技术创新,提高了扶贫对象识别的准确性。

(四)通过加强民主评议和公示公告来保证结果的客观公正性

中国在扶贫对象识别中引入和加强民主评议和公示公告制度。通过让村民小组或村民代表逐户进行民主评议,公示打分情况和评议结果,更好地发挥社区成员对农户情况熟悉的作用。同时,将初步识别的结果和依据公之于众,接受群众的监督和反馈,减少和尽量避免人情和宗族因素等对识别结果的影响,提高识别的精准性。

第三节　中国农村贫困退出管理

贫困退出管理,是指依据明确的标准和合理的程序、采取科学可信的方法对已识别出来并享受了帮扶政策和措施的扶贫对象退出结果的评估、认定和批准的过程和行为。贫困退出管理是脱贫攻坚规划评估的重要环节，是实现和确保精准脱贫的关键制度安排。中国的贫困退出，包括国家贫困县、扶贫工作重点村和建档立卡户三类扶贫对象的退出。贫困退出管理，包括建立贫困退出机制、标准、程序和方法。

一、中国农村贫困退出制度的建立和完善

（一）中国农村贫困退出制度的探索

中国在 1986 年正式确定贫困县及相应的扶贫开发管理体制。在 1994 年《国家八七扶贫攻坚计划》启动后，对 1986 年以来确定的贫困县，国务院扶贫开发领导小组根据贫困县农民人均年纯收入进行了调整。调整的标准是将已在国家贫困县名单中且农民人均年纯收入超过 700 元的县清退出去，将原来不在国家贫困县名单内但农民人均年纯收入低于 400 元的县纳入名单中。根据这个标准，全国有河北省涿鹿县等 27 个县退出了当时的国家级贫困县名单。这是中国的贫困县第一次正式退出。2001 年，中央调出东部 6 省和西藏自治区的 38 个县，还将河北省易县等 51 个县退出了国家级贫困县系列，两项合计使 89 个县退出。这是自中国设立国家贫困县以来最大规模的国家贫困县退出。2011 年，中央确定"高出低进、出一进一、自主调整、总量控制"的原则对原来的 592 个重点县进行了再一次大范围调整，调出 38 个，同时调进 38 个。这三次贫困县退出，虽然背景和条件有较大的差异，但都具有三个共同的特点：一是退出标准主要是贫困县农民人均年纯收入，很少考虑贫困人口规模和贫困发生率，因此不能充分反映退出贫困县实际的贫困状况；二是退出的大体程序是中央确定标准后直接依靠统计数据估算出该退出的县，然后由中央相关部门（国务院扶贫开发领导小组）以文件的形式通报结果，过程的公开透明度较低，易为外界诟病；三是退出管理的方法偏于简单，影响结果的权威性和可信性。

2016 年，国家第一次采取第三方评估的方式，对申请退出的贫困县开展独立评估，拉开了贫困县规范化退出的序幕。相较于前三次，脱贫攻

坚时期的贫困县退出面临大得多的社会压力和政治压力。其一,脱贫攻坚中政府和社会在资金和人力资源投入的力度和强度数十倍甚至数百倍于以前的扶贫开发,没有令人信服的贫困退出结果无法对全国人民交代;其二,脱贫攻坚政策和活动引起了全社会的高度和广泛的关注,没有公开透明的退出结果难以服众;其三,脱贫攻坚一直被视为实现全面建成小康社会目标的难点和短板,贫困退出的质量和可信性在很大程度上影响甚至决定全面建成小康社会目标实现的质量和成色。因此,在总结前三次贫困县退出管理经验教训的基础上,中共中央办公厅、国务院办公厅印发了《关于建立贫困退出机制的意见》(以下简称《意见》),明确了建立贫困退出机制的指导思想、基本原则、退出标准和程序、工作要求等。

(二)中国农村贫困退出制度的建立和完善

《意见》出台后,贫困退出启动正式工作。2016 年年底,国务院扶贫办组织开展了对江西省井冈山市和河南省兰考县这两个比较特殊的贫困县退出的评估,并在 2017 年 2 月由所在的江西省和河南省宣布两市县的正式退出。这是贫困县退出评估的一次试验,测试了贫困县退出评估方案的合理性和可行性。紧接着自 2018 年 7 月开始,国务院扶贫办组织开展了对 2017 年退出贫困县的评估,进一步完善了贫困县退出评估的组织、问卷、指标等内容,在培养全国贫困退出评估队伍的同时,也为转入贫困退出评估"省负总责"的状态摸索了经验。随后对 2018 年退出的贫困县改由各省参照中央确定的退出评估方案具体实施省级评估,国务院扶贫办则对省级组织的退出评估开展抽查,抽查省级贫困退出评估标准准确性、程序规范性、结果真实性以及组织管理中存在的问题,借以完善贫困县退出评估的组织和实施方案。

二、中国农村贫困退出的标准、程序和方法

(一)中国农村贫困退出标准和指标

贫困退出标准。中国农村贫困退出标准与国家扶贫标准一致。贫困退出分别设有贫困人口、贫困村和贫困县退出标准。

贫困人口退出标准。贫困人口退出以户为单位,主要衡量标准是该

户人均年纯收入稳定超过国家贫困标准且吃穿不愁,义务教育、基本医疗、住房安全有保障。

贫困村退出标准。贫困村退出以贫困发生率为主要衡量标准,统筹考虑村内基础设施、基本公共服务、产业发展、集体经济收入等综合因素。原则上贫困村贫困发生率降至2%以下(西部地区降至3%以下)。

贫困县退出标准。贫困县退出以贫困发生率为主要衡量标准。原则上贫困县贫困发生率降至2%以下(西部地区降至3%以下)。

贫困县退出指标。对贫困县退出,主要考察退出申请时各县综合贫困发生率,同时参考错退率、漏评率及群众认可度,即所谓的"三率一度"。

综合贫困发生率。综合贫困发生率=(建档立卡未脱贫人口数+错退人口数+漏评人口数)/2014年农业户籍人口×100%,即建档立卡未脱贫人口、错退人口、漏评人口三项之和占申请退出贫困县2014年农业户籍人口的比重。根据《关于建立贫困退出机制的意见》等文件规定,综合贫困发生率高于2%(西部地区高于3%)的贫困县,不得退出。

脱贫人口错退率。脱贫人口错退率=抽样错退人口数/抽样脱贫人口数×100%。即抽样错退人口数占抽样脱贫人口数的比重。其中,错退人口指收入没有稳定超过国家扶贫标准、没有稳定实现"两不愁三保障"的建档立卡脱贫人口。退出县脱贫人口错退率原则上不得高于2%。

贫困人口漏评率。贫困人口漏评率=调查核实的漏评人口数/抽样调查村(组)当年未建档立卡农业户籍人口数×100%。即调查核实的漏评人口数占抽查村组未建档立卡农业户籍人口的比重。其中,漏评人口指符合贫困识别标准但未纳入建档立卡的农业户籍人口。退出县贫困人口漏评率原则上不得高于2%。

群众认可度。群众认可度=调查对象认可度指标加权得分×100%。调查对象包括脱贫户、非建档立卡户、县乡村干部、县乡人大代表及县政协委员。认可度指标包括脱贫攻坚成效和对脱贫退出认可情况等方面。退出县群众认可度原则上不得低于90%。

（二）中国农村贫困退出程序

中国对贫困户、贫困村和贫困县退出分别确定了各自的程序。

贫困户退出，由村"两委"组织民主评议后提出，经村"两委"和驻村工作队核实、拟退出贫困户认可，在村内公示无异议后，公告退出，并在建档立卡贫困人口中销号。

贫困村退出，原则上贫困村贫困发生率降至2%以下（西部地区降至3%以下），在乡镇内公示无异议后，公告退出。

贫困县退出由县级扶贫开发领导小组提出退出申请，市级扶贫开发领导小组对县级退出申请报告及其真实性进行初审，省级扶贫开发领导小组组织相关部门对各县提交的退出申请报告进行核查，再对所有符合条件的申请县组织第三方独立评估，评估结果符合贫困退出标准和要求的由省扶贫开发领导小组确定退出名单，向社会公示征求意见，公示无异议的，由各省（自治区、直辖市）扶贫开发领导小组审定后向社会公告，同时报国务院扶贫开发领导小组。

（三）中国农村贫困退出实地评估方法

中国采取第三方独立评估方式对贫困退出进行实地评估。实地评估检查采取抽样调查、重点抽查、村组普查、座谈访谈等相结合的方法进行。

抽样调查。按照科学抽样要求，对申请退出贫困县建档立卡户和非建档立卡户进行分层抽样。

重点抽查。对申请退出贫困县偏远、通达度差、人均收入水平靠后的乡村进行重点抽查。

村组普查。结合实际情况，通过行政村或村民小组普查、排查、参与式调查等方式，对抽查村漏评人口进行全面调查。重点关注未纳入建档立卡的低保户、危房户、重病户、残疾人户等群体。

座谈访谈。对县乡村干部和县人大代表、县政协委员等进行座谈、访谈，了解脱贫攻坚工作开展、政策措施落实、帮扶、工作成效、后续帮扶计划和巩固提升工作安排等情况，调查对县退出是否认可等。

（四）脱贫攻坚普查

国家脱贫攻坚普查是贫困退出验收评估的重要形式和关键环节。相对于国家第三方贫困退出抽查和省贫困退出专项评估,脱贫攻坚普查的范围覆盖了全国所有的贫困县和所有的扶贫对象,是对脱贫攻坚成效的一次全面检验。普查重点围绕脱贫结果的真实性和准确性,全面了解贫困人口脱贫实现情况,为分析判断脱贫攻坚成效、总结发布脱贫攻坚成果提供真实准确的统计信息,为党中央适时宣布打赢脱贫攻坚战、全面建成小康社会提供数据支撑,确保结果经得起历史和人民检验。

普查范围和对象。国家脱贫攻坚普查范围包括三个部分:(1)832个贫困县;(2)享受片区政策的新疆维吾尔自治区阿克苏地区7个市县;(3)在中西部22个省(自治区、直辖市)抽取的部分非贫困县。

普查对象包括普查范围内的全部行政村(包括有建档立卡户的居委会、社区)和全部建档立卡户。

普查内容。普查内容包括建档立卡户基本情况、"两不愁三保障"实现情况、主要收入来源、获得帮扶和参与脱贫攻坚项目情况,以及县和行政村基本公共服务情况等。

普查组织和实施。脱贫攻坚普查根据中央统筹、省负总责、市县抓落实的工作机制组织实施。国务院成立了国家脱贫攻坚普查领导小组,负责国家脱贫攻坚普查组织和实施,普查方案制定,协调解决普查中的重大问题。领导小组办公室设在国家统计局,具体负责普查的组织和实施。各成员单位按照职能分工,各负其责、通力协作、密切配合。

中西部22个省(自治区、直辖市)成立普查领导小组及其办公室,按照国家脱贫领导小组及其办公室制定的总体方案,具体组织实施各省的普查工作。地方普查机构根据普查方案要求,选调符合条件的普查指导员和普查员,组织开展入村进户普查。

由国家统计局牵头负责制定普查方案。普查方案在反复研究讨论的基础上起草,在部分省开展综合试点对方案进行全面测试,一方面改善方案的针对性和可操作性,另一方面不断优化普查指标设计和数据处理方法,改进普查工作质量管理,完善质量控制办法和监督问责机制。根据普查面临的时间、语言等方面的约束,普查方案确定在省统一组织下采取各市州内县区交叉、相邻县区交叉、非贫困县与贫困县就近交叉等方式,跨县异地开展普查。普查人员主要由各地精心选择的驻村扶贫工作队员担任,由脱贫攻坚普查国家和地方办公室组织统一和分级培训,确保参加普查的人员都达到规定要求。普查标准时点全国统一为 2020 年 12 月 31 日。

根据贫困县摘帽时间,对 2019 年年底前摘帽的贫困县和抽查的非贫困县在 2020 年 7 月底前完成,2020 年摘帽贫困县的 52 个县的普查安排在 2021 年 1 月底前完成。

三、中国农村贫困退出管理的经验

中国脱贫攻坚,可能是迄今为止世界上受益人数最多、投入规模最大、社会关注度最高的一个减贫和发展项目。这样一个历史性项目完工的验收和评估,对组织、制度、技术和管理的挑战同样是空前的。中国在脱贫攻坚中组织开展的贫困退出验收和评估方面的实践,积累了大型社会实践项目完工验收、评估方面的重要管理经验,构成了中国减贫和治理经验的重要组成部分。

（一）把精准退出提高到战略高度来把握

中国在设计脱贫攻坚战略规划的时候,将精准脱贫和精准扶贫并列作为基本方略提出来,把精准退出与精准识别、精准措施、精准项目、精准使用资金、精准帮扶视为同等重要的战略目标,从而达到督促有关各方面高度重视贫困退出的质量和信度的作用。

（二）强化贫困退出制度化管理,保证退出考核评估的规范性、科学性和可信性

《意见》出台后,中国建立了分级负责的贫困退出组织和实施机制,规范了贫困退出的标准、程序,确定了正向激励的结果运用原则和政策。通过强化贫困退出的制度化管理,保证了退出考核评估工作和程序的规范性和科学性以及结果的可信性。

（三）多种评估形式结合,保证贫困退出评估的质量和结果经得起考验

中国对贫困退出考核评估,确定了贫困县和乡镇自查、市级审查、省

级部门核查、省组织的第三方独立评估以及国家组织的第三方抽查、全国脱贫攻坚普查等多种验收评估形式,再加上申请和最后结果的两次公示,把利益相关的脱贫户参与、内部和外部审查、内部审查和独立第三方评估、小规模抽查与全面普查有机结合起来,减少了贫困退出验收评估出错的机会,保证结果经得起社会和历史的考验。

(四)根据脱贫工作进度分阶段实施验收评估,有序推进全国的贫困退出验收评估工作

中国脱贫攻坚期间有分布在全国 22 个省份的 832 个贫困县需要完成贫困退出验收评估,工作量极大。在全国同步开展具有质量保障的客观可信的贫困退出验收评估,可用的验收评估的资源无法保障。中国允许和鼓励各自根据脱贫工作进度以自主申请、省级统筹的方式实行分阶段验收评估,保证了评估资源的有效供给,也使得贫困退出工作可以有序推进。分阶段验收评估还通过前面的小规模评估为后面的大规模评估积累了经验,促进了评估组织方与实施方的能力建设。中国还根据省级组织实施第三方独立评估经验和能力不平衡和相对缺乏等情况,由国家组织对第一年(2017 年)省级贫困退出的第三方评估,由国家组织力量设计评估方案、评估问卷和程序等,并具体实施从评估机构招标、技术支持到数据分析和报告质量监控等,待取得必要的经验后从第二年开始由各省组织省级考核评估,国家层面只对省级评估结果进行抽查。采取这种方式,既保证了贫困退出考核评估的质量,又加强了地方的能力建设,保证了考核评估工作的平稳有序开展。

第二章　中国脱贫攻坚的体制机制[*]

习近平总书记指出,我们最大的优势是我国社会主义制度能够集中力量办大事。这是我们成就事业的重要法宝[①]。脱贫攻坚要取得实实在在的效果,关键是要找准路子、构建好的体制机制。坚持党对脱贫攻坚工作的全面领导,充分发挥各级党委统揽全局、协调各方的重要作用,建立健全系统完备、科学规范、运行有效的体制机制,坚持制度建设、执行、监督、考核有机统一,为打赢脱贫攻坚战提供了重要保证。

第一节　加强党的全面领导

办好中国的事情,关键在党。脱贫攻坚涉及面广、要素繁多、极其复杂,需要强有力的组织领导和贯彻执行。脱贫攻坚战打响以来,党中央加强了集中统一领导,把脱贫攻坚纳入"五位一体"总体布局、"四个全面"战略布局,统筹谋划,强力推进,为脱贫攻坚提供坚强政治和组织保证。党的十八大以来,习近平总书记亲自指挥、亲自部署、亲自督战,出席中央扶贫开发工作会议,7次主持召开中央扶贫工作座谈会,50多次调研扶贫工作,连续5年审定脱贫攻坚成效考核结果,连续7年在全国扶贫日期间出席重要活动或作出重要指示,连续7年在新年贺词中强调脱贫攻坚,每年在全国"两会"期间下团组同代表委员共商脱贫攻坚大计,多次回信勉励基层干部群众投身减贫事业。习近平总书记走遍全国14个集中连片

　　[*]　作者:严飞,清华大学社会学系副教授;刘红岩,中央农村工作领导小组办公室秘书局四级调研员;张哲晰,农业农村部农村经济研究中心助理研究员。
　　[①]　《习近平谈治国理政》第二卷,外文出版社2017年版,第273页。

特困地区,考察了 20 多个贫困村,深入贫困家庭访贫问苦,倾听贫困群众意见建议,了解扶贫脱贫需求,极大地鼓舞了贫困群众脱贫致富的信心和决心。

2015 年 10 月召开的党的十八届五中全会从实现全面建成小康社会奋斗目标出发,明确到 2020 年中国现行标准下农村贫困人口实现脱贫,贫困县全部摘帽,解决区域性整体贫困。党中央把减贫摆在治国理政的突出位置,加强顶层设计,强化资源配置,出台了大量文件,明确了目标、路径、支撑政策等。2015 年 11 月 27—28 日,中央专门召开中央扶贫开发工作会议,分析了脱贫攻坚面临的形势和任务,明确了脱贫攻坚的目标和任务。中共中央政治局召开会议,审议通过《中共中央 国务院关于打赢脱贫攻坚战的决定》,为扶贫开发进入啃硬骨头、攻坚拔寨冲刺期指明了方向、提供了遵循。会议强调,脱贫攻坚已经到了啃硬骨头、攻坚拔寨的冲刺阶段,必须以更大的决心、更明确的思路、更精准的举措、超常规的力度,众志成城实现脱贫攻坚目标,绝不能落下一个贫困地区、一个贫困群众。会议要求坚持精准扶贫、精准脱贫,找准路子、构建好的体制机制,重在提高脱贫攻坚成效。针对“扶持谁”“谁来扶”“怎么扶”等问题,会议进行了全面部署。此后的 5 年间,习近平总书记分别在陕西省延安市、贵州省贵阳市、宁夏回族自治区银川市、山西省太原市、四川省成都市、重庆市、北京市以“陕甘宁革命老区脱贫致富”“部分省区市扶贫攻坚与‘十三五’时期经济社会发展”“东西部扶贫协作”“深度贫困地区脱贫攻坚”“打好精准脱贫攻坚战”“解决‘两不愁三保障’突出问题”“决战决胜脱贫攻坚”为主题召开专题会议,并作出重要讲话和重要部署。脱贫攻坚战打响以后,中央召开的中央委员会全体会议、中央经济工作会议、中央农村工作会议等重要会议,都会研究和部署脱贫攻坚工作。为加强对扶贫开发工作的领导,国务院扶贫开发工作领导小组多次增加成员单位,根据脱贫攻坚工作要求定期或不定期召开系列会议,随时研究和解决问题。

在党中央的坚强领导下,各级党委和政府坚定信心、勇于担当,满腔热情做好脱贫攻坚工作。各地区各部门增强政治意识、大局意识、核心意识、看齐意识,把做好脱贫攻坚工作作为"两个维护"的重要体现,把贫困群众对美好生活的向往作为奋斗目标,把脱贫职责扛在肩上,把脱贫任务抓在手上,强化担当作为,保持顽强的工作作风和拼劲,把党中央决策部署落到实处。脱贫攻坚任务重的地区党委和政府把脱贫攻坚作为"十三五"期间头等大事和第一民生工程来抓,坚持以脱贫攻坚统揽经济社会发展全局,层层签订脱贫攻坚责任书、立下军令状,精准谋划、苦干实干,加快推进大扶贫战略行动,实行年度脱贫攻坚报告和督察制度,坚决打赢脱贫攻坚战。各部门按照部门职责落实扶贫开发责任,制定政策、规划和实施方案,实现部门专项规划与脱贫攻坚规划有效衔接,充分运用行业资源做好扶贫开发工作。

第二节　脱贫攻坚体制框架

　　脱贫攻坚政策性强、涉及面广,是全党、全社会的事业。在党中央的领导下,中央各部门、地方各级党委和政府强化认识、明确思路、落实责任,各司其职、各负其责、加强协调,出台政策、制定规划、安排资金,构建起全党、全国、全社会参与的扶贫工作机制。在国务院扶贫开发领导小组的领导和协调下,各部门各单位积极配合扶贫工作并积极发挥所长、参与到扶贫事业中,保证了脱贫攻坚的有效开展。

　　1982 年 12 月,国务院作出重大决策,拨出专项建设资金,成立"三西"(河西、定西、西海固)地区农业建设领导小组,帮助甘肃省开发建设河西商品粮基地,改变甘肃省定西市、宁夏回族自治区西海固地区的贫困面貌,是中国扶贫开发史上第一个有计划、有组织、大规模的开发式扶贫行动。1986 年 5 月,国务院贫困地区经济开发领导小组成立;1993 年 12 月 28 日,改称"国务院扶贫开发领导小组"。脱贫攻坚以来,国务院扶贫工作领导小组成员单位多次充实,2018 年 5 月小组成员单位增加到 49 个。

　　《中共中央　国务院关于打赢脱贫攻坚战的决定》要求,充分发挥各级党委总揽全局、协调各方的领导核心作用,严格执行脱贫攻坚一把手负责制,省、市、县、乡、村五级书记一起抓,强化政府责任,引领市场、社会协同发力,构建专项扶贫、行业扶贫、社会扶贫互为补充的大扶贫格局。结合中央脱贫攻坚一系列重大决策部署,国务院扶贫开发领导小组负责领导和协调各部门的扶贫工作,各相关部门单位按照要求制定完善配套政策举措,抓好组织实施工作。国务院扶贫开发领导小组成员单位每年向中央报告本部门本单位脱贫攻坚工作情况,切实承担起属于本部门的脱贫责任。相关省(自治区、直辖市)、地(市)、县级政府也均成立了相应的组织机构,负责本地的扶贫开发工作。

强大的动员体系是中国特色社会主义的优势之一,也是脱贫攻坚工作中体系建设的重要组成部分。《国务院办公厅关于进一步动员社会各方面力量参与扶贫开发的意见》的要求,大力弘扬社会主义核心价值观,大兴友善互助、守望相助的社会风尚,创新完善人人皆愿为、人人皆可为、人人皆能为的社会扶贫参与机制,形成了政府、市场、社会协同推进的大扶贫格局。国家机关单位、经济发达地区政府、民营企业、社会组织、个人等都投入到社会扶贫中,以扶持产业发展、开展扶贫志愿行动、打造扶贫公益品牌、构建信息服务平台、推进政府购买服务等多种方式,推动形成了浓厚的社会扶贫氛围。

定点扶贫工作是中国特色扶贫开发工作的重要组成部分,是加大对革命老区、民族地区、边疆地区、贫困地区发展扶持力度的重要举措,也是定点扶贫单位贴近基层、了解民情、培养干部、转变作风、密切党群干群关系的重要途径。贯彻落实中共中央办公厅、国务院办公厅印发《关于进一步做好定点扶贫工作的通知》,组织中央和国家机关各部门各单位、人民团体、参照公务员法管理的事业单位、国有大型骨干企业、国有控股金融机构、国家重点科研院校、军队和武警部队等都参加了定点扶贫工作,支持各民主党派中央、全国工商联参与定点扶贫工作,大量民营企业、社会组织也承担了定点扶贫任务,实现了定点扶贫单位对国家扶贫开发工作重点县的全覆盖。

东西部扶贫协作和对口支援,是推动区域协调发展、协同发展、共同发展的大战略,是加强区域合作、优化产业布局、拓展对内对外开放新空间的大布局,是打赢脱贫攻坚战、实现先富帮后富、最终实现共同富裕目标的大举措。落实中共中央办公厅、国务院办公厅印发《关于进一步加强东西部扶贫协作工作的指导意见》的要求,东西部扶贫协作和对口支援责任落实得到进一步强化、结对关系得到优化、工作机制得到健全。协作领域大为拓展,包括市场互补、产业合作、人才支援、职业培训、社会帮扶等多方面内容。充分发挥市场机制的作用,推动贫困地区产业转型升级,促进贫困地区加快发展,带动贫困群众脱贫致富,综合效益得到充分发挥。

第三节　脱贫攻坚制度体系

党的十八大以来,以习近平同志为核心的党中央把制度建设摆到更加突出的位置,全面深化扶贫领域改革创新,按照 2020 年实现现行标准下贫困人口全部脱贫的目标,大力实施精准扶贫精准脱贫基本方略,建立脱贫攻坚的责任体系、工作体系、政策体系、投入体系、帮扶体系、社会动员体系、监督体系和考核评估体系,为全面打赢脱贫攻坚战构筑起制度的"四梁八柱"。

一、责任体系

强化中央统筹、省负总责、市县抓落实的工作机制。中央统筹,即党中央和国务院负责制定脱贫攻坚大政方针,出台重大政策举措,完善体制机制,规划重大工程项目,协调全局性重大问题、全国共性问题,考核省级党委和政府扶贫开发工作成效;中央和国家机关各个部门加强对本部门行业脱贫攻坚的组织领导,运用部门职能和行业资源做好工作,做到扶贫项目优先安排、扶贫资金优先保障、扶贫工作优先对接、扶贫措施优先落实。省负总责,即省级党委和政府对本地区的脱贫攻坚任务负总责,贯彻执行中央制定的脱贫攻坚大政方针,结合本地区实际情况制定政策措施,抓好目标确定、项目下达、组织动员、检查指导等工作,确保辖区内贫困人口如期全部脱贫、贫困县如期全部摘帽,省级党委和政府主要负责人向中央签署脱贫责任书,每年向中央报告扶贫脱贫进展情况。市县抓落实,即市级党委和政府负责跨区域协调扶贫项目，因地制宜，做好进度安排、项目落地、资金使用、人力调配等，同时对项目实施、资金使用、脱贫目标完成进行监督考核，确保脱贫攻坚各项政策措施落地生根。各级党委和政府把打赢脱贫攻坚战作为重大政治任务，增强政治担当、责任担当和行动自觉，层层传导压力，建立落实台账，压实脱贫责任，加大问责问效力度。脱贫攻坚任务重的省（自治区、直辖市）党委和政府每季度至少专题研究一次脱贫攻坚工作，贫困县党委和政府每月至少专题研究一次脱贫攻坚工作。贫困县党政正职每个月至少有 5 个工作日用于扶贫。实施五级书记遍访贫困对象行动，省（自治区、直辖市）党委书记遍访贫困县，市（地、州、盟）党委书记遍访脱贫攻坚任务重的乡镇，县（市、区、旗）党委书记遍访贫困村，乡镇党委书记和村党组织书记遍访贫困户。各级党委充分发挥总揽全局、协调各方的作用，执行脱贫攻坚一把手负责制，中西部 22 个省份党政主要负责同志向中央签署责任书、立下军令状，省、市、县、乡、村五级书记一起抓，确保高质量完成脱贫攻坚目标任务。

二、政策体系

着力构建适应脱贫攻坚需要、含金量高的政策体系。党的十八大以来，中共中央、国务院出台扶贫文件 5 个。其中，《中共中央 国务院关于打赢脱贫攻坚战的决定》是打赢脱贫攻坚战的思想指针和行动纲领。《中共中央 国务院关于打赢脱贫攻坚战三年行动的指导意见》进一步就完善顶层设计、强化政策措施、加强统筹协调、推动脱贫攻坚工作更加有效展开提出要求。《中共中央 国务院关于实现巩固拓展脱贫攻坚成果同乡村振兴有效衔接的意见》就打赢脱贫攻坚战、全面建成小康社会后，进一步巩固拓展脱贫攻坚成果，接续推动脱贫地区发展和乡村全面振兴进行重要部署。脱贫攻坚顶层设计不断优化，政策措施逐步健全，工作机制不断完善。在此基础上，中共中央办公厅、国务院办公厅围绕建立贫困退出机制、脱贫攻坚责任制、进一步加强东西部扶贫协作工作、支持深度贫困地区脱贫攻坚、加强贫困村驻村工作队选派管理工作等方面出台 20 个文件，做好顶层设计细化任务落实。此外，中央和国家机关各部门出台政策文件或实施方案 227 个,各地不断完善"1+N"脱贫攻坚系列文件,瞄准贫困人口,因地制宜,深入施策。[1] 至此,从中央到地方,在财政、金融、土地、交通、水利、电力、住房、教育、健康、科技、人才和社会扶贫等方面,出台了全方位、全体系的政策,形成了政策合力。

三、投入体系

通过强化财政投入、增加金融支持、引进其他投入等途径,形成多个渠道引水的扶贫投入格局。

一是强化财政投入保障。坚持增加政府扶贫投入与提高资金使用效益并重,健全与脱贫攻坚任务相适应的投入保障机制,支持贫困地区围绕脱贫目标,尽快补齐脱贫攻坚短板。具体措施包括:加大中央财政专项扶贫资金和教育、医疗保障等转移支付支持力度;规范扶贫领域融资,增强扶贫投入能力,疏堵并举防范化解扶贫领域融资风险;进一步加强资金整合,赋予贫困县更充分的资源配置权,确保整合资金围绕脱贫攻坚项目精准使用,提高使用效率和效益;全面加强各类扶贫资金项目绩效管理,落实资金使用者的绩效主体责任,明确绩效目标,加强执行监控,强化评价结果运用,提高扶贫资金使用效益;建立县级脱贫攻坚项目库,健全公告公示制度;加强扶贫资金项目常态化监管,强化主管部门监管责任,确保扶贫资金尤其是到户到人的资金落到实处。

二是加大金融扶贫支持力度。具体措施包括:加强扶贫再贷款使用管理,优化运用扶贫再贷款发放贷款定价机制;引导金融机构合理合规增加对带动贫困户就业的企业和贫困户生产经营的信贷投放;加强金融精准扶贫服务;支持国家开发银行和中国农业发展银行进一步发挥好扶贫金融事业部的作用,支持中国农业银行、中国邮储银行、农村信用社、村镇银行等金融机构增加扶贫信贷投放,推动大中型商业银行完善普惠金融事业部体制机制;创新产业扶贫信贷产品和模式,建立健全金融支持产业

---

[1] 中共国务院扶贫办党组:《脱贫攻坚砥砺奋进的五年》,见 http://politics.people.com.cn/n1/2017/1017/c1001-29590609.html,2017 年 10 月 17 日。

发展与带动贫困户脱贫的挂钩机制和扶持政策；规范扶贫小额信贷发放，在风险可控的前提下可办理无还本续贷业务，对确因非主观因素不能到期偿还贷款的贫困户可协助其办理贷款展期业务；加强扶贫信贷风险防范，支持贫困地区完善风险补偿机制；推进贫困地区信用体系建设；支持贫困地区金融服务站建设，推广电子支付方式，逐步实现基础金融服务不用出村；支持贫困地区开发特色农业险种，开展扶贫小额贷款保证保险等业务，探索发展价格保险、产值保险、"保险+期货"等新型险种；扩大贫困地区涉农保险保障范围，开发物流仓储、设施农业、"互联网+"等险种。鼓励上市公司、证券公司等市场主体依法依规设立或参与市场化运作的贫困地区产业投资基金和扶贫公益基金。贫困地区企业首次公开发行股票、在全国中小企业股份转让系统挂牌、发行公司债券等按规定实行"绿色通道"政策。

三是其他相关投入。具体措施包括：城乡建设用地增减挂钩，依据土地利用总体规划，将拟整理复垦为耕地的农村建设用地地块和拟用于城镇建设的地块等面积共同组成建新拆旧项目区，在保证项目区内各类土地面积平衡的基础上，通过建新拆旧和土地整理复垦等措施，实现建设用地总量不增加、耕地面积不减少、质量不降低。为支持扶贫开发，增减挂钩政策先后两次拓展范围，允许集中连片特困地区、国家级贫困县，以及省级贫困县的节余指标在省域内流转使用，拓展了贫困地区脱贫攻坚资金来源。为进一步集中力量帮扶深度贫困地区脱贫攻坚，增减挂钩节余指标跨省域调剂的调出地区限定在"三区三州"及其他深度贫困县，根据经济承担能力，确定北京市、上海市、天津市、江苏省、浙江省、广东省、福建省、山东省8个省（直辖市）为主要帮扶省份①。东西部扶贫协作，按照精准扶贫、精准脱贫要求，立足帮扶双方实际情况，推动省、市、县各层面帮扶，促进人才、资金、技术向贫困地区流动，实现优势互补，同时，注重把被帮扶地区建档立卡贫困人口稳定脱贫作为工作重点，帮扶资金和项目

---

① 中国政府网：《城乡建设用地增减挂钩政策升级》，见 http://www.gov.cn/zhengce/ 2018-08/13/content_5313406.htm，2018 年 8 月 13 日。

瞄准贫困村、贫困户,确保扶贫真正帮到点上、扶到根上。2015—2020年,东部9个省份共向扶贫协作地区投入财政援助资金和社会帮扶资金1005多亿元,互派干部和技术人员13.1万人次,超过2.2万家东部企业赴扶贫协作地区累计投资1.1万亿元。[①] 定点扶贫,中央单位立足贫困地区实际,通过政策倾斜、资金投入、项目引进、智力支持、科技支撑等方式,强产业补链条,助力脱贫攻坚。脱贫攻坚以来,共有307家中央单位定点帮扶592个国家扶贫开发工作重点县。2013—2020年,中央单位累计投入帮扶资金和物资427.6亿元,帮助引进各类资金1066.4亿元,培训基层干部、各类技术人才368.8万人次。[②] 此外,积极推动各行各业发挥专业优势,开展产业扶贫、科技扶贫、教育扶贫、文化扶贫、健康扶贫、消费扶贫等。

四、动员体系

以东西部扶贫协作、中央单位定点扶贫、"万企帮万村"等为抓手广泛动员全党全社会力量参与扶贫。

一是加大东西部扶贫协作和对口支援大度。把人才支持、市场对接、劳务协作、资金支持等作为协作重点,深化东西部扶贫协作,推进携手奔小康行动贫困县全覆盖,并向贫困村延伸。具体措施包括:强化东西部扶贫协作责任落实,加强组织协调、工作指导和督导检查,建立扶贫协作台账制度,每年队长考核;优化结对协作关系,实化细化县之间、乡镇之间、行政村之间结对帮扶措施;突出产业帮扶,鼓励合作建设承接产业转移的基地,引导企业精准结对帮扶;突出劳务协作,有组织地开展人岗对接,提高协作规模和质量;突出人才支援,加大力度推进干部双向挂职、人才双向交流,提高干部人才支持和培训培养精准性;突出资金支持,切实加强资金监管,确保东西部扶贫协作资金精准使用;将帮扶贫困残疾人脱贫纳入东西部扶贫协作范围。

---

① 国务院新闻办公室:《人类减贫的中国实践》,人民出版社2021年版,第57页。
② 国务院新闻办公室:《人类减贫的中国实践》,人民出版社2021年版,第57页。

二是深入开展定点扶贫工作。落实定点扶贫工作责任,把定点扶贫县脱贫工作纳入本单位工作重点,加强工作力量,出台具体帮扶措施。具体措施包括:定点扶贫单位主要负责同志要承担第一责任人职责,定期研究帮扶工作;强化定点扶贫牵头单位责任;加强对定点扶贫县脱贫攻坚工作指导,督促落实脱贫主体责任;把定点扶贫县作为转变作风、调查研究的基地,通过解剖麻雀,总结定点扶贫县脱贫经验,完善本部门扶贫政策,推动脱贫攻坚工作;选派优秀中青年干部、后备干部到贫困地区挂职,落实艰苦地区挂职干部生活补助政策。

三是扎实做好军队帮扶工作。具体措施包括:加强军地脱贫攻坚工作协调,驻地部队积极承担帮扶任务,参与扶贫行动,广泛开展扶贫活动;接续做好"八一爱民学校"援建工作,组织开展多种形式的结对助学活动;组织军队系统医院对口帮扶贫困县县级医院,深入贫困村送医送药、巡诊治病;帮助革命老区加强红色资源开发,培育壮大红色旅游产业,带动贫困人口脱贫;帮助培育退役军人和民兵预备役人员脱贫致富带头人。

四是激励各类企业、社会组织扶贫。具体措施包括:落实国有企业精准扶贫责任,通过发展产业、对接市场、安置就业等多种方式帮助贫困户脱贫;深入推进"万企帮万村"精准扶贫行动,引导民营企业积极开展产业扶贫、就业扶贫、公益扶贫,鼓励有条件的大型民营企业通过设立扶贫产业投资基金等方式参与脱贫攻坚;持续开展"光彩行"活动,提高精准扶贫成效。支持社会组织参与脱贫攻坚,加快建立社会组织帮扶项目与贫困地区需求信息对接机制,确保贫困人口发展需求与社会帮扶有效对接;鼓励引导社会各界使用贫困地区产品和服务,推动贫困地区和贫困户融入大市场;实施全国性社会组织参与"三区三州"深度贫困地区脱贫攻坚行动;实施社会工作"专业人才服务三区计划""服务机构牵手计划""教育对口扶贫计划",为贫困人口提供升级发展、能力提升、心理支持等专业服务。加强对社会组织扶贫的引导和管理,优化环境、整合力量、创新方式,提高扶贫效能;落实社会扶贫资金所得税税前扣除政策。

五是大力开展扶贫志愿服务活动。具体措施包括:动员组织各类志愿服务团队、社会各界爱心人士开展扶贫志愿服务;实施社会工作专业人才服务贫困地区系列行动计划，支持引导专业社会工作和志愿服务力量积极参与精准扶贫；推进扶贫志愿服务制度化，建立扶贫志愿服务人员库，鼓励国家机关、企事业单位、人民团体、社会组织等组建常态化、专业化服务团队；制定落实扶贫志愿服务支持政策。

五、监督体系

实施经常性的督查巡察和最严格的考核评估，建立多渠道、全方位的脱贫监督体系，确保脱贫过程扎实、脱贫结果真实。

一是地方党委和政府的属地监督。省级党委和政府对全省扶贫资金的分配使用、重要扶贫项目的实施，负有检查监督的责任；市级党委和政府负责域内跨县扶贫项目的协调及督促检查；县级党委和政府承担主体责任，书记和县长是第一责任人。为保障县级党委和政府履行脱贫攻坚主体责任的现实基础，中央还实施了扶贫资金项目审批权限改革。①

二是中央督查巡查和专项巡视监督。《脱贫攻坚督查巡查工作办法》规定了国务院扶贫开发领导小组负责组织领导对各省扶贫开发工作的督查巡查、成效考核，组织开展针对扶贫领域失职渎职问题的巡查工作，向被督查巡查地区反馈督查巡查情况并提出整改意见。2016 年以来，连续三年对中西部 22 个省份开展了省级党委和政府扶贫开发工作成效考核、中央财政专项扶贫资金绩效评价及问题整改等督查巡查工作。② 中央脱贫攻坚专项巡视则是对被巡视的党组织和有关职能部门履责情况的再监督。2018 年 10 月，十九届中央第二轮巡视，十五个巡视组开展对青海省、教育部、中国农业发展银行等 26 个地方和单位党组织的脱贫攻坚专项巡视后，党中央要求"建立巡视整改日常监督机制，推动整改常态化长效化"。督查巡查和专项巡视督查有力督促了地方和中央各党组织、职能部门在脱贫攻坚工作上尽职履责，落实脱贫攻坚责任制。

----

① 付胜南：《精准扶贫监督体系的构建与完善——基于机制设计理论的视角》，《求索》2019 年第 3 期。

② 付胜南：《精准扶贫监督体系的构建与完善——基于机制设计理论的视角》，《求索》2019 年第 3 期。

三是扶贫主管部门职能监督。党中央、国务院提出各级政府部门要深度参与和自身职能相关的行业扶贫,并承担监管责任。扶贫主管部门实施以部门党组为主的职能监督,纪检监察组协助监督。例如,商务部党组监督管理商务扶贫工作,驻商务部纪检监察组协助商务部党组开展商务扶贫领域跟踪督导,并督促商务部党组强化监管。同时《中央财政专项扶贫资金管理办法》规定了扶贫资金使用管理相关部门的职责分工。如各级发改、民族、农业(农垦管理)、林业等扶贫项目主管部门负责资金和项目具体使用管理、绩效评价、监督检查等工作,按照权责对等原则落实监管责任。①

四是扶贫审计监督。该项监督内容包括:加强扶贫资金绩效的审计,保障扶贫专项资金安全、高效使用;跟踪检查精准扶贫、脱贫攻坚各项政策的贯彻落实情况,助推精准扶贫政策落地生根;监督检查扶贫项目建设运营情况,对重大扶贫项目进行专项审计和跟踪审计。

五是纪检监察机关专责监督。一方面严厉整治扶贫领域存在的腐败问题,另一方面严肃查处脱贫攻坚工作中的不正之风、官僚主义、形式主义、弄虚作假的问题。

六是法律监督。扶贫领域的法律监督主要由检察机关的司法监督和人大的执法监督组成。各级人大围绕扶贫领域法律法规实施情况进行执法检查。例如,全国人大常委会听取和审议国务院关于脱贫攻坚工作情况报告并进行专题询问,围绕脱贫攻坚工作情况、精准扶贫措施的落实情况进行专题调研。

七是民主监督和社会监督。民主党派开展脱贫攻坚民主监督是扶贫督查的新形式。8个民主党派中央分别对口8个中西部省区,重点就贫困人口精准识别、精准脱贫、政策落实等情况开展民主监督。此外,社会各界力量包括媒体、企业、社会组织和社会团体在督导督查方面也发挥了巨大作用。

---

① 付胜南:《精准扶贫监督体系的构建与完善——基于机制设计理论的视角》,《求索》2019年第3期。

六、考核体系

建立健全脱贫攻坚考核体系确保脱贫成果真实。2016 年,习近平总书记提出实施最严格的考核制度后,中共中央办公厅、国务院办公厅印发《省级党委和政府扶贫开发工作成效考核办法》。2016—2020 年,国务院扶贫开发领导小组每年组织开展一次针对减贫成效、精准帮扶、扶贫资金使用管理方面的考核,从 2018 年开始,既考核地方绩效也考核中央各部门。具体来看,考核方式包括分类考核、交叉考核、第三方评估、媒体暗访等。

一是分类考核,是指地方政府依据贫困人口规模、贫困发生率和所辖贫困县的数量,对贫困县进行分类,不再将 GDP 作为考核贫困县的唯一指标,而是由主要考核 GDP 向主要考核农村扶贫开发工作成效转变,将提高贫困人口生活水平和减贫数量等作为考核内容。

二是交叉考核,是指不同属地、单位的考核队伍考核其他地区、单位的脱贫攻坚情况,一般意义上的交叉考核是指省际交叉考核,但是在一些省中,也存在市际交叉考核以及县际交叉考核的情况。省际交叉考核人员从各省(自治区、直辖市)扶贫开发领导小组成员单位抽调,而且是紧紧围绕重大政策落实和重要工作抽调,涉及了一些重要的行业部门。每一个省际交叉考核组就是一个医联体,每一个考核人员就相当于一个全科医生,对一个地方、对一个村能够精准地识别和评判。交叉考核主要采取入户核查、实地检查、查阅资料等方式进行工作评判,脱贫攻坚责任落实、政策落实和工作落实是当前交叉考核的工作重点。

三是第三方评估,第三方评估的脱贫攻坚考核方式从 2015 年就开始应用,其主体主要是高校和科研院所。为保证考核结果公平、公正,脱贫攻坚年度考核通过随机抽样确定第三方评估对象。第三方评估工作建立了 APP 全数据采集系统,通过智能终端完成问卷调查、数据采集,还建立了评估大数据平台系统、标准化统计分析系统。第三方评估的内容,除"两率一度"(识别准确率、退出准确率、群众满意度)之外,要重点关注贫困人口"两不愁三保障"实现情况,查找影响到户政策落实及脱贫稳定可持续问题、因素等。

四是媒体暗访,媒体暗访是 2017 年脱贫攻坚考核工作开展新增加的考核形式。脱贫攻坚责任、政策、工作的落实,贫困县摘帽和贫困人口返贫情况的考核通过"第三方评估"和"省际交叉考核"等形式进行,而"媒体暗访考核"形式的介入,无疑能够让考核更完备。一则考核内容和形式的固定,极容易让扶贫考核程式化,导致有的地方为了应对考核,形成了成熟的"应对模板";二则媒体暗访形式,能够直接排查出真问题,弥补其他考核形式存在的不足。

这一套系统的制度体系从责任、政策、投入、动员、监督、考核 6 个方面出发,全面指导中国脱贫攻坚工作的开展。"责任体系"的建立明确了每一级党委和政府的本职责任,"投入体系"的建立有效解决了扶贫工作资金支持的问题,"考核体系"和"监督体系"的有效运行确保了地方各级政府贯彻落实中央扶贫工作精神。

第四节　筑牢基层战斗堡垒

农村基层党组织是中国共产党组织系统中的基层力量,是党在农村全部工作和战斗力的基础,是脱贫攻坚的重要力量和重要抓手。党的十八大以来,以习近平同志为核心的党中央高度重视党的农村基层组织建设,大抓农村党支部、建强战斗堡垒,取得明显成效。

一、选优配强基层党组织

"欲筑室者,先治其基。"农村基层党组织是贯彻落实精准扶贫精准脱贫基本方略的组织者和实践者,是贯彻落实党中央决策部署的"最后一公里"。高质量完成脱贫攻坚任务,关键在人,必须抓好以村党组织为核心的村级组织建设,把基层党组织建设成为带领群众脱贫致富的坚强战斗堡垒。

一是多措并举建强农村基层党组织。"农村要发展、农民要致富、关键靠支部。"①脱贫攻坚战中,通过公开选拔、调任、选派、招聘等多种渠道,从农村致富能手、返乡大学生、外出返乡务工人员、退伍军人等群体吸纳优秀人才进入班子,通过完善教育培训机制、规范激励约束机制,激发基层党组织内生动力,村党组织的战斗力得到切实增强。

二是从优选拔农村基层党组织的"领头雁"。支部强不强,关键看书记。质量强党,首重基层。脱贫攻坚战中,坚持"德才兼备、以德为先、带头致富能力强"的用人标准,严格按照"两推一选"和"公推直选"的方式,村党组织书记得到选优培强。以县为单位组织摸排,逐村分析研判,坚决撤换不胜任、不合格、不尽职的村党组织书记。

三是持续提升农村基层党组织的工作效能。农村基层党组织的执行力,直接决定着党的农村工作路线、方针和各种惠农政策能否落到实处,关系着脱贫攻坚战略的实施进程。在脱贫攻坚战中,基层干部吃透制度规定和精神,在宣讲扶贫政策、整合扶贫资源、分配扶贫资金、推动扶贫项目落实等方面发挥了关键作用。

二、选派扶贫工作队

选派扶贫工作队是加强基层扶贫工作的有效组织措施。集聚盘活人才资源,从县以上党政机关选派过硬的优秀干部参加驻村帮扶,打造了一批留得住、能战斗、带不走的干部队伍,形成了一批敢打敢拼、攻坚克难、高质高效的人才团队。

驻村工作队,即根据贫困村实际需求,向深度贫困村、贫困村、已脱贫出列的村科学选派的发展农村、解决农村贫困、治理等问题,统筹整合各方面的驻村工作力量。根据中共中央办公厅、国务院办公厅印发的《关于加强贫困村驻村工作队选派管理工作的指导意见》,驻村工作队的主要职责有宣传党的政策、参与精准脱贫、建强基层组织及推动乡村善治等。每个驻村工作队一般不少于3人,工作队员由国家从县级以上机关、

---

① 中共中央党史和文献研究院:《习近平扶贫论述摘编》,中央文献出版社2018年版,第31页。

企事业单位、党政机关、人民团体中选派政治素质好、工作作风实、综合能力强、健康且具备履职条件的干部职工。通过把熟悉党群工作的干部派到基层党组织软弱涣散、战斗力不强的贫困村,把熟悉经济工作的干部派到产业基础薄弱、集体经济脆弱的贫困村,把熟悉社会工作的干部派到矛盾纠纷突出、社会发展滞后的贫困村,充分发挥派出单位和驻村干部自身优势,帮助贫困村解决脱贫攻坚面临的突出问题和困难。

第一书记,即探索选派机关优秀干部到村任第一书记的做法,一般由第一书记出任驻村工作队队长。习近平总书记指出,"火车跑得快,全靠车头带"[1],在全面打赢脱贫攻坚战中,第一书记是重要力量,"要注重选派一批思想好、作风正、能力强的优秀年轻干部和高校毕业生到贫困村工作,根据贫困村的实际需求精准选配第一书记、精准选派驻村工作队"[2]。根据《关于做好选派机关优秀干部到村任第一书记工作的通知》,第一书记任期一般为1—3年,由县(市、区、旗)党委组织部、乡镇党委和派出单位共同管理,参加派出单位年度考核,由所在县(市、区、旗)党委组织部提出意见,其主要职责有建强党组织、推动精准扶贫、为民办事服务、提升治理水平。第一书记凭借自身的知识、资源、技能和人脉,为所驻村提供了大量智力支持、人力资源和资金支持。据统计,2019年在岗的第一书记达到20.6万人,为"精准扶贫"打通了乡镇与乡村的"最后一公里"。[3]

第五节　构建"三位一体"的大扶贫格局

在扶贫开发工作长期实践中,中国构建起专项扶贫、行业扶贫、社会扶贫有机结合和互为支撑的"三位一体"大扶贫格局,这是中国扶贫开发

---

① 中共中央党史和文献研究院编:《十八大以来重要文献选编》下,中央文献出版社2018年版,第179页。

② 中共中央党史和文献研究院编:《十八大以来重要文献选编》下,中央文献出版社2018年版,第47—48页。

③ 中国政府官网:《习近平:在解决"两不愁三保障"突出问题座谈会上的讲话》2015年8月15日,见 http://www.gov.cn/xinwen/2019-08/15/content_5421432.htm。

工作体系的独特优势。在脱贫攻坚过程中,这一工作格局得到进一步强化和完善,优势得到进一步彰显。

一、专项扶贫

专项扶贫主要指国家安排专门投入、各级扶贫部门组织实施,通过既定项目,直接帮助贫困乡村和贫困人口。根据《中国农村扶贫开发纲要(2011—2020年)》,中国专项扶贫主要包括易地扶贫搬迁、整村推进、以工代赈、产业扶贫、就业促进、扶贫试点、革命老区建设等。

易地扶贫搬迁。按照党中央、国务院的决策部署,2015年11月,国家发展改革委、国务院扶贫办等部门启动实施新时期易地扶贫搬迁工程。通过政府主导、群众自愿参与的方式,将居住在自然条件恶劣地区的农村建档立卡贫困人口搬迁到生存与发展条件较好地方,从根本上改善其生产生活条件,实现脱贫致富。"十三五"期间,易地扶贫搬迁全国累计投入各类资金约6000亿元,建成集中安置区约3.5万个;建成安置住房266万余套,总建筑面积2.1亿平方米,户均住房面积80.6平方米;配套新建或改扩建中小学和幼儿园6100多所、医院和社区卫生服务中心1.2万多所、养老服务设施3400余个、文化活动场所4万余个,通过"挪穷窝、换穷业",帮助贫困人口"拔穷根",实现搬得出、稳得住、逐步能致富。

整村推进。整村推进是新阶段为如期实现《中国农村扶贫开发纲要(2001—2010年)》目标所采取的一项关键措施,即自下而上制定整村推进规划,统筹各类资金和帮扶资源,集中投入到农村基础设施建设领域,通过发展特色支柱产业,改善生产生活条件,增加集体经济收入,提高自我发展能力。整村推进是通过财政专项资金扶持重点贫困村,是该村贫困户实现快速脱贫的重要手段。

以工代赈。在国家确定的扶贫地区,特别是贫困人口多、脱贫难度大、基础设施薄弱的革命老区、少数民族地区、边疆地区和特困地区,农村贫困人口通过参与政府投资的基础设施项目中劳动换取相应的报酬,从而取代直接赈济。以工代赈聚焦包括农田水利、饮水安全、乡村道路、农村人居环境、危房改造和公益性生产设施等需要一定人力劳动,且专业性要求不高的基础设施、产业配套设施、村集体经济等项目。通过以工代赈项目可以同时实现改善农村基础设施条件,提高贫困人口收入,缓解农村劳动力剩余问题三个目标。

产业扶贫。根据国务院 2016 年 11 月印发的《"十三五"脱贫攻坚规划》,产业扶贫的重点内容包括农林产业扶贫、电商扶贫、资产收益扶贫、科技扶贫。产业扶贫通过强化顶层设计、打造扶贫特色产业、加大科技服务力度、组织开展产销对接、创新联贫带贫模式等手段,变"输血"式扶贫为"造血"式扶贫、变"开发式"扶贫为"参与式"扶贫,增强贫困地区内生发展动力,提高贫困人口的自主脱贫能力,促进贫困人口增收,实现稳定脱贫,是实现贫困人口稳定脱贫的主要途径和长久之策。

就业促进。国家为保障贫困人口获得劳动权,以促进扶贫对象稳定就业为核心,采取了一系列创造就业条件、扩大就业机会的措施。就业促进对农村贫困家庭未继续升学的应届初、高中毕业生参加劳动预备制培训,给予一定的生活费补贴;对农村贫困家庭新成长劳动力接受中等职业教育给予生活费、交通费等特殊补贴;对农村贫困劳动力开展实用技术培训;加大对农村贫困残疾人就业的扶持力度。具体项目如"雨露计划",通过扶持、引导和培训,提高贫困人口素质,增强其就业和创业能力。

扶贫试点。扶贫试点指为创新扶贫开发机制和解决特殊深度贫困问题而开展的一系列探索性、试验性扶贫工作或扶贫项目。扶贫试点主要针对特殊情况和问题,积极开展边境地区扶贫、地方病防治与扶贫开发结合、灾后恢复重建以及其他特困地区区域和群体扶贫试点,如扩大互助资金、连片开发、彩票公益金扶贫、科技扶贫等试点。以彩票公益金扶贫为例,中央财政扶贫资金自 2008 年开始从彩票发行收入中按规定比例提取彩票公益金,专项用于支持革命老区扶贫项目,"十三五"期间,中央财政共计安排中央专项彩票公益金 100 亿元,实现对 397 个革命老区县全覆盖,并对脱贫攻坚任务较重的深度贫困革命老区县和巩固脱贫成果任务相对较重的贫困革命老区县倾斜支持。

革命老区建设。针对革命老区特点所进行的精准扶贫,通过制定重点领域专项规划和产业、区域、投资、消费、价格等支持政策,重点支持老区农业农村、社会事业等民生领域建设,以及重大基础设施和生态环保等领域建设,解决部分老区发展相对滞后、基础设施薄弱、人民生活水平不高的社会矛盾,加快补齐老区发展短板,为革命老区寻找新的经济增长点,助力革命老区如期打赢脱贫攻坚战,持续改善基本公共服务,发挥特色优势推进高质量发展,为全面建成小康社会作出积极贡献。

二、行业扶贫

行业扶贫主要指各行业部门履行行业管理职能,支持贫困地区和贫困人口发展的政策和项目,在发展特色产业、开展科技扶贫、完善基础设施、发展教育文化事业、改善公共卫生和人口服务管理、完善社会保障制度、重视能源和生态环境建设等方面重点发力,承担着改善贫困地区发展环境、提高贫困人口发展能力的任务。

农业行业扶贫。主要表现为农业技术推广。围绕贫困地区特色优势产业,采用科技承包、技物结合、典型示范等方式,推广各类先进实用技术,提高种养业生产效率。以农村青壮年劳动力为重点对象,大规模培养种植养殖能手、致富带头人、农牧民技术员、手工艺制作人才和农业产业化急需的企业经营管理人员、农民合作组织带头人和农村经纪人。

交通行业扶贫。主要表现为改善贫困地区交通条件。积极推进乡(镇)和建制村通沥青(水泥)路建设,满足贫困群众的基本出行需求。加强农村公路危桥改造和安保工程建设,改善农村公路网络状况,提高农村公路安全水平和整体服务能力。推进乡镇客运站建设,加强口岸公路、红色旅游公路建设,支持重要水运通道和便民内河水运设施建设。

水利行业扶贫。主要表现为加强贫困地区水利建设。着力解决贫困地区农村人畜饮水困难问题,积极推进农村饮水安全工程建设。推进灌区续建配套与节水改造,因地制宜开展小水窖、小水池、小塘坝、小泵站、小水渠等"五小水利"工程建设。在有条件的地区,实施跨区域水资源调配工程,解决贫困地区干旱缺水问题。加强防洪工程建设,加快病险水库除险加固、中小河流治理和水毁灾毁水利工程修复。加强水源保护及水污染防治。

能源行业扶贫。主要表现为解决无电人口用电问题。组织实施一期、二期农村电网改造工程、中西部地区农网完善工程、户户通电工程、无电地区电力建设工程、新一轮农网改造升级工程和新农村电气化建设工程,提高农村电网供电可靠性和供电能力。因地制宜发展太阳能和风力发电,解决不通电行政村、自然村用电问题。推进水电新农村电气化县建设。加强可再生能源技术服务体系建设,继续推进沼气、节能灶、小水电代燃料等农村生态能源建设。

建筑行业扶贫。主要表现为开展农村危房改造。2008年起,以解决农村困难群众基本住房安全问题为目标,组织开展了农村危房改造试点。三年来,国家累计安排补助资金117亿元人民币,支持203.4万贫困农户开展危房改造。2010年,已覆盖全国陆地边境县、西部地区县、国家扶贫开发工作重点县、国务院确定享受西部大开发政策的县和新疆生产建设兵团团场。

科技行业扶贫。主要表现为开展科技扶贫。组织大专院校、科研院所作为依托单位,派遣有实践经验的专家和中青年知识分子组成科技开发团,并向扶贫开发工作重点县派驻科技副县长,帮助研究和制定科技扶贫规划,筛选科技开发项目、引进先进实用技术、组织技术培训,解决产业发展中的关键技术问题,提高贫困地区产业开发的技术水平。在贫困地区推进科技特派员农村科技创业行动,鼓励科技人员与农民结成利益共同体,开展创业和服务,引导科技、信息、资本、管理等现代生产要素向贫困地区集聚,促进当地经济社会发展和农民增收致富。

公益行业扶贫。主要表现为发展贫困地区社会事业。建立健全农村义务教育经费保障机制,加大对家庭经济困难学生资助力度,减轻贫困地区教育负担。实施中西部农村初中校舍改造工程、全国中小学校舍安全工程和农村义务教育薄弱学校改造计划,加强宿舍、食堂和必要的基础设施建设,改善办学条件。实施农村中小学现代远程教育工程,促进城乡和地区之间优质教育资源共享。加强农村三级医疗卫生服务体系建设,加强国家扶贫开发工作重点县乡镇卫生院、村卫生室建设。组织实施农村订单定向医学生免费培养项目,重点为乡镇卫生院及以下的医疗卫生机构培养卫生人才。加大培养合格乡村医生和接生员的力度,鼓励医疗卫生专业的大学毕业生到乡镇卫生院工作。进一步加大政府对参加新型农村合作医疗费用的资助力度。建立健全人口和计划生育服务体系。全面实行农村计划生育家庭奖励扶助制度,加快推进西部地区计划生育"少生快富"工程。加强农村公共文化服务体系建设 着力建设乡镇综合文化站,组织开展全国文化信息资源共享工程、送书下乡工程,开展广播电视"村村通"工程、农村电影放映工程、"农家书屋"工程。

生态环境行业扶贫。主要表现为加强贫困地区生态建设。巩固退耕还林成果,完善补助政策,延长补助期限。实施退牧还草工程,采取封山育草、禁牧等措施,保护天然草原植被。在西藏自治区等地开展草原生态奖励补助试点。组织实施京津风沙源治理工程,在项目区大力发展生态特色产业,实现生态建设与经济发展有机结合。实施岩溶地区石漠化综合治理工程,通过封山育林育草、人工植树种草、发展草食畜牧业、坡改梯、小型水利水保工程,实现石漠化综合治理与产业发展、扶贫开发结合。实施三江源生态保护和建设工程,通过退耕还草、生态移民、鼠害防治、人工增雨等措施,加强长江、黄河和澜沧江发源地的生态保护。加快完善生态补偿机制,加大天然林保护、湿地保护与恢复、野生动植物保护和自然保护区建设力度,维护生物多样性。

产业升级扶贫。在村镇范围,增加公共投资,改善基础设施,培育产业发展环境;在贫困户层面,提供就业岗位,提升人力资本,积极参与产业价值链的各个环节。所以,从这一角度看,产业扶贫可看成是对落后区域发展的一种政策倾斜。

三、社会扶贫

社会扶贫即动员和凝聚全社会力量广泛参与,通过东西部扶贫协作和对口支援、中央单位定点扶贫、民营企业参与脱贫攻坚,以及社会组织、个人积极参与脱贫攻坚,为脱贫攻坚贡献力量。如今,定点扶贫、对口帮扶及社会各界全面参与共同组成了社会扶贫的"三驾马车"。

定点帮扶。定点扶贫开始于 1986 年,是中国特色扶贫开发工作的重要组成部分,加大了对革命老区、民族地区、边疆地区、贫困地区发展扶持力度。定点扶贫的参与主体主要包括中央和国家机关各部门各单位、人民团体、参照公务员法管理的事业单位、国有大型骨干企业、国有控股金融机构、国家重点科研院校、军队和武警部队等中央和国家机关 119 个部门(单位),同时,支持各民主党派中央、全国工商联参与定点扶贫工作,积极鼓励各类大型民营企业、社会组织承担定点扶贫任务。根据《中共中央办公厅 国务院办公厅关于进一步加强中央单位定点扶贫工作的指导意见》,定点扶贫主要有六项任务:选派干部,开展精准帮扶;深入调研,共谋脱贫之策;宣传动员,激发内生动力;督促检查,落实主体责任;夯实基础,培育基层队伍;总结经验,宣传推广典型。自脱贫攻坚战打响以来至 2019 年年底,中央单位累计投入帮扶资金 251 亿元,帮助引进各类资金 185 亿元,培训基层干部和各类技术人才 172 万人次,积极购买和帮助销售贫困地区农产品。

对口帮扶。对口帮扶是国家扶贫开发政策中重要的一环。1996 年10 月,党中央、国务院联合召开中央扶贫开发工作会议,作出了《中共中央 国务院关于尽快解决农村贫困人口温饱问题的决定》,决定中明确指出:"东西互助是促进东西部优势互补,缩小差距,逐步实现共同富裕的重要途径",要求组织沿海发达省、直辖市对口帮扶西部贫困省、自治区。① 帮扶内容包括市场互补、产业合作、人才支援、职业培训、社会帮扶等多方面内容。通过强化协调机制,开展市县结对、部门对口帮扶,发挥市场机制,推动贫困地区产业转型升级,促进贫困地区加快发展,带动贫困群众脱贫致富。东西部地区党政干部、专业技术人才双向挂职交流,引导人才向西部艰苦边远地区流动。除此之外,各省(自治区、直辖市)根据实际情况也会在本地区组织开展区域性结对帮扶工作。

社会力量。中国扶贫大格局中,社会力量发挥着不可忽视的作用,包

---

① 中共中央文献研究室:《十四大以来重要文献选编》下,中央文献出版社 2011 年版,第1450 页。

括民营企业、社会组织、群众个体等多元社会主体。民营企业方面，鼓励民营企业积极承担社会责任，充分激发市场活力，发挥资金、技术、市场、管理等优势，通过资源开发、产业培育、市场开拓、村企共建等多种形式到贫困地区投资兴业、培训技能、吸纳就业、捐资助贫，参与扶贫开发，发挥辐射和带动作用。中国数量众多的非公有制企业积极参与"万企帮万村"精准扶贫行动（见专栏2-1）。

专栏2-1 "万企帮万村"基本情况

2015年10月，全国工商联、国务院扶贫办、中国光彩事业促进会发起"万企帮万村"精准扶贫行动，印发《"万企帮万村"精准扶贫行动方案》的通知。2016年9月，中国农业发展银行加入。"万企帮万村"是以民营企业为帮扶主体，以建档立卡贫困村贫困户为帮扶对象，以产业、就业、智力、精准带贫为主要帮扶形式的精准扶贫行动。

一大批优秀民营企业积极响应号召，充分发挥自身优势和独特作用，倾情投入人力、物力、财力、智力，围绕产业、就业、培训、消费、教育、医疗等方面在贫困地区开展帮扶，有效带动了建档立卡贫困村、贫困群众增收脱贫。截至2020年年底，进入"万企帮万村"内精准扶贫行动台账管理的民营企业有12.7万家，精准帮扶13.91万个村（其中建档立卡贫困村7.32万个）；产业投入1105.9亿元，公益投入168.64亿元，安置就业90.04万人，技能培训130.55万人，共带动和惠及1803.85万建档立卡贫困人口。

"万企帮万村"精准扶贫行动开展五年来，成效显著，影响力大，已经成为社会扶贫的亮丽品牌。习近平总书记先后10次对"万企帮万村"精准扶贫行动作出指示批示。具体做法包括：

一是构建组织体系。成立了全国"万企帮万村"精准扶贫行动领导小组，由全国工商联党组书记、国务院扶贫办主任担任组长，全国工商联、国务院扶贫办、中国光彩事业促进会、中国农业发展银行分管负责同志任副组长，形成了以全国工商联和国务院扶贫办为主体的双组长领导体制。领导小组定期召开会议，深入贯彻落实中央关于脱贫攻坚的重大决策部署。全国各省、市、县层层建立行动领导小组，形成上下联动、分工合作的工作运行机制。

二是聚焦工作重点。脱贫攻坚期内重点聚焦深度贫困地区，组织民营企业开展三次"南疆行""精准扶贫西藏行"以及"三区三州"光彩行、"津企陇上行"等一系列活动，组织民营企业到深度贫困地区投资立项，推动深度贫困地区的产业发展、就业保障和社会发展。

三是加强工作指导。定期召开"万企帮万村"精准扶贫行动现场推进会，召开"万企帮万村"行动向深度贫困地区倾斜座谈会、深度贫困地区产业扶贫现场推进会等一系列会议，加强工作指导，确保有序推进。

四是建立激励机制。2018年起，全国工商联、国务院扶贫办连续三年开展"万企帮万村"行动先进民营企业表彰，共表彰了299家民营企业，极大地激励了广大参与脱贫攻坚的民营企业和企业家，营造了民营企业履行社会责任、参与脱贫攻坚的良好氛围。

资料来源：由国务院扶贫办提供资料。

社会组织方面，支持社会团体、基金会、民办非企业单位等各类组织积极从事扶贫开发事业。地方各级政府和有关部门对社会组织开展扶贫活动提供信息服务、业务指导，鼓励其参与社会扶贫资源动员、配置和使用等环节，建设充满活力的社会组织参与扶贫机制，加强国际减贫交流合作。

个人扶贫方面，积极倡导"我为人人、人人为我"的全民公益理念，开展丰富多样的体验走访等社会实践活动，畅通社会各阶层交流交融、互帮互助的渠道。引导广大社会成员和港澳同胞、台湾同胞、华侨及海外人士，通过爱心捐赠、志愿服务、结对帮扶等多种形式参与扶贫。

第三章　中国的扶贫投入[*]

　　2018 年,习近平总书记在打好精准脱贫攻坚战座谈会上的讲话中指出,"坚持加大投入,强化资金支持。脱贫攻坚,资金投入是保障。必须坚持发挥政府投入主体和主导作用,增加金融资金对脱贫攻坚的投放,发挥资本市场支持贫困地区发展作用,吸引社会资金广泛参与脱贫攻坚,形成脱贫攻坚资金多渠道、多样化投入"①。政府投入,狭义上是指政府公共产品的直接财政投入,在扶贫投入中发挥着主导作用。2013—2021年,中央、省、市县财政专项扶贫资金累计投入近 1.6 万亿元。② 粗略估计,如果将地方投入和社会扶贫投入纳入,投入水平和受益水平还将提高1/3 以上。

　　除以中央财政为主导的政府投入外,金融投入与社会投入也是重要的扶贫资金来源。金融投入包括发放农村小额信贷、设立面向贫困户的保险产品、建立完善金融基础设施等。社会投入是另一项重要的扶贫投入来源,包括定点扶贫投入、东西扶贫协作投入和民间扶贫投入等。

　　多元、精准、稳定的扶贫投入是确保打赢脱贫攻坚战的坚实保障。通过构筑以国家财政投入为核心、金融投入与社会投入为辅助扶贫资金来源的多层次扶贫投入体系,全党全社会之力被有机整合,共同致力于打赢脱贫攻坚战,并通过多种方式实现短期快速脱贫和长效稳定脱

---

　　* 作者:严飞,清华大学社会学系副教授。
　　① 《习近平谈治国理政》第三卷,外文出版社 2020 年版,第 152 页。
　　② 钱中兵:《习近平:在全国脱贫攻坚总结表彰大会上的讲话》,见 http://www.xinhuanet.com/politics/leaders/2021-02/25/c_1127140240.htm,2021 年 2 月 25 日,引用于 2021 年 4 月15 日。

贫的有机统一。

第一节　政府投入

　　政府扶贫投入资金是国家为改善贫困地区生产和生活条件,提高贫困人口生活质量和综合素质,支持贫困地区发展经济和社会事业而设立的资金。政府扶贫投入资金来源广泛,既有中央财政拨付,也有省级财政和本级财政配套。政府扶贫投入的来源主要分为财政专项扶贫资金、一般性转移支付倾斜、专项转移支付倾斜、预算内投资倾斜、城乡建设用地增减挂钩指标交易、定点帮扶资金、行业扶贫资金以及其他类别资金来源。

　　"多个渠道引水、一个龙头放水"的扶贫投入格局是政府投入的主要模式。中国的政府投入采取的是一种多层级、自上而下的扶贫资金投放机制。在各级管理层级,国务院扶贫开发领导小组负责领导和协调各部门的扶贫工作,包括发改委、财政部、扶贫开发领导小组、农业农村部、教育部以及其他部门和金融机构。发改委、扶贫开发小组和财政部主要负责管理中央和地方政府发放的扶贫资金,其他部门负责实施扶贫项目。该机制设计的目的是适应开放且全面扶贫的需求,动员各政府部门参与扶贫事业并发挥所长,以及避免专设独立的扶贫机构,减少管理成本。

一、财政专项扶贫资金

　　财政专项扶贫资金是中央和地方财政通过一般公共预算安排的、支持各地主要用于精准扶贫、精准脱贫的资金。党的十八大以来,脱贫攻坚工作被放在更加突出的战略位置,国家扶贫开发专项资金的投入力度也在不断加大。2019 年,中央财政专项扶贫资金规模已经达到 1260.95 亿元,连续 4 年每年净增 200 亿元。2016—2020 年,中央财政累计安排专项扶贫资金 5249.21 亿元,年均增长 20.3%(见表 3-1)。

表 3-1　中央财政专项扶贫资金投入　　　（单位:亿元）

年份	中央财政专项扶贫资金
2011	272.00
2012	332.05
2013	394.00
2014	432.87
2015	457.45
2016	670.00
2017	860.95
2018	1060.95
2019	1260.95
2020	1396.36

资料来源:2011—2019 年数据来源于《中国农村贫困监测报告》2011—2020 年版①;2020 年数据来源于国务院官网②。

　　2019 年 11 月,全国 28 个省(自治区、直辖市)中央财政专项扶贫资金 2020 年预算提前下达,共计 1136.09 亿元,其中,继续重点加大对"三区三州"等深度贫困地区的支持力度,专门安排"三区三州"144 亿元,占总资金的 12.7%,这部分资金将分解到具体区、州。2020 年 4 月,中央财政专项扶贫资金又下达各地 2020 年预算的 260.27 亿元,加上提前下达的资金,目前已累计下达 2020 年中央财政专项扶贫资金 1396.36 亿元。中央财政专项资金在使用、管理和分配等方面,也与其他资金有所不同:

　　在使用方面,1998 年根据清理整顿财政周转金的要求,取消了部分中央财政专项扶贫资金有偿使用的规定,全部实行无偿使用政策。为更好支持贫困地区的发展,中央财政专项扶贫资金开始向西部贫困地区和贫困人口倾斜,对少数民族贫困地区给予特别支持,重点支持贫困地区的

① 国家统计局住户调查办公室:《中国农村贫困监测报告》(2011、2015、2016、2017、2018、2019、2020),中国统计出版社 2011、2015、2016、2017、2018、2019、2020 年版。
② 施歌:《财政部累计下达 2020 年中央财政专项扶贫资金 1396.36 亿元》,见 http://www.xinhuanet.com/politics/2020-03-31/c_1125793826.htm,2020 年 3 月 31 日,引用于 2021 年 4 月 15 日。

基础设施建设、产业发展以及劳动力培训等方面。2012 年开始不再将教育、卫生、社会保障等有专门投入渠道的社会事业列为中央财政专项扶贫资金使用方向,进一步突出了特色优势产业和自我发展能力培养两大重点。2017 年开始不再对中央财政专项扶贫资金支出范围作具体要求,而是采取了负面清单方式,在对资金支出范围作出原则性要求的基础上,明确了资金不得支出的范围。

在管理方面,2001 年中央财政专项扶贫资金分配开始考虑各地贫困人口、农民人均年纯收入、财政收入等因素,采用因素法建立中央财政专项资金分配机制。2005 年开始,为方便各地加快扶贫项目实施进度,每年的中央财政专项扶贫资金提前预拨。同年,中央开始尝试将中央财政专项扶贫资金作为"奖补"资金和互助资金,推动农村扶贫项目的开展。2006 年,国家开始对中央财政专项扶贫资金进行绩效考核评估,敦促各地提高中央财政专项扶贫资金的利用效率。2007 年开始尝试建立资金整合机制,集中力量办大事。2012 年取消了地方财政配套资金比例,分配时取消了原来自然条件、基础设施等难以计量的指标,分配因素设置更为科学合理。2017 年在因素法分配资金时,综合考虑贫困状况、脱贫攻坚政策任务和脱贫成效三类分配因素。同时,进一步改革资金管理方式,明确提出中央财政专项扶贫资金项目审批权限下放到县级,强化地方对中央财政专项扶贫资金的管理责任,并且明确了各级财政、扶贫、发展改革、民族、农业(农垦管理)、林业等部门在中央财政专项扶贫资金和项目使用管理方面的职责。

中央财政专项扶贫资金分配方面,中央财政专项扶贫资金主要按照因素法进行分配。资金分配的因素主要包括贫困状况、政策任务和脱贫成效等。贫困状况主要考虑各省贫困人口规模及比例、贫困深度、农民人均年纯收入、地方人均财力等反映贫困的客观指标。政策任务主要考虑国家扶贫开发政策、年度脱贫攻坚任务及贫困少数民族发展等工作任务。脱贫成效主要考虑扶贫开发工作成效考核结果、中央财政专项扶贫资金绩效评价结果、贫困县开展统筹整合使用财政涉农资金试点工作成效等。每年分配资金选择的因素和权重,可根据当年扶贫开发工作重点进行适当调整。

在权限分配时,按照扶贫开发"中央统筹、省负总责、市县抓落实"的工作机制,扶贫资金项目审批权限已全部下放到县,由地方自主统筹使用,极大增强了贫困县的自主性。同时,针对开展统筹整合使用财政涉农资金试点的贫困县,可根据脱贫攻坚需求统筹安排中央财政专项扶贫资金。这意味着中央财政专项扶贫资金和其他涉农资金在试点县可以整合使用,形成"多个渠道引水、一个龙头放水"的扶贫投入新格局。2016年国务院办公厅发布的《国务院办公厅关于支持贫困县开展统筹整合使用财政涉农资金试点的意见》明确规定,2016年各省(自治区、直辖市)在连片特困地区县和国家扶贫开发工作重点县范围内,优先选择领导班子强、工作基础好、脱贫攻坚任务重的贫困县开展试点,试点贫困县数量不少于贫困县总数的1/3,具备条件的可扩大试点范围。整合试点的核心是将部分涉农资金的配置权完全下放到处于脱贫攻坚一线的贫困县,支持贫困县依据当地脱贫攻坚规划,区分轻重缓急,自主确定和实施扶贫项目,当年整合资金规模超过2700亿元。2017年,整合试点范围进一步推广到全部832个贫困县,实际整合3286亿元,完成支出2935亿元。2016—2019年,全国832个贫困县实际整合资金规模累计达到1.26万亿元,县均整合资金规模超过15亿元。这一放权改革的实施,推动形成了"多个渠道引水、一个龙头放水"的扶贫投入新格局,充分调动了贫困县的积极性、主动性、创造性。①

二、一般性转移支付资金倾斜

对贫困地区的一般性转移支付的目的是帮助贫困县维持公共机构的正常运转,避免入不敷出、赤字财政现象,增强基层政府的反贫困能力。中央财政在安排一般性转移支付时,已经充分考虑财力缺口因素,对贫困地区,特别是高海拔高寒地区、中西部革命老区、民族地区、边疆地区等,

---

① 国务院办公厅:《国务院办公厅关于支持贫困县开展统筹整合使用财政涉农资金试点的意见》索引号:000014349/2016—00070,见 http://www.gov.cn/zhengoe/content/2016—04/22/oontent_5066842.htm。国务院办公厅 2016 年 4 月 22 日印发。

支持力度都远远大于其他地区。

对贫困地区的一般性转移支付的目的是帮助贫困县维持公共机构的正常运转,避免入不敷出、赤字财政现象,增强基层政府的反贫困能力。中央财政在安排一般性转移支付时,已经充分考虑财力缺口因素,对贫困地区,特别是高海拔高寒地区、中西部革命老区、民族地区、边疆地区等,支持力度都远远大于其他地区。

2010 年,全国 592 个国家扶贫开发重点县全年一般预算支出 7000 亿元左右,纳入 14 个连片特困地区的 680 个县全年一般预算支出 6900 亿元左右,这其中中央财政一般性转移支付所占比重将近 50%。事实上,2013—2019 年,中央财政累计补助地方专项扶贫资金 5100 多亿元,2019 年的金额更是达到了 1261 亿元,并且自 2016 年以来保持每年 200 亿元的净增长规模,为有效缓解贫困地区的财政压力提供了强大动力。

在党中央的带领号召下,各地方政府紧紧围绕中央决策部署,充分发挥了其职能作用,精准施策,进一步完善了一般性转移支付支持机制,推动财力持续下移,确保资金直达市县基层,直接惠企利民。以广西壮族自治区为例,自 2016 年起,广西壮族自治区在测算分配规模最大的均衡性转移支付时,比照全区平均补助系数,对辖域内 15 个自治县增加一定补助系数,进一步加大对其倾斜支持力度,并确保自治县的增幅高于全区平均增幅。据统计,2017—2019 年,广西壮族自治区财政共下达 15 个自治县一般性转移支付资金 742.48 亿元,帮助自治县增加财力保障,全力支持自治县经济社会发展和打赢脱贫攻坚战。

在县级层面,2018—2020 年县级基本财力保障机制奖补资金安排深度贫困地区目标增量规模 300 亿元,其中"三区三州"150 亿元。通过重点生态功能区转移支付加大对贫困地区的支持力度,2018 年专门安排"三区三州"转移支付资金 40 亿元;2019 年分别专门安排"三区三州"、其他深度贫困地区转移支付资金 40 亿元、65 亿元。积极推动加大东西部扶贫协作力度,2019 年东部地区财政援助资金拨付到位 229 亿元,比 2018 年增长 29%。

三、专项转移支付倾斜

除了一般性转移支付外,中央财政对涉及民生和扶贫的项目还进行专项转移支付,在资金分配上专项转移支付也会向贫困地区倾斜。中央财政坚持普惠性政策和特惠性政策相结合,专项转移主要集中在对贫困地区发展和贫困人口脱贫有重要影响的基础设施建设、教育文化、医疗卫生、社会保障、生态建设等方面。由于专项转移对贫困地区和贫困人口给予的重点倾斜,消除了一些重要的致贫因素,提高了贫困地区基本公共服务均等化水平。2013—2020 年中央财政累计补助地方专项扶贫资金 6543.53 亿元(其中:2013 年 394 亿元、2014 年 432.87 亿元、2015 年 467.45 亿元、2016 年 670 亿元、2017 年 860.95 亿元、2018 年 1060.95 亿元、2019 年 1260.95 亿元[①]、2020 年 1396.36 亿元[②]),年均增长幅度达 22.16%。同时,不断加大对贫困地区转移支付力度,全国 832 个贫困县的一般公共预算支出中,上级补助及返还占比达 80%左右。

以教育专项转移支付为例,财税体制改革以来,中央对地方教育专项转移支付转变分配方式,由项目法改为因素法分配到省,各省根据教育发展实际情况统筹使用。为进一步加大深度贫困地区和贫困人口倾斜力度,2019 年新增“深度贫困县数、深度贫困村数”等因素。同时,在预算下达文件中明确要求各地精准施策,最大限度向“三区三州”等深度贫困地区和建档立卡等贫困人口倾斜。2018—2020 年,中央财政新增“三区三州”教育脱贫攻坚资金 70 亿元,统筹用于“三区三州”教育脱贫攻坚,重点保障义务教育,适当兼顾其他教育阶段脱贫攻坚。[③]

---

① 国家统计局住户办:《中国农村贫困监测报告》(2011、2012、2013、2014、2015、2016、2017、2018、2019、2020),“财政部扶贫开展情况”,中国统计出版社 2011、2012、2013、2014、2015、2016、2017、2018、2019、2020 年版。

② 施歌:《财政部累计下达 2020 年中央财政专项扶贫资金 1396.36 亿元》,见 http://www.xinhuanet.com/politics/2020-03/31/c_1125793826.htm,2020 年 3 月 31 日,引用于 2021 年 4 月 15 日。

③ 财政部:《中共财政部党组关于 2019 年脱贫攻坚工作情况和 2020 年工作思路的报告》,财政部办公厅 2019 年 12 月 30 日印发,第 9 页。

四、预算内投资倾斜

预算内投资是指政府利用财政预算内基本建设资金和纳入财政预算管理的基本建设资金进行的投资,包括中央预算内投资和各级地方预算内投资。预算内投资倾斜是对贫困地区基础设施建设、产业发展、医疗保障、养老服务、儿童福利、住房建设等工作的重要支持。

以贵州省 2019 年预算内投资使用为例①,贵州省将预算内投资 60%以上用于贫困地区,30%以上支持深度贫困地区:

在深化农村产业革命方面,安排 1.5 亿元以上支持深度贫困县"一县一业"产业扶贫配套基础设施建设和全产业链标准化示范基地建设,安排 5 亿元推进 1000 平方千米以上石漠化综合治理,安排资金 1 亿元以上,支持实施农村小水电扶贫工程、水电矿产资源开发资产收益扶贫改革和以工代赈资产收益扶贫。

在易地扶贫搬迁上,争取国家 4.73 亿元易地扶贫搬迁中央预算内投资,协同有关部门争取 442 亿元易地扶贫搬迁地方债,争取中央预算内投资 3 亿元以上支持易地扶贫搬迁安置点配套学校等建设。

在改善贫困地区基础设施条件上,安排 2 亿元以上支持农村扶贫公路建设,安排 3.5 亿元支持农村电网改造升级,安排 2 亿元推进农村卫生厕所建设改造和畜禽粪污治理。

在推动贫困地区教育、医疗、保障性安居工程配套基础设施等项目建设上,争取中央预算内投资 13.74 亿元,支持贫困地区 93 个教育、医疗卫生基础设施项目建设,保障性安居工程配套基础设施建设资金向贫困地区倾斜。

五、城乡建设用地增减挂钩指标交易

城乡建设用地增减挂钩是指依据土地利用总体规划,将若干拟整理

① 王淑宜:《贵州省预算内投资 60%以上用于贫困地区》,《贵州日报》2019 年 4 月 7 日第 24655 号 01 版。

复垦为耕地的农村建设用地地块（即拆旧地块）和拟用于城镇建设的地块（即建新地块）等面积共同组成建新拆旧项目区（以下简称项目区），通过建新拆旧和土地整理复垦等措施，在保证项目区内各类土地面积平衡的基础上，最终实现建设用地总量不增加、耕地面积不减少、质量不降低、城乡用地布局更合理的目标。城乡建设用地增减挂钩是国家推出的支持社会主义新农村建设、促进城乡统筹发展、破解保护与保障"两难"困境的一项重要管理措施。

城乡建设用地增减挂钩节余指标省内交易，是国家扶贫开发工作的一项自然资源惠民政策，按照《国土资源部关于用好用活增减挂钩政策积极支持扶贫开发及易地扶贫搬迁工作的通知》规定，收益由县级人民政府用于扶贫开发工作，对推动贫困地区脱贫攻坚具有重要意义。指标交易后，转让方获得资金支持，受让方获得建设用地指标和空间，推动实现区域之间合作共赢。①

以山西省和湖北省为例，2018 年山西省大力推动实施城乡建设用地增减挂钩，繁峙县等 18 个贫困县增减挂钩节余指标省内交易 1.8 万亩、28.56 亿元，天镇县等 10 个深度贫困县跨省交易 0.61 万亩、18.91 亿元，28 个贫困县共计获得指标收益 47.47 亿元；2019 年湖北省城乡建设用地增减挂钩节余指标交易资金总量达 137.46 亿元，其中第二批城乡建设用地增减挂钩指标交易中，全省有 36 个县（市、区）的 42408.15 亩节余指标参与交易，最终有 65 个标的成功交易，成交面积 15986.39 亩（其中耕地 15473.73 亩），交易总额 48.08 亿元，平均交易价格 30.08 万元/亩。

此外，对于"三区三州"地区和深度贫困地区，城乡建设用地增减挂钩节余指标在深度贫困地区可在对口支援省市范围内流转。即在国家重点支持的西藏自治区、四省藏区、南疆四地州和四川省凉山彝族自治州、云南省怒江傈僳族自治州、甘肃省临夏回族自治州等"三区三州"地区和深度贫困地区，可不受指标规模限制，增减挂钩节余指标可在东西部扶贫

---

① 自然资源部：《国土资源部关于用好用活增减挂钩政策积极支持扶贫开发及易地扶贫搬迁工作的通知》，见 http://www.mnr.go.co/gk/tzgg/20163/620160328_1991690.html，国土资源部规划司 2016 年 2 月 17 日印发。

协作和对口支援省市范围内流转。根据财政部 2019 年数据,财政部落实城乡建设用地增减挂钩节余指标跨省域调剂政策,为深度贫困地区筹集资金 640 亿元,覆盖全国 397 个深度贫困县、1100 多万建档立卡贫困人口。

第二节　社会投入

社会扶贫的主要形式包括政府定点帮扶、乡镇扶贫干部结对帮扶和非公有制机构主导的扶贫项目。其主要的资金来源可以分为各系统及机构的财政预算和税收,以及通过多平台向社会公开募集的慈善资金。

一、定点扶贫投入

定点扶贫开始于 1986 年,是中国特色扶贫开发工作的重要组成部分,加大了对革命老区、民族地区、边疆地区、贫困地区发展扶持力度。定点扶贫的参与主体主要包括中央和国家机关各部门各单位、人民团体、参照公务员法管理的事业单位、国有大型骨干企业、国有控股金融机构、国家重点科研院校、军队和武警部队。同时,支持各民主党派中央、全国工商联参与定点扶贫工作。积极鼓励各类大型民营企业、社会组织承担定点扶贫任务。

习近平总书记在 2020 年 3 月 6 日出席决战脱贫攻坚座谈会时掷地有声地指出:"到 2020 年现行标准下的农村贫困人口全部脱贫,是党中央向全国人民作出的郑重承诺,必须如期实现,没有任何退路和弹性。"①在以习近平同志为核心的党中央坚强领导下,中央和国家机关各部门明确了定点扶贫责任。各部门加强了对定点扶贫县党委和政府落实脱贫攻坚主体责任、扶贫资金监管、扶贫领域腐败问题和作风问题专项治理等的督促指导,同时发挥部门特色,在不同领域与不同贫困地区开展多样的扶贫实践。在探索产业扶贫的道路上,中央网信办通过信息化和"互联网+"

---

① 习近平:《在决战决胜脱贫攻坚座谈会上的讲话》,人民出版社 2020 年版,第 13 页。

为产业发展和乡村振兴赋能,探索乡村数字经济发展新业态、新路径;工业和信息化部发挥扶贫项目带贫益贫作用,安排多个"三保障"和安全饮水类、产业发展等项目;农业农村部充分发挥行业优势,围绕茶叶、黑猪、中蜂等特色优势产业发展,帮助编制完善一大批产业发展规划。

各部门通过做大消费扶贫,切实帮助农民增收。中央编办联合多个电商平台,邀请贫困地区县政府领导上网推销农产品;共青团中央也深入开展消费扶贫行动,探索了共青团"直播带货"新模式。公安部、国家安全部、国家烟草专卖局等部门积极动员本部门、本系统工会、后勤部门、经营场所等与贫困县建立采购关系,有力地拉动扶贫产品销售。据统计数据显示,2020 年,中央和国家机关各部门共购买贫困地区农产品 13 亿元,帮助销售贫困地区农产品 265.6 亿元。①

教育部和广电总局还大力推进了教育扶贫,扶贫的同时扶智又扶志。教育部运用现代信息技术深入推进了优质教育资源共享,推进定点扶贫县城乡教育由基本均衡向优质均衡发展;广电总局捐赠了直播卫星"空中课堂"接收设备,覆盖四川省德格县全县 23 个乡镇 38 所小学共 352 间教室。

二、东西部扶贫协作投入

东西部扶贫协作是国家动员社会力量进行扶贫攻坚的又一项重要战略举措,是指东部发达省市根据党中央和国务院的要求对西部省区发展的对口支持。1996 年国务院办公厅转发《国务院扶贫开发领导小组关于组织经济较发达地区与经济欠发达地区开展扶贫协作报告的通知》,明确安排了东部 15 个经济较发达省、市与西部 11 个省(自治区、直辖市)开展对口扶贫协作工作。这一年可以作为东西部扶贫协作真正制度化、规范化的起始。从 2008 年开始,国务院扶贫办开展了东西部扶贫协作绩效评估的研究和试点工作。东部地区支援西部地区已有二十余年,为缩小

---

① 陈诚:《党旗在脱贫攻坚战场高高飘扬——中央和国家机关定点扶贫工作综述》,《旗帜》2021 年第 2 期,第 10—12 页。

东西发展差距发挥了巨大作用。面对全面打赢脱贫攻坚战的新形势、新任务,党中央进一步加大东西部扶贫协作力度。2016—2020 年,北京市、天津市、辽宁省等东部 9 省市东西部扶贫协作政府扶贫投入从 29.3 亿元增加到 260 亿元。[①]

表 3-2　东西部扶贫协作中的政府投入　　　　(单位:亿元)

年份	2016	2017	2018	2019	2020
东西部扶贫协作资金	29.3	58.76	177.6	228.9	260

三、民间投入

　　社会扶贫资金是中国扶贫投入体系的重要组成部分。多年来,中国形成了中国特色的社会扶贫体系。从严格意义上来说,社会扶贫指政府以外的扶贫主体,包括企业、个人和社会组织所开展的扶贫活动。社会组织扶贫是在党政体系、市场体系之外的,具有非政府、非营利、公益性特征的各类社会组织(主要是基金会和民办非企业单位)参与的扶贫活动。20 世纪 80 年代中后期至 90 年代,国内一些重要的扶贫组织建立起来。主要的非营利扶贫机构或扶贫项目有:中国扶贫基金会、中华慈善总会、全国妇联巾帼扶贫行动、全国残联扶贫活动、希望工程、光彩事业、幸福工程、宋庆龄基金会扶贫救助项目、中国社会科学院小额信贷中心、爱德基金会、香港乐施会等。在上述大型机构之外,一些小规模的、非公募型的基金会以及越来越多的草根非营利组织也积极地加入到了扶贫工作中。企业扶贫主要指各类企业,包括民营和外资企业参与开展的扶贫工作。许多国有企业除了被明确赋予了定点扶贫任务之外,还主动承担了更多的社会扶贫责任。随着民营企业力量的逐步壮大和社会责任意识的增强,已有越来越多的民营企业参与到扶贫事业中来。此外,进入中国的外资企业出于承担企业社会责任和塑造企业形象的需要,也积极参与了中国的扶贫行动。个人参与扶贫是近年来社会扶贫工作的亮点之一,包括

---

　　① 　王朋:《东部 9 省市今年已投入财政援助资金近 260 亿元》,见 http://www.xinhuanet.com/local/2020-10/30/c_1126677671.htm,2020 年 10 月 30 日,引用于 2021 年 4 月 15 日。

各类扶贫志愿者、扶贫捐赠者和以其他方式积极投身于扶贫活动的公民个人。

民营企业参与社会扶贫的模式从过去的单一捐赠逐渐演化成现在的投资拉动乡村经济发展,从而实现贫困人口帮扶的普惠。其代表性项目为万达集团自 2015 年起对贵州省丹寨县的对口帮扶工作。截至 2020 年,万达在丹寨县的捐赠投资已达 23 亿元。丹寨旅游小镇开业 3 年来累计接待游客超过 1900 万人次,带动全县旅游收入 120 亿元,拉动丹寨县 20 个产业和 50 个子行业发展,带动丹寨县 5.88 万贫困人口实现增收。[①]

由国务院扶贫办创办的消费扶贫行动工作平台中国社会扶贫网为集合了"互联网+大数据+扶贫信用体系"等多种模式,通过个人扶贫对接,扶贫公募和消费扶贫等模式整合社会力量,实现社会扶贫资源的精准有效对接。截至 2018 年 6 月 22 日,中国社会扶贫网注册用户已突破 3000 万人,其中爱心人士 1940 万人、贫困人口 1029 万人以及管理员 33.7 万人。网站已覆盖 31 个省(自治区、直辖市)的 380 个市州、2900 个县(市、区)、27 万个行政村,成为许多市、县、乡、村基层社会扶贫工作的有效抓手。[②]

第三节　扶贫投入的中国经验与未来展望

一、扶贫投入的中国经验

(一)中国扶贫政府投入的主要经验

1. 各级党委政府高度重视财政扶贫工作

国家高度重视财政扶贫工作,是中国取得大规模减贫成效的政治保证。虽然经济增长也会惠及贫困人口,但是没有政府的干预和有针对性

---

① 侯雪静:《我国总结民营企业扶贫经验推动乡村振兴》,见 http://www.xinhuanet.com/fortune/2020-09/12/c_1126486401.htm,2020 年 9 月 13 日,引用于 2021 年 4 月 15 日。

② 翟畅、郭强:《中国社会扶贫网注册用户数量突破 3000 万》,见 http://www.xinhuanet.com/politics/2018-06/25/c_1123034393.htm,2018 年 6 月 26 日,引用于 2021 年 4 月 15 日。

的扶贫政策,经济增长往往会导致贫富差距扩大。有研究表明,缺乏贫困人口广泛参与的经济增长,贫困人口受益和摆脱贫困的可能性很低。因此,需要政府在经济增长的前提下,通过有针对性的财政扶贫政策提高贫困地区和贫困人口参与经济增长的能力,以避免收入分配不均,贫富差距扩大。

中国政府高度重视财政扶贫工作,对贫困地区大量的资金投入,主要是为了提高贫困地区和贫困人口的自我发展能力,如改善交通等基础设施、提高教育和健康水平。为了保证扶贫工作的力度,在精准扶贫的战略要求下,中央与中西部22个省(自治区、直辖市)党政主要负责同志签署脱贫攻坚责任书,相关各省、各市、各县、各乡镇也层层签署脱贫责任书,如不能完成脱贫任务将被问责。对于尚未脱贫的贫困县,党政主要领导在实现脱贫摘帽前不能调岗。这些具体的举措,都表明了国家对扶贫工作的高度重视,也是为了让各级政府把更多的财政资金用于脱贫攻坚,为2020年前顺利实现整体脱贫提供了重要的政治和资金保障。

2. 多级财政投入保障体系

中国扶贫的政府投入建立起"中央统筹,地方配套,多级财政同保障"的资金投入体系。从中央一级的扶贫资金投入状况来看,中央财政专项扶贫资金投入从1980年的8亿元增加到2019年的1260.95亿元,增长趋势十分明显。2011—2019年累计投入的中央财政专项扶贫资金达到5751.22亿元①。需要注意的是,虽然中央财政专项扶贫资金稳步提升,扶贫贷款金额也在快速增加,但并不意味着这些是全部的扶贫资金。在县级层面,还包括其他各种渠道来源的涉农资金。除了中央一级的财政专项扶贫资金以及扶贫贷款投入外,贫困地区的县级扶贫资金来源还包括中央专项退耕还林还草补贴,中央拨付的低保资金,省级财政扶贫资金,国际扶贫资金等。巨额的财政资金投入,是中国取得大规模减贫成效的重要资金保障。

---

① 国家统计局住户办:《中国农村贫困监测报告》(2011、2012、2013、2014、2015、2016、2017、2018、2019、2020),"财政部扶贫开展情况",中国统计出版社2011、2012、2013、2014、2015、2016、2017、2018、2019、2020年版。

3. 政府投入资金管理体系不断优化

自 2000 年以来,中央建立中央财政专项扶贫资金管理办法,在加强和规范中央财政专项扶贫资金使用和管理,促进提升资金使用效益方面发挥了重要作用。随着中国扶贫实践的不断积累以及中央扶贫开发政策的不断完善,财政部、发改委、扶贫办等相关部门不断调整完善资金管理办法。比如,资金使用管理方式方面,将中央财政专项扶贫资金项目审批权限下放到县一级;资金支出范围方面,不再对中央财政专项扶贫资金支出范围作具体要求,采取负面清单方式。这一系列的改革举措,完善了中央财政专项扶贫资金管理方式,提升了贫困地区政府统筹资金能力,兼顾集中力量办大事和精准化扶贫,提高贫困地区财政扶贫资金使用效率。

4. 与其他扶贫投入紧密配合

中国政府不断加强财政扶贫与其他扶贫方式(如金融扶贫、社会扶贫)的密切配合,如为信贷扶贫贴息,利用财政资金设立担保基金,支持扶贫保险,利用彩票公益金等。除了中央财政专项扶贫资金投入,扶贫贷款的发放也在快速增加,特别是 2008 年全面改革扶贫贷款管理制度后,贷款金额增长势头更加迅猛。1984 年扶贫贷款计划及发放数仅为 13 亿元,到 2019 年第一季度,全国建档立卡贫困人口及已脱贫人口贷款余额 7126 亿元,个人及产业带动精准扶贫贷款余额 1.2 万亿元。[1] 此外,中央财政专项扶贫资金增加非税收入渠道,自 2008 年开始从彩票发行收入中按规定比例提取彩票公益金,专项用于支持革命老区扶贫项目,“十三五”期间,中央财政共计安排中央专项彩票公益金 100 亿元,实现对 397 个革命老区县全覆盖,并对脱贫攻坚任务较重的深度贫困革命老区县和巩固脱贫成果任务相对较重的贫困革命老区县倾斜支持。2019 年年底,提前安排中央专项彩票公益金支持革命老区扶贫项目资金为 20.6 亿元。[2]

---

① 吴雨:《央行发文要求做好今明两年金融精准扶贫工作》,见 http://www.xinhuanet.com/fortune/2019-05/15/c_1124499189.htm,2019 年 5 月 15 日,引用于 2021 年 4 月 15 日。

② 申铖:《财政部“十三五”期间累计安排中央专项彩票公益金 100 亿元支持贫困革命老区脱贫攻坚》,见 http://www.xinhuanet.com/politics/2019-12/05/c_1125312838.htm,2019 年 12 月 5 日,引用于 2021 年 4 月 15 日。

5. 政府投入严格实行监督和审计

中国政府扶贫投入加强资金使用监管,严格实施审计监督。落实扶贫资金公告公示制度,开展中央财政专项扶贫资金绩效评价,深化专项审计,严肃查处贪污挪用扶贫资金等违法违纪行为,提高资金使用效率和效益。

2018 年,国务院办公厅转发财政部、国务院扶贫办、国家发展改革委《扶贫项目资金绩效管理办法》,切实加强财政扶贫项目资金管理,落实资金监管责任,提高资金使用效益,对扶贫项目资金绩效管理工作作出全面部署。2019 年,财政部印发《关于进一步加强扶贫项目资金绩效管理有关工作的通知》,进一步明确扶贫项目资金绩效管理口径、职责分工、工作重点、监督检查等要求。建立健全财政扶贫资金动态监控平台,对各级各类财政扶贫资金分配下达、资金支付及项目资金绩效目标等情况进行全流程监控。监控平台已实现中央、省、市、县上下贯通,在中央一级、有脱贫攻坚任务的 28 个省份、339 个地市、3043 个县稳定运行。各级财政运用监控平台,掌握财政扶贫资金投入情况,督促加快预算下达和执行进度,加强扶贫资金监管,发现和纠正资金闲置挪用、以拨代支、违规使用等问题。

通过加强对扶贫资金的审计保障财政资金用好、用实。2018 年,国家审计机关较为关注产业扶贫、健康扶贫、教育扶贫、金融扶贫、易地扶贫搬迁政策的落实,同时关注贫困地区的五项政策措施资金落实。

6. 科学评估政府投入成效

为确保脱贫攻坚工作经得起历史和人民的检验,中共中央办公厅、国务院办公厅印发了《省级党委和政府扶贫开发工作成效考核办法》,对减贫成效、精准识别、精准帮扶、扶贫资金四大方面进行成效考核,采用省级总结、第三方评估、省际交叉评估、国务院扶贫办和财政部对各省扶贫资金绩效的考评等多种方式,确保贫困群众"脱真贫、真脱贫"。

其中,各省扶贫资金绩效考核又是脱贫攻坚工作考核的重要一环。2017 年,财政部、国务院扶贫办印发《财政专项扶贫资金绩效评价办法》,对中央财政专项扶贫资金的使用管理过程及其效果进行综合性考核与评价。中央财政专项扶贫资金绩效评价的主要内容包括:(1)资金投入,主要评价省本级预算安排的中央财政专项扶贫资金的投入总量、增幅及分配的合理性、规范性等。(2)资金拨付,主要评价中央补助地方的中央财政专项扶贫资金拨付的时间效率。(3)资金监管,主要评价省级财政专项扶贫资金监管责任落实情况,包括信息公开和公告公示制度建设和执行、监督检查制度建设和执行等。(4)资金使用成效等方面的情况,主要评价中央财政专项扶贫资金使用的效果,包括年度资金结转结余率、资金统筹整合使用成效(只适用于 832 个贫困县和连片特困地区县所在的中西部省)、贫困人口减少、精准使用情况等。[①]

中央财政专项扶贫资金绩效评价分级实施。财政部、国务院扶贫办负责对省级管理财政专项扶贫资金的情况进行绩效评价。各省财政、扶贫部门负责对省以下管理财政专项扶贫资金的情况进行绩效评价。

对各省财政专项扶贫资金的绩效评价依据所设定的指标逐项计分后确定总得分(东部省总得分按比例折算)。根据得分将评价结果划分为四个等级,分别为:优秀(≥90 分)、良好(≥80 分,<90 分)、及格(≥60分,<80 分)、不及格(<60 分)。资金绩效评价结果纳入省级党委和政府扶贫工作成效考核,并作为财政专项扶贫资金分配的因素之一。

(二)中国扶贫社会投入的主要经验

1.定点扶贫——八方齐援,精准施策

在中国政治优势和制度优势的确保下,定点扶贫工作调动了党政军机关、企事业单位的力量,将单位、行业优势与贫困地区的实际需要相结合,探索出一条行之有效的重要扶贫路径。

定点扶贫的“一对一”精准滴灌式扶贫模式取得了瞩目成效。中央和国家机关各部门充分发挥自身优势,在落实产业扶贫、消费扶贫、教育扶贫的基础上,积极探索其他形式的帮扶措施,集思广益,助力脱贫攻坚。在深刻了解帮扶对象的所想所需的基础上,加快落实长期扶贫发展战略,

---

① 李艳芝:《衡量脱贫攻坚资金使用绩效有了新“标尺”——财政部就修订〈财政专项扶贫资金绩效评价办法〉答记者问》,《中国财政》2017 年第 20 期,第 47 页。

努力建立建成一个多元化、可持续的多层次定点扶贫框架。

2. 东西部扶贫协作——互帮互助,硕果累累

习近平总书记指出,东西部扶贫协作和对口支援工作推动了区域协调发展、协同发展、共同发展的大战略,是加强区域合作、优化产业布局、拓展对内对外开放新空间的大布局,是实现先富帮后富、最终实现共同富裕目标的大举措。东西部扶贫协作的缘起主要是改革开放后东西部发展的不平衡,东西部扶贫协作主要模式也是东部地区助力西部欠发达地区脱贫。但经过多年探索,东西部扶贫协作已从最初的单方面"输血"发展为东西部协同发展、互利共赢的局面。在宁夏回族自治区与福建省的协作过程中,宁夏回族自治区由于其独特的纬度和气候优势,成为福建省葡萄酒企业理想的种植地;在四川省与浙江省的帮扶实践中,四川省乌蒙山丰富的水电资源满足了沿海地区纺织产业转型升级的需求,浙江省的纺织企业因此获利颇多;在云南省与上海市的协作过程中,云南省的优质农副产品深受上海市消费者的欢迎,在市场上取得了极大成功。

2020 年 3 月 6 日,在决战决胜脱贫攻坚座谈会上,习近平总书记作出了长远谋划:"要立足国家区域发展总体战略,深化区域合作,推进东部产业向西部梯度转移,实现产业互补、人员互动、技术互学、观念互通、作风互鉴,共同发展。"①东西部互帮互助的协作扶贫经验深刻证明,东西部可以在互通有无的基础上实现共同发展。

3. 民间投入——众擎易举,助力扶贫

中国大扶贫工作格局中的民间投入是确保脱贫攻坚事业走向成功的另一个不可或缺的重要扶贫投入。为响应中央关于打好脱贫攻坚战、全面建成小康社会的号召,各地方政府积极响应,引导社会力量参与到脱贫攻坚工作中,为扶贫事业的最终胜利提供了广阔的社会支撑。

在鼓励社会力量积极反哺贫困地区的精神指导下,民营企业、教育机构、民主党派以及其他各类社会组织都积极投入到脱贫攻坚的伟大斗争中。中国民间扶贫投入是中国特色社会主义体制下脱贫攻坚事业的特色

---

① 习近平:《在决战决胜脱贫攻坚座谈会上的讲话》,人民出版社 2020 年版,第 13 页。

元素,为脱贫攻坚事业注入了源源不断的活力。

二、扶贫投入的未来展望

2021 年 2 月 25 日,在人民大会堂召开的全国脱贫攻坚总结表彰大会上,习近平总书记庄严宣告,经过全党全国各族人民共同努力,在迎来中国共产党成立一百周年的重要时刻,我国脱贫攻坚战取得了全面胜利。现行标准下 9899 万农村贫困人口全部脱贫,832 个贫困县全部摘帽,12.8 万个贫困村全部出列,区域性整体贫困得到解决,完成了消除绝对贫困的艰巨任务,创造了又一个彪炳史册的人间奇迹![1] 在脱贫攻坚全面胜利后,下一阶段的任务之一将是如何巩固来之不易的脱贫攻坚伟大成果以及如何进一步拓宽脱贫地区的致富发展之路。在助力乡村振兴的新挑战中,扶贫投入体系需要努力适应新的历史任务,继续发挥为脱贫地区注入活力的重要作用,并根据新形势作出更契合当下乡村发展需要的变化。

(一)保持投入力度不减

多元的扶贫投入是打赢脱贫攻坚战的坚实基础,而实现短期脱贫向长效脱贫的转变则需要继续保持扶贫投入力度,同时健全多元投入保障。在 2020 年脱贫攻坚的决胜之年,中央财政专项扶贫资金不仅数量多,共下达 1396.36 亿元,而且比往年提前了一个月下达,同时充分考虑新冠肺炎疫情的影响,对财政资金的使用效益也全面提高,这充分表明财政部打赢脱贫攻坚战的决心。在未来,政府投入依然要保持扶贫资金来源的中流砥柱作用,通过统筹多渠道资金来源,鼓励带动其他投入渠道巩固脱贫攻坚胜利成果。

在未来,为避免"短期脱贫"现象的发生,继续提高针对脱贫地区的金融投入将是巩固脱贫攻坚成果的重要举措。金融投入将继续为脱贫地区注入金融"活水",激发脱贫地区的投资潜力,有效带动当地民众增收致富。同时,保险业的持续投入将有效帮助脱贫民众增强抵御自然灾害

---

[1]　习近平:《在全国脱贫攻坚总结表彰大会上的讲话》,人民出版社 2021 年版,第 1 页。

和市场波动风险的能力,推动帮扶地区产业可持续发展。

社会投入力度的继续保持将持续锚定定点帮扶对象,精准施策助力未来发展;互相促进,进一步拉动东西协同发展;激发社会力量的责任意识,巩固"一方有难八方支援"的优秀社会风气,助力社会主义精神文明建设。

(二)投入重点适当向产业扶贫转移

在当下,如何使脱贫地区进一步发展是摆在中国面前的新题目。继续大力推动产业扶贫将是行之有效的举措之一,在未来,扶贫投入的重点也需要适当向产业扶贫转移。

产业扶贫是以产业发展为中轴,带动被帮扶地区完成由被动脱贫到主动致富的过程。在脱贫攻坚全面胜利的大背景下,产业扶贫这种内生扶贫机制将进一步发挥重要作用,引导脱贫地区走上增收致富新阶段。扶贫投入需要将发力点集中在助力产业扶贫上,为产业扶贫引流注水,激发脱贫地区产业发展活力,努力开创脱贫地区发展新局面。政府投入需要进一步发挥兜底的作用,建立牢固的社会保障体系,为脱贫民众提供完善的社会保障,织牢社会保障网络。同时,大力推动产业扶贫和发展,努力推动脱贫地区走向自我发展的新阶段。

(三)加大资源整合力度

健全扶贫投入机制将进一步加大资源整合力度,优化资源使用效益,并将资源整合重点放在县级领域。持续推进脱贫地区的长远发展要求对资源进行进一步优化整合,这不仅关系脱贫区域未来增收致富的发展实效,还影响乡村振兴战略的未来落实。

加大资源整合力度对优化扶贫投入体系提出了更高要求。各项投入需要在满足现阶段脱贫地区需要的情况下,根据战略格局的演变调整自身构成和偏向,以适应未来脱贫地区发展的更高要求,这就需要对战略扶贫资源进行进一步整合。各投入部门也需要在新形势的要求下协同共建,采取综合性扶贫投入措施,着力解决未来发展中的投入不均、来源不明问题。

在脱贫攻坚战全面胜利后,脱贫地区对扶贫专项资金的使用也需要被进一步细化。县级单位处在扶贫开发工作的前沿,起到承上启下的关键作用,是抓落实的重要环节,资源整合效率的关键也在县级单位。各脱贫地区县级单位应建立健全辖区内脱贫发展信息网络,加强与不同部门之间的沟通配合,明确各方面资源整合的任务和责任,建立推行资源整合责任考核与追溯制度,将脱贫开发的资源整合工作落到实处。

(四)拓宽投入资金使用范围

除却继续对刚刚摘帽的贫困县保持投入资金支持外,扶贫投入资金也应重视对非贫困县的支持。在建档立卡时,贫困村、贫困县由于贫困人口多,困难更多,问题更突出,被调配的投入资源也更多。而非贫困县、非贫困村被整合的资源较少,某些非贫困县近几年的发展速度不及已脱贫的贫困县,非贫困县、非贫困村中的贫困人口发展没有得到更多资源调配。

因此,在脱贫攻坚战全面胜利后,可以对投入资金的使用范围进行适当微调,集中投入资金,整合更多资源加大对非贫困县、非贫困村的支持力度,在分配各类专项资金时,加大对非贫困县、非贫困村人口的权重系数。同时,不断提高扶贫资金使用效益,全力确保扶贫投入资金安全高效使用。

(五)进一步与乡村振兴战略对接

在 2018 年中共中央、国务院印发的《乡村振兴战略规划(2018—2022年)》中,明确提出要在要素配置上优先满足农村地区发展,在资金投入上优先保障农村地区。脱贫摘帽不是终点。① 打赢脱贫攻坚战、全面建成小康社会后,要稳固好来之不易的脱贫攻坚成果,接续推动脱贫地区乡村全面振兴,促进摘帽乡镇经济发展,让包括脱贫群众在内的广大人民过上更加美好的生活。

在西部地区处于边远或高海拔、自然环境相对恶劣、经济发展基础薄弱、社会事业发展相对滞后的脱贫县中,确定一批国家乡村振兴重点帮扶

---

① 中共中央国务院编:《乡村振兴战略规划(2018—2022 年)》,人民出版社 2018 年版,第6 页。

县,从财政、金融、土地、人才、基础设施建设、公共服务等方面给予集中支持,增强其区域发展能力。支持各地在脱贫县中自主选择一部分县作为乡村振兴重点帮扶县。

在脱贫攻坚战全面结束后,保留并调整优化原财政专项扶贫资金,注重突出重点,在保持现有财政转移支付继续向脱贫地区倾斜的前提下,聚焦支持国家乡村振兴重点帮扶县等脱贫地区,巩固拓展脱贫攻坚成果,推动乡村振兴。例如,继续支持脱贫县统筹使用涉农财政资金,并适当向国家乡村振兴重点帮扶县倾斜,用于逐步提高产业发展的比例。同时,调整现有资金支出渠道,在其他地区探索建立涉农资金整合长效机制的情况下,对国家乡村振兴重点帮扶县实施继续实行涉农资金统筹整合试点政策。

对于乡村振兴的关键性"内生"动力上,应延续脱贫攻坚期间各项人才智力支持政策,建立健全引导各类人才服务乡村振兴的长效机制,逐步形成乡村人才振兴制度框架和政策体系,壮大乡村振兴各领域人才规模,加快培养农业生产经营人才、农村第二第三产业发展人才、乡村公共服务人才、乡村治理人才、农业农村科技人才,满足乡村振兴战略基本需要,实现各类人才支持服务乡村格局。对农业科技推广人员探索"县管乡用、下沉到村"的新机制。继续支持脱贫户"两后生"[1]接受职业教育,并按规定给予相应资助[2]。鼓励和引导各方面人才向国家乡村振兴重点帮扶县基层流动。

---

① "两后生"是指初、高中毕业但未能继续升入大学或中高院校就读的农村贫困家庭中的富余劳动力,这一群体主要为年龄在15~22周岁之间的未婚青年。

② 中共中央国务院:《关于实现巩固拓展脱贫攻坚成果同乡村振兴有效衔接的意见》,人民出版社2021年版,第20页。

第四章　金融扶贫[*]

在全球反贫困行动中,金融扶贫是引导贫困人口摆脱贫困的有效手段。早在 1954 年,美国发展经济学家纳克斯(Nurkes)就提出了金融可及性的减贫效益,强调要以加大资金供给规模、提升投资力度的方式促进贫困地区和贫困人口金融资本的形成,破除"贫困恶性循环"。[①] 随后的研究表明,贫困户可以通过获得金融支持改变自身初始禀赋约束,进行农业投资,扩大生产规模,从而增加收入;[②]金融信贷在一定程度上促进农村社区的发展,形成对贫困群体的有效带动;[③]金融发展和针对性的创新是减缓贫困的有效途径之一。[④] 进入 21 世纪以来,大量研究显示,贫困地区金融包容性发展在改善贫困方面的重要作用更加明显;[⑤][⑥][⑦][⑧]农户可

---

[*] 作者:郭晓鸣,四川省社会科学院研究员、博士生导师;曾旭晖,四川省社会科学院研究员;李志慧,成都理工大学副教授。

① Nurkes R., "Problems of Capital Formation in Underdeveloped Countries", *International Journal of Economics Management*, Vol.20, No.4, 1954, pp.413-420.

② Feder G., Lau L.J., Luo L.X., "The Relationship Between Credit and Productivity in Chinese Agriculture: A Microeconomic Model of Disequilibrium", *American Journal of Agricultural Economics*, Vol.72, No.5, 1990, pp.1151-1157.

③ Binswanger H.P., Khandker S.R., "The Impact of Formal Finance on the Rural Economy of Lndia", *Journal of Development Studies*, Vol.32, No.2, 1995, pp.234-262.

④ Galor O., Zeira J., "Income Distribution and Macroeconomics", *The Review of Economic Studies*, Vol.60, No.1, 1993, pp.35-52.

⑤ Beck T., Demirgüç-Kunt A., Levine R., "Finance, Inequality and the Poor", *Journal of Economic Growth*, Vol.12, No.1, 2007, pp.27-49.

⑥ Chibba M., "Financial Inclusion, Poverty Reduction and the Millennium Development Goals", *European Journal of Development Research*, Vol.21, No.2, 2009, pp.213-230.

⑦ Mookerjee R., Kalipioni P., "Availability of Financial Services and Income Inequality: The Evidence From Many Countries", *Emerging Markets Review*, Vol.11, No.4, 2010, pp.404-408.

⑧ Inoue T., Hamori S., "How has Financial Deepening Affected Poverty Reduction in India? Empirical Analysis using State-level Panel Data", *Applied Financial Economics*, Vol.22, No.5, 2011, pp.395-408.

以凭借金融渠道的有效支持,应对农业生产和收入的周期性不平稳,填补支出性缺口,改善福利水平。①②

在中国精准扶贫战略部署中,金融扶贫是一项重要举措,更是加快脱贫攻坚进程、提高扶贫质量的有力工具。由于脱贫攻坚各项工作对资金、信贷和融资的需求越来越大,金融扶贫承担了更加重要的任务。中国政府不断优化和完善金融扶贫的顶层设计,逐步形成了一套相对完整的政策体系和组织体系,并通过对金融产品与服务、保险产品与服务以及投融资渠道三个方面的持续创新,在银行、保险与证券三大领域形成各具特色又相互支持的金融精准扶贫格局。

第一节　中国金融扶贫体系

一、多元化的金融扶贫需求

(一)贫困户参与产业发展

为达到 2020 年贫困县完全脱帽的总体目标,2015 年国务院发布《中共中央　国务院关于打赢脱贫攻坚战的决定》,提出实施贫困村"一村一品"产业推进行动,加强贫困地区农民合作社和龙头企业培育,并依托贫困地区特有的自然人文资源,深入实施乡村旅游扶贫工程。第一,按照"一村一品"产业推进的要求,着力培育特色主导产业体系,这些新型的产业和行业都迫切需要金融机构给予信贷资金的支持。第二,作为重点培育对象,贫困地区种养大户、家庭农场、专业合作社和产业化龙头企业等新型经营主体,一头连接市场,一头连接建档立卡贫困村、贫困户,对推动贫困地区特色产业发展、解决劳动力就业和带动脱贫发挥着重要作用。这些新型经营主体的融资需求强烈,融资缺口较大。第三,贫困户依靠自

---

① Pham B. D., Yoichi I., "Rural Development Finance in Vietnam: A Microeconometric Analysis of Household Surveys", *Word Development*, Vol.30, No.2, 2002, pp.319-335

② Omotola A., "Microfinancing for Poverty Reduction and Econominc Development: A Case for Nigeria", *International Research Journal of Finance and Economics*, Vol.72, 2010, pp.159-168.

然资源禀赋优势,发展乡村旅游,需要大量建设和改善基础设施,迫切需要金融资金的支持。

（二）贫困地区发展县域经济

贫困地区发展县域经济主要从培育特色产业、转变发展方式、优化经济环境几个方面入手。第一,贫困地区发展县域经济需要充分利用当地优势特色资源和产业基础,合理布局、科学规划,大力发展能吸收贫困人口就业、带动贫困人口增收的绿色生态种养业、经济林产业、林下经济、森林草原旅游、休闲农业、传统手工业、乡村旅游、农村电商等特色产业,实行特色农业基地、现代农业示范区、农业产业园区的重点扶持、重点培育和重点突破,这些均需要金融资金的大力支持。第二,贫困地区需转变现有粗放式经济发展模式,逐步向精细化、集约化经济发展模式转型,通过加强工业园区建设,加大科技型、知识型企业的金融支持力度等方式来实现规模经济发展。第三,优化经济环境是加快县域经济发展方式转变的重要保障,政府不仅要创新服务思路,拓宽服务领域,创造宽松的宏观社会环境、平等竞争的体制环境,而且要注重县域经济发展软环境的建设,提供产业发展的配套服务设施,提高行政服务效率与水平,这些都离不开金融的支持。

（三）贫困地区加强基础设施建设

一是农村交通项目建设亟须金融支持。交通运输是脱贫攻坚的重要基础和关键支撑,中国广大贫困地区的交通基础设施薄弱,数量不足、等级不高、路网不完善,严重阻碍其特色产业和乡村旅游的发展。而交通基础设施建设由于周期长、耗资大、回报低等特点,一直存在融资难的瓶颈,因此亟须金融支持。二是农田水利项目建设需要金融支持。农田水利基础设施建设是国家粮食安全、生态安全、饮水安全、防洪安全和抗旱安全的保障,也是促进农业经济长期平稳较快发展和社会和谐稳定的基础。中国贫困地区目前使用的水利工程设施除新建的之外,不少农田水利设施还是20世纪六七十年代建设的,一些小水库、塘坝、渠道由于年久失修,功能日渐萎缩,加上受自然灾害影响,水利设施亟须维修,但农田水利项目贷款投资大、还款期长,短期内又难以获得直接回报,风险性较高,亟须金融支持。三是农村人居环境项目建设需要金融支持。为做好农村环境治理和美丽乡村建设，全面提升村容村貌，实现乡村环境洁净清爽，贫困地区实施农村污水垃圾处理、农村危房改造、农村环境集中连片综合治理和改厕、乡村旅游开发、传统村落保护等建设项目，这些项目的建设与开展均需要金融机构的支持与助力。

（四）贫困地区实施易地扶贫搬迁

易地扶贫搬迁是贫困农户因为生态环境恶劣不适于居住，或生态条件极为脆弱，或贫穷，迁移至新的聚集点或者城镇，重新组织生产生活活动，使原生态区得以恢复、农户贫穷得以解除的行为。易地扶贫搬迁是脱贫攻坚"五个一批"精准扶贫工程的重要举措，也是新时期脱贫攻坚的头号工程和标志性工程。易地扶贫搬迁是一个系统的过程，涉及众多政府机构、企事业单位和农户。在易地扶贫搬迁前期主要涉及基础设施建设和房屋建设，而随着易地扶贫搬迁的深化，需要政府进行后续的产业扶持与发展来带领贫困户由原先赤贫状态走向脱贫致富，这些都需要资金支持。

2015年，中国政府明确提出，对居住在生存条件恶劣、生态环境脆弱、自然灾害频发等地区的农村贫困人口，加快实施易地扶贫搬迁工程，由中国农业发展银行发行政策性金融债，按照保本或微利的原则发放长期贷款，专项用于易地扶贫搬迁。随后中国政府出台相关政策，进一步明确了中国农业发展银行支持易地扶贫搬迁的工作职责，要求中国农业发展银行为省级投融资主体提供易地扶贫搬迁长期贷款和专项建设基金，用于规划范围内建档立卡搬迁人口住房建设，以及包括同步搬迁人口在内的安置区配套基础设施、公共服务设施建设。

二、多层次的金融扶贫供给体系

从金融扶贫的协调机制看，金融扶贫是一项综合性的扶贫机制，自精准扶贫战略实施以来，中国已形成由中国人民银行、银保监会、证监会、财政部、政府扶贫办等引导与监管，金融机构执行的多部门联动的金融扶贫组织体系，整体呈现出多元化、专业化特点（见图4-1）。

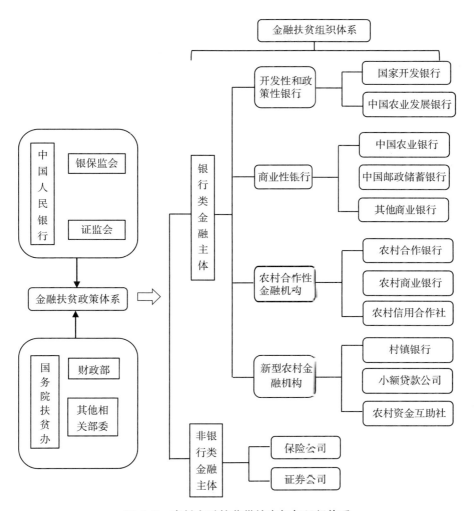

图4-1 农村金融扶贫供给主体与组织体系

　　为了加大金融扶贫力度,中国政府建立了多主体参与机制,鼓励和引导商业性、政策性、开发性、合作性等各类金融机构参与扶贫开发。中国人民银行起到货币政策的引导作用;国家开发银行和中国农业发展银行作为政策性金融机构参与扶贫,并发行政策性金融债专项用于易地扶贫搬迁;中国农业银行、中国工商银行、中国邮政储蓄银行等大中型商业性银行通过延伸服务网络、创新金融产品,增加贫困地区信贷投放;省级扶贫开发投融资主体,如农村信用社、村镇银行、小额贷款公司等金融机构为贫困户提供免抵押、免担保扶贫小额信贷；此外，还包括培育发展农民资金互助组织，设立政府出资的融资担保机构等。表 4-1 显示，不同类型的银行均参与到金融精准扶贫中，近 3 年来的年末贷款余额约高达 4 万亿元。

表 4-1　中国金融机构扶贫贷款年末余额及当年新增规模

（单位：亿元）

名称	2017 年年末		2018 年年末		2019 年年末	
	余额	当年新增	余额	当年新增	余额	当年新增
金融精准扶贫贷款	37759	11275	42461	4703	39622	3403
其中：						
开发性和政策性银行	23057	6559	24260	1202	20751	1777
大中型商业性银行	8052	2526	10509	2456	10769	1773
小型城市商业银行	1192	372	1461	270	1637	94
农村合作性金融机构	4456	1495	4875	419	4757	−439
新型农村金融机构	159	76	186	26	177	−17

资料来源：中国人民银行。

（一）开发性和政策性银行

国家开发银行和中国农业发展银行，两大银行分别于 2016 年 4 月设立扶贫金融事业部，专门负责金融扶贫中的政策执行或监管。国家开发银行通过调剂信贷资源，支持贫困地区基础设施建设和新型城镇化发展。中国农业发展银行通过创新金融产品和服务，加大对贫困地区的信贷支持力度；在 839 个国家级贫困县设立扶贫金融事业部或派驻扶贫工作组，实现了贫困地区政策性金融服务机构全覆盖。表 4-2 显示，两大银行是金融精准扶贫的重要保障，特别是中国农业发展银行，近 3 年的贷款余额均在万亿元以上。

表4-2　开发性和政策性银行扶贫贷款年末余额及当年新增规模

（单位：亿元）

名称	2017年年末		2018年年末		2019年年末	
	余额	当年新增	余额	当年新增	余额	当年新增
国家开发银行	10408	2923	10794	385	6835	775
中国农业发展银行	12649	3636	13466	817	13916	1002

资料来源：中国人民银行。

据中国农业发展银行金融事业部统计，中国农业发展银行2018年度安排"三区三州"所属省级分行精准扶贫贷款增量计划979亿元，占全行精准扶贫贷款增量计划的33%。推动"三区三州"优先使用抵押补充贷款（PSL）资金，全年投入"三区三州"的PSL资金达359亿元，占全行投入贫困地区PSL资金规模的29.92%。同时，中国农业发展银行还单独建立深度贫困地区精准扶贫贷款监测制度，加强对"三区三州"支持政策落实情况的跟踪和指导，出台了28条差异化特惠支持政策，不断增强"三区三州"分支机构业务资源保障力度。到2019年，全行累计向"三区三州"深度贫困地区投放扶贫贷款1871.6亿元，贷款余额1033.05亿元。

（二）商业性银行

在中国金融扶贫组织体系中，大中型商业银行在各自领域和各自行业对脱贫攻坚作出了重要贡献，其中中国农业银行、中国建设银行、中国工商银行和中国邮政储蓄银行是推动金融精准扶贫的重要力量，对贫困户脱贫和带贫经营主体的发展发挥了重要作用（见表4-3）。各大商业银行均设立了"三农金融事业部"或"普惠金融事业部"。中国农业银行通过深化"三农金融事业部"改革，强化县事业部"一级经营"能力，提升对贫困地区的综合服务水平。中国邮政储蓄银行强化贫困地区县以下机构网点功能建设，积极拓展小额贷款业务，逐步扩大涉农业务范围，探索资金回流贫困地区的合理途径。其他大中型商业银行通过创新信贷管理体制，放宽基层机构信贷审批权限，进一步增加对贫困地区的信贷投放。

表4-3　商业性银行扶贫贷款年末余额及当年新增规模　（单位:亿元）

名称	2017 年年末		2018 年年末		2019 年年末	
	余额	当年新增	余额	当年新增	余额	当年新增
中国农业银行	3171	952	3854	683	3942	642
中国建设银行	1818	682	2201	383	2195	287
中国工商银行	1550	435	1979	429	1704	236
中国邮政储蓄银行	616	110	939	323	825	213
其他大中型商业银行	897	347	1536	638	2103	395

资料来源:中国人民银行。

（三）农村合作性和新型金融机构

农村合作性金融机构包括农村信用合作社、农村商业银行和农村合作银行;新型农村金融机构包括村镇银行、小额贷款公司以及农民资金互助社等。在贫困地区设立农村合作性和新型金融机构是增加贫困地区信贷供给的有效办法。由于农村信用合作社、农村商业银行、农村合作银行在农村具备网点多、覆盖广的优势,从而成为农村金融服务对接贫困农户的主力军(见表4-4)。

表4-4　农村合作性和新型金融机构扶贫贷款年末余额及当年新增规模

（单位:亿元）

名称	2017 年年末		2018 年年末		2019 年年末	
	余额	当年新增	余额	当年新增	余额	当年新增
农村合作性金融机构	4456	1495	4875	419	4757	−439
农村信用合作社	1777	265	1627	−150	1359	−261
农村商业银行	2565	1257	3168	603	3332	−166
农村合作银行	114	−27	80	−34	66	−12
新型农村金融机构						
村镇银行	159	76	186	26	177	−17
小额贷款公司	—	—	—	—	—	—
农村资金互助社	—	—	—	—	—	—

资料来源:中国人民银行。

三、金融扶贫的政策体系

（一）金融扶贫的政策演变

改革开放以来,中国金融扶贫政策的演变可以分为五个阶段。[1] 早在 1978 年年底,随着中国农业银行统一管理支农资金这一政策的实施,中国金融支农道路正式开启。1986 年,中国政府在农村工作部署中提出开发式扶贫的方针,引入信贷扶贫政策。随后,在 1993 年《中共中央关于建立社会主义市场经济体制若干问题的决定》重要文件中,进一步明确了发挥金融机构的作用,通过扶贫贴息贷款等信贷扶贫政策推动贫困地区特别是革命老区、少数民族地区、边远地区的经济发展,标志着中国金融扶贫政策基本得以确立。

1994 年,在"八七扶贫攻坚行动"中,金融机构充分借鉴国外小额信贷的扶贫经验,探索适应中国国情的扶贫小额信贷模式,实现贷款直接到村入户。由中国人民银行发放低息支农再贷款,支持农村信用社推广农户小额信用贷款业务。同时,相关金融机构还设立了"三农"信贷各项产品与服务,中国金融扶贫呈现政策性、商业性、合作性等金融主体多元并存的局面。

进入 21 世纪后,中国政府颁布了《中国农村扶贫开发纲要（2001—2010 年）》,对金融扶贫提出了更高的要求。在此阶段金融扶贫的内涵得到了极大的丰富,不仅引入了包括中国农业发展银行、国家开发银行、国有商业银行、中国邮政储蓄银行、农村商业银行（农村信用合作社）和微型金融机构在内的多种金融机构,而且还在扶贫贴息贷款和扶贫小额信贷的基础上,引入了扶贫再贷款和农业保险,金融扶贫制度从以往单一的信贷扶贫向信贷和保险联合扶贫转化。

（二）精准扶贫战略下的金融扶贫政策

实施精准扶贫战略以来,中国政府通过顶层设计,构建了多部门参与

---

[1]　王修华、王毅鹏、赵亚雄:《改革开放 40 年中国金融扶贫动态演进与未来取向》,《福建金融》2018 年第 12 期。

的金融扶贫的基本架构。2014年1月,国务院发布了《关于创新机制扎实推进农村扶贫开发工作的意见》,提出要完善金融服务机制,该项工作任务的对接机构既包括政府部门(如财政部、民政部、国务院扶贫办、人社部、发改委),也包括金融监管部门(如人民银行、银保监会),还包括各类群团组织(如共青团、妇联、残联等)。该文件还对参与金融扶贫的各类主体提出不同要求:对政策性金融机构,要求发挥导向作用,支持贫困地区基础设施建设和主导产业发展;对商业性金融机构,要求创新产品和服务,增加贫困地区信贷投放,改善贫困地区金融生态环境。同时,强调充分发挥扶贫贴息贷款、小额信用贷款等在脱贫攻坚中的重要作用。

为了全面做好扶贫开发金融服务工作,中国人民银行会同相关部门对政策执行的目标和任务,以及考核和监测等方面进行细化,针对14个连片特困地区680个县和片区外的152个国家扶贫开发工作重点县,提出了做好扶贫开发金融服务工作的总体要求,并明确了工作目标、工作重点和组织机制。工作目标为实现信贷投入总量持续增长、直接融资比例不断上升,构建日趋完善金融扶贫组织体系,使金融服务水平得到明显提升。重点支持基础设施建设、经济发展和产业结构升级、就业创业和贫困户脱贫致富、生态建设和环境保护等领域。工作重点是力求发挥政策性、商业性和合作性金融的互补优势,完善扶贫贴息贷款政策、优化金融机构网点布局、改善农村支付环境、推广小额贷款、创新金融产品和服务等。以货币政策、信贷政策、差异化监管政策、财税政策等作为政策保障。组织机制是建立中国人民银行牵头、多部门共同参与的金融扶贫大格局,形成中国人民银行各分支机构、财政部门、银行保险监管部门、扶贫部门等多方参与的信息共享和工作协调机制。

为了进一步加大金融供给,引导贫困地区地方法人金融机构增加对扶贫领域的信贷投放,降低贫困地区融资成本,中国政府于2016年出台扶贫再贷款货币政策,执行比支农再贷款更优惠的利率。扶贫再贷款发放对象为连片特困地区、国家扶贫开发工作重点县(共计832个),以及未纳入上述范围的省级扶贫开发工作重点县辖内的农村商业银行、农村合作银行、农村信用合作社和村镇银行 4 类地方法人金融机构。要求相关金融机构利用扶贫再贷款优先支持建档立卡贫困户和带动贫困户就业发展的企业、农村合作社,积极推动贫困地区发展特色产业和贫困人口创业就业。贫困地区地方法人金融机构必须坚持商业可持续原则,运用扶贫再贷款资金发放涉农贷款,自主经营、自担风险,并按期足额归还扶贫再贷款本金和利息。此后,中国人民银行全面推广优化运用扶贫再贷款发放贷款定价机制,放宽扶贫再贷款申请使用条件,针对深度贫困地区设立专项扶贫再贷款,引导和激励金融机构优化金融服务供给。据统计,2016—2019 年年末全面推广全国扶贫再贷款余额分别为 1127 亿元、1616 亿元、1822 亿元、1642 亿元。

2017 年 9 月,中国政府再次强调加大针对深度贫困地区金融扶贫的支持力度,并要求中国人民银行、银监会、证监会、保监会和财政部分别牵头负责。针对"三区三州"等深度贫困地区制定差异化信贷支持政策,在贷款准入、利率、期限等方面对建档立卡贫困户和扶贫产业项目、贫困村提升工程、基础设施建设、基本公共服务等重点领域提供优惠政策。对"三区三州"符合条件的企业首次公开发行股票、在新三板挂牌等,加快审核进度。提高"三区三州"保险服务水平,加快发展多种形式的农业保险,适当降低贫困户保险费率。随后,中国人民银行会同有关部门制定了金融支持深度贫困地区脱贫攻坚指导性意见,要求金融部门优先满足深度贫困地区在资金和服务上的金融需求。

总体上看,2014 年以来,中国金融扶贫处于精准扶贫战略下的创新阶段(见表 4-5)。这一阶段金融扶贫主要呈现以下三大特点。一是金融扶贫各部门的联动进一步增强,形成了由政策制定者、金融管理者与金融机构等多方参与的金融扶贫新格局。二是金融扶贫手段更加多元,考虑到实现金融减贫目标需要多种金融工具的协同推进,金融扶贫由原先单一信贷扶贫转变为现阶段信贷扶贫、保险扶贫、资本市场扶贫、担保扶贫等协同推进。三是金融扶贫内容更加深化,金融扶贫的重点不仅在于增加农民收入,还在于推动贫困地区生态建设、环境保护、产业结构升级、基础设施建设、创业促就业等。

表4-5　精准扶贫战略实施以来金融扶贫政策

时间	标志性政策	主要内容
2014	《关于全面做好扶贫开发金融服务工作的指导意见》	提出扶贫开发金融服务工作的总体规划及重点领域
2015	《中共中央　国务院关于打赢脱贫攻坚战的决定》	将精准扶贫、精准脱贫确定为国家农村扶贫的基本方略,明确了财政部门、中央银行等金融管理部门以及各类商业性、政策性、开发性、合作性金融保险机构支持脱贫攻坚的具体任务
2015	《推进普惠金融发展规划（2016—2020年)》	将发展普惠金融帮助贫困地区减贫脱贫提升至国家扶贫开发战略的高度
2016	《关于金融助推脱贫攻坚的实施意见》	紧紧围绕精准扶贫精准脱贫基本方略,提出精准对接脱贫攻坚多元化融资需求等六个方面的政策措施,全面提升金融扶贫的有效性
2016	《中国证监会关于发挥资本市场作用服务国家脱贫攻坚战略的意见》	提出优先支持贫困地区企业利用资本市场资源,拓宽直接融资渠道,提高融资效率,降低融资成本,不断增强贫困地区自我发展能力
2018	《中共中央　国务院关于打赢脱贫攻坚战三年行动的指导意见》	提出加强扶贫再贷款使用管理,优化运用扶贫再贷款发放贷款定价机制,引导金融机构合理合规增加对带动贫困户就业的企业和贫困户生产经营的信贷投放

第二节　金融扶贫的主要模式与创新

一、多元化、规模化的信贷产品与服务

在金融扶贫政策体系下,各类金融机构结合自身业务特点,立足贫困地区金融需求,对扶贫开发金融服务进行积极探索创新。

(一)扶贫小额信贷

扶贫小额信贷是针对贫困农户家庭状况、发展水平、生产规模、生产周期等特点,量身定制、科学设计的金融精准扶贫政策。主要用于贫困户

发展生产经营项目或支持贫困户带资入股参与新型农业经营主体经营，但不能用于子女上学、看病、还债等非生产性支出。主要特点体现为"5万元以下、3年期以内、免担保免抵押、基准利率放贷、财政贴息、县建风险补偿金"，此制度创新出于以下考量。[①]

5万元以下——贷款额度。无论是从贫困农户家庭人力资本存量（一般劳动力在1—3人，且专业技能少、文化程度低），还是从贫困地区的产业发展的基本特征（主要是在传统种植、养殖业基础上的升级）来看，5万元以内是一个适合发展生产的额度，不至于让贫困农户产生还不起的"惧贷"心理。

3年期以内——贷款期限。与其他涉农涉贫类个人贷款相比，扶贫小额信贷的贷款期限相对较长，一般为3年。主要基于两点考虑：一是确保贷款周期与农业生产周期相匹配，为贫困农户留出充足的时间发展生产、还本付息。二是确保贷款周期与银行风险管理相衔接，避免贷款期限过长增加还贷风险。此外，考虑到部分产业的生产周期较长，比如林果业，有的需要5—8年才能达到盛果期，扶贫小额信贷允许贫困农户无须偿还本金，直接办理续贷业务。

免抵押免担保。传统的银行信贷产品一般需要提供足值的抵质押品或者提供保证担保，这导致贫困农户长期被排除在信贷服务范围外。免抵押免担保消除了贫困农户获得贷款的门槛，真正把贫困农户纳入银行的信贷服务范围。免抵押免担保贷款以精准掌握贷款人信用信息为前提，在基层建立起以驻村工作队、第一书记、村"两委"、帮扶小组等共同协助银行开展征信采集的机制，既解决了银行机构人力不足、无法大范围开展信用评级的问题，又掌握了贫困户的真实信用信息，消除了银行与贫困农户之间的信息不对称，使金融机构开展免抵押免担保的扶贫小额信贷业务成为可能。

基准利率放贷。扶贫小额信贷政策规定金融机构以中国人民银行同期限基准利率放贷，这个利率高于1年期和3年期定期存款利息。既保

---

① 吴华：《扶贫小额信贷的制度创新》，《清华金融评论》2020年第7期。

证贫困农户负担得起,又保证银行有收益。同时,银行能够通过扶贫再贷款筹集成本更低的资金,进一步提升了银行的利润空间,提高了银行的积极性。

财政贴息。财政贴息是政府统筹安排财政扶贫资金对贷款贫困户给予贴息支持,贴息利率不超过中国人民银行同期限基准利率。只有申请扶贫小额信贷发展生产的贫困农户才能享受财政贴息政策,这就激发了贫困群众的贷款积极性。通过政府贴息,银行可以直接从财政部门收取利息,降低了银行的运营成本和收息压力,也激励银行放贷。

县建风险补偿金。县建风险补偿金是与扶贫小额信贷免抵押免担保相配套的机制创新,是一种依靠政府增信的风险补偿和分担机制。一旦发生呆坏账,可以通过风险补偿金分担风险,补偿银行损失,起到降低银行风险,调动银行积极性的效果。

为了促进扶贫小额信贷健康发展,政府监管部门进一步提出,在风险可控前提下可办理无还本续贷业务,对确因非主观因素不能到期偿还贷款的贫困户可协助其办理贷款展期业务。同时,通过推进贫困地区信用体系建设、完善风险补偿机制,形成银行、保险、政府三方共担坏账损失的机制,进一步加强扶贫信贷的风险防范。

扶贫小额信贷于 2014 年推出。到 2016 年年底,全国累计发放扶贫小额信贷 2833 亿元,贫困户获贷率由 2014 年的 2% 提高到 2016 年年底的 26.7%。全国共有 740 万贫困户受益。以宁夏回族自治区盐池县为例,2016 年贷款总额 5.4 亿元,贫困户获贷率达 86%,共支持 8181 户贫困户发展滩羊养殖、黄花菜种植等扶贫产业,户均增收 1.2 万元。[①] 此后,在 2017 年、2018 年和 2019 年这三年间,扶贫小额信贷年末余额分别为 2244 亿元、2393 亿元和 1812 亿元。扶贫小额信贷瞄准了贫困户发展生产的薄弱环节,将金融资源引入贫困地区,调动了贫困户创业增收的积极性,同时也增强了其市场意识、风险防范意识和信用意识。

(二)产业扶贫贷款

通过创新信贷产品和模式,金融机构探索形成支持贫困地区产业发

---

① 国务院扶贫办:《扶贫小额信贷》,《中国扶贫》2017 年第 5 期。

展与带动贫困户脱贫的扶贫机制,从而促进金融扶贫和产业扶贫融合发展。各大金融机构在支持产业扶贫过程中,结合自身特点,创新推出金融产品,形成产业扶贫的信贷支持模式,并健全产业扶贫贷款风险补偿机制。如中国农业发展银行金融支持产业扶贫的"吕梁模式"(见专栏4-1),涉及贷款准入、资金投向、风险容忍等十个方面配套政策的制度设计。又如,中国农业银行构建"农业银行+农业产业化龙头企业+农民合作社/基地+贫困户"模式,一方面,龙头企业通过信用担保、订单合作、雇佣劳动、牲畜托管等方式,带动贫困农户脱贫增收;另一方面,中国农业银行对龙头企业提供金融支持,并根据其带动贫困人口情况,在利率定价等方面给予一定优惠,建立"银行让利、企业(大户)带动、贫困户受益"的利益联结机制。截至2019年年末,中国农业银行产业精准扶贫贷款余额1338.7亿元,较2019年年初增加406.4亿元,带动57万贫困人口增收。

专栏4-1　产业扶贫"吕梁模式"

"吕梁模式"是山西省吕梁市(全国14个集中连片特困地区之一)支持贫困地区产业扶贫的新型融资模式。由地方政府与企业共同出资建立产业扶贫贷款风险补偿基金,中国农业发展银行按照全市补偿基金总额的5—10倍对纳入风险补偿基金项目库内的企业给予信贷支持,共同构建银行、企业和政府三方风险共担机制。通过"银行+企业"解决融资,"政府增信+企业资产应抵尽抵"解决担保,"企业+贫困户"解决脱贫,有效将政府、银行、企业、贫困户四方连在一起,形成脱贫合力。该模式在贵州、广西、新疆等7个省区13个贫困市县落地,累计带动3.5万贫困人口发展。作为"吕梁模式"的典型案例,吕梁市育民食品配送公司通过承接实施市政府放心早餐工程,用好新型融资政策,带动贫困户发展。为了满足生产经营流动资金需要,公司于2018年10月向中国农业发展银行申请产业化龙头企业流动资金扶贫贷款1000万元,贷款期限1年,用于购买原辅材料,贷款利率为中国人民银行同期同档次基准利率。吕梁市财政缴存了 500 万元的风险补偿基金,为企业贷款提供信用保证,符合中国农业发展银行信贷支持要求。该公司则用国有土地使用权作为抵押担保,抵押物价值 1286 万元、抵押率 15.55%。公司的扶贫利益联结机制主要有两种。一种是就业扶贫。公司直接帮扶贫困户 8 人,分别在不同岗位任职,人均工资收入 27500 元/年;同时,公司设有加盟的早餐点 144 个,由农户承包经营,每户年均收益 32000 元。另一种是协议扶贫。公司与附近村庄签订整村帮扶协议,形成长期供货关系,2019 年每户居民平均收益10000 余元。

资料来源:中国农业发展银行"脱贫攻坚案例汇编汇总"。

(三)金融支持易地扶贫搬迁

根据中国精准扶贫战略的布置,作为开发性银行的国家开发银行和政策性银行的中国农业发展银行是易地扶贫搬迁中金融支持的关键力量,为易地搬迁提供金融综合服务,包括信贷资金筹集、使用和监测,并为搬迁后续产业发展提供金融支持。比如,中国农业发展银行通过发行政策性金融债,按照保本或微利的原则发放长期贷款,为省级投融资主体提供易地扶贫搬迁长期贷款和专项建设基金;专项用于易地扶贫搬迁(包括住房建设、安置区配套基础设施和公共服务设施建设)。此外,中国农业发展银行还推出易地扶贫搬迁专项贷款和易地扶贫搬迁项目贷款,对建档立卡人口搬迁,通过统贷的方式,向省级投融资主体发放易地扶贫搬迁专项贷款;对同步整村搬迁,通过分贷的方式,向地方政府授权的市、县级公司发放易地扶贫搬迁项目贷款。截至 2019 年年末,国家开发银行、中国农业发展银行共发行易地扶贫搬迁专项金融债券 1939 亿元。在2017—2019 年三年间,年末易地扶贫搬迁贷款余额分别为 3439 亿元、3397 亿元和 2741 亿元。在项目大规模启动的 2017 年,当年新增贷款就达到 1188 亿元。

值得关注的是,金融支持易地扶贫搬迁的一项重大创新是发行易地扶贫搬迁专项金融债券。这也是债券市场的创新之举,开启了引领社会资金支持扶贫事业的筹资新模式。2016 年 4 月,中国农业发展银行发行金融系统首笔易地扶贫搬迁专项金融债券,筹资 100 亿元。此后四年,中国农业发展银行先后发行扶贫专项金融债 960 亿元,发行普通扶贫金融债 600 亿元。

(四)专项扶贫贷款

专项扶贫贷款主要是针对专项脱贫攻坚工作开展的信贷业务,包括教育扶贫贷款、健康扶贫贷款、旅游扶贫贷款,以及支持贫困提升工程贷款等。比如,中国农业发展银行研发推出教育扶贫、健康扶贫、贫困村提升工程等专项扶贫信贷产品,创新推广扶贫过桥、PPP、公司自营等模式,支持 3900 多个学校改善办学条件、29 个贫困县改善医疗卫生条件、1 万多个贫困村整体改善生产生活条件。以 2018 年为例,中国农业发展银行全年投放专项扶贫贷款共计 1286 亿元,分为五类。其中,贫困村提升工程专项贷款 290 亿元,支持 3000 多个贫困村整体改善生产生活条件,包括基础设施、公共服务设施、产业基础和人居环境条件的提升改善;创业致富带头人专项扶贫贷款 752 亿元;教育扶贫专项贷款 79 亿元,支持新建和改善了 800 多个学校的办学条件;健康扶贫专项贷款 16 亿元,指导相关分行通过自营和过桥模式展开试点,支持改善了 18 个市县的医疗卫生服务条件;旅游扶贫、光伏扶贫、网络扶贫等专项扶贫贷款 149 亿元。

(五)其他金融扶贫形式

除上述几类主要的金融信贷产品和服务之外,各类金融机构还创新了不同的金融扶贫形式,如基础设施扶贫贷款、金融精准扶贫信息系统建设、优化贫困地区金融生态环境等。基础设施建设往往是贫困地区整体性脱贫摘帽的短板,包括农村交通、水利基础设施、农村人居环境等。据中国农业发展银行扶贫金融事业部统计,中国农业发展银行 2018 年累计投放基础设施扶贫贷款 1512 亿元,主要用于三个方面。一是农村交通扶贫贷款 309 亿元。以国定贫困县和老少边穷地区为重点,围绕农村公路新改建和贫困村通硬化路等目标,通过"先建后补"信贷支持方案支持农村交通项目建设,采用购买服务模式支持农村公路养护,拓展了交通扶贫业务发展路径。二是统筹运用专项过桥贷款、中长期贷款、重点建设基金等金融产品,投放水利建设扶贫贷款 131 亿元。三是农村人居环境扶贫贷款 124 亿元。将农村人居环境建设项目纳入农发行 PSL 支持范围,突出支持农村污水垃圾处理、农村危房改造、农村环境集中连片综合治理和改厕、传统村落保护等重点领域。

此外,中国人民银行还牵头建立金融精准扶贫信息系统、金融精准扶贫贷款统计制度和金融精准扶贫政策效果评估制度,从制度层面推进和落实金融精准扶贫工作。中国人民银行还要求各金融部门做好金融扶贫统计工作,强化金融精准扶贫的信息对接共享和政策效果评估,改进征信、支付、宣传教育等基础金融服务,优化地方金融生态环境。

二、精准对接现实需求的保险产品与服务

在金融扶贫的政策顶层设计中,中国政府对保险业助推脱贫攻坚提出了指导性意见:要求各类保险机构创新发展精准扶贫保险产品和服务,扩大贫困地区农业保险覆盖范围,加强对乡、村两级保险服务体系的建设,通过财政以奖代补等方式支持贫困地区发展特色农产品保险,并探索保费补贴的方式。同时,创新扶贫小额信贷的保证保险机制,为贫困户融资提供增信支持,并为贫困地区提供人身和财产安全保险业务,缓解贫困群众因病致贫、因灾返贫问题。为此,各类保险机构通过开发特色农业险种,开展扶贫小额贷款保证保险等业务,探索发展价格保险、产值保险、"保险+期货"等新型险种,并扩大贫困地区涉农保险保障范围,开发物流仓储、设施农业、"互联网+"等险种(见表 4-6)。

表 4-6　保监会倡导的保险精准扶贫路径和典型产品

扶贫路径	需求	典型产品
农险扶贫	农业保险服务	特色优势农产品保险、目标价格保险、天气指数保险、设施农业保险、高保障农业保险产品、组合型农业保险产品
健康扶贫	健康保险服务	大病保险、基本医疗保险、商业健康保险产品
民生扶贫	民生保险服务	针对留守儿童、留守妇女、留守老人、失独老人、残疾人的保险产品,扶贫小额人身保险产品,农村外出务工绿色理赔通道,农村治安保险,自然灾害公众责任保险,高校毕业生"三支一扶"保险产品,巨灾保险产品

续表

扶贫路径	需求	典型产品
产业扶贫	产业扶贫保险服务	扶贫小额信贷保证保险,农业保险保单质押,土地承包经营权抵押贷款保证保险,农房财产权抵押贷款保证保险,贫困户土地流转收益保证保险,针对物流、仓储、农产品质量保证,"互联网+"的保险产品
教育扶贫	教育扶贫保险服务	助学贷款保证保险

资料来源:吴传清、郑开元:《保险精准扶贫的路径选择与促进机制》,《甘肃社会科学》2018 年第3 期。

作为政府监管机构的原保监会出台了一系列政策,对保险业如何参与金融扶贫提出了具体指导性意见,要求精准对接建档立卡贫困人口的保险需求,精准创设完善保险扶贫政策,精准完善支持措施,创新保险扶贫体制机制。其后,银保监会(原银监会和保监会进行机构合并)还出台了"四单政策"(即单设部门、单独管理、单独核算、单独调配资源)、实行银行"包干服务"制度、实施差异化监管政策,通过开发新型保险品种、给予保费补贴、开辟异地理赔绿色通道等,精准对接贫困地区和贫困群众农业、健康、民生、产业脱贫、教育脱贫等保险服务需求。

在具体举措上,银保监会充分发挥保险功能作用,完善保险扶贫机制,为产业发展、大病救助、扶贫小额信贷提供保险服务。一是加强农业保险服务,鼓励保险机构开发扶贫农业保险产品和地方特色农业保险产品,稳步提高保障水平,扩大农业保险覆盖面。2019 年,农业保险为 1.9 亿户次农户提供风险保障 3.8 万亿元,承保的农作物品种超过 270 类,基本覆盖了农林牧渔各个领域。根据全国农险数据管理平台和建档立卡贫困户数据匹配结果,2016—2019 年农业保险累计为 9840 万户次贫困户提供风险保障 9121 亿元,累计为 3031 万受灾农户支付赔款 230.38 亿元(以上四个数据均为四年累计数),有力防止受灾贫困户的因灾致贫、因灾返贫(见表 4-7)。二是配合各地开展贫困人口补充医疗保险,覆盖2000 多万贫困人口;同时,开展医疗救助经办项目,提高基本医保、大病保险与医疗救助制度之间的衔接。三是发展扶贫小额信贷保证保险,探索推广"保险+银行+政府"的多方信贷风险分担补偿机制。据中国银保监会统计,2016—2019 年,小额贷款保证保险实现保费累计收入 11.63 亿元,支付赔款 15.74 亿元,支持 136 万户次农户和涉农小微企业获得融资 368.73 亿元。

表 4-7　保险业助力脱贫攻坚承保和赔付的历年数据

年度	承保贫困户人数 (万人)	保险金额 (亿元)	赔付金额 (亿元)	赔付人数 (万人)
2016	1757.73	1637.03	39.21	459.54
2017	2149.29	1875.15	48.93	648.85
2018	2736.86	2516.02	68.15	927.85
2019	3196.31	3093.33	74.09	994.61

资料来源:中国银保监会。

各保险机构在实践过程中,探索了不同的保险产品或模式,如"扶贫保"产品、"防贫保"产品、医疗救助"保险+公益扶贫"模式等,并形成了一批具有推广应用价值的案例。

案例一:"扶贫保"产品。宁夏回族自治区银保监局与自治区扶贫办联合推出"扶贫保"产品,包括特色农业保险、大病补充医疗保险、借款人意外伤害保险、家庭意外伤害保险 4 项险种,具有政策优惠、覆盖全面、结算快捷等特点。疫情发生后,宁夏银保监局出台一系列文件,指导保险机构做好"扶贫保"承保理赔工作,巩固拓展脱贫攻坚效果。截至 2020 年 2 月末,宁夏"扶贫保"承保特色农业保险产品共计 33 个,累计为全区建档立卡贫困户提供 3895.71 亿元的风险保障,向 8 万户次贫困户支付 2.93 亿元赔款。总体上看,"扶贫保"产品有以下三个显著特点。一是对部分特色农业保险险种实施提标降费,保险保障金额同比增长 66.67%,保险费率下调的险种占总险种的 40% 以上,有的险种保费比上年下降 18.52%。二是扩展大病补充医疗保险的保险责任,提高报销比例,22—60 周岁的参保妇女罹患 7 种特定疾病时,目录内报销比例由 70% 提升至 100%。三是优化理赔程序,简易理赔申请 5—10 个工作日内办结,次月按照 5% 的比例回访,不断提高保险服务质量。

案例二:"防贫保"产品。中国太平洋财产保险股份有限公司于 2017

年10月在河北省魏县推出国内首款商业防贫保险。"防贫保"立足"未贫先防"和"扶防结合"的要求,通过政保联办探索建立起"群体参保、基金管理、社会经办、阳光操作"的创新扶贫模式。一是群体参保。"防贫保"以上年度国家贫困线的1.5倍为基准,聚焦处于贫困边缘的非贫低收入户和非高标准脱贫户两类临贫、易贫人群。当受助群体因灾导致家庭人均可支配收入低于防贫保障线时,保险公司按程序对受助群体情况进行核查,确定自付费用或损失超过救助标准时,超出部分分段按比例实施医疗、灾害、教育特别救助,使受助群体实际经济状况回升至防贫保障线以上。二是基金管理。政府和保险公司各司其职,采用基金管理方式运作项目。政府出资并制定防贫补助政策,保险公司根据政府需求提供第三方专业服务,制定保险方案,提供理赔服务。三是社会经办。项目不以营利为目的,保险公司只留取必要的开支成本。在保险期限结束后,保费不清零,扣除赔款及运营费用后如有结余的,则结余资金将全部返还给政府或顺延至下一年度保费;如运营中出现资金不足情况,则由政府及时注资补足,有效保证了政府对资金的运营管理。四是阳光操作。建立标准化操作流程,通过"四看一算一核一评议"模式,四看即看住房、看大件、看劳力、看负担;一算即算收入;一核即核实名下房产及车辆情况;一评议即在村、镇两级进行公示和评议,从而通过市场化方式最大限度地保证款项发放公平、公正、公开,确保资金精准发放。总体上看,"防贫保"的出现,为"卡外边缘户"提供了扶持和帮助,缩小、淡化了"贫"与"临贫"的差距,在一定程度上化解稀释了正在扩大的"悬崖"现象。两年来,"防贫保"已为河北省、内蒙古自治区、湖北省、四川省、云南省、甘肃省、青海省等全国16省(自治区)140个县超过5000万临贫、易贫人群提供防贫托底保障,累计保险金额2.35万亿元,累计赔付金额近6000万元,投保地区平均实现新增贫困与返贫率减少90%以上,成效显著。

案例三:医疗救助"保险+公益扶贫"。北京人寿保险股份有限公司(以下简称"北京人寿")联合北京青少年发展基金会共同展开建立青少年儿童商业保险普惠体系的战略合作,并联合发起"首善之约贫困青少年大病保险项目"(以下简称"首善基金"),探索了"保险+公益扶贫"的新模式。首善基金是银保监会书面批准的健康委托项目,有以下三个显著特征。一是用保险理念替代传统公益。通过北京人寿的公益性质保险的救助,患儿家庭无须向社会进行公开求助,只需向当地社保或新农合提供住院资料,即可在享受国家基本报销的同时,享受首善基金的报销。二是报销范围广,为试点区域所有参保、参合的0—16周岁儿童提供全国跨区域不限病种、可带病投保、无等待期的医疗保障,保障范围包括已患病儿童。三是简便快捷的理赔流程。由投保单位为被保障地区适龄儿童参保,产生当期医疗费用的患儿家长只需按照当地社保农合部门要求提交银行账号、确认身份信息,即可获得赔付。该项目由青基会与北京人寿双方签订保险协议,青基会作为投保人,为试点地区青少年进行统一投保并一次性支付保险款项,北京人寿作为保险人,为被保险人提供保险服务。截至2019年6月,已完成5632名贫困地区青少年的大病保险的投保工作。目前,已经帮助身患急性淋巴细胞性白血病和系统性红斑狼疮等多名贫困儿童完成医疗理赔。其中,在河北滦平地区的首个受益患儿(急性淋巴细胞性白血病),在社会医疗保险与大病保险的共同支持下,一共50余万的治疗费用总报销比例高达94%。

三、助力贫困地区经济发展的投融资支持

贫困地区脱贫攻坚中的各项工作任务都离不开大量的资金支持,除财政渠道、政策性和商业性贷款之外,仍需要开拓更多的投融资渠道,助力经济发展。在金融扶贫政策顶层设计中,中国政府对证券、期货、保险、信托、租赁等金融机构提出了指导性意见,强调应在贫困地区设立分支机构,扩大业务覆盖面。加强对贫困地区企业的上市辅导培育和孵化力度,根据地方资源优势和产业特色,完善上市企业后备库,帮助更多企业通过主板、创业板、全国中小企业股份转让系统、区域股权交易市场等进行融资;支持贫困地区企业通过增发、配股,发行公司债、可转债等多种方式拓宽融资来源;支持开发具有中西部贫困地区特色的期货产品,利用期货市场套期保值、管控风险;支持贫困地区企业发行企业债券、公司债券、短期融资券、中期票据、项目收益票据、区域集优债券等债务融资工具。

　　为了对贫困地区企业提供进一步的投融资支持,中国政府鼓励上市公司、证券公司等市场主体在贫困地区设立产业投资基金和扶贫公益基金,并以市场化方式运作。对贫困地区企业首次公开发行股票、在全国中小企业股份转让系统挂牌、发行公司债券等按规定实行"绿色通道"政策。自证监会开辟贫困地区企业上市绿色通道以来,已有不少落户贫困县的企业通过绿色通道发行上市,募集资金主要用于带动贫困户和贫困地区的发展,引导优质企业到贫困县投资带贫的效果逐步显现。截至2019年,贫困县企业首发上市14家,累计募集资金约79亿元,其中2019年3家贫困地区企业首发上市,募集资金25.16亿元;7家贫困地区企业在新三板挂牌,17家挂牌公司融资5.81亿元,全年共减免挂牌费用39万元;交易所市场累计发行扶贫债25只,金额170.74亿元,发行扶贫资产证券化项目4单,规模20亿元。

　　为进一步发挥资本市场在脱贫攻坚中的作用,证监会还出台相关文件,对上市公司、证券基金经营机构和期货经营机构履行社会责任、服务国家脱贫攻坚战略提出了更为具体的要求,政策支持范围包括贫困地区企业上市、股份转让、发行债券等,贫困地区企业并购重组,证券公司设立产业投资基金或扶贫公益基金,贫困地区涉农企业进入期货市场等。

　　证监会围绕国家战略和实体经济的内在需求,加快交易所债券市场的品种创新,"保险+期货"试点效果逐步凸显,已成为促进贫困地区农业发展、农民增收和防灾减损的重要措施。近三年来,大连、郑州、上海三家商品期货交易所提供主要资金支持,50家期货公司和12家保险公司通力合作,共在23个省(自治区、直辖市)开展了249个试点项目。2019年共立项128个,涵盖大豆、玉米、鸡蛋、豆粕、白糖、苹果、红枣、天然橡胶8个品种,3家商品期货交易所支持资金约4.1亿元,较2018年增长51%,承保现货规模约339万吨,其中62个项目涉及国家级贫困县,43个贫困县15.77万户贫困户从中受益。此外,为引导上市公司加大产业扶贫,证监会要求上海、深圳证券交易所加强上市公司信息披露引导,鼓励上市公司在年报中全面、规范披露扶贫工作情况。在2018年年报披露中,有1235家上市公司披露扶贫工作情况,共投入扶贫资金256.69亿元,涵盖农林产业扶贫、资产收益扶贫、旅游扶贫、电商扶贫和消费扶贫等,惠及123.78万名建档立卡贫困人口。

值得关注的是,相较于农产品收储政策,"保险+期货"项目同样是应对农产品价格风险,但更加市场化,是临储政策退出后保障农民收益的有效替代工具。同时,通过为农户支付保费的形式,等同于给予农户免费保险,相较于直接的资金补贴型帮扶更有利于激励生产。这在安徽省宿松县开展的棉花"保险+期货"项目中有充分的体现。2018年华安期货有限责任公司及其风险管理子公司安徽华安资本管理有限责任公司联合上海证券交易所、华安证券股份有限公司和国元农业保险股份有限公司在国家级贫困县安徽省宿松县开展了棉花"保险+期货"扶贫项目试点,探索了农业保险制度和农业财政补贴政策的创新机制。在项目实施过程中,有6378户农户参与投保,其中745户为建档立卡贫困户,投保总面积20848亩,试点面积约占宿松县棉花总种植面积的1/4。投保品种棉花的约定目标价格设计为16110元/吨,按照亩产150斤皮棉核算。项目涉及的棉花价格保险保费总计1459360元,由上海证券交易所、华安证券股份有限公司和华安期货有限责任公司三家机构共同为农户承担。具体承担保费比例分别为15.74%、15.74%、68.52%。项目实施期间(2018年9月26日—12月25日),棉花价格大幅下跌。按照保险合同的约定,保险最终结算价格为郑棉1901合约最后五个交易日结算价的算术平均值,计算出结算价格为14414元/吨,较目标价格16110元/吨,下跌1696元/吨。棉农从本项目可获得1696元/吨的赔付(折合127元/亩,已超过单亩财政补贴金额)。项目总赔付额2651865.6元,赔付率181.5%。华安资本于2019年1月2日将理赔款支付给国元保险,国元保险再将理赔款分别划转到农户的一卡通账户。

第三节　金融扶贫的实际进展与主要成效

经过精准扶贫实施以来的探索和实践,中国金融扶贫开发组织体系日趋完善。政策性金融的导向作用进一步显现,商业性金融机构网点持续下沉,农村信用合作社改革不断深化,新型农村金融机构规范发展,形成政策性金融、商业性金融和合作性金融协调配合、共同参与的金融扶贫开发新格局。同时,贫困地区的金融服务水平明显提升,具备商业可持续发展条件的贫困地区基本实现金融机构乡镇全覆盖和金融服务行政村全覆盖,建成多层次、可持续的农村支付服务体系和完善的农村信用体系,贫困地区金融生态环境得到进一步优化。

一、贫困户贷款可得性显著增大

在中国金融精准扶贫过程中,通过出台政策支持、创新信贷方式、完善风险防范等措施,精准对接贫困户的金融需求,贫困户贷款可得性显著增大。一是贫困户可以直接向金融机构申请扶贫小额信贷。截至 2019 年年末,全国建档立卡贫困人口及已脱贫人口贷款余额 7139 亿元,惠及 2013 万贫困人口,贷款覆盖面达到 25.4%。二是农村征信体系建设日益完善。随着金融扶贫工作的推进,进入征信认证的贫困户数量逐渐增多,截至 2019 年 6 月末,全国累计为 261 万户中小微企业和 1.87 亿农户建立信用档案,比 2014 年上涨了 16.87 个百分点。通过推进"信用户""信用村""信用乡镇"的评定与创建,进一步提高了贫困户贷款的可得性。

二、贫困地区金融资源聚集度显著增强

随着扶贫工作进入脱贫攻坚阶段,金融扶贫的重点目标也逐渐转向帮助深度贫困地区脱贫,更多扶贫资金、扶贫项目、扶贫举措向深度贫困地区集中。各类金融机构不断完善针对贫困地区的差别化信贷管理,创新投融资方式,及时满足贫困地区金融需求,推动基础金融服务有效提升。据中国人民银行初步统计,近年来,全国金融精准扶贫贷款年末余额高达约 4 万亿元(见表4-8)。以 2019 年为例,年末精准扶贫贷款余额为 39622 亿元,其中贫困人口贷款(含已脱贫人口)7139 亿元,产业精准扶贫贷款 14059 亿元,项目精准扶贫贷款 18034 亿元。截至 2020 年第一季度末,"三区三州"深度贫困地区各项贷款余额 1.14 万亿元,同比增长 8.5%;扶贫再贷款余额 319 亿元,在六省中所占比重为 57.5%,实现了贫困

地区金融资源的有效聚集。

表 4-8 金融精准扶贫贷款年末余额及当年新增分项明细

（单位：亿元）

项目	2017 年年末		2018 年年末		2019 年年末[b]	
	余额	当年新增	余额	当年新增	余额	当年新增
金融精准扶贫贷款	37759	11275	42461	4703	39622	3403
其中：						
贫困人口贷款	6008	1898	7244	1236	7139	177
产业精准扶贫贷款	8971	2931	10115	1144	14059	2787
项目精准扶贫贷款	22446	6319	24752	2305	18034	443
其他[a]	333	128	350	17	389	-4

注：a.主要包括少量非贫困户（特别是新型农业经营主体），通过发展产业来带动贫困户；

　　b.由于在 2019 年年初，统计口径进行了调整，因此 2019 年当年新增是根据 2019 年年初调整后的
　　　数据计算，与 2018 年年末余额没有直接关系。

资料来源：中国人民银行。

三、贫困地区金融服务效率显著提升

从金融服务便利性来看，农村地区总体上实现了人人有银行结算账户，乡乡有 ATM 机，村村有 POS 机。各银行类金融机构专门在物理网点、自助银行无法覆盖的乡镇、贫困村增设金融服务，增加金融服务的覆盖面。截至 2019 年 6 月末，全国乡镇银行业金融机构覆盖率为 95.7%，行政村基础金融服务覆盖率为 99.2%；全国乡镇保险服务覆盖率为 95.5%。截至 2019 年年末，全国贫困地区设置助农取款服务点 39.47 万个。同时，贫困地区的"互联网+金融扶贫"的金融服务不断推进，如中国农业银行创新推进的"惠农 e 贷""惠农 e 付""惠农 e 商"三大模块，实现了 767 个贫困县的 17.6 万农企、农户的全面"触网"。

四、贫困户和社区发展能力显著提高

金融扶贫机构通过针对贫困地区企业和农户的宣传培训（比如开展"金融消费者权益日""金融知识普及月"等活动），提高其对金融产品和

征信服务的认识,并掌握金融基本技能,增加金融素养、风险和维权意识。同时,农村资金互助社等各种新型合作金融组织大量涌现,不仅解决了农村地区银行业金融机构网点覆盖率低、金融供给不足、贫困户融资难等问题,而且还通过组织参与,提高了贫困户和社区的发展能力。例如,贵州省截至 2019 年 9 月底,已有新型农村合作金融组织 203 个,入社社员 18 万户,县级覆盖率达到 78%,在提升农户金融管理能力上发挥了积极作用。

五、贫困地区产业发展基础显著加强

金融扶贫满足贫困地区特色产业金融服务需求,推动经济发展与产业结构升级。通过对贫困地区特色农业、农副产品加工、旅游、民族文化等特色优势产业的金融支持,可以增强贫困农户、新型农业经营主体、现代农业示范区、产业园区等的产业发展能力,完善承接产业转移和新兴产业发展的配套金融服务,促进贫困地区经济稳定增长和产业协调发展。如湖北省恩施市鹤峰县为破解产业发展融资难题,积极探索金融扶贫模式,由县财政安排风险补偿基金,按 1∶7 的比例,采取贴息和风险分担(政府 70%、银行 30%)的方式,支持产业发展。截至 2017 年,该县已向 1609 户贫困户投放贷款 6466 万元,向 304 户市场主体投放贷款 9537 万元,辐射带动 9537 户贫困户发展产业。而河南省采取银企结合的模式,促进贫困村生态观光农业的发展。通过旅游专业银行——中旅银行制定新型农业专项信贷方案,并根据不同的扶贫目标群体制定不同的授信扶持方案,加大扶贫信贷投放力度,发展地区优势特色产业和生态观光农业。

六、贫困地区基础设施和公共服务显著改善

金融机构通过信贷、债券、基金、股权投资、融资租赁等多种融资工具和各类专项贷款,支持贫困地区道路交通、饮水安全、电力保障、危房改造、农田水利、信息网络等基础设施建设和文化、医疗、卫生等基本公共服务项目建设,为贫困地区基础设施和公共服务建设提供资金保障。如中

国农业发展银行推出贫困村提升工程专项贷款产品,2018 年全年累计投放贫困村提升工程贷款 289.98 亿元、贷款余额 392.12 亿元,覆盖 3000 多个贫困村。各金融机构基础设施贷款 2019 年年末余额 29.2 万亿元,有效提升了贫困地区"四通"(通电、通电话、通宽带、通路)覆盖面。在教育文化方面推出教育扶贫贷款、助学贷款等金融品种。以国家开发银行为例,截至 2019 年已累计向贵州发放助学贷款 100.88 亿元,使得近 36 万家庭贫困学生因此受益。在医疗卫生方面,保险业在 50 个贫困地区经办医疗救助,服务贫困人口 100 多万人,使得贫困地区医疗条件得以改善,医疗保障水平和服务能力得到显著增强,基本解决建档立卡贫困人口的看病难、看病贵的问题。

第四节　金融扶贫的中国经验与未来展望

一、金融扶贫的中国经验

金融支持的减贫作用在中国政府精准扶贫战略中得到了充分的体现。中国政府把金融扶贫作为扶贫开发政策的重要组成部分,通过构建金融扶贫体系、创新金融扶贫产品与服务,并与财政支农相结合、推动农户组织性参与,形成了具有中国特色的金融扶贫经验。

(一)注重顶层设计和政策实施,提高金融扶贫效率

中国金融扶贫是国家脱贫攻坚的重要途径和手段,国家主导和政府推动是中国脱贫攻坚最重要的特点。中国金融扶贫是从国家战略高度进行制度安排和政策实施,这就形成了自上而下、依靠制度优势、政策支持和系统力量支撑的金融扶贫体制、机制和模式,而政府部门是多种综合配套政策的引导者。[1] 由于金融扶贫的出发点和目标是由国家扶贫攻坚的顶层设计所赋予的,围绕金融扶贫的一系列制度设计、贴现、再贷款和差异化监管等手段,拓宽金融机构扶贫资金来源,从高位引导金融资源向贫

---

[1]　杨穗、冯毅:《中国金融扶贫的发展与启示》,《重庆社会科学》2018 年第 6 期。

困地区投放。作为金融扶贫主力军的四大行以及地方性商业银行、合作金融机构,积极开展扶贫信贷产品创新,推出各类支农、支小、支创等金融扶贫业务和产品,为贫困户提供免抵押、免担保扶贫小额信贷等,大大增加农村金融市场的活力,增强金融扶贫的效果。金融扶贫服务的创新主要体现在创新金融扶贫模式,如金融部门与扶贫部门、财政部门合作,开展扶贫小额信贷业务以及引入金融科技等新金融,为从业者提供"定制化"的金融产品和服务,增强贫困人口的高效就业和自主创新能力。因此,在金融精准扶贫过程中,只有高度重视把金融产品与服务的创新作为一项重要的工作内容,才能不断增强金融扶贫的实际效果。

(二)以财政支农撬动金融机构,强化金融扶贫"造血"能力

虽然中国金融扶贫是从国家战略高度进行安排和实施,但仅靠政策性金融机构的财政支农力量是远远不够的。国家财政支出始终是有限的,只有把金融机构撬动起来了,贫困地区才能持续获得金融支持,不断增强造血能力。因此,用好财政支农政策,引导商业性和合作性金融机构的有效参与是关键。政策性金融机构可以通过直接加强财政支农力度、政策优惠、完善农村金融基础设施等措施,形成对商业性和合作性金融机构的补充和引导。商业性和合作性金融机构作为金融扶贫的主力军,通过设计扶贫信贷产品与服务、优化信贷担保等方式创新金融扶贫体制机制,帮助农民树立正确的经营理念,选择对路的经营项目,采取因人而异、因地制宜的对策,从根本上增强贫困地区的"造血"能力。

(三)加强多元主体的协同行动,提高金融扶贫可持续性

商业金融机构在贫困地区对千家万户分散的贫困户开展贷款业务时,往往会面临经营成本高、风险大、效益低的突出问题,而面对组织化程度更高的农村集体经济组织和农民合作社时,这些问题都迎刃而解。因此,中国政府通过政策引导积极吸引企业、非政府组织、农户等社会主体共同参与金融扶贫,建立政府、农民集体、经营主体、金融主体、贫困农户共同行动机制,不仅充分调动了贫困群体的主动性、积极性和创造性,而且通过将信贷资金投放于集体经济组织或合作社的方式,有效地提高了扶贫资金的使用效率,形成金融扶贫可持续发展的良性机制。

二、金融扶贫的未来展望

中国的脱贫攻坚已经取得了决定性的胜利,作为一项重要的措施,金融扶贫也顺利完成了历史性任务。但是这并不意味着金融服务的结束;相反,需要各金融机构进一步创新体制机制,对接广大发展滞后地区的金融需求,继续做好后脱贫攻坚时代的金融服务。中国面向脱贫地区和相对贫困人口的金融服务未来将聚焦在以下四个方面。

(一)易地扶贫搬迁贷款的偿还机制将逐步建立

易地扶贫搬迁政策是中国脱贫攻坚的重要举措之一,主要针对生态环境恶劣地区的贫困农户,通过协助其搬迁到经济社会条件相对较好的地区而实现脱贫。易地扶贫搬迁贷款主要用于贫困户住房建设、安置区配套基础设施和公共服务设施建设。由于全国易地扶贫搬迁的体量大,贷款偿还压力较大。在后脱贫攻坚时代,优化城乡建设用地增减挂钩政策将是支持易地扶贫搬迁贷款偿还的有效路径。具体来说,可探索建立"易地扶贫搬迁专项贷款还款准备金"制度,并坚持指标流转收益优先用于易地扶贫搬迁债务偿还;建立节余指标跨县、跨市、跨省流转的体制机制,例如,深度贫困县节余指标应允许跨省流转,集中连片特困地区和国家扶贫开发工作重点县节余指标允许在省域内流转。

(二)益贫性产业的金融支持将进一步增强

在后脱贫攻坚时代,中国将更加注重贫困地区的"造血"能力培育,通过做大做强产业来带动区域性、整体性发展。因此,金融扶贫将更加注重益贫性产业的发展。针对益贫性产业,将从两个方面加强金融支持力度,实现产业扶贫。一是加大扶贫资金整合力度,支持金融机构放贷、金融倒贷、教育补助、医疗救助、低保扩面和合作社发展。二是积极推广产业化扶贫和资产收益扶贫新模式,通过土地托管、奖补量化、土地经营权入股等方式,使无劳动能力、缺乏管理经验的贫困群众获得长期稳定的资产收益。

(三)相对贫困人口的信贷服务将实现多元化创新

在金融扶贫过程中,中国探索出的"银行+政府补贴+扶贫项目""银行+担保公司+农户""银行+小额贷款公司+农业合作社+贫困农户"等金融助力产业扶贫模式都取得了不错的成绩,但由于金融资源配置存在马太效应,导致信贷资源在城乡之间仍然处于失衡状态。为破解这一难题,需针对相对贫困人群开拓"亲贫式"信贷业务,依据贫困人口的资本需求特征,调整信贷资格审查的标准认定,允许贫困者通过未来收益、可流动资产、村民收益分红等进行信贷申请,加大特色资源创业担保信贷、技能培训信贷等信贷供给力度。同时,探索建立村集体、其他农户与贫困户的联担联保信贷机制,并充分发挥政府财政贴息扶贫工具作用,降低贫困个体的信贷成本,增加信贷可得性,强化信贷扶贫的精准性与可持续性。

(四)城乡协同的金融扶贫模式将形成全域覆盖

随着脱贫攻坚行动的顺利结束,农村贫困问题得到根本性的改善。中国社会的主要矛盾已转化为人民日益增长的美好生活需要和不平衡不充分的发展之间的矛盾,其中一个重要的体现就是城乡差别。一方面,农村发展仍然整体上滞后于城市发展,资源要素在城乡之间的分布仍然极不平衡;另一方面,城市内部仍然存在低收入阶层,城市贫困人群需要得到应有的关注,特别是在就业创业上需要一定的资金支持。因此,中国未来的金融扶贫将更加注重城乡协同,形成全域覆盖。继续完善把城市资本引入农村的制度设计,为农村产业发展提供持续的金融支持;同时,把农村金融扶贫中好的经验与做法应用到城市贫困人群中,比如扶贫小额信贷、贫困户征信体系建设等,让城市贫困户也获得发展产业所需要的金融资源。

第五章　基础设施建设扶贫[*]

　　基础设施条件既是贫困地区人口享有基本生产生活条件的基础,也是各类扶贫手段得以发挥效能的重要支撑。贫困地区的基础设施建设对实现贫困人口脱贫、贫困县摘帽和解决区域性贫困问题具有至关重要的作用,这一命题在党的十八大以来的基础设施建设扶贫的背景、各领域的强力攻坚成效中得到了充分体现。党的十八大以来,尤其是脱贫攻坚阶段,基础设施建设扶贫与国家整体扶贫体系互相协同,形成基础设施建设扶贫的点线面结合的帮扶体系,在中央统筹格局下发挥部门扶贫优势,是基础设施建设扶贫的重要经验。脱贫攻坚收官之后,基础设施建设领域的挑战将持续存在,需着力形成长效建设管理和维护机制。

第一节　基础设施建设滞后

　　基础设施建设既是减贫和增长的基础,也是各类扶贫举措发挥减贫效用的先导条件。在脱贫攻坚前,贫困地区农村道路建设依然滞后,宽带等新基建缺口大,一些通达度已基本解决的基础设施也面临提质惠农的新需求。

　　根据中国的情形,农村社区基础设施通达度主要针对传统的"四通",也就是水、电、路(道路硬化)、网(通电话、接有线电视信号)。总体来说,受过去区位因素、地理环境限制、财政负担能力薄弱等多种因素影响,直至脱贫攻坚战实施前夕,中国部分贫困地区、部分基础设施建设滞

---

　　[*]　作者:王瑜,中国社会科学院农村发展研究所助理研究员。

后问题依然突出。随着经济社会的发展和持续扶贫开发工作的推进,基础设施的主要矛盾和重点工作也在发生变化。从通达度看,道路依然是贫困地区的最大制约,而完成基本通达度目标的水、电、网,则面临供给质量的新挑战,包括饮水安全问题、电和网的稳定程度和惠民程度问题。

一、水利:饮水安全问题突出与水利设施不足

在水利方面,主要涉及饮用水安全和水利基础设施。尽管供水方式以及饮水安全方面主要属于住户住房及家庭设施状况,但供水的系统依然是基础设施的重要内容,因此也在基础设施建设扶贫的部分予以考察。

从饮用水看,贫困地区饮水困难、饮水质量存在一定问题,且与全国农村平均水平存在差距。从饮水困难看,2014 年,贫困地区仍有 17.7% 的农户存在饮水困难,3.8%的农户单次取水往返时间超过半小时,6.5% 的农户存在间断或定时供水,7.4%的农户当年连续缺水时间超过 15 天。贫困地区在缺水、饮水方面均比全国农村农户更为困难。从饮水质量看,2014 年,贫困地区 59.2%的农户使用管道供水,40.8%的农户没有管道设施。从饮水来源看,33.1%的农户使用经过净化处理的自来水,低于全国农村地区的平均水平(42%);40.7%的农户信用受保护的井水和泉水,仍有 17%的农户使用不受保护的井水和泉水,1.8%的农户使用江河湖泊水,2.1%的农户使用收集的雨水(见表 5-1)。

表 5-1　2014 年贫困地区和全国农村地区饮水情况对比　　(单位:%)

指标	全国农村地区	贫困地区
使用经过净化处理的自来水的农户比重	42.0	33.1
使用受保护的井水和泉水的农户比重	33.2	40.7

资料来源:《中国农村贫困监测报告 2015》。

从水利基础设施看,贫困地区对农业产业具有很强的依赖性,但同时,又往往是生态脆弱、自然灾害频发的区域。农田灌排、防洪减灾、水土保持、重大水利等水利基础设施短板突出。

二、电力:供电不稳、能源贫困问题依然突出

在电力方面,通电并非主要困难,2012 年,贫困地区通电的自然村比重已达到 98.5%,相较之下,供给水平和质量成为重点问题。农村贫困地区供电设施相对落后,供电不稳定、用不起电的现象还普遍存在,能源贫困导致一些贫困地区农户不得不高度依赖传统生物质燃料(如秸秆、柴薪等)烧水做饭。2014 年农村贫困户中炊事用能主要为柴草的农户比重高达 63.8%,比全国农村地区平均水平高出 16.7 个百分点。

三、交通:联通不足与客运服务滞后并存

在道路基础设施方面,通达度依然严重不足。一方面,贫困地区的"村—镇—县—市"的交通连接便利程度较低,经济外向发展、人员外出活动困难。另一方面,贫困地区农村内部的道路情况较为恶劣,道路狭窄、路面泥泞的情况比较普遍,生产生活难以开展。2014 年,贫困地区主干道路经过硬化处理的自然村比重仅为 64.7%(见表 5-2),而通客运班车的自然村比重不足半数(42.7%)。

表 5-2 2014 年贫困地区和全国农村地区道路情况对比 (单位:%)

指标	全国农村地区	贫困地区
自然村通公路的自然村比重	99.7	99.1
主干道路经过硬化处理的自然村比重	74.7	64.7

资料来源:《中国农村贫困监测报告 2015》。

四、网络:传统差距与新型数字鸿沟叠加

贫困地区农村与全国农村在信息通达程度方面存在较大差距。贫困地区受地理环境约束,通信基础设施建设难度较大,建设水平整体相对落后。

2014 年,以自然村层面的通达率来看,贫困地区通电话的自然村比重(95.2%)与全国农村(99.6%)的平均水平接近,而通有线电视信号的

自然村比重(75%)远低于全国农村(95.1%)的平均水平。

表5-3　2014年贫困地区和全国农村地区信息通达度对比　（单位:%）

指标	全国农村地区	贫困地区
通电话的自然村比重	99.6	95.2
通有线电视信号的自然村比重	95.1	75.0

资料来源:《中国农村贫困监测报告2015》。

伴随互联网时代的飞跃发展,网络成为新的基础设施,数字鸿沟成为新的不平等的来源,基础设施中"网"的建设重点也从传统的电话、有线电视转向了宽带网络,但2015年,贫困地区通宽带的自然村不足半数(48%)。此外,宽带网络、有线电视资费对于较多贫困户而言费用高,贫困户对于通信产品的使用程度和利用程度低。在全国电商产业迅速发展的情况下,贫困地区由于通信基础设施覆盖率不足,电商产业发展滞后,未能有效发挥通信基础设施对于减贫的重要作用。

第二节　基础设施建设扶贫的措施和成效

破解贫困地区基础设施滞后对基本生产生活的严重制约问题,是扶贫的重要基础。党的十八大以来,中央对贫困地区的投入力度空前,其中大规模用于改善贫困地区的基础设施条件,各个部门发挥部门优势,着力加强贫困地区基础设施建设。《"十三五"脱贫攻坚规划》明确了提升贫困地区区域发展能力的方向,指出:"以革命老区、民族地区、边疆地区和集中连片特困地区为重点……整体规划,统筹推进,持续加大对集中连片特困地区的扶贫投入力度,切实加强交通、水利、能源等重大基础设施建设,加快解决贫困村通路、通水、通电、通网络等问题,贫困地区区域发展环境明显改善,'造血'能力显著提升,基本公共服务主要领域指标接近全国平均水平,为2020年解决区域性整体贫困问题提供有力支撑。"[1]脱

---

① 《国务院关于印发"十三五"脱贫攻坚规划的通知》,中国政府网,2016年11月23日。

贫攻坚以来,部门扶贫的优势和力量彰显,设定明确目标、制定系统方案,贫困地区交通、能源、电力、网络等基础设施建设和服务水平大幅提升。总体来说,贫困地区基础设施条件有了很大改善,有些贫困地区的基础设施条件甚至已经赶上或超过全国的平均水平。基础设施条件的改善,为贫困地区经济社会发展、贫困人口脱贫致富奠定了扎实基础。

一、补上贫困地区基础设施"短板"的主要举措

党的十八大以来,从中央到地方,各部门制定系统施策方案,对贫困人口较集中的贫困地区大力实施了基础设施建设,保障贫困人口的基本生产生活条件,并为产业扶贫等各类扶贫举措的实施夯实基础,尤其是,在脱贫攻坚中,水利、电力、交通、网络等基础设施的连通度被纳入贫困县、贫困村和贫困户各层面的脱贫建设,成为助力减贫的重要支撑。

(一)饮水安全工程、水利基础提升和水利惠民政策

水利方面的扶贫举措,主要包括农村饮水安全、水利基础设施和水利惠民政策三大领域。

"两不愁三保障"脱贫标准规定了饮水安全是贫困户脱贫退出的必要条件之一。"十三五"时期以来,国家启动实施了农村饮水安全巩固提升工程,优先解决贫困人口的饮水安全问题。2018 年开始,与打赢脱贫攻坚战三年行动决策部署同步,发布和落实《水利扶贫行动三年(2018—2020 年)实施方案》和《水利部 国务院扶贫办 国家卫生健康委员会关于坚决打赢农村饮水安全脱贫攻坚战的通知》。

水利扶贫的主要目标是,到 2020 年,贫困地区水利基础设施公共服务能力接近全国平均水平,因水致贫的突出水利问题得到有效解决,支撑贫困地区长远发展的水利保障能力得到较大提升,水利良性发展机制初步建立,基本建成与全面小康社会相适应的水安全保障体系。具体包括,全面解决贫困人口饮水安全问题,改善贫困地区水利基础条件,以水利工程支持更多贫困人口实现增收脱贫,着力提升贫困地区水利管理能力。

（二）弥补用电供给短板，转化电力资源为经济来源

电力方面，主要包括两个领域，一方面是弥补用电供给短板，提升贫困地区电网供电服务能力；另一方面是促进电力资源转化，将贫困地区资源转化为能源经济。

前者主要包括国家电网和南方电网发挥行业优势，提升贫困地区电网供电服务能力，在全面实现"户户通电"的基础上，大力实施村村通动力电工程，实现大电网覆盖范围内村村通动力电，并在区域上，重点聚焦"三区三州"深度贫困群众的用电条件改善。此外，配套易地扶贫搬迁用电保障，实现配套电网与安置工程同步建成。后者主要包括改善贫困地区电网的网架结构，建设大电网外送通道，助力贫困地区清洁能源开发，落实电力援疆、援藏和扶贫交易政策，将电力资源转换为经济来源。

（三）提升贫困地区道路通达度与客运服务水平

交通方面，主要是提升道路运输网络的联通性和客运服务水平。2012年以来，交通扶贫规划体系的顶层设计和政策体系持续完善，形成了"五年规划+三年行动计划+年度计划"的规划计划体系，具体包括《集中连片特困地区交通建设扶贫规划纲要（2011—2020年）》《"十三五"交通扶贫规划》《支持深度贫困地区交通扶贫脱贫攻坚的实施方案》《关于进一步发挥交通扶贫脱贫攻坚基础支撑作用的实施意见》《交通运输脱贫攻坚三年行动计划（2018—2020年）》。以交通运输部为领衔，交通扶贫规划将贫困地区、革命老区、民族地区、边疆地区共1177个县（区、市）全部纳入支持范围，坚持"扶贫项目优先安排、扶贫资金优先保障、扶贫工作优先对接、扶贫措施优先落实"，以超常规的举措和力度，推进贫困地区加快建设"外通内联、通村畅乡、客车到村、安全便捷"的交通运输网络，大力提升城乡客货运输服务水平，健全农村公路的管养体制机制。"十三五"时期重点实施"百项交通扶贫骨干通道工程"，强化贫困地区骨干网络，着力增强交通"造血"功能，实施"百万公里农村公路工程"，使贫困地区农村公路在规模和质量上逐步达到全国平均水平。在补助和投入方面，一是大幅提高贫困地区交通建设的中央投资补助标准，其中国家高

速公路补助标准由"十二五"时期平均占项目总投资的15%提高到28%以上;普通国道补助标准由"十二五"时期平均占项目总投资的30%提高到50%左右;乡镇、建制村通硬化路补助标准提高到平均工程造价的70%以上。二是"十三五"时期各类公路建设中央资金主要向贫困地区倾斜,计划投入的贫困地区车购税投资超过8400亿元,占全部车购税的53%。其中贫困地区国家高速公路、普通国道、农村公路中央投资分别占全国的54%、55%和74%。三是持续加大对贫困地区交通扶贫投入,党的十八大以来,交通运输部安排贫困地区公路建设的车购税资金超过11570亿元,带动全社会投入超过4.8万亿元。

交通扶贫的主要目标是,到2020年贫困地区实现国家高速公路主线基本贯通,具备条件的县城通二级及以上公路,具备条件的建制村通硬化路、通客车,为脱贫攻坚和全面建成小康社会提供坚实有力的交通运输保障。

(四)推动五大工程,激发信息与网络的扶贫潜力

网络扶贫方面,2016年以来,中央网信办联合国家发展改革委,国务院扶贫办制定实施《网络扶贫行动计划》,2017—2019年连续三年印发实施年度网络扶贫工作要点。网络扶贫的主要任务是推动五大工程的纵深发展。一是推动网络覆盖工程,以缩小数字鸿沟;二是推动农村电商工程,拓宽贫困地区农特产品网上销售渠道;三是推动网络扶智工程,提高贫困地区教育信息化建设水平;四是推动信息服务工程,为精准扶贫精准脱贫提供信息服务体系支撑;五是实施网络公益工程,促进网信企业和广大网民参与网络公益扶贫。通过逐步深化互联网和信息化在精准脱贫中的作用,激发网络扶贫潜力。

二、贫困地区基础设施得到根本改善

经过脱贫攻坚战,贫困地区的基础设施建设任务目标大部分提前完成,为脱贫攻坚和全面建成小康社会提供了基础设施保障。水利、电力、交通、网络等基础设施通达度大幅提升(见表5-4),同时,部门扶贫在不同领域开展了丰富的扶贫实践,成效突出。

表5-4　2012—2019年贫困地区农村基础设施情况　　（单位:%）

农村社区基础设施通达度	2012年	2015年	2019年
通电的自然村比重	98.5	99.7	—
通电话的自然村比重	93.3	97.6	100.0
能接收有线电视信号的自然村比重	69.0	79.3	99.1
通宽带的自然村比重	38.3	56.3	97.3
主干道路经过硬化处理的自然村比重	—	73.0	99.5
通客运班车的自然村比重	—	47.8	76.5

注:"—"表示未统计。

资料来源:2012年和2015年数据来源于《中国农村贫困监测报告2016》;2019年数据来源于《中国农村贫困监测报告2020》。

（一）饮水安全得到有效保障,水利防灾、惠民稳步实现

2012—2015年,平均每年解决饮水安全人口数约7000万人。"十三五"时期以来,中央累计投入农村饮水资金265亿元,2016—2019年平均每年巩固提升饮水安全人口数约5700万人(见图5-1),至2019年年底,中国已经巩固提升了2.28亿农村人口的饮水安全保障,其中,解决了1700多万建档立卡贫困人口饮水安全问题。到2020年6月底,凉山州7个县扫尾工程全部完工,至此,全国贫困人口饮水安全问题得到全面解决。

（单位：万人）

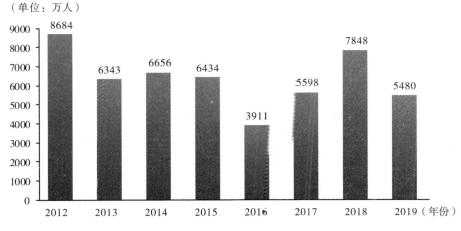

图5-1　2012—2019年全国解决的农村饮水安全人口数

注:2012—2019年全国解决的农村饮水安全人口数,其中2012—2015年为解决人口数,2016—2019年为巩固提升数。

资料来源:人民网脱贫攻坚网络展,见 http://fpzg.cpad.gov.cn。

2015—2019 年,农民群众用水便捷度明显提升(见图 5-2),全国农村集中供水率从 82% 提升到 87%,自来水普及率从 76% 提升到 82%。

(单位:%)

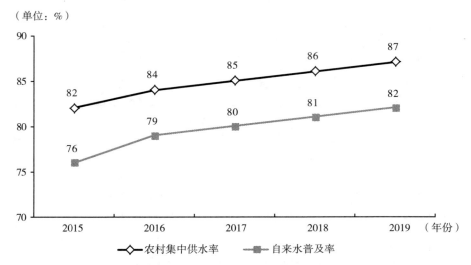

图 5-2　2015—2019 年农村集中供水率和自来水普及率

资料来源:人民网脱贫攻坚网络展,见 http://fpzg.cpad.gov.cn。

在水利防贫方面,重点加大农田灌排、防洪减灾、水土保持、重大水利等工程建设。例如,在全国最大灌区——淠史杭灌区,经过"十三五"期间的改造,灌区内贫困地区农业生产抗旱减灾效益达 870 多亿元,年产粮食 80 亿斤,年产水稻 60 多亿斤,有力地促进了贫困地区农业节水增产和农民增收。此外,加强贫困地区防洪减灾能力建设,加强水土流失综合治理,这些举措均起到了防患因灾致贫风险的作用。

在水利惠民方面,主要是通过水电项目收益,反哺区域内贫困群体,解决水库移民的贫困问题,并通过以工代赈和公益岗位带动有劳力贫困家庭的脱贫。2016 年以来,农村水电扶贫工程累计上缴扶贫收益 1.18 亿元,帮扶 5.4 万户贫困户;全国 74 万贫困水库移民实现脱贫;水利工程建设和管护就业岗位吸纳贫困家庭劳动力 70 万人次。

(二)通电稳压有效解决,重点领域和重点区域成效显著

"十三五"期间,截至 2019 年年底,村村通动力电、特大型电网工程及特高压外送通道、电力市场交易扶贫、光伏扶贫取得重大进展,易地扶贫搬迁配套电网建设和"三区三州"重点区域攻坚成效斐然。

一是村村通动力电工程已实现除西藏外的大电网延伸范围内自然村实现按标准通动力电。二是在新疆、青海、西藏、云南、甘肃、海南等地建设了特大型电网工程及特高压外送通道,解决了这些贫困地区长期面临的电力短缺问题。三是通过电力市场交易扶贫完成扶贫专项交易电量约 53 亿千瓦时。四是光伏扶贫成效显著,配套电网累计投资42.9 亿元,接入光伏扶贫电站装机容量 2176 万千瓦,惠及 300 万贫困户。全国光伏扶贫信息监测中心已在安徽、河南等 20 个省份开展数据接入工作,累计接入扶贫电站 4.03 万座。五是易地扶贫搬迁配套电网建设项目 15832 个,惠及 600 万建档立卡贫困人口。六是在深度贫困地区,攻坚成效显著,"三区三州" 5502 个村、413 万户群众生产生活用电条件明显改善,例如,西藏大电网延伸覆盖全区总人口的 86%。

(三)内联外通基本实现,道路与产业物流体系稳步协同

交通运输是扶贫开发和经济增长的重要内容,是贫困地区脱贫攻坚的基础性和先导性条件。党的十八大以来,交通扶贫成效主要体现在内联外通、道路与产业和物流协同方面。

党的十八大以来,贫困地区新增 5.1 万个建制村通硬化路,贫困地区具备条件的建制村通硬化路率从 2014 年的 82.9% 上升到 2019 年的100%。在这些数据的背后,还有各类贴近百姓生活的鲜活案例:例如,在西部边远山区实施了 309 个"溜索改桥"项目,帮助当地群众告别"溜索时代";再如,实施撤并建制村等较大人口规模自然村通硬化路、云南省"直过民族"地区自然村通硬化路,推动交通建设项目更多地向进村入户倾斜,帮助超过 2.8 万个撤并建制村群众安全更捷出行。

在出行便利度方面,贫困地区具备条件的建制村通客车率从 2014 年的 83.2% 上升到 2019 年的 99.1%,此外,通客运班车的自然村比重也达到了 76.5%(见表 5-5)。

表 5-5　2014—2019 年贫困地区具备条件的建制村通硬化路率

（单位:%）

指标	2014 年	2015 年	2016 年	2017 年	2018 年	2019 年
道路通硬化路率	82.9	90.3	93.1	96.8	98.6	100
通客车率	83.2	85.7	86.4	89.7	95.4	99.1

资料来源:人民网脱贫攻坚网络展,见 http://fpzg.cpad.gov.cn。

党的十八大以来,全国累计改造建设了约 9.9 万千米干线公路(国家高速公路、普通国道、普通省道),强化了贫困地区区域互联互通。此外,改造建设约 5 万千米资源路、旅游路、产业路,为"交通+特色产业"扶贫畅通道路基础,有效支撑了贫困地区矿产、能源、旅游等资源的开发利用。进一步,通过整合交通、供销、商贸、电商、物流等资源,构建了县、乡、村三级农村物流配送网络,为畅通农产品进城、工业品和生活消费品下乡提供了基本物流服务体系保障。从这些方面看,这一阶段的交通基础设施扶贫体现出了与信息化和数字经济相结合的新特征。

(四)网络覆盖全面提升,助力多重功能发挥扶贫实效

自网络扶贫行动计划实施以来,网络覆盖、农村电商、网络扶智、信息服务、网络公益五大工程取得了明显成效,尤其是以网络覆盖提升为基础,进一步促进了互联网在电商、教育、信息支持、公益参与等领域的使用。

首先,网络覆盖提升工程大幅提高了中国农村及偏远地区,特别是贫困地区的网络覆盖水平,推进农村城市"同网同速",有力支撑脱贫攻坚。2015 年以来,工业和信息化部联合财政部开展五批电信普遍服务试点以来,共支持全国 13 万个行政村实施光纤宽带网络建设和升级改造,其中包括 4.3 万个国家建档立卡贫困村,并支持行政村及偏远地区 3.7 万个4G 基站建设。从 2017 年第一季度到 2019 年第四季度(见图 5-3),全国贫困村通光纤宽带比例从 64% 提升到 98%,"三区三州"贫困村通光纤宽带比例从 25% 提升到 98%,提前超额完成国家"十三五"规划纲要要求的宽带网络覆盖 90% 以上贫困村的目标。已通光纤试点行政村平均下载速率每秒超过 70 兆比特,农村和城市"同网同速"时代正在加速到来。

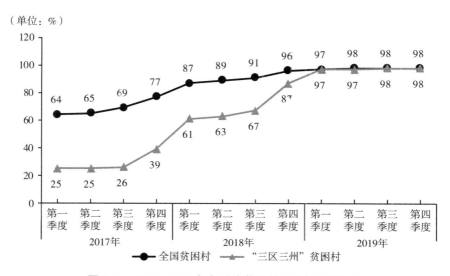

（单位：%）

图 5-3　2017—2019 年各季度贫困村通光纤宽带比例

资料来源：工信部、中国互联网信息中心。

与此同时,随着提速降费不断加强,在此基础上,还实现了面向贫困户的精准降费。自 2018 年 10 月以来,国家持续支持基础电信企业对建档立卡贫困户使用通信服务给予大幅度折扣优惠,截至 2020 年 6 月,相关优惠举措已惠及超 1200 万户贫困户,其中超 700 万户享受通信资费五折及以下优惠。其次,在贫困地区网络覆盖率普遍提升的基础上,拓宽电子商务、远程医疗、在线教育等应用场景,形成了助力减贫的新手段。一是农村电商工程为扶贫插上"互联网+"的翅膀,让农产品通过互联网走出乡村,带动贫困地区农村特色产业发展,拓宽贫困地区农特产品网上销售渠道,帮助贫困人口增收脱贫。二是从医疗卫生来看,目前远程医疗已经覆盖所有贫困县,有效改善了贫困地区基层医疗卫生服务能力,提高了贫困人口健康水平。三是网络扶智工程加快提高贫困地区教育信息化建设水平,通过"互联网+教育"等方式,通过国家精品在线课程,让山沟里的孩子也能接受优质教育。在基础教育方面,已推动实现全国 98% 中小学接入宽带网络,优质教育通过网络输送到贫困偏远地区学校,一根网线、一块屏幕,为贫困学生带来更好的学习机会。四是信息服务工程通过建立信息服务体系,利用大数据等技术手段,整合各类信息资源和服务,促进扶贫开发相关部门的数据共享,为精准扶贫精准脱贫提供信息服务体系支撑。例如,2017年7月以来,中央网信办组织研发全国网络扶贫行动大数据分析平台,汇集中西部22个省(自治区、直辖市)832个贫困县网络扶贫工作信息,跟踪评估网络扶贫实施效果。五是网络公益工程通过互联网营造人人参与扶贫的良好氛围,让全社会重视扶贫、参与扶贫,让网信企业和广大网民成为网络公益扶贫的参与者。例如,中央网信办会同各级网信部门组织100多家网信企业与国家级贫困县开展300多个结对帮扶项目。

特别是2020年抗击新冠肺炎疫情以来,网络应用在保障"停课不停学"、促进农产品出村进城方面发挥了重要作用。例如,抗击新冠肺炎疫情以来,电信运营商新建4G/5G基站超过6.3万个,新增光纤端口510.9万个,成功应对网络流量的集中爆发,畅通了线上教学的网络"高速公路",保障了2亿师生"停课不停学"。

第三节　基础设施建设扶贫的经验与展望

基础设施建设扶贫是保障贫困地区人口基本生产生活条件的基本途径,也是各类扶贫手段得以发挥效能的重要基础。党的十八大以来,尤其是脱贫攻坚阶段,基础设施建设扶贫与国家整体扶贫体系互相协同,着重发挥了部门扶贫优势,分阶段、有重点、重实效,聚力投入形成基础设施建设扶贫的点线面结合的帮扶体系。

一、基础设施建设扶贫的经验

(一)责任体系系统明确,集中发挥多部门优势

在基础设施扶贫工作开展过程中,中国始终注重合理调配部门资源,建立层层负责的责任体系。在脱贫攻坚过程中,基础设施建设扶贫已形成了中央统筹,从各部委到省、市、县负责落实的组织管理制度模式,这与全国整体的帮扶体系是一致的。行业主管部门和脱贫攻坚指挥部负责项

目的管理和调度,确保工作按时进行,同时确保在规划、设计和建设施工过程中严格执行标准,保障规格达标、功能到位、质量优良。

与其他扶贫举措有所不同,基础设施扶贫包括交通、水利、能源、通信等方面,需要交通运输部、水利部、国家发展改革委等多部门参与,由于在扶贫具体工作中涉及规划、设计、申报、审批等多个领域,各部门职责范围不同、工作流程不同,为此,在扶贫指导与具体实施过程中,明确划分各相关部门的责任至关重要。正因如此,扶贫的行业主管责任凸显。在基础设施建设扶贫工作中,自然资源部进行区域地质调查和生态保护修复试点,为贫困地区基础设施建设确定基本开发方向。交通部、工信部、水利部根据工作任务参与相关基础设施建设。行业主管部门在做好项目预算和规划设计的同时,通过开展专题培训、现场办公、编印范例读本等措施,在技术层面给予指导,在执行过程中加强质量监督。

(二)规划部署连续性强,注重阶段性和科学性

无论是交通基础设施,还是水利、能源、生房生活、通信等基础设施,关于基础设施的规划纲要、实施意见、行动方案等都注重了规划的连续性、延展性,根据矛盾的主要方面和不同阶段的特征,依不同领域的基础建设重点进行阶段性调整,实施差异化施策,从而逐步改善贫困地区基础设施条件与提高贫困地区居民基本生产生活水平。

以交通基础设施扶贫为例,2013 年交通运输部印发《集中连片特困地区交通建设扶贫规划纲要》,对贫困落后地区的高速公路、国省干线公路、农村公路、公路客货运输场站、内河水运等提出了主要建设任务。2016 年,交通运输部等三部门在 2013 年文件的基础上印发《关于进一步发挥交通扶贫脱贫攻坚基础支撑作用的实施意见》,进一步明确交通基础设施扶贫的具体措施,相较 2013 年侧重于弥补基础建设短板而言,2016 年的规划更加侧重于提高质量与优化服务。此外,《"十三五"脱贫攻坚规划》《兴边富民行动"十三五"规划》《中共中央 国务院关于打赢脱贫攻坚战三年行动的指导意见》等规划和指导意见,都在前期规划部署基础上进行了进一步细化与延伸,从整体或局部制定针对性的政策文件。再如更具体的例子,在交通基础设施扶贫中,有铁路交通的专项规划

部署。铁路总公司于 2016 年印发关于铁路扶贫工作的规划文件,并在 2018 年针对集中连片特困区及深度贫困地区的铁路基础设施逐一规划,更进一步印证了中国交通基础设施扶贫规划文件的承接性与时效性。同时,关于水利、能源、住房生活、通信等基础设施的政策文件也多是基于上一阶段文件进行升级和深化,确保实施周期顺承与实施方案连续。

同时,在规划部署过程中注重科学性也是重要经验。通过参与部门在专业领域的规划建议,制定统一标准,以系统谋划、提前部署为引领,注重规划、设计、安排的整体性和普适性,以此形成涵盖"十三五"时期专项扶贫规划、行动计划、年度计划、实施方案、工作通知等规划计划体系。通过科学规划,一方面确保不同领域进行科学的规划设计技术标准,使各类项目的选址、布线、规格、功能指标等符合相关规范和技术要求;另一方面确保项目有序推进、政策有效落地。

(三)扶贫机制针对性强,并留出改革创新空间

针对性和系统性的扶贫机制是基础设施扶贫举措有效实施的重要基础。首先,基础设施扶贫项目有相应的工作考核机制,关于发展水平与功能实效,在贫困县考核和省党委、政府考核层面都有明确的指标要求。

其次,扶贫过程中采取集中力量办大事的基本方针,调动各地资源支持贫困地区基础设施建设,从系统角度对基础设施扶贫工程制定切实可行的目标任务。从根本上看,基础设施建设扶贫依托于中国的经济管理与政治制度,并在发扬扶贫制度优势的前提下推动贫困地区基础设施建设,从而取得巨大成效。

最后,留出改革与创新空间是因地制宜实施基础设施减贫的重要经验。虽然规划文件等对基础设施扶贫的任务提出了具体安排,但这些内容多为方向性指导,将主动权交给地方,让地方根据所辖范围内基础设施基本条件制定基本方案,并定期进行调整,确保方案的时效性和准确性,从而有利于发挥基础设施的实际功效。

(四)政府引导主体投入,逐步形成正反馈机制

基础设施既是生产生活的基本条件,也是带动发展的重要引擎,但是贫困地区通常缺乏自主投资的能力,这就需要政策倾斜和引导。

在脱贫攻坚过程中,中国贫困地区基础设施扶贫已形成由政府部门主导,社会各界积极参与、协同发力的大扶贫格局,并由专项扶贫、行业扶贫、社会扶贫互为补充来引导扶贫工作的有序开展。社会资源向贫困地区倾斜,促使社会力量、民间资本大量流入,并加快基础设施扶贫工作的开展进度。以交通基础设施为例,贫困地区、革命老区、民族地区、边疆地区共 1177 个县(区、市)全部被纳入交通扶贫规划,约占全国县(区、市)总数的 43%,党的十八大以来,交通运输部安排贫困地区公路建设的车购税资金超过 11570 亿元,带动全社会投入超过 4.8 万亿元。

基础设施,尤其是交通、网络等连通和服务的改善,使得贫困地区居民与外界的联系更加紧密,提升了贫困地区参与市场的机会。随着贫困地区居民获得更多经济效益,区域内部形成进一步加强基础设施建设的意识,以此降低生产运输成本,并满足自身提高生产生活环境和生产经济效益的愿景,同时也拓宽了社会参与减贫的渠道。脱贫攻坚过程中形成的一系列消费扶贫模式也是其中的重要经验体现。

(五)改革试点与示范相结合,扶弱与激励并举

以试点摸索工作机制,以示范促进模式推广,是中国诸多改革和发展中的重要经验,也在扶贫举措探索中发挥了重要作用。在脱贫攻坚过程中,各部门根据职能权限,积极探索试点新方案。这些试点,一方面是以政策引导增加对贫困地区的资源投入,另一方面是激励贫困地区创新发展路径。例如,工业和信息化部在贫困地区内部开展网络扶贫等扶贫示范,为贫困地区发展探索新技术支持下的脱贫路径。

(六)坚持"输血""造血"结合,注重培育内生动力

基础设施建设过程中,沿用了以工代赈的扶贫开发经验。其方式是,优先选用贫困地区人力、物力,施工队由村委会监管、能人带动、贫困户参与,投入建设道路、水利设施、家庭水柜及危房改造等项目。通过向贫困地区支付劳务人员工资、租赁机械、采购生产生活物资,提高了贫困地区参与市场的能力。

在公共基础设施建设过程中提供培训服务,强化技术帮扶。各部门将加快推进贫困地区人才队伍建设作为一项重点工程,实施贫困地区智力精准帮扶计划、技术精准支持计划和人才精准培训计划等,在基础设施建设和使用过程中,培训基层专业技术和管理人员,并与部分职业技术学院签署政校订单人才培养模式,组织机构、院所及时帮助解决贫困地区基础设施建设管理中存在的关键问题和难题,促进人才培育,为相关设施的建设和维护提供了人才储备支持。

(七)应用新技术与新模式,拓展多元脱贫途径

基础设施扶贫过程中,积极探索运用新技术和新发展手段。比如,网络扶贫作为连接贫困地区和外界市场的手段得到广泛应用;自然资源部通过土地质量地球化学调查成果及时转化为特色农业发展规划,支撑多地建成富硒农业产业基地。此外,区域地质调查成果及时转化为服务特色旅游产业成果,支撑贵州毕节、云南盐津县等多地建成地质公园等。

二、基础设施扶贫的展望

完善的基础设施对提升区域发展能力和改善群众发展机会具有至关重要的作用。脱贫攻坚时期,基础设施补短板是对落后地区和人群的重要投资,也是接下来促进乡村振兴的重要基础。遵循基础设施建设的特征,建设后的管护工作任重道远。脱贫后,仍需继续做好薄弱领域的巩固提升,形成各类基础设施的长效运营管护机制,在基础设施建设领域做好巩固拓展脱贫攻坚成果同乡村振兴战略有机衔接的工作。

第一,继续提升薄弱地区的基础设施建设,形成基础设施长效运行维护机制。虽然基础设施扶贫工作取得重要进展和经验成果,但部分地区尤其是原深度贫困地区,因基础设施建设长期滞后,无论是运营还是管护都需要长期的投入。因此,脱贫攻坚后需着重建立长效运行管护机制,落实工程管护主体责任和养护经费,健全完善应急供水、供电等预案,确保脱贫人口饮水安全、生活用电问题能得到长期稳定解决。对"三区三州"等自然条件差、经济基础弱的原深度贫困区,要加大统筹力度,着力通过以工代赈等形式把解决公共基础设施薄弱的问题与调动区域内群众自我发展能力更充分地结合起来。对脱贫摘帽后基础依然薄弱的地区,一方面要加强监测排查,采取精准措施,防止问题反弹;另一方面要实行基础

设施的持续提升工程,尤其是关注脱贫群众使用基础设施的便利性和后续管护机制,形成促进脱贫地区发展的长效机制。

第二,稳定基础设施管护领域公益岗位的力度,并进一步提升脱贫地区基础设施管护能力。继续落实基础设施工程建设和管护就业岗位向脱贫人口倾斜的政策,对农村河湖管护员、道路清洁员等公益性岗位给予财政资金的补助政策,支持脱贫人口稳定就业。继续实施干部双向交流挂职,加大技术帮扶力度,开展"订单式""菜单式"和"互联网+培训",提高脱贫地区在水、电、路、网等基础设施方面的管理和维护能力。全面落实路长制,落实农村道路桥梁的管养主体责任,完善农村水价水费形成机制,加快形成水利、电力、交通、网络基础设施的长效运营管护机制。

第三,统筹优化基础设施的网络协同机制,提升和放大基础设施建设效能。基础设施扶贫在很大程度上依赖于部门扶贫优势的发挥,但在发挥部门优势的同时,由于缺乏部门间的协调和统筹,引致部分地区出现基础设施建设低效和浪费的情形。未来各部门权责的履行需要进一步统筹激励监管机制,在长期的基础设施完善进程中,建立基本的信息共享机制和工程协同机制,提升各类基础设施建设的投入效率,放大协同效应。

第四,谋划区域协调发展与城乡统筹,提升基础设施对乡村振兴的支持作用。基础设施和服务的差距是发展不平衡不充分的重要表现,也是发展不平衡不充分的重要成因。在全面推进乡村振兴阶段,基础设施均等化要继续平稳推进,持续支持相对落后地区的基础设施改善。同时,在城乡人口变动趋势下,科学规划城乡一体化的基础设施建设,开展城乡交通一体化建设,着力进一步打通城乡道路客运一体化网络。在有条件地区加快实施城乡供水一体化项目,在人口分散、偏远地区开展小型供水工程标准化项目建设,持续实施中小型水利项目建设。

第五,进一步提升基础设施服务能力,有效衔接乡村振兴。基础设施均衡性建设是巩固脱贫攻坚成果同乡村振兴有效衔接的重要抓手。在满足基础设施主要领域发展水平接近全国平均水平的基础上,提升基础设施服务能力,从而为地区间的资源和要素流动降低成本,带动相对落后地区发展。把基础设施均等化工作与现代农业产业体系、农业社会化服务体系等相结合,推动农村数字基础设施建设与城市同步规划建设,推动农村大数据体系建设和智慧农业基础设施建设,通过强基础、提服务实现降成本、促经营,深化新一代信息技术与农业生产经营进一步融合。

第六章 产业扶贫[*]

　　帮助贫困人口通过发展农业生产提高收入、摆脱贫困,既是全球反贫困理论与实践的核心议题,也是中国特色扶贫开发的鲜明特征和重要内容①。产业扶贫是一种建立在产业发展基础上的扶贫开发政策方法,其本质是通过政府干预和政策扶持,让市场主体将贫困户纳入产业发展链条并分享部分利益,同时提升贫困群众自身发展能力,进而促进贫困地区人口脱贫致富。相较于一般的产业发展,产业扶贫兼顾了益贫性、效益性和安全性,更加强调对贫困人口的目标瞄准性和特惠性,更加强调贫困家庭从产业发展中受益。发展产业是实现脱贫的根本之策,要因地制宜,把培育产业作为推动脱贫攻坚的根本出路,努力做到户户有增收项目、人人有脱贫门路。

第一节　强化政策扶持　优化资源要素配置

　　政府扶持具有显著的示范效应,能够影响带动主体的营利性预期和贫困户的收益预期,影响产业扶贫中各参与主体的积极性和有效性,进而有利于扶贫产业实现效益性与益贫性的统一。为推动资源要素向贫困地区产业配置,中央层面开展了一系列顶层设计、规划部署、制度设计和政策创新,搭建起了产业扶贫的"四梁八柱"。2013 年 11 月,习近平总书记提出"精准扶贫"的战略思想,产业扶贫也进入"产业精准扶贫"阶段。

---

　　*　作者:刘红岩,中央农村工作领导小组办公室秘书局四级调研员。

　　①　张琦、万君:《产业扶贫脱贫概览》,中国农业出版社 2018 年版,第 15、25 页。

167

　　产业扶贫政策发展呈现三个阶段性特征。一是调整产业结构,并基于资源禀赋做大做强特色产业。2014年,农业部、国家林业局、国务院扶贫开发领导小组办公室(以下简称"国务院扶贫办")、商务部、国家发展改革委、科技部、全国供销合作总社制定了《特色产业增收工作实施方案》,明确了14个集中连片特困地区的特色产业布局。2015年11月29日,中共中央、国务院发布了《中共中央　国务院关于打赢脱贫攻坚战的决定》,强调了产业扶贫在脱贫攻坚中的重要地位,明确指出了产业发展在实现贫困人口脱贫中的目标和任务,并从六个方面阐述和规定了如何发展特色产业助力脱贫攻坚,对脱贫攻坚时期的产业扶贫进行了整体勾画。2016年3月,《中华人民共和国国民经济和社会发展第十三个五年规划纲要》把产业扶贫放在脱贫攻坚八大重点工程之首,要求到2020年,每个贫困县建设一批贫困人口参与度高的特色产业基地,初步形成特色产业体系。2016年5月,农业部、国家发展改革委、财政部、中国人民银行、国家林业局、国家旅游局、银监会、保监会、国务院扶贫办联合印发了《贫困地区发展特色产业促进精准脱贫指导意见》,指出发展特色产业是提高贫困地区自我发展能力的根本举措。二是旅游扶贫、电商扶贫、光伏扶贫、资产收益扶贫的探索开始,并成为产业精准扶贫的重要亮点。2016年12月,国务院颁布了《"十三五"脱贫攻坚规划》,从农林产业扶贫、旅游扶贫、电商扶贫、资产收益扶贫、科技扶贫五个方面对产业扶贫的基本路径和具体举措进行了详细阐述和规定,为"十三五"时期的产业扶贫提供了发展指引和行动指南。三是政策支持重点进一步向培育带动主体、完善利益联结机制、拓宽营销渠道、创新产业扶贫模式拓展。2018年6月,中共中央、国务院出台了《关于打赢脱贫攻坚战三年行动的意见》,农业农村部、国家发展改革委、财政部、商务部、文化和旅游部、中国人民银行、国家林业和草原局、中国银保监会和国务院扶贫办联合研究制定了《关于实施产业扶贫三年攻坚行动的意见》,提出了2018—2020年产业扶贫工作的总体思路和重点任务,培育壮大贫困地区特色产业、扶持贫困地区农产品产销对接、提升新型经营主体带贫能力、支持深度贫困地区产业发展等成为重点部署内容,绿色高效优质、特色品牌打造、新产业新业态发展、利益联结模式创新等成为扶贫产业的发展趋向。

在产业精准扶贫"四梁八柱"制度的支撑下,资金、技术、人才等扶持(见表6-1)持续强化,保障了产业扶贫实践的顺利推进。

表6-1 产业扶贫相关政策

序号	政策措施	主要内容
1	制定贫困地区特色产业发展规划	组织832个贫困县编制产业扶贫规划或实施方案
2	加强贫困地区龙头企业和农民合作社培育	在项目资金、示范评定等方面加大对贫困地区带贫能力强的新型经营主体的支持力度
3	加大对贫困地区农产品品牌推介营销支持力度	开展贫困地区农产品产销对接活动,加强农产品品牌打造和宣传,强化产销对接信息服务
4	支持贫困地区开展绿色食品、有机农产品、农产品地理标志认证登记	对贫困地区实行优先受理、优先检查、优先检测、优先审核、优先颁证"五优先",减免相关申报费用
5	运用政府采购政策支持脱贫攻坚	鼓励预算单位以优先采账、预留采购份额方式采购贫困地区农副产品,鼓励预算单位优先采购聘用建档立卡贫困人员物业公司提供的物业服务
6	在贫困地区全面实施农技推广特聘计划	通过政府购买服务等支持方式,从农业乡土专家、种养能手、新型农业经营主体技术骨干、科研教学单位一线服务人员中招募特聘农技员,为县域农业特色优势产业发展提供技术指导与咨询服务,为贫困农户从事农业生产经营提供技术帮扶
7	指导贫困地区以县为单位建立产业扶贫技术专家组	以涉农院校和科研院所为依托,以县为单位组建产业扶贫技术专家组,开展科技帮扶
8	建立贫困户产业发展指导员制度	在贫困地区选聘驻村干部和科技人员担任产业发展指导员,进村入户开展产业扶贫政策宣讲、推动项目落地、指导产业选择、提供技术服务等
9	资产收益扶贫	将财政支持产业发展等方面的涉农投入所形成的资产,折股量化给贫困村、贫困户。在贫困地区开展水电矿产资源开发资产收益扶贫改革试点
10	电商扶贫	有条件的扶贫县实现电子商务进农村综合示范全覆盖、有条件发展电子商务的贫困村实现电商扶贫全覆盖、第三方电商平台对有条件的贫困县实现电商扶贫全覆盖
11	旅游扶贫	实施旅游万企万村帮扶专项行动,组织动员全国1万家规模较大的旅游景区、旅行社、旅游饭店、旅游车船公司、旅游规划设计单位、乡村旅游企业及旅游院校,对2.26万家乡村旅游扶贫重点村进行帮扶脱贫

序号	政策措施	主要内容
12	消费扶贫	动员社会各界消费贫困地区产品和服务,拓宽贫困地区农产品流通和销售渠道,提升贫困地区农产品供给水平和质量
13	扶贫小额信贷	一是"5万元以下、3年期以内、免抵押免担保、基准利率放贷、财政贴息、县级建立风险补偿金"。二是规范展期、续贷及贷后管理。三是完善风险补偿机制。对贫困户确实无偿还能力、到期不能还贷且不符合展期、续贷条件、追索90天以上仍未偿还的,可启用风险补偿金,对本金和利息进行补偿
14	农业保险保费补贴	鼓励省级财政部门结合实际,对不同险种、不同区域实施差异化的农业保险保费补贴政策,加大对重要农产品、规模经营主体、产粮大县、贫困地区及贫困户的支持力度。在10个省份开展中央财政对地方优势特色农产品保险试点,鼓励各地对贫困地区给予优先支持。原则上,国家扶贫开发工作重点县和集中连片特困地区县县级财政承担的保费补贴比例不超过5%
15	中央财政专项扶贫资金投入	中央财政专门安排转移支付资金,支持各省按照国家扶贫开发政策要求,结合当地扶贫开发工作实际,培育和壮大贫困地区特色产业,改善小型公益性生产生活设施条件,增强贫困人口自我发展能力和抵御风险能力等
16	相关财政扶贫资金对"三区三州"等深度贫困地区的特殊倾斜支持	中央财政在分配专项扶贫资金、教育相关转移支付、医疗保障补助、重点生态功能区转移支付、农村危房改造补助、中央基建投资、车购税收入补助地方资金、县级基本财力保障机制奖补等资金时,专门安排部分资金支持"三区三州"等深度贫困地区,或在因素法分配时向"三区三州"等深度贫困地区倾斜
17	能源扶贫	制定电力普遍服务补偿机制,解决人口较少、电量较小的偏远地区农村电网运行维护费用不足问题。研究建立针对贫困地区能源资源开发利益分配的特殊政策,让当地和群众从能源资源开发中更多地受益;财政专项扶贫资金和其他涉农资金投入光伏、水电项目形成的资产,具备条件的可折股量化给贫困村、贫困户。探索建立水电利益共享机制,提高贫困地区水电工程留存电量比例,将从发电中提取的资金优先用于水库移民和库区后续发展;贫困地区水电开发占用集体土地的,试行给原住居民集体股权方式进行补偿,让贫困人口分享水电资源开发收益

资料来源:笔者根据相关政策整理。

一、抓资金倾斜,不断加大产业扶贫投入力度

中央和各地持续加大财政、信贷、保险、土地等政策支持,为特色产业发展提供了重要支撑。《关于实施产业扶贫三年攻坚行动的意见》明确提出,加大财政投入重点用于产业扶贫,进一步推进贫困县涉农资金统筹整合试点工作,加大涉农资金统筹整合力度,瞄准脱贫攻坚任务目标,将整合资金优先用于保障贫困人口直接受益的产业发展资金需求,由贫困县因地制宜确定支持的重点产业项目和重点环节。2019 年,财政部、国务院扶贫办联合印发《财政部 国务院扶贫办关于做好 2019 年贫困县涉农资金整合试点工作的通知》,要求各省指导贫困县结合脱贫攻坚规划,围绕年度脱贫任务,严守现行标准,在农业生产发展和农村基础设施建设范围内安排使用整合资金并优先用于有助于贫困人口持续增收的产业发展项目。分配给贫困县的资金增幅不低于该项资金平均增幅,一律采取"切块下达",资金项目审批权限完全下放到县,不得指定具体项目或提出与脱贫攻坚无关的任务要求。农业农村部、财政部联合印发的《农业农村部 财政部关于做好 2019 年农业生产发展等项目实施工作的通知》,要求各类资金进一步向贫困地区、贫困县倾斜,优先支持符合实施条件的"三区三州"等深度贫困地区。

财政扶贫资金投入力度前所未有。持续增加中央、省、市县财政专项扶贫资金,并在贫困县开展财政涉农资金统筹整合,集中力量支持扶贫产业发展和相关基础设施建设。2016—2019 年,中央财政累计安排专项扶贫资金 3850 亿元,其中 48%投入产业扶贫,贫困县统筹整合财政涉农资金超过 1.5 万亿元,其中 4100 多亿元用于产业发展,有效解决了贫困地区产业发展"资金缺"和投入"小而散"的问题。其中,畜禽粪污资源化利用、现代农业产业园、农业产业强镇示范建设、长江经济带面源污染综合治理、现代种业提升工程、动植物保护、农村人居环境整治等已经明确到县的专项资金,占相关专项资金总量的 24.1%。

金融资本投入力度前所未有。开展扶贫小额信贷,为贫困群众发展生产发放"5 万元以下、3 年期以内、免担保免抵押、基准利率放贷、财政

资金贴息、县建风险补偿金"的扶贫小额信贷。2015—2020年11月,全国累计发放扶贫小额信贷7100多亿元,惠及1500多万贫困户。创设扶贫再贷款,优先支持建档立卡贫困户和带动贫困户就业发展的新型农业经营主体,推动贫困地区发展特色产业和贫困人口创业就业,促进贫困人口增收致富。2016—2020年9月,累计发放扶贫再贷款6688亿元。加大对带贫成效突出的龙头企业、农民合作社、创业致富带头人等新型经营主体的贷款支持力度,农业信贷担保体系对贫困地区实现业务全覆盖。发放贫困人口贷款和产业精准扶贫贷款,2016—2020年9月,发放额累计分别为2.8万亿元和3.7万亿元,支持或带动贫困人口9243万人次。中国农业发展银行、国家开发银行、中国农业银行等开发设计了专门的产业扶贫贷款,并涌现出一些典型经验模式。中国平安保险集团在贵州省黔东南州台江县探索"免息免担保"的产业扶贫"台江模式",通过农业保险、人身意外险等一揽子保险,兜住贫困农户生产生活风险,再通过优惠政策和风险控制引入"免息免担保"的"平安扶贫贷",大幅降低贫困农户获取贷款的门槛和成本。截至2019年年底,已通过该模式发放贷款资金300万元,助力贫困人口每年人均增收8400元左右,相当于当地人均收入的1.3倍左右。

开发特色扶贫产业保险,为产业扶贫提供融资支持和风险保障。开发扶贫专属农业保险产品,加大减负降费力度,明确规定扶贫农业保险产品费率在基准费率基础上下调20%,深度贫困地区财政补贴型农业保险的保险费率在已降费20%的基础上,再降低10%—30%,引导资源进一步向深度贫困地区倾斜。2019年农业保险承保农作物超过270种,基本覆盖贫困地区常见农作物,贫困户保费比一般户低20%。引导行业开展创新,积极发展价格保险、"保险+期货"、收入保险、天气指数等险种,加快发展特色农产品保险,支持贫困地区特色农业发展。鼓励有条件地区实现特色产业保险全覆盖,特色产业保险险种、覆盖面持续扩大。推广甘肃省农业保险"两个全覆盖"的做法(见专栏6-1),围绕扶贫主导产业,以保障贫困户收入稳定为目标,坚持普惠和特惠兼顾,实现贫困户"一户一保"。2018年1—9月,在中西部21个贫困地区中,地方特色农产品保险承保 195 类农产品,共研发超过 910 款农险产品,覆盖了中药材、小杂粮、香菇、猕猴桃、咖啡、蚕茧、牛奶等共计 60 多个地方特色农产品品种。其中,特色农产品价格保险快速发展,2018 年 1—9 月,中西部地区特色农产品价格保险为 47.57 万户农户提供风险保障 584.55 亿元,累计赔付 10.08 亿元。另外,农房保险为 1.26 亿间农房提供风险保障 3.39 万亿元,有力地支持了贫困地区移民搬迁和灾后重建。

专栏 6-1　甘肃省农业保险"两个全覆盖"助力脱贫攻坚

为扎实推进产业扶贫,切实防范因自然灾害和市场风险造成贫困户种养收入损失,甘肃省出台《2018—2020 年农业保险助推脱贫攻坚实施方案》,针对贫困户推出了 18 个保险品种,实现农业保险对全省主要特色优势产业和贫困户全部种养产业的全覆盖。

一是坚持聚焦贫困地区和贫困户。重点对全省现有贫困户、返贫户和新识别贫困户全覆盖,力争实现"一户一保"。二是坚持因地制宜精准设计险种。紧紧围绕特色产业发展开设险种。为实现农业保险对"所有贫困户、贫困户所有产业、自然灾害和市场价格波动双重风险"三个全覆盖,创设实施"甘肃省种养产业综合保险",在落实贫困户所有特色种养产业全部纳入保险范围的基本前提下,在产品设计上,做到既保障基本成本还保障适当收益,推出的 18 个中央和省级补贴品种中,将马铃薯、玉米、青稞、棉花、牦牛、藏系羊等 12 个品种设计为保障自然灾害为主的成本保险,将苹果、中药材、高原夏菜等 6 个品种设计为保障适当收益的收入(价格)保险。三是坚持普惠和特惠相结合。对所有保险品种普遍提高保额和降低费率。在承保面上,对非贫困户选择重点产业进行承保,对贫困户争取将所有种养产业全部纳入保险范围。四是坚持"三年兜底、五年平衡"。明确保险经办机构以 5 年为经营周期,坚持让利于农户,保本微利,以丰补歉,实现五年总体平衡。五是坚持政府引导、市场运作、自主自愿、协同推进。各部门密切配合，积极引导农户自主自愿选择参加保险，推进农业保险工作稳步开展。各保险经办机构积极提高承保和理赔服务工作质量，确保"五公开、三到户"（惠农政策公开、承保情况公开、理赔结果公开、服务标准公开、监督要求公开和承保到户、定损到户、理赔到户）。

资料来源：根据农业农村部提供材料整理而成。

社会扶贫投入力度前所未有。产业扶贫已经成为东西部扶贫协作、中央单位定点扶贫的重点内容和省内协作、对口帮扶的重点方向。从2016年起，西藏、新疆连续召开深度贫困地区脱贫攻坚暨对口帮扶现场推进会，每年引荐一批产业项目支持当地扶贫产业发展，和田、喀什结束了没有现代工业的历史。当地的贫困户学会了说普通话，开始有礼貌、有时间观念，也提升了自我发展能力。积极推动各行业发挥专业优势，千方百计为贫困村和贫困户嫁接资源，积极探索支持路径，为产业扶贫赋能。各民主党派、工商联和无党派人士充分发挥各自优势，为贫困地区产业发展、产品销售等献智献力。广泛动员民营企业参与产业扶贫，开展"万企帮万村"精准扶贫行动，有效带动了建档立卡贫困村、贫困群众增收脱贫。据国务院扶贫办数据，截至2020年年底，进入"万企帮万村"内精准扶贫行动台账管理的民营企业有12.7万家，精准帮扶13.91万个村（其中建档立卡贫困村7.32万个）；产业投入1105.9亿元，公益投入168.64亿元，安置就业90.04万人，技能培训130.55万人，共带动和惠及1803.85万建档立卡贫困人口。

二、抓科技帮扶，积极引导科技人才支持产业扶贫

根据国务院扶贫办相关资料，产业发展领域的科技帮扶主要有五种做法。一是依托国家现代农业产业技术体系如马铃薯产业技术体系（见专栏6-2）专家团队，为贫困地区产业扶贫提供技术服务。70%以上的贫困户接受了生产指导和技术培训，有劳动能力和意愿的贫困群众大多掌握了1—2项实用技术，培养贫困村创业致富带头人41.4万人，支持贫困地区建成创新创业平台1290个。二是组织全国农业科技力量投身产业

扶贫。选派科技特派员28.98万名,动员4420个农业科技单位的15000多名专家开展科技帮扶,为贫困县累计组建了包括1.5万名专家参与的4100多个产业扶贫技术专家组,帮助贫困地区编制完善产业发展规划3000多个、引进示范新品种新技术新模式2.3万余个、开展技术培训5.6万场次,实现了贫困县贫困村农机服务全覆盖。三是在贫困地区全面实施农技推广特聘计划。通过政府购买服务方式,从乡土专家、种养能手、科研教学单位一线服务人员中,累计招募特聘农技员4000余名,有效解决了部分贫困地区农技推广服务人才不足的难题,也为创新农技推广服务供给方式提供了新路子。四是建立贫困户产业发展指导员制度。组织832个贫困县从驻村工作队队员和第一书记、结对帮扶干部、村组干部、致富带头人等乡村能人中选聘贫困户产业发展指导员,精准落实到村到户到人帮扶举措,目前22个扶贫任务重的省份已选聘产业发展指导员26万人,指导服务基本覆盖了所有贫困村和贫困户。五是培育产业发展带头人。实施贫困村创业致富带头人培育二程,农村实用人才带头人和大学生村官示范培训全部面向贫困地区实施,高素质农民培育工程向贫困地区倾斜,2017年以来累计培养各类脱贫带头人131万人,为贫困地区发展产业提供了重要人才支撑。

专栏6-2　国家马铃薯产业技术体系:科技扶贫结硕果

中国是世界马铃薯第一生产国,60%以上的马铃薯种植面积分布在连片特困地区,是产业扶贫的支柱产业之一。国家现代农业马铃薯产业技术体系自2008年年底成立以来,积极帮助贫困地区发展壮大马铃薯产业,为这些地区脱贫攻坚提供了有力支撑。

开展科技创新,支撑产业发展。一是开展新品种新技术试验示范。在全国180个示范县建立了示范基地近500个,每年示范14万亩以上,集成技术140多项次,为农技推广部门推荐了近300个(次)优良品种。利用三年时间在贫困地区建立了新品种(系)、绿色增效栽培和病害绿色防控等试验示范田50

万亩,筛选出适合贫困地区种植的品种 342 个(次),集成示范 141 项次综合栽培技术,累计推广新品种新技术 446 万亩,平均增产 22.5%,亩增收 543 元。二是集成与推广绿色增产增效生产技术。创建和完善了以旱作覆膜保墒、膜下节水灌溉、水肥一体化和病害绿色防控为核心的旱作绿色增产增效综合技术,以膜覆盖防寒、控水减肥减药、冬闲田双膜覆盖防寒、间套种、稻薯水旱轮作和病害防控等为核心的早熟防寒高效种植技术,以及晚疫病、黑痣病和枯萎病等绿色治理技术,为贫困地区做大做强马铃薯产业提供了技术支撑。乌鲁木齐综合试验站 2017 年在南疆四地州贫困区集成"马铃薯三膜覆盖促早熟栽培技术",示范推广近 7 万亩,增收 9815.4 万元。与于田县和策勒县深度贫困村面对面、一对一对接服务,解决技术难题,为马铃薯种植和庭院改造提出科学建议,有效带动了南疆"庭院经济"发展。三是深入研究加工技术,促进产业提质增效。截至 2018 年年底,"马铃薯淀粉加工废水资源化利用与废水还田利用技术"先后在宁夏、甘肃和陕西等 6 个省份 41 家马铃薯淀粉生产企业推广应用,年产值达到 39 亿元,稳定带动当地 500 万亩马铃薯种植和 600 万吨马铃薯市场,产业发展覆盖了 19 个贫困县。

强化实地指导,技术扶贫到一线。一是建立专家工作站促进地域发展。体系首席科学家先后在贵州省毕节市和内蒙古自治区乌兰察布市建立了工作站,实地开展科技扶贫。与毕节当地科研单位合作育成了优良品系 90 多份,审定了 1 个马铃薯新品种,在威宁县建立脱毒种薯繁育示范区 3 万多亩,示范推广新品种新技术 30 万亩,为毕节地区培养了第一个马铃薯博士,打造了一支永远不走的科研生力军。联合内蒙古乌兰察布试验站,成立马铃薯专家工作站,三年时间提供了近 6 万个株系和 90 多个优良品系,并面向广大种植户和企业推广示范新品种新技术。二是加强技术培训和人才培养。体系成立以来培训了基层技术人员 4 万余人次、种植大户 5 万余人次和农民 25 万余人次,免费为各方提供技术咨询超过 3 万次,发放培训资料 180 万余份。体系的许多专家积极参加中央人才工作协调小组和地方政府等组织的各类科技咨询和服务活动,培养博士和硕士研究生、"西部之光"学者、西藏和新疆特培学员和推广硕士,常年在贫困地区开展各类技术培训、服务和资料发放工作。三是驻地帮扶推进脱贫攻坚。昭通综合试验站建立"党建+公司+基地+合作社+农户"模式,流转 1000 亩耕地和 2000 亩荒地发展马铃薯产业,使该村留守村民实现家门口就业并增收 40 余万元。贵阳综合试验站与威宁和三都县政府共同打造马铃薯精准扶贫规模化种植示范基地,累计示范推广轻简化、水肥一体化栽培等技术 14.9 万亩,助力 2185 户贫困户 9482 人亩均增收 300元以上。

资料来源:根据农业农村部提供材料整理而成。

三、抓统筹谋划,积极推动构建产业扶贫规划体系

2016 年,农业农村部联合国家发展改革委、财政部、中国人民银行等九部委专门印发了《贫困地区发展特色产业促进精准脱贫指导意见》,22个扶贫任务重的省份和 832 个贫困县编制完成了省级和县域产业精准扶贫规划,农业农村部还分区域指导定点扶贫县、大兴安岭南麓片区、西藏及四省藏区、南疆等特定贫困地区编制了一批产业规划和实施方案,形成了分层次、分区域上下衔接的产业扶贫规划体系。在此基础上,全国农业农村系统进一步提炼出了产业扶贫"五个一"工作路径,即编制一个好规划、选准一个好产业、打造一个好龙头、创新一个好机制、完善一个好体系,为推进产业扶贫提供了工作路线图。

四、创新产业用地政策

对 832 个贫困县每县专项安排 600 亩年度建设用地指标,实行边建边批、边占边补、下放预审权等超常规用地审批政策,村庄整治、宅基地整理的建设用地指标重点支持农村新产业新业态发展,提高了贫困地区产

业发展用地的保障水平。

第二节　产业扶贫的实践路径

在党中央、国务院的坚强领导下,各地各部门认真学习贯彻习近平总书记关于扶贫工作重要论述和中央决策部署,创新思路办法,强化工作举措,扎实推进工作,确保了产业扶贫各项工作落实落地见效。

一、重点发展特色鲜明的扶贫主导产业,提升产品市场竞争力

扶贫产业既要保证经济效益,又要对接贫困户人力资本特征与生产禀赋条件,从而降低贫困户纳入产业循环的难度。发展优势特色种养业,以"优势"保障扶贫产业发展的市场经济效率,以"特色传统"保证扶贫产业具有与贫困户资本、经营活动等无缝对接能力[①],并坚持特色化和绿色化方向,促进贫困地区农产品加工业和农村一二三产业融合发展,培育和推广有市场、有品牌、有效益的特色产品,用高品质实现高效益,推动产业在市场竞争中逐步发展壮大,充分挖掘农产品加工增收带贫潜力。

(一)发展现代种养业

现代特色种养业是贫困地区乡村产业发展的根基,也是贫困地区乡村产业发展最大的优势。发展现代种养业,关键是在深度开发利用上下功夫,真正作出特色、打造出精品,用高品质实现高效益,推动产业在市场竞争中逐步发展壮大。重点支持贫困地区建设种植业绿色高产高效基地、畜禽标准化养殖场、水产健康养殖场、林特产品示范基地和良种繁育基地,实现"一乡一业""一村一品"。

种植业方面,据农业农村部数据,平均每年安排项目资金 30 亿元左右,支持提高生产能力、推进绿色发展、实施轮作休耕和农业防灾减灾,促

---

① 顾天翊:《产业扶贫的减贫实现:理论、现实与经验证据》,吉林大学 2019 年博士学位论文。

进贫困地区特色产业发展。2018 年以来,通过种业提升工程,安排中央财政资金 1.4 亿多元,支持贫困地区优势产区建设棉花、甘蔗、苹果、柑橘、蔬菜、茶叶等经济作物良种繁育基地 14 个;安排中央财政资金 6.2 亿元,支持 81 个贫困县实施果菜茶有机肥替代化肥项目;安排中央财政资金 2.08 亿元,支持 104 个贫困县实施化肥减量增效项目,改善贫困地区耕地质量,提升特色农产品品质,促进贫困群众脱贫增收。积极支持贫困地区实施绿色高质高效行动,组织开展关键技术攻关,示范推广绿色高质高效技术模式,促进贫困地区特色产业增产增效。各地结合资源禀赋和地方特色,因地制宜发展特色产业,优化种植业结构,促进产业转型升级,增加贫困农户种植业收入。湖北省咸丰县打造茶叶品牌助力脱贫攻坚,截至 2019 年年底,茶叶产业发展覆盖建档立卡贫困户 2.8 万户 8 万余人,亩均茶叶收入 6700 余元,茶叶综合产值超过 14 亿元,有力助推了脱贫攻坚和全面建成小康社会。

养殖业方面,据农业农村部资料,一是推进“粮改饲”,截至 2019 年,“粮改饲”项目覆盖 211 个贫困县,中央财政资金投入 8.9 亿元。各地将粮改饲作为产业扶贫的重要抓手,探索形成了饲草订单模式、土地流转托管模式、务工就业模式、母畜托管模式、合作养畜模式等行之有效的模式,带领建档立卡贫困户分享粮改饲的收益。青贮玉米收贮项目推进农牧结合、种养“双赢”,降低了种养成本,提高了种养收入,也促进了贫困地区农业转方式调结构,提升了种草养畜特色产业发展水平。广西壮族自治区都安瑶族自治县通过实施“贷牛还牛、贷羊还羊”,大力推进粮改饲,形成“企业牵头、政府扶持、农户代养、贷牛还牛、还牛再贷、滚动发展”的产业扶贫模式。甘肃省临夏回族自治州以粮改饲为抓手,大力发展牛羊养殖业,带动贫困户脱贫致富。“粮改饲”成为脱贫致富的“牛包子”“草包子”和带来幸福的“钱袋子”。二是支持现代养殖业,截至 2020 年 4 月,已累计安排甘肃省、内蒙古自治区、宁夏回族自治区等重点贫困地区安排高产优质苜蓿示范建设项目资金 8 亿元,支持贫困地区建设优质苜蓿生产基地 132 万亩;安排甘肃省、内蒙古自治区、宁夏回族自治区等重点贫困地区中小奶牛养殖场改造项目资金 6000 万元,升级改造中小奶牛养殖场 500 个。通过项目支持,有效改善了贫困地区的奶牛养殖基础设施条件,增加了贫困地区的优质饲草料供应能力,提高了贫困地区奶牛养殖效益。2013—2019 年,全国优质苜蓿种植面积逐年增加,累计种植面积超过 550 万亩。奶业产业素质不断提升,2019 年全国奶牛养殖规模化水平达到 64%以上,奶牛平均单产达到 7.8 吨,规模奶牛养殖收益 4000 元/头·年,单产 9 吨的奶牛利润达到 6000 元/头·年。苜蓿种植和奶业产业发展带动了农民增收,2019 年,甘肃省河西走廊、内蒙古自治区河套地区种植苜蓿利润平均达到 300 元/亩;河南省黄河滩区通过大力发展苜蓿青贮,就地就近供应奶牛养殖场,每亩盈利可达 600 元。三是落实补奖政策(原草原生态补助奖励政策),"十三五"期间,草原牧区农牧民户均增加政策性收入近 1500 元,补奖资金已成为农牧民增收的重要补充。全国 832 个贫困县中,补奖政策覆盖了 385 个县,占贫困县总数的 46.3%,涉及补奖资金 95.74 亿元,占补奖资金总数的 61.5%。

农业农村部数据显示,截至 2020 年年底,832 个贫困县累计实施产业扶贫项目 100 万个,建成种植、养殖、加工、林草等各类特色产业基地超过 30 万个,每个贫困县都形成了 2—3 个特色鲜明、带贫面广的扶贫主导产业。扶贫主导产业涵盖特色粮经作物、特色园艺产品、特色畜产品、特色水产品、林特产品 5 大类 28 个特色产业,评选出了茶叶、中药材、特色牛羊、反季节果蔬、食用菌、特色粮豆、特色家禽、葡萄、柑橘和特色干果十大产业,涌现出了洛川苹果、赣南脐橙、定西马铃薯、盐池滩羊(见专栏6-3)等一大批产业扶贫优秀范例。"三区三州"等深度贫困地区实现了特色产业从无到有的历史性跨越,涌现出了凉山花椒、怒江苹果、临夏牛羊、南疆林果、藏区青稞和牦牛等一批特色品牌。

专栏6-3 盐池滩羊:西北旱塬农民脱贫致富的"瑰宝"

多年来,宁夏回族自治区盐池县坚定走产业化扶贫之路,始终把盐池滩羊作为第一扶贫产业,实现了产业发展与精准扶贫共赢,保障了贫困户稳定增收,为红色革命老区产业精准脱贫开辟了一条有效路径。

　　第一，立足比较优势，科学谋划产业。按照特色产业、高品质、高端市场、高效益和产业融合的发展思路，出政策、定措施、夯基础、打品牌、建链条、拓市场，精细化养殖、高品质生产、高端化消费、高效益运营，把资源优势转化为产业优势，滩羊产业实现了由自给自足的粗放传统产业向集约养殖、加工增值、品牌增效的现代畜牧业的转型升级。

　　第二，强化品牌建设，扩大市场优势。自 2005 年注册"盐池滩羊"地理商标以来，始终把品牌建设作为盐池县滩羊产业发展的重中之重常抓不懈，品牌建设取得长足进步。2000 年盐池滩羊被农业部列入国家二级保护品种，2008 年被认定为"宁夏著名商标"，2010 年被国家商标总局正式授予"中国驰名商标"，2016 年获批为国家地理标志保护产品。制定全程操作技术标准 27 项，保障盐池滩羊肉的纯正品质和质量安全。实施商标品牌战略，培育出宁鑫、裕丰昌等企业商标品牌 32 个。举办"盐池滩羊"品牌宣传推介活动，产品畅销全国 26 个大中城市，滩羊肉价格由 2015 年的 30 元/千克提高到 2017 年的 50 元/千克，最高卖到 680 元/千克。目前"盐池滩羊肉"品牌价值达 68 亿元，滩羊产业已成为当地贫困群众脱贫致富的"金招牌"产业。

　　第三，聚集多方资源，扶持关键环节。2012 年以来先后投入各类扶持资金 3.5 亿元，从品牌保护宣传、高端市场拓展、全产业链追溯暨标准化体系建设、物流冷链配送等关键环节予以重点扶持，鼓励加工、销售企业、专销区商户与养殖户建立稳定的购销关系，形成"养、加、销"产业链利益共享、风险共担的联结机制。创建"产、学、研、推"相结合的技术研发、引进、示范机制，支持滩羊选育场培育种公羊，构建了开放式滩羊选育体系。建立县乡村三级滩羊协会，实行"县统乡、乡统村、村统组、组统户"统一出口的滩羊养殖营销模式，对产业链关键环节实行统一购销价格、市场开拓、品牌宣传、营销策略、生产标准和饲草料使用，既保证了企业有稳定优质的原料来源，又实现了滩羊肉优质优价不愁销路。

第四，推进金融创新，支撑产业发展。严格按照"五万元以下、三年期以内、免担保免抵押、基准利率放贷、财政贴息、建立风险补偿金"等政策要点，推进金融创新。截至2017年，全县建档立卡贫困户贷款余额5.8亿元，贫困户贷款的90%以上用于滩羊产业发展。建立"盐池滩羊产业发展基金"，撬动金融贷款10亿元以上，支持各类新型经营主体发展滩羊产业。创新保险种类，新增贫困户滩羊肉价格保险，在宁夏回族自治区率先开发了滩羊基础母羊养殖保、滩羊肉价格指数保等12个险种。开展"2+X"菜单式"扶贫保"，同时单设1000万元保险风险补偿金，实行盈亏互补，进一步提高赔付标准，实现农户"扶贫保"全覆盖。

第五，强化利益联结，确保联农带贫。充分发挥新型经营主体带动作用，创新滩羊产业精准扶贫模式，激发贫困群众内生动力，形成可持续扶贫脱贫的机制。整村推进模式中，花马池镇李记沟村养殖园区带动贫困户年滩羊收入7000元以上。订单带动模式中，盐池县鑫海清真食品有限公司带动200多户贫困户年户均收益1.2万元。企农共赢模式中，盐池县余聪清真食品有限公司成立资金互助中心，累计实现贷款资金近1亿元，解决了近650户贫困户融资难的问题。入股分红模式激活了农村各类资源要素潜能，多渠道增加贫困户收入。

资料来源：根据农业农村部提供资料整理而成。

（二）实施农产品加工业提升行动

支持带贫新型经营主体建设保鲜、贮藏、分级、包装等设施设备，充分挖掘农产品加工增收带贫的潜力。农业农村部数据显示，为提高贫困地区农产品初加工能力，2015年以来，中央财政每年安排10亿元农产品产地初加工项目，12亿元农村一二三产业融合支出项目，支持农民合作社和农户建设贮藏、保鲜、烘干等初加工设施，减少农产品产后损失，延长上市时间,提升产品品质,促进农民增收。2016—2019 年,在 832 个贫困县中的 591 个县共投入各级财政资金 58 亿元,扶持建设农产品初加工设施 4.3 万个(座)、仓储冷库设施库容 1400 万吨、新增初加工能力 828.8 万吨。2019 年,中央财政投入资金 100 亿元支持新型农业经营主体培育工作,开展农产品初加工是其重点支持方向,全国共有 83 个国家级贫困县获得中央财政支持 8.3 亿元;约 30%的农业产业强镇建设项目资金用于提升贫困地区新型经营主体初加工能力建设。

(三)发展新产业新业态

支持贫困地区开发一批休闲农业、乡村旅游、康养健身、创意农业、体验农业园区或基地,促进农村一二三产业融合发展。2013 年以来,关于休闲农业和乡村旅游的政策举措不断丰富和完善,支持贫困地区以产业和业态的创新发展带动贫困群众脱贫致富。2013 年,中共中央办公厅、国务院办公厅印发《关于创新机制扎实推进农村扶贫开发工作的意见》,明确将旅游(尤其是乡村旅游)定义为农户脱贫致富的主要工具,并提出了翔实、因地而异的行动方案和行动目标。2013 年 8 月,国家旅游局与国务院扶贫办共同出台《关于联合开展"旅游扶贫试验区"工作的指导意见》,进一步明确利用国家级旅游扶贫试验区的示范带动作用,探索旅游扶贫新模式的创新路径及标准。2014 年,国务院扶贫办会同文化和旅游部门,启动了旅游扶贫试点工作。2015 年在全国范围部署开展了乡村旅游提升和旅游扶贫工作。2015 年 7 月,国家旅游局和国务院扶贫办提出,到 2020 年通过引导和支持贫困地区发展旅游使约 1200 万贫困人口实现脱贫,约占全国 7017 万(2015 年数据)贫困人口的 17%。2016 年 8 月,国家旅游局、国家发展改革委、国土资源部、环境保护部、住房城乡建设部、交通运输部、水利部、农业部、国家林业局、国务院扶贫办、国家开发银行、中国农业发展银行 12 个部门联合下发了《乡村旅游扶贫工程行动方案》,明确了"十三五"期间力争通过发展乡村旅游带动全国 25 个省(自治区、直辖市)2.26 万个建档立卡贫困村、230 万贫困户、747 万贫困人口实现脱贫的总目标。2016 年 9 月,国家发展改革委、财政部等 14 部门印发了《关于大力发展休闲农业的指导意见》,明确了加强规划引导、丰富产品业态、改善基础设施、推动产业扶贫、弘扬优秀农耕文化、保护传统村落、培育知名品牌七项重点工作任务,提出了政策创设、公共服务、规范管理、宣传推介四项重点保障措施。2016 年 12 月,国务院印发《"十三五"旅游业发展规划》,明确提出"实施乡村旅游扶贫工程"。2016 年 12 月,中共中央、国务院印发《中共中央　国务院关于深入推进农业供给侧结构性改革　加快培育农业农村发展新动能的若干意见》,明确提出"田园综合体"的概念,紧密地将生态、旅游、扶贫融为一体,强调要建设"生产生活生态同步改善、一二三产业深度融合的特色村镇"。2018 年 4 月,农业农村部印发《农业农村部关于开展休闲农业和乡村旅游升级行动的通知》,推动休闲农业和乡村旅游提档升级。同年启动非遗就业扶贫工坊建设。2019 年,积极推进"深度贫困地区旅游大环线"建设,国家发展改革委、文化和旅游部、农业农村部等继续出台相关政策,不断推进贫困地区旅游发展,带动贫困农户增收。

各地区积极推动休闲农业和乡村旅游提档升级,据农业农村部数据,2015 年以来,已认定 202 个全国休闲农业和乡村旅游示范县(市、区),其中包括河北省平山县等 45 个贫困县(市、区);共推介 570 个中国美丽休闲乡村(镇),其中包括河南省沈丘县卢庄村等 111 个贫困地区的乡村;向社会推介休闲农业和乡村旅游精品景点线路,其中包括贫困地区休闲农业和乡村旅游精品景点 200 个、精品线路 70 条。截至 2019 年,贫困县建成 3.3 万个休闲农业和乡村旅游点、带动 37.9 万贫困户增收致富。

(四)创建扶贫产业园

《关于实施产业扶贫三年攻坚行动的意见》,对扶贫产业园创建工作作出专门部署,要求各地支持有条件的贫困县创建一二三产业融合的扶贫产业园,通过构建"园区+新型经营主体+基地+贫困户"模式,充分发挥产业园在扶贫开发中的示范引领、要素集成、辐射带动作用。2019 年 3 月,农业农村部办公厅、财政部办公厅印发《关于开展 2019 年国家现代农业产业园创建工作的通知》,明确优先支持符合条件的贫困县申请创建国家现代农业产业园。据农业农村部数据,目前已在贫困地区创建了 20 个国家现代农业产业园。各地积极创办省、市、县级扶贫产业园,目前

493个贫困县已创建扶贫产业园2125个,带动贫困户超过163万户,产业园内龙头企业、农民合作社、家庭农场、社会化服务组织等各类新型经营主体超过7万家,四川省苍溪等地(见专栏6-4)涌现了一大批优秀范例。创建特色农产品优势区43个、农业产业强镇212个、全国"一村一品"示范村镇770个。国家发展改革委、农业农村部等6部门启动国家农村产业融合发展示范园创建工作,并明确要求各地区申报创建单位向贫困县倾斜,据国家发展改革委数据,截至2020年年底,建成200个国家级示范园,其中49个示范园在贫困县。

专栏6-4　四川省苍溪县:"三园联动"推进产业精准带贫

苍溪县地处四川盆地北缘、秦巴山脉南麓、嘉陵江中游,面积2330平方千米,辖39个乡镇、807个村(社区),总人口76万,其中农业人口64万。苍溪县是川陕革命老区、国家级贫困县、秦巴山区连片扶贫开发工作重点县。近年来,苍溪县按照四川省十大优势特色产业和广元市七大全产业链发展布局,以县建现代农业产业园、村建"一村一品"示范园、户建增收脱贫自强园"三园联动"为抓手,强化加工转化、品牌营销、新型主体、要素保障"四个带动",坚持一张蓝图绘到底、一个产业抓到底、一届一届干到底,大力推动以红心猕猴桃为主导的特色产业发展,带动群众增收致富。2018年,苍溪县建档立卡贫困村由2014年的214个下降至39个,贫困户由2.7万户9.2万人,下降至0.22万户0.73万人,贫困发生率由13.9%降至1.1%;贫困户产业覆盖率达89%,产业与就业收入6360元,占贫困户人均可支配收入的67.2%。

县建现代农业产业园,"一县一特"营农增收。按照"建一个万亩产业园,连片增收过亿元"的思路,立足红心猕猴桃等特色主导产业优势,苍溪县每年规划建设2个万亩以上现代农业产业园。通过集聚土地、资金、人才、技术等现代生产要素,推进一二三产业融合发展,建立"产业园+新型经营主体+贫困户"的生产经营模式,将区域内的贫困村、贫困户、易地扶贫搬迁安置区纳入产业园建设,联村带户,带动连片增收扶贫。目前,苍溪县建成产村相融、园村一体"基地+加工+科技+品牌营销+农旅融合"的万亩以上现代农业产业园19个,其中,创建国家现代农业产业园1个,省级产业园8个,市级产业园10个。集中连片发展苍溪红心猕猴桃等特色主导产业28.5万亩,特色产业覆盖苍溪县25个乡镇、52个贫困村,产业园内贫困户人均实现可支配收入10700元,其中产业与就业收入达到8200元。

村建特色产业示范园,"一村一品"扶贫减贫。按照"特色化、绿色化、优质化"的要求,在产业园覆盖不到的村,因地制宜,规划建设村特色产业示范园,大力发展以红心猕猴桃为主导,苍溪雪梨、中药材、畜禽水产养殖、特色林果、种苗花卉、休闲观光旅游等为补充的特色产业,带动群众增收脱贫。目前,苍溪县在贫困村建成千亩(百亩)"一村一品"示范园447个,其中千亩园69个,带动贫困户人均增收4100元。桥溪乡川主村2016年建成500亩红心猕猴桃"一村一品"示范园,带动全村33户贫困户人均增收5200元。

户建自强脱贫增收园,"一户一园"自主脱贫。围绕"一人一亩自强园、增收脱贫超万元"目标,对有发展意愿、发展能力的贫困户,坚持每户有一个增收自强园、有一名技术明白人、有一条机耕作业道、有一个抗旱排涝微水池的"四有"标准,实行品种统改、技术统训、农资统供、品牌统创、产品统销和贫困户分户生产的"五统一分"带贫经营模式,实施政策资金、订单保单、干部帮联、技术培训"四个到户"的帮扶措施,激发贫困群众内生发展动力,引导贫困户依靠发展产业脱贫致富。2018年,苍溪县累计建成自强脱贫增收园(自强农场)1.56万个,户人均实现产业收入5600元。

资料来源:根据农业农村部提供资料整理而成。

二、强调龙头带动,加快构建紧密型利益联结机制

构建人力资本服务网络,是国际反贫困的重要策略。培育壮大带贫市场主体,重视不同利益主体的利益诉求、利益冲突及其协调机制,创新完善市场经营主体联贫带贫模式,是产业扶贫的关键影响变量。

(一)抓主体带动,加快培育带贫脱贫新型经营主体

积极支持贫困地区培育农业企业、农民合作社、家庭农场等新型经营主体,牵线搭桥帮助贫困地区引进农业产业化龙头企业,在项目安排、资金扶持、示范评定、融资贷款、保险保费、用地用电等方面加大支持力度。据农业农村部数据,截至 2020 年 10 月,832 个贫困县累计培育引进各类企业 6.76 万家、直接带动贫困人口近 1200 万人;贫困地区发展农民合作社 71.9 万家,带动贫困户 626 万户、贫困人口 2200 万人;发展家庭农场超过 26 万家,主导产业基本上都实现了由新型经营主体带动。加快贫困村集体经济发展,壮大集体经济向贫困村倾斜,总结推广陕西省、甘肃省、安徽省、重庆市等地"资源变资产、资金变股金、农民变股东"改革经验,鼓励贫困户、村集体、合作社、龙头企业组建产业发展联合体,为贫困户稳定分享产业收益提供更多保障。

(二)抓联农带农,着力提升新型经营主体带贫效果

构建充分吸纳贫困户的产业发展利益联结机制,能够通过市场、管理、技术优势与就业创造功能等多种渠道加速贫困人口向产业循环纳入,推动贫困户与带贫主体共同发展和提升收入水平①,并依托产业持续性发展实现贫困个体的增收长效机制。据农业农村部资料,各地的普遍做法是,对有劳动能力的贫困户,主要通过订单生产、生产托管、提供就业等方式实现脱贫增收;对无劳动能力的贫困户,主要通过土地流转、股份合作、资产租赁等方式获得收益。通过主体带动,很多地方都实现了对贫困户的产业项目全覆盖,72.6%的贫困户与新型农业经营主体建立了紧密型的利益联结关系,贫困群众进一步嵌入产业链条,从产业发展中获得了

---

① 　王亚华、臧良震:《小农户的集体行动逻辑》,《农业经济问题》2020 年第 1 期。

实实在在的收益。安徽省金寨县、四川省苍溪县、河北省滦平县等一大批经典案例在全国得到广泛推广。安徽省金寨县大力推动农民合作社联结带动贫困户抱团发展特色产业,2017 年,全县 3041 家农民合作社通过劳务就业、合作经营等方式,带动 7500 余户贫困户户均增收 3000 元以上。四川省苍溪县在发展现代农业产业园中,建立了"四保三分红"(保土地租金、保就近务工、保贫困户零投入创业、保产品订单收购,销售利润二次返利分红、农户资金资产入股企业保底分红、农产品保鲜存储增值分红)的利益联结机制,带动全县 2.5 万贫困群众人均年增收 800 元以上。

三、着眼营销促销,切实加强农产品产销对接帮扶

缺乏市场对接能力,是限制贫困户发展产业的重要因素。利益联结机制的构建,能够帮助贫困户在一定程度上解决产品销售、信息、资金、技术等问题[1],但却不能解决贫困户信息不对称和产品销售的全部问题。要同时推进产销对接活动、"互联网+"、消费扶贫、品牌打造等,构建扶贫产品营销长效机制,确保扶贫产品产出来、卖得出、卖得好。

(一)推进产销精准对接

积极推动龙头企业、批发市场、大型商超、电商平台、经销商等与贫困地区建立稳定产销关系。利用各类媒体加大宣传推介力度,组织贫困地区合作社、企业等农业生产主体,参加各种展销活动,让好产品卖得出,并能卖个好价钱。农业农村部累计帮助 700 多个贫困县销售农产品 355 亿元;在 22 个扶贫任务重的省份建设益农信息社 21.5 万个;在中国国际农产品交易会、农民丰收节等各类节庆活动、展销会、招商会上设立扶贫专区,组织各地广泛开展扶贫产品定向直供直销学校、医院、机关食堂和交易市场活动,为贫困地区农产品销售搭建广阔平台。在第十四届、第十五届中国国际农产品交易会期间举办农业产业扶贫专题展,组织 80 多个贫困县、200 多家企业参展,现场交易额超过 5 亿元。各地区也组织了形式

---

[1] Wang, H.C., Androws, K., "The Third Way and the Third World: Poverty Reduction and Social Inclusion in the Rise of Inclusive Liberalism", *Study of Finance Economics*, 2012, Vol.29, pp.440-471.

多样的农产品营销促销活动,搭建展销平台,使贫困地区的优质特色农产品摆上千家万户的餐桌。商务部等10部门印发《多渠道拓宽贫困地区农产品营销渠道实施方案》,商务部、国务院扶贫办联合印发《关于切实做好扶贫农畜牧产品滞销应对工作的通知》,推进开展各类产销对接活动。截至2020年4月,共开展21场全国农产品产销对接扶贫活动,覆盖所有"三区三州"深度贫困地区,意向交易金额超过80亿元,累计辐射带动贫困县数量占全国832个贫困县中的437个。据国务院扶贫办资料,为适应新冠肺炎疫情防控需要,依托全国最大的农产品B2B交易平台,2020年年初累计帮助贫困地区销售农产品2.7万吨。推动协会、企业、医院、学校等各类社会力量多渠道帮助贫困地区农产品上行销售,推动成立农产品流通企业扶贫联合体,动员9家全国一级行业协会和74家全国大型批发市场、超市、电商参与产销对接扶贫,与417个贫困县建立了对接帮扶关系。

(二)深入实施电商扶贫

电商扶贫是将电子商务与产业扶贫进行深度融合所形成的一种"互联网+"的精准扶贫模式,该模式整合了电子商务与产业扶贫各自的优势,弥补了彼此的短板,是一种可以大面积复制推广的模式。2016年11月,《关于促进电商精准扶贫的指导意见》出台,完成了对电商扶贫的顶层设计。2016—2019年,连续4年出台《关于开展电子商务进农村综合示范工作的通知》,"互联网+"电商扶贫深入发展。

一是深入推进电子商务进农村综合示范。据商务部资料,2014年起在全国开展电子商务进农村综合示范工作,重点支持建设农村电商公共服务和物流配送体系,加强人才培训。据商务部数据,到2020年年底累计投入资金249.17亿元,实现对832个贫困县的全覆盖,贫困县网商从2016年的131.5万家增长到2020年的311.23万家。2020年全国832个贫困县网络零售总额3014.5亿元,同比增长26.0%,农村电商助力脱贫攻坚成效明显。

二是多措并举扩大电商进农村覆盖面。根据商务部资料,一是推进电商扶贫频道建设,巩固提升电商扶贫成效。截至2020年4月,阿里巴巴、京东、苏宁、邮政等21家频道企业与600多个贫困县对接,为贫困县销售农产品提供流量支持、费用减免等优惠政策。组织频道企业参加央视"中国电商扶贫行动"。深入"三区三州"地区调研指导,加大对基层干部、合作社员、贫困户等一线从业人员的服务力度。二是举办全国农村电商培训班,在甘肃、新疆、西藏组织电商专家下乡活动。截至2020年4月,综合示范在832个贫困县培训超过530万人次,其中建档立卡贫困户145万人次。三是为贫困地区企业开展"三品一标"认证,组织电商扶贫联盟与地方商务主管部门开展合作,挖掘贫困地区特色优质农产品,利用公益性资金,资助开展"三品一标"认证,提升品牌化、标准化水平。截至2020年4月,已完成全国20个省份的615家企业"三品一标"认证培训,资助146家企业获得"三品一标"认证证书,为贫困群众的产品适销对路、更好更快走出乡村打下了坚实基础。各地区及相关企业也就电商扶贫开展了一系列探索,如拼多多"农产品上行计划"探索模式(见专栏6-5),就是典型案例之一。

专栏6-5 拼多多"农产品上行计划" 构建可持续扶贫助农机制

拼多多以"拼"的形式,短时间内聚集海量需求,为农产品迅速精准匹配消费群体,成功建立起一套先进的"农货上行"及"以拼助捐"的可持续扶贫助农机制,破解了"农产品网络进城难"的难题,让小农户与大市场实现低成本对接,有效助力了贫困地区人们脱贫增收,成为"农货上行"领域的典型样板,被载入商务部《2019中国电商兴农发展报告》。

一、具体做法

拼多多成立扶贫助农部,专门推进电商扶贫工作。(1)一个核心平台。拼多多平台通过打造"农货中央处理系统",输入各大产区包括地理位置、特色产品、成熟周期等信息,同时,基于开拓性的交互方式和分布式AI支撑下的精准匹配,有效挖掘消费者可能存在的消费需求,将各类农产品在成熟期内匹配给消费者,再通过社交裂变的方式代替广告和市场教育过程,将口碑传播的时间极限压缩,开拓出"货找人"的新模式,帮助"小农户"连接"大市场",进一步解决农货产销结合的问题,打通一条可持续的农产品上行通路。(2)四方协同共建。一是不断加大技术支撑和资源倾斜,将电商大数据应用到田间地头,大幅提高供销链的整体效率,降低中间流通成本让利消费者,同时帮农户搭上农货上行"高铁",实现电商扶贫。二是2019年以来,在上海市政府合作交流办的指导下,拼多多陆续与云南省、新疆喀什、西藏日喀则、青海果洛州等25个省及地区签约,全力推动深度贫困地区农货上行。三是携手中国邮政等物流伙伴融合共赢,极致精简了供应链环节,降低了中间流道成本,大幅提升了农产品流通效率,在最短的流程中保证了货品的新鲜度,实现"田间直发餐桌"。四是2017年年底全面践行"新农人本地化、利益本地化"策略,通过"多多大学"和"新农人返乡体系",带动有能力特别是受过高等教育的青年人返乡创业。2018年,平台累计带动18390名新农人,其中超过11000名为返乡人才。截至2019年,拼多多已累计带动62000余名新农人,基本实现覆盖中国各大主要农产区。(3)一种创新模式。创新扶贫助农模式"多多农园",将消费端"最后一公里"和原产地"最初一公里"直连,为消费者提供平价高质农产品的同时,更精准有效地带动深度贫困地区农货上行。2019年4月26日,与云南省政府正式签署《战略合作框架协议》,大力推进云南特色农产品上行工作,构建种植、加工、营销一体化扶贫兴农产业链条。未来5年内,将推动100个"多多农园"项目落地云南,覆盖500个贫困村,培养5000名云南本土农村电商人才,孵化和打造100个云南特色农产品品牌。

二、实践成效

一是直接效应。带动农产品上行,扶持优秀农货建立商业品牌,助力农业、农村包括贫困地区的农民赋能增收。截至

2019年年底,平台国家级贫困县商户的年订单总额达372.6亿元,较2018年同比增长130%。其中,注册地址为"三区三州"深度贫困地区的商家数量达157152家,较2018年同比增长540%;年订单总额达47.97亿元,较2018年同比增长413%。二是溢出效应。一方面,批发采购订单量激增,"农货上行"体系逐渐成为部分线下产业的固定原材料采购源。另一方面,带动产业下沉,创造了更多的就业岗位,持续提升了覆盖地区农户的收益,预计带动当地物流、运营、农产品加工等新增就业岗位超过30万个,带动18390名新农人,累计触达并帮扶17万建档立卡户。

资料来源:笔者根据相关材料整理而成。

三是加强仓储保鲜冷链设施建设。农业农村部印发《农业农村部关于加快农产品仓储保鲜冷链设施建设的实施意见》,重点在河北、山西、辽宁、山东、湖北、湖南、广西、海南、四川、重庆、贵州、云南、陕西、甘肃、宁夏、新疆16个省(自治区、直辖市),聚焦鲜活农产品主产区、特色农产品优势区和贫困地区,选择产业重点县(市),开展仓储保鲜冷链设施建设,并鼓励贫困地区利用扶贫专项资金,整合涉农资金加大专项支持力度,提升扶贫产业发展水平。据农业农村部数据,截至2020年年底,共支持1.1万个生产经营主体建设2.2万个农产品仓储保鲜冷链物流设施。支持范围覆盖466个贫困县,涉及中央财政补贴资金21亿元,对贫困县资金补助比例提高到50%,支持建设一批田头预冷、冷藏保鲜等产地设施,为鲜活农产品错峰销售、减损增值提供条件。提高特色优势农产品产地冷链流通能力,支持河北、河南、重庆、四川、青海、新疆6个省(自治区、直辖市)的45个贫困县,建设包括标准化冷库、气调库、冷链加工配送中心等项目85个,提升冷链设施水平。

(三)特色品牌打造

实施农业品牌提升行动,创响一批"土字号""乡字号"特色产品品牌,形成品牌担保品质、优价激励优质的正向激励机制。2018年以来,农业农村部通过实行优先受理、优先检查、优先检测、优先审核、优先颁证，出台贫困地区绿色食品、有机农产品申报费用减免政策，推动贫困县特色产业规模化、标准化、品牌化发展，提升农产品质量效益和市场竞争力。支持龙头企业在贫困地区建设基地，推进贫困地区农业标准化生产、产业化经营和品牌化发展，不断壮大当地特色主导产业。截至 2020 年 4 月，在贫困县建成绿色食品原料标准化生产基地 3963 万亩。积极引导龙头企业与贫困县合作创建绿色食品、有机农产品原料标准化基地，截至 2020 年 4 月，省级以上龙头企业与国家扶贫工作重点县合作创建绿色食品、有机农产品原料标准化基地超过 1300 万亩。加大贫困地区绿色食品、有机农产品的认证力度，提高当地农产品品质规格、市场认知度和竞争力，截至 2020 年 4 月，832 个贫困县注册商标超过 12 万个，登记地理标志农产品 800 多个，认证绿色、有机农产品 1.1 万个。组织 104 个国家农产品质量安全县与贫困县开展农产品质量安全结对帮扶活动，引导国家农产品质量安全县帮助结对贫困县完善农产品质量安全监管制度，推进农业标准化生产，打造农产品品牌。截至 2020 年年底，贫困地区共培育特色农产品品牌 1.2 万个。

很多贫困地区在打造特色优势农产品品牌上进行了积极探索，像西南地区的茶叶和油茶、西北地区的马铃薯和小杂粮、南北各地的道地中药材、陇南的油、湘西的猕、云南省的花卉、湖北省的茶叶（见专栏 6-6）、藏区的牦牛和藏系猪羊、宁夏回族自治区的滩羊、内蒙古自治区的尼特羊、乌珠穆沁羊等，都具有一定知名度和很好的开发利用前景。

专栏6-6 湖北省恩施州打造硒茶品牌 助力产业扶贫

湖北省恩施州立足山区特色资源优势，打造恩施硒茶新引擎，组装脱贫致富新快车，茶产业已成为促进恩施州第一大扶贫支柱产业。2018 年，全州 80 万茶农人均茶叶收入 4600 元，占茶农年人均可支配收入的 44%。具体做法如下：

一是推进规模发展。恩施州坚持规划引领、高位推动，促进基地布局和资源要素向重点区域、重点节点集中集聚，建设茶叶专业乡镇、专业村,推进产业集聚。产业基地在全国地市州级产茶区中居第四位,成为全国最大的富硒茶基地。恩施硒茶入选首批"中国特色农产品优势区"。二是提升产品品质。按照绿色食品、有机食品标准建设绿色生态茶园,实施全程标准化生产,普及绿色防控技术,推进加工电气化改造,严格质量安全管控,严厉打击违禁违规行为。三是延伸产业链条。推进茶产业与资源型新型工业融合,支持企业积极开发茶饮料、茶食品、茶日用品、茶工艺品等精深加工产品。推进茶产业与信息产业融合,全州茶叶电商平台年成交额在 2 亿元以上。推进农机与农艺深度融合,大力发展以机耕、机剪、机采、机防为主的社会化、专业化服务组织。加强茶文化建设,恩施玉露已列入第四批国家级非物质文化遗产名录。四是打造公用品牌。通过举办恩施硒茶博览、专场推介会、承办国际茶业大会等大型茶事活动,加强广告宣传、组团参加专业展会等多种形式,不断提升恩施硒茶品牌知名度和产业影响力。2017 年,国际茶叶委员会授予"世界富硒养生茶"荣誉,获得"全国最受消费者喜爱的区域公用品牌"称号。五是完善利益机制。在龙头企业培育上,通过实施"市场主体增量行动"和"中小企业成长工程",支持企业不断做大做强。在强化利益联结上,支持新型经营主体采取茶园流转、托管认领、合作入股、价格激励等形式建立利益共同体。

资料来源:根据农业农村部提供资料整理而成。

(四)消费扶贫

消费扶贫是社会各界通过消费来自贫困地区和贫困人口的产品与服务,帮助贫困人口增收脱贫的一种扶贫方式,是社会力量参与脱贫攻坚的重要途径。2019 年 1 月,《国务院办公厅关于深入开展消费扶贫 助力打赢脱贫攻坚战的指导意见》(以下简称《意见》)发布,《意见》积极倡导动员,将消费扶贫纳入国家脱贫攻坚政策体系;坚持精准消费,瞄准贫困地区和贫困人口的产品和服务;鼓励多方消费,汇聚全社会参与消费扶贫的强大合力;畅通消费渠道,架起贫困户与消费者之间的直通桥梁;提升供给能力,努力保证消费者买得到好产品、享受到优质服务;强化激励保障,着力推动消费扶贫举措落地落实。2020年2月,《国务院扶贫办 中央网信办 教育部 农业农村部 商务部 国务院国资委 全国工商联关于开展消费扶贫行动的通知》就开展消费扶贫行动提出要求,明确了消费扶贫的主要方式:(1)预算单位采购贫困地区农副产品的政府采购模式;(2)政府主导建立消费扶贫交易市场的东西部扶贫协作模式;(3)各类企业销售扶贫产品的市场主体参与模式;(4)中国社会扶贫网销售模式。

各地各部门大力开展消费扶贫活动,依托东西部扶贫协作、中央单位定点扶贫以及中国社会扶贫网平台等,一批批特色农产品走出深山,撑起一个个扶贫产业。据国家发展改革委数据,截至2020年10月,中西部22个省份已认定扶贫产品超过9.4万个,贫困地区农畜牧产品销售金额5000亿元。在突如其来的新冠肺炎疫情面前,各地各部门积极开展消费扶贫,助力对口帮扶支援地区打赢疫情防控和脱贫攻坚两场硬仗。据国家发展改革委数据,北京市、广东省、重庆市等地都开展了包括消费扶贫专柜、专区等创新试点,并取得积极成效。2020年第一季度,北京市共销售扶贫农产品22.3亿元,直接或间接带动建档立卡贫困户超过10万人增收脱贫;河南省共购买和帮助销售贫困地区农副产品27.63亿元;江苏省共采购、销售中西部贫困地区农畜产品3.3亿元,有力化解了疫情对扶贫农产品销售以及对消费市场带来的不利影响。

四、盘活资源要素,让贫困人口分享产业发展收益

发挥贫困地区资源优势,盘活水电、矿产资源等要素,让贫困地区和贫困人口在资源开发中直接受益、持久受益,是扶贫开发的重要体制机制创新。资产收益扶贫模式是这一改革创新的集中体现,也是党的十八大以来产业扶贫的重要创新模式之一。资产收益扶贫实际上是按照"资源变资产、资金变股金、农民变股民"的思路,将财政专项扶贫资金和其他涉农资金投入设施农业、养殖、光伏、水电、乡村旅游等项目形成资产,具

备条件的可折股量化给贫困村和贫困户,尤其是丧失劳动能力的贫困户,形成集体股权,并通过分红制度,使村集体和贫困户能够长期获得资源开发收益。

党的十八届五中全会提出要探索对贫困人口实行资产收益扶持制度。2015年11月,《中共中央 国务院关于打赢脱贫攻坚战的决定》指出,要推进精准扶贫、精准脱贫,探索资产收益扶贫制度。2016年10月,国务院办公厅印发了《贫困地区水电矿产资源开发资产收益扶贫改革试点方案》,计划用3年左右时间,在集中连片特困地区县和国家扶贫开发工作重点县选择约20个水电、矿产资源开发项目,开展资产收益扶贫改革试点。2016年11月成文的《国务院关于印发"十三五"脱贫攻坚规划的通知》,将资产收益扶贫纳入"产业发展脱贫"中,鼓励和引导贫困户将已确权登记的土地承包经营权入股企业、合作社、家庭农(林)场,与新型经营主体形成利益共同体,分享经营收益,并提出在贫困地区选择一批项目开展志愿开发资产收益扶贫改革试点,以及实施光伏扶贫工程、水库移民脱贫工程、农村小水电扶贫工程等资产收益扶贫工程。2017年5月,财政部、农业部、国务院扶贫办联合印发《财政部 农业部 国务院扶贫办关于做好财政支农资金支持资产收益扶贫工作的通知》,指出各地要积极开展资产收益扶贫,将财政支持产业等方面的涉农投入所形成的资产,折股量化给贫困村、贫困户。通知同时提出,在脱贫攻坚期内,在不改变用途的情况下,利用中央和各级财政安排的财政专项扶贫资金和其他涉农资金投入设施农业、养殖、光伏、乡村旅游等项目形成的资产,具备条件的可用于资产收益扶贫,并从立足优势产业选好项目、严格选好实施主体、注重形成物化资产、实施差异化扶持政策、切实保障贫困户收益、适时开展动态管理等方面,规范各地使用财政支农资金支持资产收益扶贫工作。

(一)资产收益扶贫模式

实践中,资产收益扶贫模式以产业发展为平台,将自然资源、农户自有资源、公共资产(资金)或农户权益资本化或股权化,相关经营主体或经济实体以市场化的方式进行经营,产生经济收益后,贫困村与贫困农户按照股份或特定比例获得收益。这种模式能够在一定程度上为贫困户带来可持续的财产性收入,从而达到持久脱贫、长效致富的目标。比较而言,资产收益扶贫模式有四个优势:一是强调贫困户收入增长和收益的稳定性,实现和保证贫困户的长效脱贫;二是财政涉农资金由无偿补助变成有偿投入,主要受益对象从特定范围扩大到更多群众,提升了资金使用效益;三是除直接分享红利外,贫困群众还可以获得地租、劳务收入等,强化了产业辐射带动作用;四是以村集体经济组织、合作社为纽带,将部分资产收益权配置给村集体,发展壮大了贫困村集体经济。

广义上看,资产收益扶贫模式的具体形态有四种:第一种是经营权流转收益扶贫模式,贫困村、贫困户将农村土地、森林、荒山、荒地、水面、滩涂等集体资产及个人土地承包经营权、林权进行流转,直接取得租金等资产收益。第二种是集体和贫困户资源入股收益扶贫模式,贫困村、贫困户将农村土地、森林、荒山、荒地、水面、滩涂等集体资产以及个人土地承包经营权、林权资产量化入股到龙头企业、农民合作社、种养大户等经营主体以获取分红等资产收益。第三种是财政资金入股收益扶贫模式,即在不改变资金性质的前提下,将财政扶贫资金或其他涉农资金投入设施农业、养殖、光伏、水电、乡村旅游等项目,或投入有能力、有扶贫意愿、带动能力强、增收效果好的龙头企业、农民合作社、种养大户等经营主体形成的资产,折股量化给贫困户,贫困户按股分红。第四种是资源开发收益扶贫模式,贫困村、贫困户将资金或土地经营权、宅基地使用权等投入营利性的城乡供水、供热、燃气、污水垃圾处理、公园配套服务、公共交通等市政基础设施或营利性的教育、医疗、养老、体育健身、文化设施建设,再利用这些资产以租赁、经营收费或入股分红等方式获取收益。

(二)光伏扶贫

资产收益扶贫工程(见专栏6-7)包括光伏扶贫工程、水库移民脱贫工程和农村小水电扶贫工程。光伏扶贫是资产收益扶贫的重要方式,是在住房屋顶和农业大棚上铺设太阳能电池板,自发自用,多余电量卖给国家电网的工程,是2015年"十大精准扶贫工程"之一。

专栏 6-7　资产收益扶贫工程

一、光伏扶贫工程

在前期开展试点、光照条件较好的 5 万个建档立卡贫困村实施光伏扶贫,保障 280 万无劳动能力建档立卡贫困户户均年增收 3000 元以上。其他光照条件好的贫困地区可因地制宜推进实施。

二、水库移民脱贫工程

完善地方水库移民扶持基金分配制度,在避险解困、产业发展、技能培训、教育卫生等方面向贫困水库移民倾斜,探索实施水库移民扶持基金对贫困水库移民发展产业的直接补助、贷款贴息、担保服务、小额贷款保证保险保费补助、资产收益扶贫等扶持政策。

三、农村小水电扶贫工程

在总结试点经验基础上,全面实施农村小水电扶贫工程。建设农村小水电扶贫装机 200 万千瓦,让贫困地区 1 万个建档立卡贫困村的 100 万贫困农户每年稳定获得小水电开发收益,助力贫困户脱贫。

资料来源:全国扶贫宣传教育中心:《精准扶贫精准脱贫方略:基层干部读本》,中国农业出版社 2018 年版,第 117、118 页。

光伏扶贫试点工作于 2014 年 1 月启动,由国务院扶贫办会同国家能源局、国家发展改革委、财政部等有关部门发文提出。2015 年,国家能源局、国务院扶贫办印发了实施光伏扶贫工程工作方案,计划用 6 年时间开展光伏发电产业扶贫工程并开展安徽省、宁夏回族自治区等三十余个首批光伏试点。2016 年,国家发展改革委、国务院扶贫办、国家能源局等 5 部门联合下发《关于实施光伏发电扶贫工作的意见》,明确在 2020 年之前,重点在 16 个省、471 个县的约 3.5 万个建档立卡贫困村,保障 200 万建档立卡无劳动力贫困户每年每户增收 3000 元以上。2017 年 5 月明确了以村级光伏扶贫电站为主要建设模式,并于同年 12 月印发了《村级光伏扶贫电站收益分配管理办法》，2018年3月又印发了《光伏扶贫电站管理办法》。

实践中，光伏精准扶贫主要有四种类型：一是户用光伏发电扶贫。利用贫困户屋顶或院落空地建设3—5千瓦的发电系统，产权和收益均归贫困户所有。二是村级光伏电站扶贫。以村集体为建设主体，利用村集体的土地建设100—300千瓦的小型电站，产权归村集体所有，收益由村集体、贫困户按比例分配，其中贫困户的收益占比在60%以上。三是光伏大棚扶贫。利用农业大棚等现代农业设施现有支架建设光伏电站，产权和收益归投资企业和贫困户共有。四是光伏地面电站扶贫。利用荒山荒坡建设10兆瓦以上的大型地面光伏电站，产权归投资企业所有，之后企业捐赠一部分股权、由当地政府将这部分股权收益分配给贫困户。

据国家电网数据，截至2020年年底，全国累计建成2636万千瓦光伏扶贫电站，惠及近6万个贫困村、415万贫困户，每年仅发电收益就有约180亿元。村级光伏扶贫电站资产确权给村集体后，平均每个村年均稳定增收20万元以上。光伏扶贫收益主要用于开展公益岗位扶贫、小型公益事业扶贫、奖励补助扶贫等，贫困户通过参加公益岗位劳动每年可获得3000元左右的收入。

第三节　推进产业扶贫的成效、经验与展望

在各地各部门及全国人民的共同努力下，产业扶贫取得显著成效，为打赢脱贫攻坚战贡献了重要力量，为巩固拓展脱贫攻坚成果、全面推进乡村振兴打下了良好基础、提供了有益经验。

一、产业扶贫的成效

据国务院扶贫办数据，截至2020年年底，产业帮扶政策覆盖98.9%的贫困户，有劳动能力和意愿的贫困群众基本都参与到产业扶贫之中。截至2019年，67%的已脱贫人口主要通过发展产业实现脱贫，据专家测算，产业扶贫对贫困户收入增长贡献率达到57%，产业扶贫在脱贫攻坚

"五个一批"中涉及面最广、带动人口最多。"三区三州"扶贫产业发展也取得了明显成效，截至2019年，每个县区都形成了带贫主导产业，52个未摘帽县发展主导产业122个，带动300多万贫困群众、人均增收1700多元，70%的贫困户由新型经营主体带动。在产业扶贫的有力推动下，建档立卡贫困人口通过发展产业实现了家庭经营增收，生产经营性收入和工资性收入占比上升，转移性收入占比逐年下降。截至2019年，贫困户参与种植业的1157.8万户，参与养殖业的935.2万户，参与加工业的167.8万户，贫困地区农民人均经营性收入由2015年的3282元增加到4163元。产业扶贫为贫困群众创造了大量就地就近就业机会，贫困劳动力在本县域内乡村企业、扶贫车间务工的超过1300万人，占外出务工总人数的46%。贫困地区农村居民可支配收入实现较快增长，从2013年的6079元增长到2020年的12588元，年均增长11.6%，增长持续快于全国农村，增速比全国农村高2.3个百分点。建档立卡贫困人口人均年纯收入由2015年的2982元增长到2020年的10740元，年均增幅29.2%。

二、产业扶贫的中国经验

支持扶贫产业实现良性可持续发展，保证带贫主体获得可接受的稳定收益，同时确保贫困个体的精准受益并培养其增收稳收的内生能力，既是取得减贫绩效的内在驱力，也是中国产业扶贫的主要经验。

（一）在带贫益贫对象上，坚持精准施策、到村到户到人

精准识别致贫原因并开展分类帮扶，是实施精准扶贫战略的第一步，精准到户、因户施策是产业扶贫的第一步，也是最重要的一步。精准到具体的贫困户和贫困人口，就要针对不同贫困户和贫困人口的产业基础及文化、技能、年龄、性别差异等，因户因人实施产业帮扶策略。产业扶贫的精准施策需做到"四精准"。一是特色产业选择精准，重点支持贫困村根据资源禀赋条件发展特色种养业和传统手工业，积极发展休闲农业和乡村旅游等新产业、新业态，同时依据市场条件和需求选择产业规模和质量。二是经营方式精准，这是以产业发展激发生产经营活力、确保贫困户受益的关键，事关生产力发展，也涉及生产关系调整。三是支持方式

精准,注重从产业项目、支撑体系、融资方式三方面来把握和推进,确保支持到点。四是贫困人口受益精准,做到扶贫对象聚力到户、增收时效有序到户、扶贫资金挂钩到户、考评验收明确到户。产业选择精准是前提,经营方式精准是保障,支持方式精准是支撑,人口受益精准是核心。[①]

（二）在扶贫产业选择上,坚持找准定位、突出优势特色

产业扶贫实现路径具有多样性,必须因地制宜,根据贫困地区特色产业现状、市场空间、环境容量、新型主体带动能力、产业覆盖面以及市场需求和农民意愿等,选准适合自身发展的特色优势产业。扶贫产业选择可从五个方面把握。一要符合市场规律。产业发展本质上是一种经济活动,要坚持市场导向,遵循市场和产业发展规律。政府发挥作用的核心在于:营造有利于产业发展的市场环境;加强对贫困户的信息服务、技术指导、教育培训、资金扶持等,帮助农户了解并适应市场规律;促进产业发展与贫困人口对接,让贫困人口从产业发展中受益。二要迎合区域特点。要注意小区域与邻近区域间的精准协调,制定有效精准的扶贫产业规划。同时充分考虑可能的风险,在生产前就将预生产的产品对接到需要它的市场中去,减少等待环节和时间成本,精准化减少未知的市场风险,促进产业生产与销售的良性循环和可持续发展。三要坚持绿色导向。要依托当地自然资源发展环境友好型、生态友好型产业,促进生态环境的有效恢复和保护,因地制宜地推进绿色减贫,实现"绿水青山就是金山银山"。四要强化科技支撑。需普及应用农业科学技术,加大贫困农户技术培训力度和专业农技人员培养,延长产业链,提高附加值;注重"互联网+"、大数据等高新信息技术与产业扶贫的结合,实现各种产业产品线上线下互动销售。五要确保贫困人口利益。要构建企业盈利与贫困人口获利的利益共享机制,让贫困人口共享产业发展成果。创新帮扶方式,有针对性地将贫困人口吸纳到扶贫产业发展链条中。

（三）在带贫益贫机制上,坚持培育主体、强化引领带动

不断完善带贫益贫的利益联结机制,是实现产业扶贫益贫性的关键。

---

① 余欣荣:《特色产业扶贫重在"精准"》,《行政管理改革》2016 年第 4 期。

这既需要打造一个好龙头,也要创新一个好机制。一要支持贫困地区加快培育壮大新型经营主体,组建农机作业、农资供应、代耕代种、统防统治、动物防疫等各类农业社会化服务组织,通过政府购买服务向贫困户提供便利高效的农业服务。通过新型经营主体开拓市场,向贫困户提供全产业链服务,提高产业增值能力和吸纳贫困劳动力就业能力。充分培育并调动各类主体发展产业扶贫项目。积极支持贫困地区的各类乡村本土能人、有返乡创业意愿的外出农民工、回乡优秀大中专毕业生,自主组织实施产业扶贫项目、推进扶贫产业创业创新,示范带动更多贫困群众参与扶贫产业发展,分享产业增值收益。二要推广股份合作、订单帮扶、生产托管等方式,推动贫困户与新型经营主体建立稳定、紧密的利益联结关系。支持有条件的地方以贫困户、村集体、合作社、龙头企业组建农业产业化联合体。完善企业利润分配机制,推广拖底收购、保底收益等分红模式,以租金、薪金、股金等形式保障贫困户合理收益。发挥政府扶持资金导向的作用,财政扶贫项目资金优先支持增值收益分配向贫困户、带贫效果好的新型农业经营主体倾斜。三要实施薄弱村集体经济发展提升计划,通过盘活集体资源、入股或参股、量化资产收益等方式,让贫困户和村集体稳定分享产业增值收益。

(四)在增收稳收能力上,坚持农民主体、激发内生动力

激发贫困地区的内生动力,培育贫困人口的可持续脱贫能力,是脱贫致富的根本。只有更广泛地调动包括贫困户、新型经营主体等在扶贫项目设计、实施及管理、分配等各关键环节的参与,才能激发出贫困人口的内生动力,并通过产业扶贫项目为贫困地区开发出真正利于当地长期发展的契机。对于贫困户来说,产业扶贫能够提升贫困户的收入、能力、市场竞争意识并最终提升贫困人口的内生动力。对于贫困地区来说,产业扶贫的实施能够增强贫困人口的自组织能力,提升贫困地区的内生动力。产业扶贫的发展给农民的组织化建设提供了条件和机会,组织发展起来的合作经济组织反过来又有利于当地产业的发展,两者的协调发展利于农村的经济发展和社会稳定。

三、产业扶贫的未来展望：从产业扶贫到产业振兴

习近平总书记指出,脱贫摘帽不是终点,而是新生活、新奋斗的起点。2020年后,贫困县全部摘帽,贫困地区经济社会发展进入新阶段,主要任务从打赢脱贫攻坚战、解决绝对贫困问题,转向巩固拓展脱贫攻坚成果、全面推进乡村振兴。产业发展既是增强脱贫摘帽地区发展基础、提升造血功能的主要依托,也是增加脱贫群众收入、增强内生动力和发展信心的重要途径。在扶贫脱贫过程中,产业扶贫是主攻方向、根本之策,是贫困地区从"一次性扶贫"迈向"可持续性扶贫"的首要选择。在乡村振兴战略背景下,构建产业扶贫长效机制,保持贫困地区产业的健康可持续发展,带动贫困群众持续稳定增收,从产业扶贫走向产业振兴,是产业扶贫的必然发展趋势。未来在巩固拓展脱贫攻坚成果、接续推进乡村全面振兴的过程中,面对扶贫产业有效对接市场不畅、持续发展能力不强、内生发展动力不足、同质化严重等问题,要更加注重产业发展质量和经济效率,进一步推动贫困地区主导产业提质增效、提档升级,加快构建以农业农村资源为依托、以一二三产业融合发展为核心的现代产业体系,为贫困群众持续增收致富提供长期稳定的基础支撑。

(一)发展定位:从注重产业项目到更加重视经济效率

不同地区的产业基础、条件和规模等各不相同,产业扶贫要充分利用贫困地区的产业差异性,集中力量扶持特色优势产业,实现产业规模化经营,形成规模报酬递增效应,提升产业效率和效益。其中最为重要的是关注扶贫产业的特色化和差异化,避免出现同质化现象,造成资源浪费。获得特色化和差异化的扶贫产业,一方面,要"利用好一方水土",打好特色牌、优势仗,把区位优势、资源优势转化为发展优势,让每个产业发展为不可替代的优质产业;另一方面,企业持续发展之基、市场制胜之道在于创新,要通过市场、产品、业态、管理、模式等的创新保持产业的差异性和竞争力,激发扶贫产业持续的生命力。

(二)发展机制:从注重政策支持到更加重视利用市场机制

中国农村贫困问题的成因具有复杂性、多元性特点,有效的贫困治理

需要同时解决两个方面的问题:一方面要着力补齐贫困地区在基础设施、公共服务、基层组织、产业发展等方面的短板,综合性地改善其发展环境;另一方面要坚持因地制宜、分类施策,让政策资源精准地满足贫困地区和贫困人口的差异化需求。产业扶贫实践中,一方面,遵循市场规律,发挥市场在资源配置中的基础性作用,有效提升经济增长对贫困人口脱贫增收的带动效应;另一方面,良好的政府治理、服务和扶持是产业扶贫健康运行的基本支撑。当前,扶贫产业已经初具发展规模和发展实力,在"扶上马、送一程"的时期,政府发挥作用的重点领域应是强化科技服务、人才培养和风险防范,扶贫产业的发展支撑力应由政府支持转向更好地利用市场机制,更加关注扶贫产业的市场适应性和竞争性,让贫困户带动主体在市场中搏击和成长,形成自己真正的竞争优势。

(三)发展动力:从注重外在驱动到更加注重依靠内生动力

增收致富,关键是要激发贫困群众的内生动力和自我发展能力。产业发展既是贫困人口融入社会、实现自我价值的主要手段,也是激发个人创新创业活力、实现自身持续向上发展的重要途径。产业扶贫让贫困群众参与到产业发展链条之中,并鼓励他们依靠自身努力实现脱贫致富。新阶段增强贫困户内生发展动力和能力的关键手段仍是大力培育和引入具有带动能力的市场主体,建立合理的利益联结模式和机制。"强意识"方面,力争唤醒农民对其主人翁地位的意识,努力调动农村的自组织能力,增加基层社会的活力。[①] "育主体"方面,加快引进带贫企业,建立扶持政策与带贫效果紧密挂钩机制,支持其做大做强。"带农户"方面,丰富并完善利益联结机制,让贫困户从产业发展中获得更多收入;壮大农村集体经济,千方百计带动贫困村增加集体经济收入。"建载体"方面,打造农业产业园、产业强镇、一二三产业融合发展示范区等,形成多主体参与、多要素聚集、多业态发展格局。

---

① 王亚华、臧良震:《小农户的集体行动逻辑》,《农业经济问题》2020 年第 1 期。

第七章　就业扶贫[*]

习近平总书记强调:"一人就业,全家脱贫,增加就业是最有效最直接的脱贫方式。长期坚持还可以有效解决贫困代际传递问题。"①做好就业扶贫工作,促进农村贫困劳动力就业,是打赢脱贫攻坚战的重大举措。党中央、国务院高度重视就业扶贫,作出一系列决策部署。贯彻习近平总书记扶贫开发战略思想,人力资源和社会保障部、国务院扶贫办等工作部门出台配套政策文件,制定实施方案,明确目标任务、工作机制和保障措施;各地因地制宜、创新实践,层层落实责任,形成一系列可操作、可推广、可持续的具体举措。中国就业扶贫取得显著成效,为下一步实施乡村振兴战略和世界其他不发达国家减贫工作提供了重要经验与启示。

第一节　就业扶贫的总体思路

在中国大扶贫格局下,实施就业扶贫,扶智与赋能相结合,旨在让有劳动能力的贫困人口通过就业实现持续稳定增收,从根本上摆脱贫困,共享改革发展成果。2016 年 11 月,国务院印发《"十三五"脱贫攻坚规划》,将转移就业脱贫列为专章,阐明了转移就业脱贫的路径和措施,包括大力开展职业培训以及促进稳定就业和转移就业;提出 6 个就业扶贫专项行动,包括劳务协作对接行动、重点群体免费职业培训行动、春潮行动、促进建档立卡贫困劳动者就业、返乡农民工创业培训行动和技能脱贫千校行

---

* 作者:杨穗,中国社会科学院农村发展研究所副研究员。

① 《习近平关于社会主义社会建设论述摘编》,中央文献出版社 2017 年版,第 75 页。

动。2018 年 6 月,《中共中央 国务院关于打赢脱贫攻坚战三年行动的指导意见》指出,要全力推进就业扶贫,推动就业意愿、就业技能与就业岗位精准对接,提高劳务组织化程度和就业脱贫覆盖面。观察中国就业扶贫的总体思路,可以从基本原则、目标任务、就业渠道与支持政策四个维度进行把握。

一、基本原则

2016 年 12 月,人力资源和社会保障部、财政部、国务院扶贫办联合印发的《关于切实做好就业扶贫工作的指导意见》,提出了就业扶贫的四个基本原则,即坚持政府推动,坚持市场主导,坚持分类施策,坚持因地制宜。这四个原则贯穿于就业扶贫具体实践中。

二、目标任务

2016 年 12 月的《关于切实做好就业扶贫工作的指导意见》要求各地采取多种措施促进贫困人口实现就业、增加收入,"带动促进 1000 万贫困人口脱贫"。2017 年 1 月,国务院出台《"十三五"促进就业规划》,强调推进就业扶贫,要求通过精准对接、劳务协作和政策扶持,促进贫困人口的转移就业和稳定就业;组织全国千所左右省级重点以上技工院校开展技能脱贫千校行动,实现"教育培训一人、就业创业一人、脱贫致富一户"的目标。

2018 年 3 月,人力资源和社会保障部、国务院扶贫办发布《关于做好2018 年就业扶贫工作的通知》,要求"以促进有劳动能力的贫困人口都能实现就业为目标,以完善落实就业扶贫政策措施为抓手,以深度贫困地区为重点,进一步加大力度、精准施策,努力扩大贫困人口就业规模,提高就业稳定性,确保零就业贫困户至少一人实现就业"。

三、就业渠道

随着就业扶贫工作全面展开,就业扶贫重点领域逐步从劳务输出为主,转向多渠道就业创业并重。就业扶贫的工作机制进一步完善,政策体系进一步健全,一些可操作、可推广、可持续的创新举措涌现出来。实践中,各地创设了一批扶贫车间、就业驿站、社区工厂、卫星工厂等就业创业新载体,形成了省内劳务协作、重大项目与贫困县结对子的劳务协作新渠道,开发了一批就业扶贫专门岗位、公益性岗位等托底帮扶新手段,为建立就业扶贫的长效机制积累了经验。

概括来说,围绕开发岗位、就业服务、提升技能等重点环节,目前促进建档立卡贫困劳动力(即 16 周岁以上、有劳动能力的建档立卡贫困人口)就业主要有四种渠道:一是发展产业吸纳劳动力就近就地就业;二是支持创业带动就业;三是通过劳务协作组织外出就业;四是开发公益性岗位托底安置就业。此外,"雨露计划"等职业教育和技能培训为这四种渠道有效发挥作用提供支撑。

四、支持政策

深入贯彻落实习近平总书记有关就业扶贫工作重要讲话和指示批示精神,人社部、国务院扶贫办、财政部等部门贯彻落实党中央、国务院关于就业扶贫决策部署,在扎实开展就业扶贫、大力推进技能扶贫方面先后出台了一系列政策文件,对就业扶贫的目标任务与主要举措进行规划指导。专栏 7-1 对这些政策文件进行了简要梳理。

专栏 7-1　就业扶贫政策文件

2015 年 6 月,《国务院扶贫办　教育部　人力资源和社会保障部关于加强雨露计划支持农村贫困家庭新成长劳动力接受职业教育的意见》,要求引导农村贫困家庭新成长劳动力接受职业教育,实现一人长期就业,全家稳定脱贫的目标,并切断贫困世代传递。

2016 年 7 月,《人力资源社会保障部　国务院扶贫办关于开展技能脱贫千校行动的通知》,要求各地人力资源和社会保障部门指导技工院校积极招收有就读意愿的建档立卡贫困家庭学生、大力开展职业培训,并明确了支持政策。

2016 年 12 月,人社部、财政部、国务院扶贫办出台《关于切实做好就业扶贫工作的指导意见》,要求各地采取多种措施促进贫困人口实现就业、增加收入,"通过开发岗位、劳务协作、技能培训、就业服务、权益维护等措施,帮助一批未就业贫困劳动力转移就业,帮助一批已就业贫困劳动力稳定就业,帮助一批贫困家庭未升学初、高中毕业生就读技工院校毕业后实现技能就业,带动促进 1000 万贫困人口脱贫"。

贯彻落实《中共中央　国务院关于打赢脱贫攻坚战三年行动的指导意见》,2018 年 8 月,人社部印发《打赢人力资源社会保障扶贫攻坚战三年行动方案》,明确"到 2020 年,通过扩大建档立卡贫困劳动力(以下简称"贫困劳动力")就业规模、提高就业质量,促进 100 万贫困劳动力实现就业,带动 300 万建档立卡贫困人口(以下简称"贫困人口")脱贫。使有职业培训需求的贫困劳动力都有机会接受职业培训,完成贫困劳动力职业技能培训累计 300 万人次;使有就读技工院校意愿的建档立卡贫困家庭应、往届两后生都能接受技工教育,技工院校新招收贫困家庭学生不少于 12 万人"。

2018 年 8 月,《人力资源社会保障部　财政部关于进一步加大就业扶贫政策支持力度　着力提高劳务组织化程度的通知》要求创新出台扶持政策,力促 16 周岁以上、有劳动能力的建档立卡贫困人口多渠道就业实现增收脱贫,包括大力引导贫困劳动力到各类用人单位就业、积极支持创业带动就业,大力开展有组织劳务输出,通过公益性岗位托底安置,大规模开展职业培训,切实加强组织保障,以确保完成带动 300 万贫困人口增收脱贫的目标任务。为了巩固贫困劳动力的就业脱贫效果,该通知规定政策有效期至 2021 年年底。

2018 年 9 月,《人力资源社会保障部　国务院扶贫办关于开展深度贫困地区技能扶贫行动的通知》决定从现在起至 2020 年年底,在全国组织开展深度贫困地区技能扶贫行动,旨在通过建立完善职业指导、分类培训、技能评价、就业服务协同联动的公共服务体系,提升职业技能培训促进转移就业脱贫效果。努力实现每个有培训需求的建档立卡贫困劳动力都有机会接受职业技能培训,每个有就读技工院校意愿的建档立卡贫困家庭应往届初高中毕业未能继续升学的学生都有机会接受技工教育。

2019 年 5 月,《人力资源社会保障部 国家发展改革委 财政部 国务院扶贫办关于做好易地扶贫搬迁就业帮扶工作的通知》要求各地要把 16 周岁以上、有劳动能力的搬迁群众,特别是建档立卡贫困劳动力作为重点人群,将城镇和工业园区安置区,特别是"三区三州"等深度贫困地区安置区、人口规模 800 人以上大型安置区作为重点区域,坚持普惠性政策和超常规举措并举,强化培训服务与兜底保障并重,全力做好搬迁群众的就业帮扶工作,努力促进有劳动能力和就业意愿的搬迁贫困劳动力就业创业,确保其家庭至少一人实现就业。

2019 年 12 月,人社部、财政部印发《关于做好公益性岗位开发管理有关工作的通知》,提出开发乡村公共服务类岗位,要优先安置"无法离乡、无业可扶、无力脱贫"且有能力胜任岗位工作的建档立卡贫困劳动力。2020 年 2 月和 3 月,《人力资源社会保障部 国务院扶贫办关于应对新冠疫情进一步做好就业扶贫工作的通知》和《人力资源社会保障部办公厅 国务院扶贫办综合司关于进一步做好贫困劳动力返岗复工"点对点"服务的通知》,就疫情影响下的就业扶贫工作进行指导与协调,要求重点做好"三区三州"等深度贫困地区就业帮扶。

概括来看,具体的支持政策包括五类。第一类是在支持劳务输出方面,包括一次性求职创业补贴、就业创业服务补助、交通补助等。第二类是在支持企业等经营主体吸纳贫困劳动力方面,包括以工代训职业培训补贴、社会保险补贴、税费减免、就业扶贫基地一次性资金奖补等。第三类是在支持贫困劳动力创业方面,包括创业担保贷款、税费减免、创业孵化基地奖补等。第四类是在开发公益性岗位兜底就业方面,包括公益性岗位补贴、购买意外伤害保险等。第五类是在职业技能培训方面,包括"雨露计划"、职业培训补贴、生活费补助,以及免除学费、发放助学金等。具体政策内容见专栏7-2。

专栏7-2　就业扶贫支持政策内容

一次性求职创业补贴。对建档立卡贫困劳动力通过有组织劳务输出到户籍所在县以外就业的,给予一次性求职创业补贴。对在毕业年度有就业创业意愿并积极求职创业的贫困残疾人家庭、建档立卡贫困家庭中的高校毕业生,给予一次性求职创业补贴。

就业创业服务补助。对各级公共就业服务机构针对建档立卡贫困劳动力开展职业指导、专场招聘等就业服务活动的,给予就业创业补助,并适当提高补助标准。对人力资源服务机构、劳务经纪人等市场主体开展建档立卡贫困劳动力有组织劳务输出的,可通过就业创业服务补助购买公共服务。

交通补助。鼓励地方政府因地制宜,给予跨省务工的贫困劳动力往返务工地的交通补助。

以工代训职业培训补贴。对企业、农民专业合作社和扶贫车间等各类生产经营主体吸纳贫困劳动力就业并开展以工代训的,根据吸纳人数,给予一定期限的职业培训补贴,最长不超过6个月。

社会保险补贴。对企业吸纳贫困劳动力就业的,参照就业困难人员落实社会保险补贴政策。对企业接受外地建档立卡贫困劳动力就业的,输入地要参照当地就业困难人员落实社会保险补贴、创业担保贷款及贴息等政策。

企业税费减免。企业招用建档立卡贫困人口,与其签订1年以上期限劳动合同并依法缴纳社会保险的,自签订劳动合同并缴纳社会保险当月起,在3年内按实际招用人数给予以定额依次扣减增值税、城市维护建设税、教育费附加、地方教育附加和企业所得税优惠。定额标准为每人每年 6000 元,最高可上浮 30%。

就业扶贫基地一次性资金奖补。有条件的地区可吸纳贫困劳动力就业数量多、成效好的就业扶贫基地,按规定通过就业补助资金给予一次性资金奖补。

创业担保贷款。自主创业的建档立卡贫困劳动力,可申请创业担保贷款及贴息。一次性创业补贴。对首次创办小微企业或从事个体经营,且所创办企业或个体二商户自工商登记注册之日起正常运营 6 个月以上的贫困劳动力和农民工等返乡下乡创业人员,可给予一次性创业补贴。

创业税费减免。从事个体经营的,自办理个体工商户登记当月起,在 3 年内按每户每年 12000 元为限额依次扣减其当年实际应缴纳的增值税、城市维护建设税、教育费附加、地方教育附加和个人所得税。限额标准最高可上浮 20%。

创业孵化基地奖补。落实创业孵化基地奖补政策,对入驻实体数量多、孵化效果好的贫困县创业孵化载体,可适当提高奖补标准。

公益性岗位补贴。开发乡村公共服务类岗位,优先安置"无法离乡、无业可扶、无力脱贫"且有能力胜任岗位工作的建档立卡贫困劳动力,给予岗位补贴。根据劳动时间、劳动强度等因素确定岗位补贴标准,原则上不高于当地城镇公益性岗位补贴标准。所签订的劳动合同或劳务协议最长期限不超过 1 年。

购买意外伤害保险。鼓励给予在乡村公益性岗位上安置的建档立卡贫困劳动力,为其购买意外伤害商业保险。

"雨露计划"。子女接受中等职业教育(含普通中专、成人中专、职业高中、技工院校)、高等职业教育的农村建档立卡贫困家庭,给予贫困家庭每生每年 3000 元左右的助学补助。

职业培训补贴。对参加就业技能培训和创业培训的贫困家庭子女,培训后取得职业资格证书的(或职业技能等级证书、专项职业能力证书、培训合格证书),给予一定的职业培训补贴。对企业新录用的贫困家庭子女,与企业签订1年以上期限劳动合同,并于签订劳动合同之日起1年内参加由企业依托所属培训机构或政府认定的培训机构开展岗位技能培训的,在取得职业资格证书后给予职工个人或企业一定标准的职业培训补贴。政府鼓励通过项目制方式,整建制购买职业技能培训或创业培训项目,为建档立卡劳动力免费提供培训。

生活费补助。对参加职业培训的建档立卡贫困劳动力,在培训期间给予生活费补贴、职业技能鉴定补贴。对贫困家庭子女通过初次职业技能鉴定并取得资格证书的,给予职业技能鉴定补贴。

免除学费、发放助学金。对就读技工院校的建档立卡贫困家庭学生按规定免除学费、发放助学金。

第二节　就业扶贫的主要举措

在上述总体思路下,以贫困人口就业需求为靶向,扶贫劳务协作机制进一步健全,就业创业服务深入推进,各地的就业扶贫举措为贫困劳动力及其家庭增加收入、实现脱贫提供了积极有效支撑。

一、建立健全工作机制

按照党中央决策部署,依托脱贫攻坚总机制,建立中央重视、部省统筹、部门推进、市县党委政府全力抓落实的工作组织管理体系。按照持续扩大贫困劳动力就业规模、不断提高就业质量的目标任务,人社部、国务院扶贫办、财政部等部门牵头制定就业扶贫配套政策文件,坚持全面推进和聚焦重点相结合,注重精准帮扶、落实责任、兜牢底线,加强督导督促和责任管理。人社部与扶贫办建立定期信息交换制度,定期开展农村建档立卡贫困人口与全国社会保障卡持卡人员数据库信息比对,各级财政部门负责政策落实资金和工作经费保障。调动各方力量,及时总结推广就业扶贫的工作经验做法,加强宣传引导。如江西省聚焦"清、精、深"打造"6+1"就业扶贫模式升级版,见专栏7-3。

专栏7-3　江西省聚焦"清、精、深"打造
"6+1"就业扶贫模式升级版

　　江西省人社厅通过优化就业扶贫政策体系、加强部门联动、强化工作推进,打造了"6+1"就业扶贫模式升级版,着力在"清、精、深"上下功夫,深入推进就业扶贫工作的开展,贫困劳动力整体就业率实现逐年提升。截至2019年3月底,人社部下达的35.97万本地户籍为脱贫劳动力中,通过就业帮扶,有27.66万人实现就业,占比达76.9%。

　　"清"指思路清晰、底数清楚、责任清晰;"精"指政策精准、措施精准、服务精准;"深"包括深入推进工作、深化考核评价、深究问题整改。

资料来源:摘自《就业扶贫　助力脱贫攻坚:第二届创业就业展示交流活动就业扶贫展》,中国人事出版社2020年版,第34—37页。

二、发展产业促进就业

　　通过产业发展促进本地就业,推进"两业融合",实现贫困人口向产业工人的转变,既为贫困群众找到稳定增收的路子,又可激发农村发展活力。截至2019年9月,全国贫困地区累计建成各类扶贫产业基地10万个以上,有92%的贫困户通过"龙头企业+合作社+贫困户"等方式参与到产业发展当中。①

　　一是发展特色产业带动就业。2016—2018年,共认定233个位于国家级贫困县的"一村一品"示范村镇,占全国认定总数的近30%。在"一

---

　　①　国务院扶贫办:《全面建成小康社会,扎实推进脱贫攻坚和乡村振兴》(庆祝中华人民共和国成立70周年第三场新闻发布会文字实录),见 http://www.cpad.gov.cn/art/2019/9/27/art_2241_401.html。

村一品"品牌示范带动下,全国832个贫困县已发展各类"一村一品"专业村1.5万个,约占全国专业村总数的1/4,专业村农民人均可支配收入达到10674元,大幅高于贫困地区平均水平。① "一村一品"已成为活跃区域经济、带动农民就业致富的重要途径。

二是发展产业园区带动就业。支持农业集体经济组织、新型经营主体、企业、合作社开展原料基地、农产品加工、营销平台等生产流通设施建设,鼓励贫困地区因地制宜发展产业园区,以发展劳动密集型项目为主,带动当地贫困人口就地就近就业。安徽省在全省推广各类园区、龙头企业、农民合作社、能人大户(家庭农场)带动和贫困户自主调整种养结构发展产业的"四带一自"产业扶贫模式,全省参与产业扶贫的各类农业园区(基地)4769个,带动贫困户19.5万户;参与产业扶贫的新型农业经营主体4.6万个,其中龙头企业4000个、合作社2.4万个、能人大户(家庭农场)1.8万个,带动贫困村2947个、贫困户104.4万户。②

三、扶持载体吸纳就业

鼓励贫困地区发展生态友好型、劳动密集型产业,通过岗位补贴、场租补贴、贷款支持等方式,扶持企业在贫困乡村发展一批扶贫车间,吸纳贫困家庭劳动力就近就业。在贫困乡镇、村建设一批扶贫车间、社区工厂、卫星工厂等就业扶贫载体,对吸纳贫困劳动力就业的企业、专业合作社、扶贫车间等各类用人单位给予职业培训补贴和社会保险费补贴,对吸纳就业成效好的就业扶贫基地,给予一次性资金奖补。2017年,各地遴选推荐了1465家用工规范、社会责任感强、适合贫困劳动力就业的企业作为就业扶贫基地,共提供近20万个适合农村贫困劳动力的工作岗位。③

---

① 农业农村部:《突出特色打造"一村一品"培育产业助力脱贫攻坚》,见 http://www.xccys.moa.gov.cn/gzdt/201812/t20181204_6314543.htm,2018年12月4日。

② 《贫困村100%收益"四带一自"贡献产业扶贫"安徽方案"》,见 http://ah.people.com.cn/n2/2018/0718/c358428-31827048.html,2018年7月18日。

③ 中国政府网:《全国确定就业扶贫基地1465个》,见 http://www.gov.cn/xinwen/2017-06/27/content_5205789.htm。

山东省菏泽市于 2015 年首创"扶贫车间"就地就业扶贫模式,之后,扶贫车间在全国贫困地区推广发展,如湖北省创新发展扶贫车间模式,见专栏 7-4。2018 年扶贫车间达 3 万多个,带动 77 万贫困人口实现就地就近就业。① 各地不断创新扶贫就业载体建设,从扶贫车间发展为社区工厂、就业驿站、卫星工厂等多种形式。陕西省结合产业梯度转移和易地扶贫搬迁,创新建设贫困地区社区工厂,帮助贫困劳动力实现"楼上居住,楼下上班"。安徽省推行就业扶贫驿站,集扶贫车间、电商服务中心、就业服务中心、培训教室"四位一体",让贫困劳动者不出乡镇、村就能享受公共就业创业服务,获得就业岗位和培训机会。新疆形成了以"卫星工厂"就业为代表的固投项目就业、产业、工业园区就业等 9 种就地就近就业模式,打造适合少数民族贫困劳动力特点的就业新空间,2018—2020年,推动实施南疆四地州 60 万人实现就地就近就业。②

专栏 7-4　湖北省十堰市"小车间"撬动"大扶贫"

湖北省十堰市大力推进扶贫车间建设,实现了"小车间大扶贫、挣钱顾家两不误"。全市已建成扶贫车间(作坊)6020 个,带动 9 万余人脱贫。

"厂房式"扶贫车间

郧阳区引进袜业、香菇种植业等产业,在 19 个乡镇建设袜业扶贫车间,配置袜机 8000 台,年织袜量 150 亿双,使近 3 万贫困人口在家门口创业就业。郧阳区以杨溪镇清龙泉社区为核心,建设"中国香菇之都",全区发展种植香菇 3500 万棒,带动 1.2 万户群众年均增收 1 万元。

"居家式"扶贫车间

郧阳区发展小种养、小作坊、小庭院、小买卖"四小产业",引导贫困劳动力就地就业,培育汽车坐垫、服装玩具、农特产品

---

① 《国务院扶贫办 2018 年总结报告》。
② 人社部:《打赢就业扶贫攻坚战——全国就业扶贫经验交流》,见 http://www.mohrss. gov.cn/SYrlzyhshbzb/dongtaixinwen/buneiyaowen/201711/t201711110_281389.html。

加工等功夫派作坊 2700 余个。郧西县发展竹藤编、织女绣、铁扫帚、钓鱼钩、电子元器件等特色产业,建成扶贫车间 380 个,带动 7600 余名贫困人员就业,人均年增收 4000 余元。

"基地式"扶贫车间

郧西县发展中药材、茶叶、果蔬等特色种植产业基地 20 余万亩,每年带动 8300 余名贫困人员脱贫。房县军店镇流转土地 5000 亩用于建设中药材基地,农户通过流转土地收租金、入园务工挣薪金、入股分股金的"三金"发展模式,带动 300 余名贫困人员每年增收均在 1.5 万元以上。

"融合式"扶贫车间

房县依托黄酒文化,将土城黄酒小镇建设成为中国黄酒民俗文化村,通过传统产业与旅游业融合发展,带动 173 名贫困人员稳定脱贫。郧西县涧池乡下营村以电商产业为主导、乡村旅游为支撑,建设集旅游观光、乡村采摘、民俗体验、电商示范于一体的美丽乡村,全村开设淘宝店、微店 500 余家,带动 700 余名贫困人员就业,2018 年实现营业收入 1.5 亿余元,相继荣获"湖北淘宝第一村"和"中国淘宝村"称号。

资料来源:摘自《就业扶贫　助力脱贫攻坚:第二届创业就业展示交流活动就业扶贫展》,中国人事出版社 2020 年版,第 20—21 页。

针对部分贫困人口年龄偏大、文化技能水平偏低、需要照料家庭等情况,各地结合当地特色,不仅形成了就近就地转移就业的新路径,还充分挖掘了贫困地区在劳动人口、特色产业、闲置土地等方面的优势资源,有效融合了产业扶贫和就业扶贫,在脱贫攻坚中发挥了重要作用。各地通过扶贫车间、卫星工厂等多种形式的扶贫载体建设,取得了贫困人口就业脱贫、企业缓解招工难题、村集体经济发展壮大、贫困地区发展活力增强的多赢成效。

四、支持创业带动就业

就业是民生之本,创业是就业之源。应引导农民工、大学生、退伍军人等到贫困县和乡村创业,培育创业致富带头人,建设创业园区或者孵化基地,带动贫困劳动力就业。人社部门通过建立返乡创业孵化园扶持贫困人员成为村创业致富带头人,用创业培训补贴、创业担保贷款、税费减免、一次性创业补贴等扶持政策,支持贫困劳动力创业,带动更多贫困劳动力实现就业脱贫。相关实证研究表明,农户创业显著改善了农村短期贫困状况(单德朋、余港,2020),而且创业能显著减少农村返贫(袁方、史清华,2019)。

一是通过承接产业转移、发展农村电商、创意农业、乡村旅游等措施,在贫困地区培育创业项目。河南省构建创业政策、创业服务、创业保障"三个体系",完善示范县、示范园区、示范项目"三个抓手",设立总规模100亿元的创业投资基金,建立返乡下乡创业项目库,形成返乡创业"雁归效应"。① 在贵州省,自2015年"雁归兴贵"促进农民工返乡创业就业行动计划启动实施以来,贵州省新增农村劳动力返乡创业就业231.67万人,全省各级各部门完成农村青壮年劳动力规范化技能培训152万余人,有效提升了他们的创业就业能力,见专栏7-5。②

专栏7-5　"雁归兴贵"——贵州省正安县实践

贵州省遵义市正安县大力实施"雁归兴贵"返乡创业就业行动计划,提出了由"打工经济"向"创业经济"转变、由"输出劳动力"向"回引生产力"转变、由"单向流动"向"双向流动"转变,把发展劳务回归经济作为发展县域经济、促进农村发展的重要举措来抓,在创业场地、金融信贷、就业扶持、培训服务等方面,最大限度地对有创业愿望和创业条件的返乡农民工给予政策支持和帮助,积极鼓励扶持其返乡创业,以创业带动就业。截

---

① 人社部:《国务院办公厅决定督查激励2017年就业创业工作先进地区》,见 http://www.mohrss.gov.cn/SYrlzyhshbzb/dongtaixinwen/buneiyaowen/201805/t20180504_293486.html。

② 人社部:《创新载体把就业最困难群体托住——全国就业扶贫工作综述》,见 http://www.mohrss.gov.cn/SYrlzyhshbzb/dongtaixinwen/buneiyaowen/201908/t20190813_329450.html。

至 2019 年 6 月,全县农民工返乡创业 3.6 万人,创办企业、合作社、个体经济实体 2.1 万个,形成"一区一园十八带"的格局,培育出 200 多名返乡农民工创业"示范户"和 40 余名返乡农民工"创业之星"。

通过筑巢引凤,形成了"以吉他制造为主的文化产业园、以特色农副产品加工为主的绿色有机食品产业园、以大数据为主的电子信息产业园"的产业布局,为农民工返乡创业提供了较好的平台。其中,"正安国际吉他园"已成为全国知名的"文化产业园",孵化聚焦了 54 家吉他生产及配套企业,解决就业 9242 人,人均月收入约 3500 元,带动 922 户建档立卡贫困户、1160 名贫困劳动力稳步脱贫,极大地促进了县域经济社会发展。

资料来源:摘自《就业扶贫 助力脱贫攻坚:第二届创业就业展示交流活动就业扶贫展》,中国人事出版社 2020 年版,第 46 页。

二是建立创业园区或孵化基地,对入驻实体数量多、孵化效果好的贫困县创业孵化载体,提高创业孵化基地奖补标准。陕西省鼓励企业、高校等按照"市场主体+市场运营+政府支持+创业者"模式建立创业孵化基地 400 个,其中贫困县 52 个,设立创业孵化补贴和 200 万元、100 万元的一次性奖补资金;全省认定 35 个返乡创业示范县,其中涉贫县 32 个,共帮扶 1.48 万贫困劳动力创业脱贫。[1] 吉林省制定《进一步推进农民工等人员返乡下乡创业的政策措施》,引导和鼓励有创业意愿的农村劳动力返乡创业。[2]

三是优先落实小微企业扶持政策,对吸纳贫困劳动力稳定就业的创业人员和企业给予一定的奖补。湖北省出台《全省农民工等人员返乡创业三年行动计划(2018—2020 年)》,从平台、资金、政策、税收等方面,给

---

① 人社部:《陕西人社厅:多渠道扶持贫困劳动力就业创业》,见 http://www.mohrss.gov.cn/nmggzs/NMGGZSgongzuodongtai/201810/t20181024_303446.html。

② 人社部:《吉林 22 条政策措施助力返乡下乡创业》,见 http://www.mohrss.gov.cn/SYrlzyhshbzb/dongtaixinwen/dfdt/gzdt/201808/t20180806_298560.html。

农民工等人员真金白银支持,鼓励返乡创业。① 对于处于深度贫困地区的云南省迪庆州和怒江州,获得 100 万元的补助资金,实施创业平台建设,将创业农民工、网络商户和贫困地区农村农业合作社创业项目列入创业担保贷款支持范围,发挥创业带动就业作用。②

五、劳务协作输出就业

劳务协作输出就业是指将贫困劳动力通过有组织的劳务输出到户籍所在地之外进行就业,既包括东西部扶贫协作、对口支援等省外协作机制,也包括经济发展较好的地市与贫困县区对口帮扶的省内协作机制。利用各级各类就业服务机构建立跨区域、常态化的岗位信息共享,开展职业指导、专场招聘等就业服务活动,为贫困劳动力和用人单位搭建对接平台,加强"岗位供给清单"和"就业需求清单"的精准匹配,引导贫困劳动力参与劳务协作实现外出转移就业。

2015 年《中共中央　国务院关于打赢脱贫攻坚战的决定》提出"引导劳务输出脱贫"。2016 年 4 月,人社部、国务院扶贫办组织广东省与湖南省、湖北省开展劳务协作试点,试点地区聚焦"实现精准对接、促进稳定就业"的目标,精心组织、全力推进,形成了一批可复制、可推广的经验做法。随后,就业扶贫劳务协作在各地全面铺开。广西壮族自治区与广东省签署精准扶贫劳务协作框架协议,通过"三来三往"③模式促进转移就业。

广东省与其他省份省际间的劳务协作试点经验在全国推广,见专栏7-6。各地积极推进扶贫劳务协作工作,普遍成立专项工作组,制定工作方案,加大工作力度,东西部扶贫协作、对口支援地区均签订了劳务协作

---

① 人社部:《湖北出台〈全省农民工等人员返乡创业三年行动计划〉》,见 http://www.mohrss.gov.cn/nmggzs/NMGGZSgongzuodongtai/201806/t20180628_296442.html。

② 人社部:《脱贫攻坚在路上　就业扶贫在行动》,见 http://www.mohrss.gov.cn/wap/xw/dfdt/201811/t20181109_304497.html。

③ 三来三往,即劳务输出地制定"求职清单"提供给劳务输入地;劳务输入地根据"求职清单"制定"岗位供给清单"反馈劳务输出地;劳务输出地将"岗位供给清单"与贫困劳动力进行匹配,劳务输入地组织企业招聘。

协议,贫困劳动力有组织输出工作取得积极进展。2018 年,输出地为贫困劳动力推荐针对性岗位 721.6 万人次,培育劳务品牌 1263 个,建立驻外工作站 1088 个,实现贫困劳动力有组织转移 177.6 万人(包括省内转移和省外输出);输入地为贫困劳动力推荐针对性岗位 327 万人次,提供劳务对接 5802 次,共吸纳 111 万贫困劳动力在本地就业。① 至 2019 年 9 月,扶贫协作双方已累计帮助近 1000 万贫困人口实现跨省就业。

专栏 7-6　广东省全力推进劳务扶贫协作

广东省不断深化结对帮扶,大力推进省际劳务扶贫协作。按照"省负总责、市县抓落实"的工作要求,广东省与广西壮族自治区、四川省、贵州省、云南省建立健全省、市、县、镇分级对口帮扶机制,注重加强统筹、突出重点、分类施策,切实提高帮扶措施的针对性。

如广州与贵州毕节、黔南开始校企合作培训班;深圳与广西百色、河池探索建立劳务协作样本基地;珠海设立"怒江员工之家"提供"一站式"服务;东莞与昭通劳务协作推行"四精准四协调"模式。

资料来源:摘自《就业扶贫　助力脱贫攻坚:第二届创业就业展示交流活动就业扶贫展》,中国人事出版社 2020 年版,第 117—125 页。

贵州省全力推进驻外劳务协作工作网络建设,在北京市、上海市和广东省分别建立北部、东部、南部地区贵州省劳务协作工作站,并在对口帮扶城市和黔籍务工人员较为集中地区建立省、市、县三级劳务协作站,基本实现对口帮扶城市全覆盖、黔籍务工人员集中地全覆盖、沿海重点经济发达地区全覆盖。云南省依托东西部扶贫协作机制,深化与上海市、广东省协作,加强精准对接,建立跨区域、常态化的岗位信息共享和发布机制,发展订单、定向、定岗转移,推动贫困劳动力向长三角、珠三角转移就业,

---

① 人社部:《全面推进就业扶贫工作　坚决打赢脱贫攻坚战》,见 http://www.mohrss.gov.cn/SYrlzyhshbzb/dongtaixinwen/buneiyaowen/201907/t20190705_322649.html。

不断提高劳务输出的组织化程度。新疆维吾尔自治区通过实施富余劳动力有组织转移就业三年规划(2017—2019 年)促进疆内转移就业,有组织转移喀什、和田地区 10 万富余劳动力到北疆和东疆就业;同时实施深度贫困地区就业扶贫三年规划(2018—2020 年),三年有组织转移南疆四地州 22 个深度贫困县 10 万贫困劳动力到疆外就业。①

六、公益岗位托底就业

公益岗位托底就业是指将最难就业的群体,包括无法离乡、无业可扶、无力脱贫的"三无"贫困劳动力,以及部分有返贫因素的已脱贫户和因重大变故而可能致贫的非贫困户成员,托底安置在由政府设置的非营利性公共管理和社会公益性服务岗位。公益岗位扶贫是其他扶贫措施的配套和辅助手段。公益岗位围绕精准扶贫和提升贫困村公共服务水平的双重目标,因地因人设岗,包括护边护林、保洁保绿、治安协管、乡村道路维护、水利设施管护、孤寡老人和留守儿童看护等,并支付一定的劳动报酬,在拓宽就地就近就业渠道的同时发挥就业托底的保障作用,解决其增收难题。实践表明,公益岗位扶贫具有缓解贫困和推动乡村社区治理改善等多重功能(左停等,2018)。

陕西在每个贫困村开发 2—3 个特设就业扶贫公益性岗位,安置"三无"贫困劳动力 8 万多人。② 四川省在每个贫困村开发 5 个以上公益性岗位兜底安置,每人每月补贴不低于 300 元。青海省拨付就业扶贫专项资金 2000 多万元,为藏区贫困村开发扶贫公益性岗位安置建档立卡贫困劳动力上岗,人均年收入 2.4 万元。在深度贫困地区,依靠公益岗位托底就业脱贫的数量更为庞大。如南疆四地州制定了七个一批的脱贫举措,其中有两个一批,包括转为护边员扶持一批和实施生态补偿扶持一批都与公益岗位扶贫紧密相关。按照未脱贫户 1 户 1 个护边员的原则,落实

---

① 人社部:《脱贫攻坚在路上　就业扶贫在行动》,见 http://www.mohrss.gov.cn/wap/xw/dfdt/201811/t20181109_304497.html。
② 人社部:《陕西人社厅:多渠道扶持贫困劳动力就业创业》,见 http://www.mohrss.gov.cn/nmggzs/NMGGZSgongzuodongtai/201810/t20181024_303446.html。

边境县护边员补助政策,带动 2.48 万人稳定脱贫;还通过 2.4 万名生态护林员和 5000 名草原管护员带动 5.8 万人脱贫。在四川省彝区藏区,2018—2020 年每年平均开发生态护林员 3.8 万个,草原管护员 0.7 万个。西藏自治区面向 44 个深度贫困县安排生态补偿岗位员 46.1 万个。云南省迪庆和怒江两州选聘生态护林员达 4 万个。甘肃省在全省深度贫困地区开发 7 万个乡村公益性岗位。[①]

七、技能培训强化就业

"授人以鱼,不如授人以渔。"提高贫困人口素质、开展技能培训是就业扶贫的一项基础性工作,是贫困劳动力实现就业的必要条件,也有助于贫困劳动力实现高质量的稳定脱贫。实证研究表明,就业培训对贫困户脱贫增收具有积极正向的促进作用(平卫英等,2020)。

人力资源和社会保障部、国务院扶贫办等组织实施技能脱贫千校行动,五年间在全国千所左右省级重点以上的技工院校开展。2017 年,全国 1059 所技工院校招收建档立卡贫困家庭子女 6.04 万人;面向建档立卡贫困人员开展职业技能培训 15.6 万人次,培训后 9.96 万人实现就业创业。2017 年全国组织开展建档立卡贫困人员职业技能培训 206 万人次,农民工职业技能培训 898 万人次,农民工返乡创业培训 76 万人次,培训后 422 万人实现就业创业。[②]

开展技能扶贫行动,确保有培训意愿的贫困劳动力都能得到职业技能培训机会,有就读技工院校意愿且符合条件的劳动者都能入学就读,同时落实培训补贴政策。明确四川阿坝藏族羌族自治州、甘肃临夏回族自治州等 8 地州技工院校建设任务,协调北京市、浙江省等 15 个省份 44 所技工院校对口帮扶"三区三州"等深度贫困地区 35 所技工院校,确保每所院校至少有 1 所技工院校开展对口帮扶,全面提升"三区三州"技工教

---

① 人社部:《脱贫攻坚在路上　就业扶贫在行动》,见 http://www.mohrss.gov.cn/wap/xw/dfdt/201811/t20181109_304497.html。

② 人社部:《职业能力建设司获中央和国家机关脱贫攻坚先进集体》,见 http://www.mohrss.gov.cn/jgdw/JGDWgongzuodongtai/201811/t20181107_304374.html。

育实力。自2016年实施技能脱贫千校行动以来,全国1200余所技工院校积极参与该项行动,截至2018年年底,已累计招收建档立卡贫困家庭学生17万人以上,面向建档立卡贫困家庭劳动者开展就业创业培训超过38万人次。①

四川省出台贫困劳动力全覆盖培训计划,精心制定全省技能培训年度专项方案,编制了41个工种的技能培训指导计划,从内地遴选45家实力较强的技工院校和培训机构,对深度贫困县开展"一对一"对口培训,采取流动大篷车、农民夜校、定向培训、订单培训、跨省异地培训等多种方式,为贫困劳动力提供精准培训,提升就业能力和水平,做到"包训包会包就业"。② 云南省建立贫困劳动力职业培训实名制管理机制,全省就业补助资金的增量部分全部用于农村劳动力转移就业和培训,给予深度贫困地区和"直过民族"地区每县不低于200万元的专项补助。从2018年开始,确保分配给88个贫困县的就业资金连年递增,其中27个深度贫困县的资金每年用于培训的增量不低于100万元。③ 陕西省探索创新培训模式,见专栏7-7。

专栏7-7　陕西省紫阳县"产业就业融合"培训模式

陕西省安康市紫阳县大力实施技能培训,探索出一条"党政主导+龙头带动+基地培训+定向就业"的技能脱贫模式,取得了就业扶贫良好成效并在全市范围进行推广。紫阳县与陕西远元集团合作,开展修脚、足疗定点式培训,政府负责提供场地、筹集资金以及组织生源,企业负责提供培训师资和就业岗位。培训中实行"三包"(包吃、包住、包就业)、"两免"(免培训学杂费、免教材书籍用品费)、"一补"(补交通费)的激励政策。培训

---

① 人社部:《加强对口帮扶　致力脱贫攻坚》,见 http://www.mohrss.gov.cn/SYrlzyhshbzb/dongtaixinwen/buneiyaowen/201909/t20190916_334049.html。

② 人社部:《脱贫攻坚在路上　就业扶贫在行动》,见 http://www.mohrss.gov.cn/wap/xw/dfdt/201811/t20181109_304497.html。

③ 人社部:《云南人社厅:以技能培训助推脱贫攻坚》,见 http://www.mohrss.gov.cn/nmggzs/NMGGZSgongzuodongtai/201810/t20181024_303447.html。

后实行定向就业、收入保底政策,为贫困群众创造了一个零成本稳定脱贫致富的保障机制。2014 年以来,全市累计开展修脚、足疗培训 4.6 万人,其中贫困劳动力 1.9 万人,培训后 1.2 万名贫困劳动力实现稳定就业增收,帮助 4 万多名贫困人口实现稳定脱贫。紫阳技能扶贫模式被人社部评为"2018 年度中国就业十件大事记地方创新事件"。2019 年,先后被评选为"全国人社系统精准扶贫典型案例""中国优秀案例""全球减贫案例"。

资料来源:摘自《就业扶贫　助力脱贫攻坚:第二届创业就业展示交流活动就业扶贫展》,中国人事出版社 2020 年版,第 70—71 页。

八、保障服务稳定就业

适应贫困劳动力特点,注重与扶志扶智相结合,提供全方位、精准化、精细化就业服务。在全力推进就业扶贫中,将强化就业服务放在首要位置,进一步提高农村劳动力的就业质量。一是引导贫困劳动力树立正确的就业观念,充分调动贫困劳动力的就业积极性,激发劳动致富内生动力,提高就业脱贫的覆盖面。各地制订切实可行的就业扶贫计划,准确掌握贫困劳动力基本信息,了解就业困难和需求。二是开展"一对一"精准帮扶,针对贫困劳动力的特点,提供有针对性的职业指导和技能培训;加强职业介绍,提供有效的岗位信息,推动就业意愿、就业技能与就业岗位精准对接。三是开展专场招聘、就业创业指导、技能培训等活动,发挥人力资源服务机构作用,加强人力资源市场供求信息监测;开展有组织的劳务输出,打造和推广一批劳务品牌,以劳务品牌带动转移就业;做好跟踪服务,切实维护就业人员在劳动保护、劳动报酬、社会保险等方面的合法权益。

从各地就业服务的实施内容来看,除了提供技能培训,就业服务措施主要是开展专场招聘会、提供就业信息。如 2018 年甘肃省举办春风送岗位专场招聘会 610 场次,免费为 9 万多名贫困劳动力提供职业介绍。[①]湖南省每月组织一次贫困劳动力对接活动,每周五定期举办专场招聘会,

---

① 人社部:《脱贫攻坚在路上　就业扶贫在行动》,见 http://www.mohrss.gov.cn/wap/xw/dfdt/201811/t20181109_304497.html。

促进用人单位与贫困劳动力精准对接,提供就业岗位近 3 万个。① 陕西省深化苏陕劳务协作机制,建立两省就业信息采集发布制度,苏陕企业、学校之间签订 128 个合作协议,搭建 10 个培训协作平台,互通就业信息 25.3 万条,联办扶贫专场招聘会 281 场。② 安徽省开展的就业服务,包括"一对一"职业指导和"2+N"招聘活动,重点做好单月 6 号贫困劳动者招聘日、就业扶贫服务月等。③ 河南省利用"打工直通车"综合服务平台提升就业服务能力,见专栏 7-8。

专栏 7-8 河南省"打工直通车"智慧就业（创业）综合服务平台

为解决外出务工人员安全就业问题,河南省全新开发了"广电+互联网+县乡村就业服务站+智慧就业终端设备"为一体的"互联网+安全就业"综合性服务平台——"打工直通车"智慧就业（创业）综合服务平台,并于 2017 年 6 月 8 日上线。截至 2019 年 5 月,河南省已经有约 30 万名有务工需求的老乡通过平台报名就业。

"打工直通车"砍掉就业招聘的中间环节,直接把企业的真实招聘信息传递给外出务工人员,同时为企业提供快速、大批量人才招聘服务,解决了企业"招工难、用工荒"的问题;广泛参与"春风行动""金秋送岗"等公益活动,开设培训、返乡创业板块,推出多款"技能培训+就业"的定制服务。服务流程可以用 20 个字概括,即"足不出村、一键报名、信息准确、快捷服务、安全就业"。

资料来源:摘自《就业扶贫 助力脱贫攻坚:第二届创业就业展示交流活动就业扶贫展》,中国人事出版社 2020 年版,第 28—31 页。

---

① 人社部:《湖南转移就业贫困劳动力 76.46 万人》,见 http://www.mohrss.gov.cn/SYrlzyhshbzb/dongtaixinwen/dfdt/gzdt/201807/t20180713_297295.html。

② 人社部:《陕西人社厅:多渠道扶持贫困劳动力就业创业》,见 http://www.mohrss.gov.cn/nmggzs/NMGGZSgongzuodongtai/201810/t20181024_303446.html。

③ 人社部:《安徽省人力资源社会保障厅出台打赢人力资源社会保障扶贫攻坚战三年行动方案（2018—2020 年）》,见 http://www.mohrss.gov.cn/jycjs/JYCJSgongzuodongtai/201811/t20181113_304665.html。

在 2020 年新冠肺炎疫情期间,各地摸查贫困劳动力就业情况,大力开展线上招聘。将春风行动现场招聘会全部调整为线上招聘会,依托当地就业网站、就业服务手机应用等,开展线上就业创业服务活动。

第三节　就业扶贫取得显著成效

习近平总书记在 2020 年 3 月召开的决战决胜脱贫攻坚座谈会上指出,建档立卡贫困人口中,90%以上得到了产业扶贫和就业扶贫支持,2/3 以上主要靠外出务工和产业脱贫。脱贫攻坚取得决定性成就,就业扶贫工作起到了极为重要的作用。

一、就业扶贫工作稳步推进形成新气象

一是精准性日益突出。就业扶贫以提升贫困劳动力就业创业能力、帮助其实现稳定就业为首要任务,通过促进就业增加贫困家庭劳动经营收入,加快贫困劳动力脱贫步伐。随着就业扶贫政策体系的逐步完善,就业扶贫政策的精准性特点日益突出,包括识别精准、帮扶精准和服务精准。人社部门与扶贫部门共同建立了就业扶贫工作机制,开发建设农村贫困劳动力就业信息平台,自下而上收集和分享贫困劳动力就业信息,支持各地开展精准识别、精准服务。通过精准对接、劳务协作和政策扶持,不仅要促进有就业意愿和就业能力的未就业贫困人口和非建档立卡的农村低保对象、贫困残疾人转移就业,而且要促进已实现就业的建档立卡贫困人口和非建档立卡的农村低保对象、贫困残疾人稳定就业。

二是系统性逐渐增强。随着就业扶贫政策的不断出台和完善,其系统性逐渐增强。实施脱贫攻坚以来,政府相继出台了一系列与就业扶贫相关的政策文件,形成了一整套专门针对贫困劳动力就业的精准帮扶政策,对发展扶贫车间吸纳、支持返乡创业带动、开展有组织劳务输出、开发公益性岗位安置都有专门的支持政策措施。政策体系覆盖就业扶贫工作涉及各类用人单位、各类服务主体和贫困劳动力就业创业各个渠道,主要体现在三个方面:一是通过政策支持,鼓励企业等各类市场主体更多地吸

纳贫困劳动力就业;二是通过提供各项保障,鼓励贫困劳动力更多地参与就业创业或者培训活动;三是通过给予补助等形式,鼓励中间服务机构和劳务经纪人优先向贫困劳动力提供就业服务。

三是涌现一批可操作、可推广、可持续的创新工作举措。各地在实践中不断创新就业扶贫措施。在促进就地就近就业方面,创新设立扶贫车间、就业驿站、社区工厂、卫星工厂等就业创业新基体;在引导外出就业方面,探索省内劳务协作、重大项目与贫困县结对子等劳务协作新渠道;在托底安置方面,开发助残员、护理员、护林员等各类就业扶贫公益性岗位;在就业服务方面,探索开展远程招聘、定向共享岗位信息等多种服务手段。同时,遴选了一批就业扶贫基地,动员各类用人主体积极参与就业扶贫;征集并推广一批劳务品牌,以品牌促对接,带动有组织的劳务输出。

二、贫困劳动力就业总体情况大幅改善

就业扶贫的成效直接体现为贫困人口就业增加。截至 2019 年年底,累计帮扶 1213 万名贫困劳动力实现就业,提前完成"十三五"期间促进 1000 万贫困劳动力实现就业的目标。[①] 就业扶贫工作的开展也使得农村劳动力转移就业的意识不断提高,贫困地区劳动力就近就业的比重逐步上升。如图 7-1 所示,贫困地区外出劳动力中,县内乡外的比重从 2015 年的 26.8% 逐步提高到 2019 年的 35.9%。此外,《2018 年农民工监测调查报告》显示,脱贫攻坚开发了大量公益岗位,在公共管理、社会保障和社会组织行业中就业的农民工比重为 3.5%,比 2017 年提高了 0.8 个百分点。

2020 年受新冠肺炎疫情影响,各地积极出台政策,努力减轻疫情对贫困劳动力就业增收的影响。截至 2020 年 7 月,中西部 22 个省份扶贫公益岗位安置 478.55 万贫困人口。[②] 截至 2020 年 9 月,25 个省份已外出务工贫困劳动力 2897 万人,比 2018 年增加 168 万人。中西部 22 个省

---

① 资料来源:人社部内部报告。

② 国务院扶贫办:《近期脱贫攻坚重点工作最新进展》(截至 7 月 31 日),见 http://www.cpad.gov.cn/art/2020/8/7/art_624_182653.html。

（单位：%）

图7-1　2015—2019年贫困地区劳动力外出分布变化

资料来源：国家统计局历年《中国农村贫困监测报告》。

份有扶贫龙头企业29632个,复工率98%,吸纳贫困人口就业85.8万人;有扶贫车间31441个,复工率达到99.7%,吸纳贫困人口就业41.36万人。①

三、贫困地区和贫困人口增收效果显著

就业是人们赖以生存的重要手段,也是决定人们福祉水平的关键因素。就业扶贫的成效还体现为贫困地区家庭劳动收入的增加以及由此带动的收入增长。贫困地区农村居民的人均可支配收入从2013年的6079元提高到2020年的12588元,年均名义增速达到11.6%,高于同期全国农村居民人均可支配收入年均名义增幅(9.3%)2.3个百分点;年均实际增长9.2%,高于全国农村居民收入实际增速(7.0%)2.2个百分点。贫困地区农村居民的收入相比于全国农村居民收入的差距在不断缩小,2020年贫困地区农村居民收入是全国农村平均水平的73.5%,比2013年的64.5%提高9个百分点。② 与此同时,截至2020年年底,中国建档立卡贫困人口人均年纯收入达到了10740元,远远超过国际极端贫

① 国务院扶贫办:《我国脱贫攻坚重点工作取得重要进展》,见http://www.cpad.gov.cn/art/2020/9/7/art_624_183199.html。

② 资料来源:国家统计局。

困标准。①

随着农村剩余劳动力的逐步转移,非农收入逐渐成为农民增收的主要来源。从收入构成来源看,贫困地区农村居民工资性收入的比重从 2016 年的 34.1% 提高到 2020 年的 35.3%,年均名义增长率为 11.8%,高于全国农村居民工资性收入增速。增收贡献率年均为 38.3%,是贫困地区农民收入增长的重要来源。②

四、就业扶贫为乡村振兴创造了有利条件

就业是最大的民生。实现就业不仅是劳动者生存的经济基础,也是其融入社会、获取个人尊严,并且给后代带来希望的主要方式。也就是说,为贫困家庭提供一份能够摆脱贫困的工作,能产生正面的溢出效应。就业扶贫帮助贫困人口通过自身劳动实现脱贫致富,通过赋予贫困群体参与发展的机会,让他们感受到自我价值并积极融入社会;通过劳动力素质的提升,提高他们创造美好生活的自信和能力,增强获得感,激发脱贫的内生动力,从根本上摆脱贫困并且切断贫困的代际相传。此外,改善贫困劳动者就业条件,实现高质量就业,能够为劳动者带来更多的社会资源与机会,这也是贫困人口实现长期稳定脱贫的保障。因此,保障贫困人口的生存和发展权利,提升贫困人口的发展愿望和能力,共享发展成果,就业扶贫发挥着不可替代的重要作用。

在乡村振兴战略的实施过程中,一方面,如何为农村劳动力提供数量更多、质量更高的就业岗位,对解决农村"失业型"贫困问题至关重要。通过各种途径促使贫困农民转移到非农部门就业,同时提高农民工的就业质量,对于增加贫困农民收入,使贫困人口享受改革与发展的成果,走上脱贫致富奔小康的道路,具有积极的现实意义。另一方面,在就业扶贫的实施过程中,通过与教育扶贫、健康扶贫及技能扶贫的衔接,有助于提高农村劳动力的技能素质,为乡村振兴战略的实施提供人力保障;通过就

---

① 光明网:《中国建档立卡贫困人口人均年纯收入达到了 10740 元　远超过国际极端贫困标准》,见 https://m.gmw.cn/baijia/2021-04-06/1302213673.html。

② 资料来源:国家统计局。

业扶贫与产业扶贫的结合,加强扶贫车间、卫星工厂等就业载体的建设,有助于推动农村一二三产业融合发展和乡村产业的全面振兴;就业扶贫的实施还有利于促进农村基础设施条件的改善和公共服务体系的健全,促进城乡融合发展和共同富裕的实现,是实现乡村振兴的重要途径。

第四节　就业扶贫的主要经验与启示

中国的就业扶贫工作在政策层面加强组织领导,落实资金保障,注重发挥政府推动和市场主导作用,注重调动贫困劳动力主观能动性,在贫困地区的既有市场环境与资源禀赋下,充分考虑贫困劳动力的需求特点,制定有针对性的政策措施,在地区协作、精准帮扶、政策兜底、鼓励创业等方面形成的主要经验和取得的切实成效对于今后工作具有重要启示。

一、主要经验

一是加强顶层设计和组织保障,坚持政府推动,着眼于构建全国一盘棋的就业扶贫格局。贯彻习近平总书记扶贫开发战略思想,按照中央决策部署,依托脱贫攻坚总机制,建立中央重视、部省统筹、部门推进、市县党委政府全力抓落实的工作组织管理体系。人力资源和社会保障部、国务院扶贫办等工作部门出台配套一系列政策措施,为开展劳务协作、鼓励就业创业、开发公益岗位等制定实施方案,明确目标任务,坚持全面推进和聚焦重点相结合,注重精准帮扶、落实责任、兜牢底线,加强督导督促和责任管理。各省市充分发挥主观能动性进行有效对接,在实践中不断建立健全工作机制,确保人才、资金等保障措施落实到位。及时总结推广就业扶贫工作经验做法,加强宣传引导。

二是充分发挥企业等社会实体作用,坚持市场主导,着眼于构建就业扶贫的长效机制。就业扶贫既着眼短期内真脱贫,又注重长期内阻断贫困代际传递。推进"两业融合",实现贫困人口向产业工人的转变,以各种经济补贴、税费减免、资金补助等引导企业等经营主体吸纳贫困劳动力。加强"岗位供给清单"和"就业需求清单"的精准匹配,引导贫困劳动力参与劳务协作实现外出转移就业。

三是不断拓展就业渠道,坚持分类施策,着眼于建立质量高韧性强的就业扶贫格局。初步形成了省内劳务协作、重大项目与贫困县结对子的劳务协作新渠道,开发了一批就业扶贫专门岗位、公益性岗位等托底帮扶新手段,优先安置"无法离乡、无业可扶、无力脱贫"且有能力胜任岗位工作的建档立卡贫困劳动力,提升就业稳定性与应对就业风险的韧性。

四是充分调动扶贫利益相关者积极性,坚持因地制宜,着眼于发挥各地比较优势与竞争优势。充分挖掘了贫困地区在劳动人口、特色产业、闲置土地等方面的优势资源,有效融合产业扶贫和就业扶贫。各地创设了一批扶贫车间、就业驿站、社区工厂、卫星工厂等就业创业新载体,对于自主创业从事个体经营等给予政策扶持,通过专项培训计划与提升技能行动加强职业培训,提升就业脱贫的内生动力与技能本领。

二、启示

一是大力发展产业和扶贫载体增强就业支撑能力。首先,通过产业发展促进转移就业,推进"两业融合",实现贫困人口向产业工人的转变,是就业扶贫的重要举措。贫困地区的经济发展普遍滞后,脱贫攻坚以来,各地区立足本地的资源禀赋、产业基础和市场需求,通过深化农业供给侧结构性改革,构建富民产业体系,并且积极开发旅游扶贫和电商扶贫,加快推进农村一二三产业融合发展。其次,积极发挥种养大户、农民专业合作社、龙头企业等新型经营主体的带动作用。最后,充分挖掘市场前景好、适合贫困地区发展、符合贫困人口技能特点并且可分散转移加工的项目,通过发展并完善扶贫车间、卫星工厂等扶贫载体,在优化产业链布局的同时促进贫困地区和贫困人口的就业。

二是加快建立并完善公益岗位长效机制促进就地就近就业。公益岗位扶贫是随着就业扶贫出现的新扶贫方式。围绕精准扶贫和提升贫困村公共服务水平的双重目标,各地根据实际情况因人因地设岗。通过政府、社会组织等外部力量的引导和推动,激励贫困人口更多地参与当地的公共管理与服务,强调"享受福利"与"参与工作"的双向关系,让贫困人口在通过劳动换取报酬的同时收获价值感和获得感,激发脱贫致富的内生动力。随着公益岗位扶贫实践的发展,岗位的开发与设置也从护边护林员等生态公益岗位,拓展到诸如治安协管、乡村道路维护、基础设施管护、农村组织建设等有利于当地扶贫开发和村庄治理的岗位,以及儿童照料、养老服务等社会服务性质的岗位,极大地拓宽了贫困劳动力就地就近就业的渠道。

三是深入强化扶贫与赋能相结合提高就业创业能力。就业扶贫重在扶智和赋能,各地积极开展技能培训工作,提高贫困人口的就业创业能力,并制定多项优惠政策,为贫困人口就业创业提供条件。首先,通过深入了解贫困家庭劳动力就业意愿、培训需求以及企业的用工需求,开展多层次、多形式的培训,包括实用技术培训、岗位技能提升培训、订单培训、定岗培训等,帮助贫困劳动力及时适应产业结构转型中岗位需求的变化。其次,通过各类教育、培训加强贫困人口的就业意识。如在少数民族地区开展普通话培训,通过提高少数民族贫困人口的语言适应和交往能力,增加其就业机会。最后,大力开展创业扶贫,通过政策优惠、提供补贴等形式,为贫困劳动力创造更多参与经济活动的机会,推动就业扶贫产生最大效应。

四是不断提高组织程度和完善就业服务增强就业稳定性。加强扶贫劳务协作、提高组织化程度并打造就业服务"一条龙",是促进转移就业、提高就业质量、巩固就业扶贫成效的有力保障。首先,各地积极搭建就业信息交流平台加强劳务协作,一方面,通过扶贫车间等载体、供应链延伸等方式,将产业就业资源从东部地区向贫困地区转移,增加贫困劳动力就地就业的机会。另一方面,通过东西部扶贫协作机制、对口支援机制、省内结对帮扶机制等,引导贫困劳动力外出就业。其次,努力将就业服务下沉到基层,为贫困劳动力提供免费的政策咨询、岗位信息、职业指导和职业介绍等,提高就业政策的可及性。最后,切实维护贫困劳动力在劳动报酬、社会保险等方面的合法权益,做好贫困劳动力转移就业的跟踪服务,及时提供政策咨询、应急维权、临时援助等服务。

第八章　易地扶贫搬迁*

易地扶贫搬迁是以搬迁为手段、以脱贫为目的的综合扶贫措施,用以解决生态环境脆弱、基础设施与公共服务供给成本过高等贫困地区的贫困问题。"十三五"时期,易地扶贫搬迁规划确立了包括到 2020 年实现约 1000 万建档立卡贫困人口搬迁安置在内的一揽子目标,包括搬迁对象住房安全得到有效保障,基本生活需求和基本公共服务需求得到基本满足,安置区特色产业加快发展,搬迁对象有稳定的收入渠道,生活水平明显改善,全部实现稳定脱贫等重要方面。

结合各省的实施效果,特别是结合易地扶贫搬迁专题追踪调研数据,"搬得出"的问题得到有效解决,"稳得住"的局面基本形成,"能脱贫"的稳定性较好。由于搬迁对象的生计适应是一个长期过程,因此,最终脱贫效果的稳定性和后续发展能力的培育均有待政策接续发力。2020 年以后,易地扶贫搬迁的工作重心需由搬迁安置转向脱贫稳定性和可持续生计能力建设,加强脱贫攻坚后的跟踪监测,稳定对易地扶贫搬迁任务较重地区的政策支持力度,推动易地扶贫搬迁后续扶持工作与推进新型城镇化及乡村振兴战略有机衔接。

第一节　易地扶贫搬迁的基本背景

自 20 世纪 80 年代开始,政府有组织的移民扶贫路径已有较丰富的地方性探索,进入 21 世纪以来,易地扶贫搬迁从国家层面的试点探索逐

---

* 作者:王瑜,中国社会科学院农村发展研究所助理研究员。

步铺开及至进入全面攻坚。① 其政策演进过程实质上反映了贫困人口结构的变化,特别是脱贫攻坚时期,剩余贫困人口居住区域与生态脆弱地区、地质灾害高发地区和地方病多发区等地区的高度重合,传统扶贫手段难以奏效,必须通过搬迁"挪穷窝",通过一系列配套扶持措施"拔穷根"。

一、搬迁原因:改善生计与保护生态并举的综合扶贫措施

易地扶贫搬迁是中国共产党和政府探索实施的一项重要扶贫举措,通过对生活在不适宜人类生存地区的贫困人口实施搬迁,达到消除贫困和改善生态的双重目标。在易地扶贫搬迁之前,局部地区的扶贫搬迁探索主要被称为移民扶贫。"一方水土养不好一方人"是计划搬迁地区生态承载力不足、居住者贫困的生动写照,也是中国自21世纪以来有计划、有组织、大规模地实施易地扶贫搬迁的主要原因。计划搬迁区域往往与生态脆弱、公共服务供给成本过高等问题交织,易地扶贫搬迁是破解这类贫困问题的必由之路。

历经20世纪八九十年代的工业化与城镇化发展以及扶贫开发的支持,有条件、有能力搬迁的人口大多已经迁出,而尚未搬迁的贫困人口恰恰是生存环境更恶劣、资源禀赋条件更差、贫困程度更深的剩余贫困人口。资源贫瘠、人口超载、生态恶化在部分贫困人口聚集区域呈现恶性循环态势,亟须综合扶贫举措打破这类恶性循环。

脱贫攻坚战打响以后,通过对扶贫对象精准识别和建档立卡,摸清了全国贫困人口分布、致贫原因、脱贫需求等信息,其中需要实施易地扶贫搬迁的建档立卡贫困人口约981万人,同时,各地计划同步搬迁约647万人,计划搬迁总规模达到1628万人。该时期,需易地扶贫搬迁的区域主要集中在青藏高原地区、西北黄土高原地区、西南石漠化地区、东部瘠壤地区和部分高寒地区以及自然灾害严重地区。

---

① 扶贫搬迁在"十五"时期主要是地方性探索为主的移民扶贫,在"十五"时期以后主要是国家层面政策主导的"易地扶贫搬迁"。

按照居住地贫困县类型分类,搬迁对象主要集中在国家扶贫开发重点地区。其中,集中连片贫困特殊困难地区县和国家扶贫开发工作重点县内需要搬迁的农村人口占72%;省级扶贫开发工作重点县内需要搬迁的农村人口占12%;其他地区占16%。

按照环境条件分类看,政策迁出区范围与中国生态脆弱地区、地质灾害高发地区和地方病多发区等地区高度重合。根据《全国"十三五"易地扶贫搬迁规划》中的数据(见表8-1),在建档立卡搬迁人口(981万人)中,位于公共服务严重滞后且建设成本过高地区的占34.7%(340万人),位于资源承载力严重不足地区的占32.2%(316万人),位于国家禁止或限制开发地区和地质灾害频发易发地区的分别占16.0%(157万人)和10.8%(106万人);在包含同步搬迁人口的计划搬迁人口总规模(1628万人)中,位于前述四类地区的搬迁规模分别占36.4%、28.4%、15.8%和12.9%。

表8-1　2016年不同原因搬迁人口分布①

类型 \ 规模	建档立卡搬迁对象		包含同步搬迁人口的搬迁对象	
	人口(万人)	比重(%)	人口(万人)	比重(%)
总计	981	100	1628	100
资源承载力严重不足地区	316	32.2	462	28.4
公共服务严重滞后且建设成本过高地区	340	34.7	593	36.4
地质灾害频发易发地区	106	10.8	210	12.9
国家禁止或限制开发地区	157	16.0	257	15.8
地方病高发地区	8	0.8	13	0.8
其他地区	54	5.5	93	5.7

上述这些地区资源环境承载能力弱,水、电、路等基础设施和教育、医疗、文化等公共服务设施落后但供给成本往往过高,群众出行难、用电难、

① 根据《全国"十三五"易地扶贫搬迁规划》中的数据整理绘制。该数据是国务院扶贫办结合建档立卡"回头看"工作,截至2016年5月底通过扶贫开发建档立卡信息系统核定的建档立卡搬迁人口规模。

吃水难、上学难、看病难的现象普遍存在,就地脱贫发展无望,增收渠道不畅,传统扶贫手段难以奏效。因此,易地扶贫搬迁是这些复杂贫困地区实现脱贫的综合扶贫方案。

二、易地扶贫搬迁的性质:政府主导的准自愿扶贫移民

可负担的住房及相关设施与服务,是包容性增长的关键方面(OECD,2020),"到2030年,确保人人获得适当、安全和负担得起的住房和基本服务",其本身也是联合国可持续发展目标"建设包容、安全、有抵御灾害能力和可持续的城市和人类住区"中的一项具体目标。在中国,全面建成小康社会的过程也是政府和社会对发展落后的人群和地区进行投资的过程,其中,解决贫困地区群众的住房安全保障是一项重要内容,而易地扶贫搬迁正是一种将扶贫开发与包容性增长相融合的综合举措。在易地扶贫搬迁框架中,移民安置是一系列综合举措中的一环,除此之外还包括对搬迁人口在教育、就业、医疗和各类基础设施等广泛领域进行的投资,从而有助于改善机会,在扶贫开发过程中促进可持续繁荣和包容性增长。

易地扶贫搬迁以扶贫为目的,实施千万人以上的大规模移民搬迁与安置,并为搬迁对象提供包括基础设施、公共服务和就业帮扶等一揽子配套扶持政策,这在世界扶贫史和移民史上都是绝无仅有的,也开创了具有中国特色的系统性的移民扶贫新经验。搬迁的原因与目的,及为此而付诸于扶贫体制机制的创新与支持,决定了易地扶贫搬迁不同于一般移民研究视域下的非自愿移民安置。

谈及移民安置,就不可避免地要谈及近几十年来在发展中国家广受关注的非自愿移民议题。依循世界银行等国际机构以及中外学者的共识,非自愿移民安置一般是指因公共工程建设或公共利益之需,项目影响人被征用土地或被限制使用纳入保护区域的自然资源而搬迁安置(World Bank,2004)。以发展项目(大型水利工程、铁路与公路交通设施、大型矿场或工业项目等)和保护项目(比如自然资源保护区)为目标的规划,通常会形成土地或水资源利用的重大改变,从而造成当地居民非自愿

性地搬迁和安置,并在客观上导致大量移民遭遇长期难以解决的经济与社会发展困境。非自愿移民安置及移民后续的经济与社会困境自 20 世纪 80 年代以来引起了持续和广泛的关注。为此,世界银行及相关专家进行了一系列的研究,并形成了对非自愿移民安置的发展项目规划和执行的专门资料集(World Bank,2004),其目的在于为移民安置提供可借鉴的一般原则。

世界各地以及中国历史上已经发生过的非自愿移民及其后果,值得在易地扶贫搬迁过程中得到重视和预防。不过,特别需要指出的是,易地扶贫搬迁的性质超越传统移民安置议题中的自愿移民安置抑或非自愿移民安置的二元论框架,根本差异在于:易地扶贫搬迁的政策出发点是为了从根本上解决居住在"一方水土养不好一方人"地区贫困人口的脱贫发展问题,并通过一系列系统的、有力的政策措施来保障目标的实现,即"搬迁是手段,脱贫是目的",而非以实施其他发展项目为目的所形成的移民安置。

与发展中国家因各类建设工程实施导致的强制搬迁不同,在易地扶贫搬迁过程中,鲜少发生强制搬迁。相关研究指出,对易地扶贫搬迁高"自愿性"具有贡献的重要基础是地方官员和潜在搬迁户的利益目标相融(Xue 等,2013)。一方面,地方政府官员与搬迁者并非工程项目或生态恢复项目中的那种对抗关系,尤其是易地扶贫搬迁从资金使用到配套服务供给与设施建设都受到上级政府严格监管,搬迁户的补贴资金也直接进入个人银行账户,这就意味着地方官员从易地扶贫搬迁中"寻租"的可能性很低。另一方面,干部目标责任制下,县级和乡镇层级官员不仅要对搬迁率负责,更要对搬迁后的稳定性负责,只有提升搬迁的自愿性和满意度才能降低搬迁者回迁到旧居所的发生率。也即中央统筹、省负总责、市县抓落实的工作机制确保了搬迁资金来源有保障、具体工作有落实、官员激励约束机制与搬迁群众利益相融,从而在很大程度上提升了易地扶贫搬迁的成效。

此外,即便在二元论框架下,依然有大量研究认为中国的扶贫移民是自愿移民或者准自愿移民。扶贫移民是为解决或缓解人口与资源环境尖锐矛盾和促进贫困人口发展而组织的自愿性移民（陆汉文等，2015），在 20 世纪 70 年代已有成功的案例，并从 1982 年被作为大规模缓解贫困的手段，也被称为"中国政府组织的农村自愿移民"（白南生等，2000）或"有组织的自愿移民"（唐丽霞等，2005）。脱贫攻坚以来，随着扶贫移民规模日趋扩大，搬迁后短期内的安置和扶持措施也未必充分，部分人的搬迁意愿不高或存在顾虑，故而也有学者称为"准自愿移民"（檀学文，2019）。关于自愿性的质疑主要表现在知情程度上，在自愿移民的"免费、优先、知情权"典型原则下，一方面，受访者强烈表示愿意参与搬迁安置，其中更年轻、更富足、从事非农工作的人群搬迁安置意愿更高，免费搬迁可满足多数搬迁者生活改善的意愿；另一方面，村民们对重新安置的详细信息了解不足，或缺乏足够时间考虑，从而影响自愿性的水平（Lo 和 Wang，2018）。

三、以脱贫为目的的移民搬迁政策演进

自 20 世纪 80 年代政府在"三西"地区实施有组织的移民扶贫至今，近四十年的移民扶贫（易地扶贫搬迁）政策演进，呈现出不同时期的社会经济发展阶段状况和扶贫形势的变化，以及扶贫搬迁政策在不同阶段的经验继承和特征差异。

整体而言，伴随农村生产力水平的提升和区域性扶贫开发政策的推进，剩余农村贫困人口越来越向自然资源贫瘠、生态环境恶劣、人口严重超载的地区集中，而移民扶贫也随之从局部地区的创举变为多地扶贫实践手段，并在 21 世纪以后从国家层面的试点探索逐步铺开及至进入全面攻坚。随着国家财政能力的提升，移民扶贫的资金来源更加体现出中央财政的亲贫性特征和引导性作用。与此同时，在新型城镇化推进、乡村振兴战略实施的背景下和城乡融合发展的趋势下，移民安置方式逐步走向农业安置与非农安置并举、移民安置与城镇建设融合、移民扶持与三产融合发展结合等特征。

（一）20 世纪八九十年代：有组织的移民扶贫路径的开创与地方性探索

"三西"扶贫开发开创了政府有组织的移民扶贫路径。"三西"扶贫

开发在改变过去的单纯临时性救济为集中投入的经济开发性建设、开启全国区域性开发和成片扶贫工作先河的同时,也通过扶贫移民解决中部干旱地区贫困问题从而开启了政府组织扶贫移民的开端。以定西为代表的甘肃中部干旱地区是水土流失严重、自然环境极其严酷的地区,而乌鞘岭以西的广袤的河西地区,靠发源于祁连山的三条内陆河的滋润和灌溉,形成了一系列绿洲,具备发展农业生产的潜力条件。1982 年,中央财经领导小组决定将以定西为代表的中部干旱地区、河西地区和宁夏回族自治区的西海固地区的农业建设,作为全国农业区域性开发建设的重点项目列入国家计划,从 1983 年开始,每年拨出 2 亿元作为"三西"建设专款①,连续支持 20 年。按照"兴河西、河套之利,济定西、西海固之贫"以及"有水走水路,没水走旱路,旱路不通另找出路"的建设方针,同时实现增加河西地区粮食产出、缓解定西和西海固地区贫困和保护三地区生态环境的三重目标(白南生等,2000)。其中,扶贫移民即是从干旱的定西和西海固山区迁移部分人口至河西地区、河套和沿黄两岸水、土、光、热资源丰富地区开发荒地,使移出的贫困户获得较好的生存条件、稳定解决温饱问题,而留下的在以定西为代表的干旱半干旱地区的农民,其生存空间得到改善,温饱问题(甚至吃水问题)得到有效解决(刘光华,2013)。通过五年建设,河西地区已开始发挥向中部提供商品粮和接受移民的作用。② 在甘肃省和宁夏回族自治区政府的组织下,到 1998 年年底,已从特困地区向新开发的灌区移民 63 万人(白南生等,2000)。扶贫移民虽然是"三西"农业建设计划的重要组成部分,但相对于其他建设内容,其资金投放比例较低③,处于在特定区域的初步探索。

---

① 《李登瀛同志在省直单位主要负责同志讨论真理标准问题学习班结束时的讲话》(1979 年 9 月 24 日),甘肃省档案馆,全宗号 91,目录号 012,卷卷号 0277。

② 参见《国务院关于"三西"地区农业建设进展情况和今后五年建设意见报告的批复》,《中华人民共和国国务院公报》1988 年第 5 号(总号 558),见 http://www.gov.cn/gongbao/shuju/1988/gwyb198805.pdf。

③ 在"三西"农业建设计划前五年(1983—1987 年),国家给"三西"地区拨付的专项建设资金中用于开荒、移民的占 5.9%。资料来源:《国务院关于"三西"地区农业建设进展情况和今后五年建设意见报告的批复》,《中华人民共和国国务院公报》1988 年第 5 号(总号 558),见 http://www.gov.cn/gongbao/shuju/1988/gwyb198805.pdf。

20世纪90年代,中央引导、地方实践,移民扶贫成为多省(自治区)扶贫手段。经前期农村生产关系变革释放巨大改革红利之后,未能解决温饱的贫困人口主要分布在自然资源缺乏、人口超载地区。1994年,国务院制定和实施《国家八七扶贫攻坚计划》,明确了力争用7年左右的时间,基本解决目标全国农村8000万贫困人口的温饱问题,而这些贫困人口主要集中在当时国家重点扶持的592个贫困县,分布在中西部的深山区、石山区、荒漠区、高寒山区、黄土高原区、地方病高发区以及水库库区,而且多为革命老区和少数民族地区,具有地域偏远、交通不便、生态失调、经济发展缓慢、文化教育落后、人畜饮水困难、生产生活条件极为恶劣等共性特征。由此,《国家八七扶贫攻坚计划》明确将"对极少数生存和发展条件特别困难的村庄和农户,实行开发式移民"作为扶贫开发的基本途径之一。在中央政策的引导下,除了早先的甘肃、宁夏之外,中西部多个省(自治区)也制定和出台了扶贫移民相关政策。其中,广西壮族自治区这一时期运用移民方式扶贫的典型,对居住在石山地区缺乏生产、生活条件的部分贫困群众实行异地安置,计划从1993年至2000年,通过政府行为安置石山地区部分贫困人口25万人。自1993年移民扶贫计划实施开始至1998年,广西壮族自治区共建立了200多个异地安置点,从22个石山贫困县移出贫困户20万人,主要从事农业综合开发(白南生等,2000)。除甘肃、宁夏、广西三个省(自治区)外,自1996年起,广东、湖北、陕西、吉林、山西等省份也将移民纳入了扶贫计划。

(二)从"十五"时期到"十二五"时期:易地扶贫搬迁从国家层面试点走向推广

2001年以后,国家按照"先行试点、逐步扩大"的原则,在内蒙古、贵州、云南、宁夏4个省(自治区)开展易地扶贫搬迁试点,随后又陆续扩大到全国17个省(自治区、直辖市)。国家发展改革委设立了中央预算内投资专项支持易地扶贫搬迁,并逐步增加资金支持总量和人均补助标准,形成了稳定的资金投入渠道,对居住在生存环境恶劣、"一方水土养不好一方人"地区的贫困人口组织实施了易地扶贫搬迁。截至2015年,国家累计安排易地扶贫搬迁中央补助投资363亿元,搬迁贫困群众680万余人。

2001年,国务院印发的《中国农村扶贫开发纲要(2001—2010年)》指出,到2000年年底,除了少数社会保障对象和生活在自然环境恶劣地区的特困人口,以及部分残疾人以外,全国农村贫困人口的温饱问题已经基本解决,并在扶贫开发的内容和途径中明确"稳步推进自愿移民搬迁"。同年,《国家计委关于易地扶贫搬迁试点工程的实施意见》发布,决定利用国债资金在西部地区开展易地扶贫搬迁试点工作。其基本任务是通过试点,在解决部分贫困群众脱贫和恢复改善迁出地生态环境的同时,积极探索、总结开展易地扶贫搬迁工作的主要形式、基本特点、主要方法和经验教训,为今后的推广打好基础。"十五"期间累计安排国债投资56亿元,搬迁122万人。

2007年,国家发展改革委印发《易地扶贫搬迁"十一五"规划》,该文件明确:易地扶贫搬迁亦称生态移民,旨在达到消除贫困和改善生态双重目标;实施范围为西部农村贫困地区,重点是西部地区国家扶贫开发工作重点县。"十一五"期间,国家累计安排易地扶贫搬迁中央预算内投资76亿元,连同地方投资总投资106亿元,搬迁162.7万人。

2012年,国家发展改革委发布《易地扶贫搬迁"十二五"规划》,其实施范围为中西部地区(不含新疆和西藏),重点是集中连片特殊困难地区。首次明确,按照中央统筹、省负总责、市县抓落实的要求组织实施易地扶贫搬迁。"十二五"时期,在易地扶贫搬迁试点经验基础上,国家进一步加大了易地扶贫搬迁工作力度[①]:累计安排中央预算内投资231亿元,是前10年投入的1.75倍;累计搬迁贫困人口394万人,是前10年的1.37倍;同时,带动其他中央部门资金、地方投资和群众自筹资金近800亿元。

(三)脱贫攻坚战以来:易地扶贫搬迁走向全面攻坚

面向全面建成小康社会,贫困问题依然是最突出的"短板",而生活

[①]　资料来源:《国家发改委等关于印发"十三五"时期易地扶贫搬迁工作方案的通知》,见http://www.cpad.gov.cn/module/download/downfile.jsp?filename = 1704281114592202439.pdf&classid = 0。

在生产生活条件恶劣地区人口的贫困问题则是"短板"中的"短板"。按照精准扶贫精准脱贫基本方略,各地组织开展了大规模的扶贫对象精准识别工作。根据全国扶贫开发信息系统数据,2015 年全国还有约 1000 万建档立卡贫困①人口仍生活在"一方水土养不好一方人"的地区。基于这一现实情况,党中央、国务院决定用 5 年时间,将 1000 万贫困群众搬迁移民,彻底摆脱恶劣的生存环境和艰苦的生产生活条件,增加就业机会,实现稳定脱贫。按照党中央、国务院决策部署,"十三五"时期,中国将加快实施易地扶贫搬迁工程,通过"挪穷窝""换穷业""拔穷根",从根本上解决约 1000 万建档立卡贫困人口的稳定脱贫问题。

四、"十三五"期间易地扶贫搬迁的总体实施概况

党的十八大以来,党中央、国务院制定实施了一系列力度更大、强度更高的政策措施,为贫困地区加快发展和贫困人口脱贫注入新动力。2015 年,《中共中央　国务院关于打赢脱贫攻坚战的决定》吹响脱贫攻坚战的冲锋号。遵循新时期精准扶贫精准脱贫基本方略,易地扶贫搬迁作为脱贫攻坚的"头号工程",进一步在扶贫体制机制上大力创新,以确保搬迁人口"搬得出""稳得住""能致富"。2015 年 12 月,国家发展改革委、国务院扶贫办等五部门联合印发《"十三五"时期易地扶贫搬迁工作方案》,2016 年 9 月,国家发展改革委印发《全国"十三五"易地扶贫搬迁规划》。根据规划,"十三五"时期易地扶贫搬迁的迁出区范围涉及全国22 个省(自治区、直辖市)约 1400 个县(市、区),主要为自然条件严酷、生存环境恶劣、发展条件严重欠缺且建档立卡贫困人口相对集中的农村贫困地区,搬迁对象为上述范围内需要实施易地扶贫搬迁的建档立卡贫困人口约 981 万人,同时,各地计划同步搬迁约 647 万人。

对标全面建成小康社会的目标,"十三五"时期的易地扶贫搬迁目标是,到 2020 年实现约 1000 万建档立卡贫困人口的搬迁安置,同时实现:(1)搬迁对象住房安全得到有效保障;(2)安全饮水、出行、用电、通信等

---

① 按照 2010 年贫困标准。

基本生活需求得到基本满足;(3)享有便利可及的教育、医疗等基本公共服务;(4)迁出区生态环境明显改善;(5)安置区特色产业加快发展;(6)搬迁对象有稳定的收入渠道,生活水平明显改善,全部实现稳定脱贫。

"十三五"期间搬迁对象贫困程度之深、搬迁规模之大、工作链条之长、实施难度之大,前所未有,因此需以更大气力、采取超常规举措补齐该"短板"。《全国"十三五"易地扶贫搬迁规划》面向全面建成小康社会的目标和脱贫攻坚"补短板"的任务要求,基于过去三十多年移民扶贫经验和十五年易地扶贫搬迁经验的工作基础,结合现实形势与挑战、挖掘工作有利条件,形成了工作方案、搬迁规划和政策问答、配套支持政策、资金管理办法、后续扶持工作指导意见等完善的政策制度体系,加大投入、创新机制,因地制宜、综合施策。

按照党中央、国务院的统一部署,国家发展改革委会同国务院扶贫办、财政部、自然资源部、中国人民银行等部门和22个有易地扶贫搬迁任务的省份全力推进、合力攻坚,易地扶贫搬迁工作取得了巨大成效。一是建设任务取得决定性进展,"搬得出"问题得到根本解决。二是立足安置区资源优势,因户因人施策,促进搬迁群众增收,"稳得住"目标基本实现。三是配套政策和后续帮扶措施趋于完善,"能脱贫"的稳定性较好。根据国家发展改革委发布的数据①,截至2020年3月底,全国累计建成易地扶贫搬迁安置住房266万余套,实现搬迁入住建档立卡贫困人口947万人,搬迁入住率达99%。其中,河北等14个省份已全面完成搬迁入住。各地已拆除旧房182万套,折旧率88%,已为超过900万建档立卡搬迁人口落实后续扶持措施,89%的有劳动力的搬迁家庭实现一人及以上人口就业。尽管新冠肺炎疫情对安置住房和配套设施的施工带来了冲击,但是随着统筹推进疫情防控和脱贫攻坚工作取得明显成效,疫情对易地扶贫搬迁安置区建设的不利影响逐步消除:截至2020年4月中旬,26个安置区配套设施扫尾工程和132个已开工的大型安置区教育医疗设施

---

① 国家发展改革委:《易地扶贫搬迁已实现入住947万人》,见 https://www.ndrc.gov.cn/fggz/dqzx/tpgjypkfq/202004/t20200423_1226472.html。

补短板项目均已全部复工;截至 2020 年 8 月中旬,"十三五"易地扶贫搬迁住房建设任务和配套设施扫尾工程已全部完成,建档立卡贫困搬迁群众基本实现全部入住。

第二节　易地扶贫搬迁实施方案

在脱贫攻坚阶段,易地扶贫搬迁之所以取得重大成效,一方面在于易地扶贫搬迁作为扶贫手段已历经长期实践形成了有效经验,特别是建立了系统的政策支持体系和管理监督体系;另一方面,精准识别和精准帮扶的扶贫体系,进一步提升易地扶贫搬迁对象的精准性和措施的有效性。这套比较成熟的易地扶贫搬迁实施经验,主要表现在:结合贫困地区实际,精准识别搬迁对象;顺应农民群众期盼,科学合理选择安置模式;中央预算内投资撬动,多渠道筹资政策性贷款保障;强化加强建设工程管理监督,确保移居工程质量;严格控制搬迁成本,减轻贫困群众负担;统筹安置帮扶措施帮助,支持搬迁群众移民生计尽快适应。

一、结合贫困地区实际,精准识别搬迁对象

一是易地扶贫搬迁对象的识别通过贫困人口和易地扶贫搬迁贫困人口同步识别认定,将居住在生产生活条件恶劣地区且自愿搬迁的建档立卡贫困人口,按规定程序确定为易地扶贫搬迁建档立卡贫困人口,整户识别、整户搬迁。以河北省蔚县为例,易地扶贫搬迁贫困人口识别,是在县确定符合易地扶贫搬迁条件区域的前提下,按照以下程序进行:(1)深入宣传,讲清讲透搬迁政策;(2)调查摸底,充分征求贫困户意见,并填报贫困户登记表,注明搬迁意愿(包括:是否自愿搬迁;自愿搬迁的,是集中安置还是分散安置);(3)有搬迁意愿的贫困户提交搬迁申请;(4)村委会审查并公示;(5)乡(镇)复查公示;(6)县扶贫部门审核;(7)农户与乡(镇)签订搬迁协议;(8)县政府进行公告;(9)建立易地扶贫搬迁建档立卡贫困人口台账;(10)录入全国扶贫信息系统。在精准识别工作完成后,省扶贫办会同省发改委提出调整意见,按规定程序报批后,经国务院扶贫办

同意,在全国建档立卡信息系统录入搬迁贫困户信息,进而完成建档立卡贫困人口确认调整。

二是结合地区实际,各地对部分生活在同一村庄但缺乏发展空间、返贫风险高的非贫困户实施同步搬迁,并与贫困户共享基础设施和公共服务设施。同时,注重长期目标和短期目标结合,综合考虑贫困地区现有资源条件和安置容量稳步推进同步搬迁,防止出现弄搬漏搬情形。

二、遵循城乡发展规律,合理选择安置模式

易地扶贫搬迁不仅是减贫过程,更是区域内部人口区域布局优化的过程,该过程与城乡社会变迁、城镇化趋势相吻合。通过优化欠发达地区的人口布局结构,有助于提升经济社会的集聚发展。"十三五"易地扶贫搬迁按照群众自愿、应搬尽搬的原则,结合新型城镇化和新农村建设,采取了集中安置为主、集中安置与分散安置相结合的方式合理选择安置模式。在选择具体安置区时,遵循城乡统筹、布局优化、集约用地、规模适度的原则,注重与当地土地利用总体规划、城乡建设总体规划的衔接,主要利用存量建设用地、荒山和荒地。集中安置区选址以有利脱贫为原则,尽量选择特色资源优势突出、开发利用潜力较大的地区,主要是交通较为便利、基础设施和公共服务设施较为完善、产业发展较好的中心村、小城镇、产业园区。

各地科学选择适合本地区搬迁群众脱贫的安置方式,鼓励文化程度较高、具有一定劳动技能的搬迁群众向城镇、工业园区、旅游景区搬迁;引导农业技能较强的搬迁群众向中心村或移民新村搬迁;对无劳动能力的搬迁群众,通过社会保障政策予以兜底。如河南、安徽等省份将安置区选择在县城、园区、乡镇、乡村旅游点附近,努力为搬迁群众就近就业提供便利条件。宁夏回族自治区依托引黄灌溉工程,为南部干旱地区的搬迁群众提供一定面积的水浇地进行有土安置。贵州省充分考虑"八山一水一分田"的地理特征,结合工业园区用工需求,将石漠化地区贫困群众安置到城镇或产业园区。四川、云南等省份依托当地丰富的人文和自然资源,结合安置区建设发展乡村旅游,帮助搬迁群众增收脱贫。

三、中央预算内投资撬动,多渠道筹资保障

按照《全国"十三五"易地扶贫搬迁规划》,"十三五"时期易地扶贫搬迁总投资 9463 亿元,其中,建档立卡搬迁人口住房和安置区建设投资占 62.6%,同步搬迁人口住房建设投资占 27.9%,土地整治和生态修复等其他投资占 9.5%。该阶段,中央预算内资金对易地扶贫搬迁的支持力度大幅增加,中央预算内人均建房补助标准大幅提高。2016—2019年,中央财政投入易地扶贫搬迁支持资金 800 亿元,中央财政年均投入额达到"十二五"时期的 4.33 倍。在大幅增加易地扶贫搬迁中央预算内投资规模、提高人均建房补助标准的基础上,积极拓宽筹资渠道,充分发挥 800 亿元中央预算内投资的撬动作用,带动专项建设基金、中长期低息贷款、地方政府债务资金、群众自筹资金等各类资金支持易地扶贫搬迁。针对部分地区地方政府存在的隐性债务问题,在确保易地扶贫搬迁人均筹资标准不变的前提下,国家发展改革委配合财政部将贷款融资统一规范调整为地方政府发债融资,确保资金不断档、工程项目有序推进。截至 2019 年年底,"十三五"时期易地扶贫搬迁规划的各类资金下达总额近 6000 亿元。其中,优先安排"三区三州"等深度贫困地区搬迁建设任务,充分保障资金需求,支持"三区三州"统筹搬迁结余资金、财政涉农资金、社会帮扶资金等,支持搬迁群众后续产业发展和转移就业、技能培训工作。

四、强化工程管理监督,确保移居工程质量

坚持加强建设管理,敢于较真碰硬的工作机制,促进了搬迁成效的全面提升。

一是加强选址勘察与工程建设安全监管。通过安置区及周边的地质勘察,规避潜在灾害风险,鼓励采取"统一规划、统一建设""统一规划、自行建设"等方式施工建设,在工程实施过程中,注重引导搬迁群众全流程参与安置房设计、工程招标施工、材料采购、质量监管,有效保障搬迁群众的知情权和参与权。

二是建立监管巡查机制,监督搬迁政策执行不走偏。围绕易地扶贫

搬迁关键环节和政策"红线",2017 年国家发展改革委建立每两个月一次的易地扶贫搬迁常态化稽查机制,2018 年进一步建立常态化事中事后监管巡查机制,通过常规性监管巡查和机动式监管巡查等方式,实现对 22个有搬迁任务的省份监管巡查全覆盖。

三是建立工作进展定期调度机制,督促工程项目建设有序落实。通过及时调度和通报各省项目推进、资金承接、脱贫措施落实等进展情况,督促加快工程项目建设。2016 年以来,国家发展改革委下达易地扶贫搬迁整改通知数十份,约谈部分省份易地扶贫搬迁主管部门负责同志,起到了纠错纠偏作用。

四是及时激励先进树典型,督促落后抓整改。2016—2018 年,每年对 22 个省份易地扶贫搬迁工作成效进行综合评价,对主动作为、成效明显的省份给予通报激励,通过督促落后、激励先进,推动各地易地扶贫搬迁工作有序推进。及时印发整改通知,较真碰硬督促各地深入排查、举一反三、全面整改。对审计、巡视、信访等途径反映的问题进行核查,确保阳光搬迁、廉洁搬迁。通过通报、约谈等手段,督促指导地方深化对各类发现问题的整改。

五、严格控制搬迁成本,减轻贫困群众负担

一是按照严格执行保障基本需求的住房建设标准来控制搬迁成本,二是通过控制自筹资金额度来避免搬迁户因搬迁而举债。按照国家《"十三五"时期易地扶贫搬迁工作方案》中"保障基本、安全适用"的原则要求,建档立卡搬迁人口住房建设面积严格执行不超过 25 平方米/人的标准①,户均自筹低于 1 万元。此要求旨在扣制贫困群众因建大房的冲动而举债搬迁的现象,或建设面积差距悬殊而造成新的不公平。以河北省为例,按照国家和河北省"十三五"时期易地扶贫搬迁规划、实施方案等要求,河北省集中安置项目投资建设标准为人均 6 万元。其中,贫困

---

①　人均建房不超 25 平方米的政策旨在保障了搬迁户住房的基本需求,而对于日后脱贫致富可能形成新需求的,可在目前"一户一宅"安置条件下在宅基地上预留续建空间,或采取先打二层、三层的地基,等以后有能力后再续建或加层。

人口人均自筹 3000 元,剩余 5.7 万元通过中央预算内投资、省级政府地方债项目资本金、专项建设基金项目资本金、易地扶贫搬迁长期贷款筹集。筹集资金主要用于搬迁对象的住房安置、配套基础设施和公共服务设施建设等。对选择投亲靠友等方式自行安置的,建档立卡贫困人口人均享受住房建设最低补助 2 万元,签订旧房拆除协议的人均奖励参考标准为 1.5 万元。同时,具体标准由相关县(市、区)统筹地方财力自行确定。

六、统筹安置帮扶措施,支持移民生计适应

统筹安置帮扶措施,形成系统化的后续支持体系,是助力搬迁户实现生计适应的重要经验。易地扶贫搬迁并非简单的人口空间移动,而是涉及搬迁人口生产生活方式转变、文化习俗适应和社会融入等复杂因素的问题,加之搬迁原因和群体特征本身的约束,意味着易地扶贫迁移户具有较高的脆弱性,搬迁后的可持续生计和生活适应都会面临风险和困难。已有研究显示,易地扶贫搬迁主要通过降低搬迁者从生态系统中获得收入的比例、提高其从社会经济活动中获得收入的比例,从而优化其收入结构(Li 等,2019)。新住房的补贴、子女上学便利性的提升、各类基础设施和公共服务可及性的提升、新的经济参与机会等是目标人群积极参与搬迁的关键原因(Xue 等,2013)。从根本上防范搬迁"后遗症",实现搬迁户安居乐业,需要在搬迁安置点设施建设的基础上,继续统筹解决好移民就学、就医、创业就业、文化适应、社区融入等问题,系统化地支持搬迁户更快地适应和融入搬迁安置后的生活。例如,贵州省在 2016 年围绕解决"搬出来后怎么办"的问题,提出了易地扶贫搬迁"5 个三"生计保障和后续扶持配套政策,致力于盘活搬出地资源要素,改善搬入地生产生活条件,拓宽稳定就业和增收渠道(见专栏 8-1)。

专栏 8-1　贵州省"5 个三"生计保障和后续扶持配套政策

贵州从系统工程视角,审视和总结过去实践中的经验教训,探索了易地扶贫搬迁生计保障和后续发展"5 个三"经验,并以省委、省政府文件印发全省推广。

一是盘活"三块地",即承包地、山林地和宅基地,对搬迁户"三块地"进行确权,赋予相应承包经营权,确保搬迁群众按照政策享受的土地、林地等惠利政策不变。通过合作社、扶贫公司等组织方式对土地打包开发、规模经营,把农村资源变资产、把资产变资金,让土地继续成为搬迁户的收入来源,成为他们可持续生活的保障。

二是统筹"三就",即就业、就学和就医,勾实做到稳定外出务工解决一批、本地就业安置一批、产业项目扶持一批、公益性岗位兜底一批,确保每户就业1人以上,并实现就近就医和子女入学。

三是衔接"三类保障",即低保、医保和养老保险,搬迁群众既可继续在原迁出地入保,也可通过灵活方式在安置地入保,确保应保尽保、同等待遇、平稳衔接。

四是建设经营性"三个场所",即经营性服务公司、小型农场和公共服务站,把安置点商业门面和其他政府性资产交给公司经营,收益用以补贴搬迁户水电讯和物管支出;就近流转适当土地开办"微田园",让60岁左右的老人耕种蔬菜自给自食,记住乡愁;在安置区配置老年活动中心和儿童托管中心,避免因年轻人外出务工导致老年人和儿童无人照顾,让搬迁群众有更多获得感和幸福感。

五是探索建立服务群众"三种机制",即集体经营、社区管理服务、群众动员组织,通过集体经营方式统筹提高安置点资源资产效益,成立社区管委会、党小组、互助组等做好安置点社会管理和精神文明事业,组织动员搬迁群众投工投劳建设新家园,帮助搬迁群众解决具体困难,全面提升搬迁质量和工作成效。

从全国来看,在后续扶持政策方面,2019年7月,国家发展改革委联合10部门印发《关于进一步加大易地扶贫搬迁后续扶持工作力度的指导意见》,已经明确后续扶持的总体要求、主要目标、重点任务和支持政策。

2020年3月,国家发展改革委联合12部门印发了《关于印发2020年易地扶贫搬迁后续扶持若干政策措施的通知》,从完善安置区配套基础设施和公共服务设施、加强安置区产业培育和就业帮扶、加强安置社区管理、保障搬迁群众合法权益、加强统筹指导和监督检查等方面共出台25项具体政策措施。这些政策措施对稳定帮扶效果,推动易地扶贫搬迁后续扶持工作与推进新型城镇化、乡村振兴战略有机衔接具有积极导向作用,也是扶贫搬迁脱贫成果成效化的核心经验。

第三节　易地扶贫搬迁的实施效果评估

结合各省的实施效果,特别是结合易地扶贫搬迁专题追踪调研数据,"搬得出"的问题得到有效解决,"稳得住"的局面基本形成,"能脱贫"的稳定性较好。本章对易地扶贫搬迁实施效果的评估主要基于两类资料:一是全国和各地易地扶贫搬迁工作实施效果梳理和总结类资料,二是2016—2019年8省16县易地扶贫搬迁专题追踪调研数据①(以下简称"易地扶贫搬迁专题调研数据")。需要说明的是,本章利用易地扶贫搬迁专题调研数据所计算的各项比例数据并不代表总体水平,但其中揭示的现象、反映的问题、得出的结论具有参考价值。

一、"搬得出"的问题得到解决

在2019年追踪的1456户"十三五"易地扶贫搬迁户中,有1189户已搬迁入住,搬迁率达到81.7%。已搬迁户的户均搬迁距离达到29.2千

---

① 该项专题调研是由中国人民大学中国扶贫研究院组织开展的追踪调研。调研区域位于湖北、湖南、广西、四川、贵州、云南、陕西、甘肃8省(自治区)16县,覆盖武陵山片区、滇桂黔石漠化片区、秦巴山片区、乌蒙山片区、六盘山片区5个片区的15个片区县以及1个片区外国家级扶贫工作重点县。基期调查实施于2016年6月至7月,调研对象为列入搬迁对象范围但尚未实施搬迁的家庭,调查样本共计2185户8330人(其中建档立卡搬迁户2019户7649人,非建档立卡同步搬迁户166户681人)。2019年7月,跟踪调研共追踪2034户(占基期调研样本户的93.1%),其中1456户为"十三五"时期,易地扶贫搬迁户,另578户因危房改造、不想搬迁、清退、美丽乡村建设、原址重建等原因未被纳入"十三五"搬迁计划。

米,其中贵州省的户均搬迁距离最远,为 76.4 千米,甘肃、广西也分别达到 65.8 千米和 56.4 千米,陕西、湖北、四川、云南的户均搬迁距离约为 3 千米及以下。

值得注意的是,由于专题调研的目的在于考察追踪易地扶贫搬迁户的搬迁状况与生计适应等,并非对某阶段的搬迁水平的抽样,所以样本所示的各省相关指标的差别,并不能代表各省实际总体水平的差异。例如,2018 年年底,甘肃省"十三五"时期 50 万建档立卡搬迁群众已入住 39.3 万人,入住率 78.6%,但专题调研数据中,甘肃省调查样本的搬迁率仅为 50%。实际上,大部分省份都在 2019 年年底基本完成了搬迁任务,并在 2020 年继续巩固提升搬迁成果。

样本中已搬迁户有将近 40% 是自然村(村民小组)整体搬迁,其中,甘肃、云南、贵州的自然村(村民小组)以整体搬迁为主(超过八成),而陕西、湖南、广西、湖北、四川则是分散搬迁为主。样本中已搬迁户超过 70% 为集中安置方式,除了四川省以分散安置为主,其余省份均以集中安置为主。

在关于移民搬迁户的许多报道中,乡村旅游受到追捧,但从调查数据显示的集中安置的具体方式来看,大多数易地扶贫搬迁地区并不具备乡村旅游的资源,政策更应侧重对村内就近安置、县城、小城镇或工业区安置、移民新村安置等安置方式下搬迁户搬迁适应性和发展能力的关注。截至 2019 年调查时,所调查的已搬迁户其集中安置的具体安置方式中,行政村内就近安置的方式和县城、小城镇或工业园区安置的方式各占四成以上,另外,建设移民新村安置的也达到 14.2%,乡村旅游区安置和其他安置方式占比很小。

已有研究显示,不同安置方式和安置模式下的群体在福利水平和生态系统依存度上具有明显差别(Li 等,2019;Li 等,2020),易地搬迁、集中安置、自愿搬迁以及新阶段的搬迁安置户更加接近高福祉、低生态环境依存度的模式。但无论搬迁方式上是自然村(村民小组)整体搬迁还是分散搬迁,安置方式上是集中安置还是分散安置,实际上都以迁出区域和安置区的具体条件为考量,比如搬迁区的生态环境和地形地势条件、建档立卡贫困户的状况、可供安置的区域条件等，因而也呈现明显的地区差异。例如，贵州、广西、湖南、山西等省份以集中安置为主，靠县城、靠园区、靠乡镇、靠乡村旅游点选址布局主要采用新建安置点进行安置。其中，贵州作为全国易地扶贫搬迁规模最大的省，全部实行城镇化集中安置，广西是移民扶贫历史最久的地区之一，也采用以集中安置为主、分散安置为辅的安置方式（见专栏 8-2）。

专栏 8-2　搬迁情况与安置方式：以贵州和广西为例

贵州是全国易地扶贫搬迁规模最大的省份，也是唯一全部实行城镇化集中安置的省份。"十三五"期间，贵州省计划实施易地扶贫搬迁 188 万人（其中建档立卡贫困人口 150 万人），实际完成 192 万人的易地扶贫搬迁工作。在安置方式上，以 2019 年 3 月的数据来看，贵州省城镇化集中安置率达 95%；在安置点分布和安置规模上，一是以大规模集中安置为主，800 人以上的管理单元占总安置规模的 91.7%，二是以城集镇、无土安置为主，无土安置规模占 95.9%，无土安置与有土安置规模比为 18：1。按安置地点划分，搬迁总规模中，县城安置点、城集镇安置点、中心村管理单元的安置规模比为 17：4：1。

广西是移民扶贫历史最久的地区之一，"十三五"时期计划搬迁建档立卡贫困人口为 71 万人，截至 2019 年年底，广西提前一年完成"十三五"时期易地扶贫搬迁规划建设任务，搬迁人口全部入住。该区易地扶贫搬迁以集中安置为主，以分散安置为辅。集中安置主要在园区、城镇、中心村、景区、交通便利的地方安置。分散安置主要包括插花安置、投亲靠友等，作为集中安置的补充。

二、"稳得住"的局面基本形成

（一）搬迁对象住房安全得到有效保障

易地扶贫搬迁对于提升广大贫困地区群众的住房质量安全和居住条

件具有重要的作用。从调查数据看,易地扶贫搬迁户的住房结构在搬迁后大为改观。搬迁前,受调查的搬迁户中,76.6%居住于土木结构的房屋中,7.8%居住的是石头房,0.2%居住的是茅草房;而搬迁后,96.7%的住房为砖混结构,其余为砖木结构,彻底消除了居住在石头房和茅草房中的情形。

(二)基础设施和公共服务得到更有效的保障

异地扶贫搬迁在改善搬迁户住房条件的同时,也大幅改善了相应的基础设施和公共服务,并通过合理的搬迁安置模式和持续而强有力的后续帮扶政策稳定了易地扶贫搬迁的成果。一方面,通过因地制宜搬迁安置和因户施策的针对性扶持提高了搬迁户的满意度和搬迁适应能力;另一方面,稳定的帮扶政策也给搬迁户带来了积极的脱贫和发展预期,这在很大程度上缓解了搬迁户对易地扶贫搬迁带来的生存发展和心理适应等方面问题的顾虑。

从专题调查数据看,易地扶贫搬迁后,搬迁户居住的海拔普遍降低,搬迁户样本的居住点平均海拔从搬迁前的982米下降到搬迁后的772米,尤其是居住在2400米以上的比例从搬迁前的13.6%至搬迁后全部消除。通常情形下,搬迁户从山顶、山坡等位置搬迁安置到较平坦区域有助于集中提供基础设施和公共服务供给,并且随着时间的推移,基础设施和公共服务方面的供给保障在提升"稳得住"方面会具有越来越突出的作用。

从追踪调查的满意度来看(见图8-1),相比2017年,易地扶贫搬迁户在2019年的总体满意度有很大幅度提升,在具体内容上,所有维度的满意度都有所提高,特别是一直以来备受群众关注的幼儿园、小学、初中学校、诊所、医院这几个重要方面,搬迁满意度有很大的提高,这很有可能表明已搬迁户在搬迁后逐步享受到这些公共服务带来的益处,因而提高了对搬迁的满意度。

(三)搬迁户具有较高的融入适应度和幸福感

易地扶贫搬迁的工作链条很长,搬离原来村庄的,通常还涉及旧村农村集体产权处置、安置区的社区融入、搬迁后的社会保障等一系列权益问

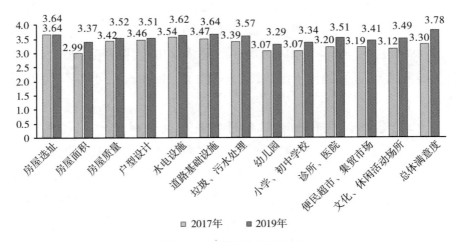

图 8-1　已搬迁户的满意度

注:满意度测量的满分为 5 分。
资料来源:易地扶贫搬迁专题调研数据。

题,这些权益都直接影响搬迁户能否"稳得住"。"搬得出"和"稳得住"被同步考虑时,有助于提高搬迁安置的稳定性,避免搬迁户跑回原地。以山西岢岚县通过整村搬迁攻克深度贫困的做法来看,该县通过促进旧村开发的同时保持耕地经营权、林地所有权、集体资产收益权"三权不变",发展新区产业的同时确保每个搬迁户对接 1 个企业、参与 1 个产业项目、有劳动能力的 1 人就业;强化兜底保障的同时送医疗服务到村到户等方式,有效提高了搬迁户"稳得住"。

　　从专题调查数据中已搬迁建档立卡贫困户的追踪情况看,相比 2017 年调查时的状况,2019 年这些建档立卡贫困户搬迁户总体适应状况有所改善,无论是村民之间的熟悉程度、互相帮助程度还是对未来发展状况的评价,都有所提高(见图 8-2)。另外,从已搬迁户适应状况的自我评价来看,超过 90% 的搬迁户对搬迁后的生活有较好的适应,其中自评价为非常适应的占 57.7%,比较适应的占 35.9%,比较不适应和非常不适应的分别占 0.9% 和 0.2%。

　　进一步地,从是否已搬迁以及搬迁时间先后来看易地扶贫搬迁户的主观幸福感(见图 8-3),可以发现易地扶贫搬迁与搬迁户幸福感的提升

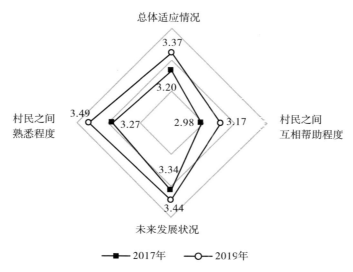

图 8-2　已搬迁建档立卡贫困户的适应状况

注:各类程度的最高分为 5 分。
资料来源:易地扶贫搬迁专题调研数据。

有明显关联。首先,在整体水平上,三条线的相对位置表明,已搬迁户的主观幸福感高于目前尚未搬迁户,越早搬出的搬迁户其幸福感水平越高(2017 年搬迁户的主观幸福感高于 2018 年搬迁户)。其次,从每条线的趋势来看,已搬迁户主观幸福感的提升幅度高于目前尚未搬迁户,越早搬出的搬迁户其幸福感的提升幅度越大(2017 年搬迁户的主观幸福感上扬幅度高于 2018 年搬迁户)。当然,不同搬迁状态的易地扶贫搬迁户的差别,并非仅仅是由搬迁本身带来的,而是易地扶贫搬迁作为一揽子配套帮扶措施所产生的效果。

三、"能脱贫"的稳定性较好

脱贫是搬迁的目的,而搬迁后的生计适应阶段往往决定"能脱贫"的前景。2019 年专题调研追踪的搬迁户中,多数已有 1—2 年的搬迁后生活,可以作为评估考察的重要参考。同时,搬迁户在这个阶段遇到的主要困难也应该作为后续完善扶持政策的关注点。

搬迁对象的就业趋势向好,提振了搬迁后"能脱贫"的信心。在专题

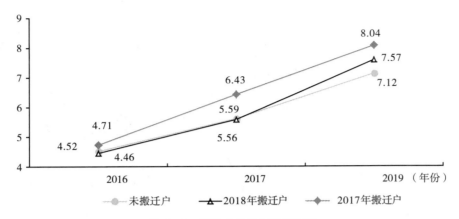

图 8-3　搬迁状态与主观幸福感

注:主观幸福感评分从 0—10 表示从非常不满意到非常幸福的自评打分。
资料来源:易地扶贫搬迁专题调研数据。

追踪调查数据中,2019 年和 2016 年分别调查了易地扶贫搬迁户在上一年份的就业状况。此处所指的就业并不包括自给型的农业生产,而主要是可获得工资性收入的非农就业。结果显示(见表 8-2),已搬迁户的就业率高于未搬迁户,从就业率的变化趋势来看,从 2015 年到 2018 年,搬迁对象的就业率都提高了,且已搬迁户的就业率提高幅度(26 个百分点)大于未搬迁户(19 个百分点)。已搬迁户和未搬迁户在初始阶段(2015年)的就业率已经存在差异,可能存在就业能力强者搬迁意愿更强的现象,以至于已搬迁户的资源禀赋条件、就业能力系统性地优于未搬迁户,但尽管如此,扶贫搬迁依然提升了他们获得就业机会的空间。

表 8-2　已搬迁户与未搬迁户就业比例　　　　　　　　(单位:%)

	2015 年	2018 年
已搬迁户就业比例	17	43
未搬迁户就业比例	6	25

资料来源:易地扶贫搬迁专题调研数据。

与就业率提高密切相关的是,产业扶贫带动中生产带动和就业带动增强,对提升搬迁户的生产发展能力具有重要意义。从已搬迁建档立卡户产业扶贫带动情况看,从 2017 年到 2018 年,主要靠资产性收入为主的旅游带动增收减少,但种植业、养殖业、林果业和加工业的产业扶贫带动的收入都增加了,其中养殖业、林果业和加工业有较大幅度的增收,特别是养殖业和林果业中的产业带动增收以生产带动为主,加工业中的产业带动增收主要来自就业带动,这些变化在一定程度上体现了扶持措施转向更加注重提升贫困户劳动参与度的方向。

在就业率和产业带动中劳动参与度提升的情况下,搬迁户收入水平和收入结构也有明显改善。从调查数据来看(见表 8-3),2015 年(搬迁前)到 2018 年(搬迁后),已搬迁户的人均可支配收入提高为原来的 2.1 倍(不考虑物价因素),其中,工资性收入提高为原来的 2.9 倍,在收入中的占比从 1/3 提高到接近一半左右,转移性收入略微下降至约占 1/4。

表 8-3　搬迁前后就业与收入对比

人均可支配收入及构成	2015 年		2018 年	
	金额(元)	占比(%)	金额(元)	占比(%)
人均可支配收入	2644	100	5595	100
其中:工资性收入	895	33.8	2589	46.3
经营净收入	994	37.6	1505	26.9
财产净收入	31	1.2	75	1.3
转移净收入	724	27.4	1426	25.5

注:2015 年的收入口径为人均年纯收入,2018 年收入口径为人均可支配收入,均按当年物价。
资料来源:易地扶贫搬迁专题调研数据。

近年来,贫困户能力和内生动力不足是脱贫攻坚的难点。从调查数据中的就业率情况、产业扶贫带动的结构、搬迁前后的收入水平和结构变化来看,目前易地扶贫搬迁户的整体脱贫稳定性向好,后续需要关注搬迁户的实际困难,扩大对搬迁户的关注面,重点解决搬迁后的可持续发展问题。

从调查数据来看,2019 年调查统计中,已搬迁户在基础设施、生活适应方面的困难较小,所面临的突出困难主要与生计模式转换相关。在调查中应答比例超过 10%、排在前三位的主要困难是耕地太远与生产不便（17.6%）、日常支出增加（15.6%）、收入来源没有保障（13.9%）。这些困难通常对应着不同的搬迁安置方式，由于大多数搬迁户长期依赖土地和种养殖业，并以种养殖支持大量的自给性消费，村内就地的集中安置通常也会带来耕作距离的拉长和生产的不便，而在城镇化集中安置等方式下则通常会面临自给性消费转向商品性消费带来的日常支出增加，以及脱离耕地后的生计适应成本提升。

第四节　巩固易地扶贫搬迁成果

由于搬迁对象的生计适应是一个长期过程，因此，脱贫效果的稳定性和脱贫群众后续发展能力的培育都有待政策接续发力。做好易地扶贫搬迁后续扶持工作是建立健全巩固拓展脱贫攻坚成果长效机制的重点内容，在"十三五"期间已完成项目建设和搬迁任务进度的基础上，后期工作重点是针对不同安置方式，立足不同类型安置区的资源禀赋，推动工作重心从搬迁安置过程转向促进搬迁群众生计模式改善、保障脱贫稳定性、提升长期发展能力。

"十四五"时期，易地扶贫搬迁户应纳入防止返贫动态监测的重点对象，在生计适应周期内持续进行搬迁后的跟踪监测与分类支持。稳定易地扶贫搬迁任务较重地区的政策支持力度在硬件设施基本已经覆盖的基础上，着重提升教育和医疗等服务质量，过渡期内要继续强化就业培训和产业带动稳定搬迁安置群体的生计，全面加强就业支持服务。将搬迁群众发展与改革赋权、赋能相结合，及时推动后续扶持工作与新型城镇化、乡村振兴战略有机衔接，通过扩展发展权利，提升机会和能力，来激发内生发展动力，促进搬迁人口融入新的发展阶段。除了关注经济适应能力，还要进一步提升搬迁户在社区管理、权益保障等生活各方面的权益，通过创新社区服务形式，提升搬迁群众生活便捷度，通过创新社区治理模式，促进搬迁群众参与和融入新社区。

第九章　生态扶贫*

保护生态与消除贫困是 21 世纪人类可持续发展的主要目标,环境与发展的关系是全球治理的核心议题。中国是生态环境较为脆弱的国家,最贫困的人口通常生活在生态环境脆弱区域,贫困和环境问题交叉重叠,成为影响经济社会发展的突出问题。为兼顾实现生态保护和缓减贫困双重目标,中国将扶贫开发与生态保护有机结合,广泛开展生态扶贫实践,将生态扶贫视为能够解决生态脆弱区域贫困问题的有效手段。生态扶贫是中国特色社会主义扶贫道路的重要内容,贫困地区广泛开展的生态扶贫实践是以"两山论"为精髓的习近平生态文明思想的生动实践。

第一节　生态扶贫的现实背景和理论创新

生态扶贫在中国的产生和发展有客观的现实背景,在扶贫实践中产生了大量的理论创新,并展现了丰富的理论意蕴。

一、生态扶贫的现实背景

中国的贫困地区与国家重点生态功能区在空间上高度耦合,深度贫困地区通常也是边境偏远地区、少数民族聚集地区。深度贫困地区普遍存在生态保护与农民脱贫致富之间的突出矛盾,农民的生态保护行为缺乏有效的激励,生态产品的价值难以有效实现,区域的生态优势无法转化为经济优势。如何实现生态保护与缓减贫困相融共赢,对于促进民族团

---

　　* 作者:胡振通,清华大学公共管理学院助理教授,清华大学中国农村研究院助理研究员。

结、边疆稳固、生态保护、脱贫攻坚以及乡村振兴都有十分重要的意义。

以西北、西南地区为例,该区域既是中国最重要的生态屏障,也覆盖了"三区三州"等深度贫困地区。对比分析西北、西南地区重点生态功能区所在县和国家级贫困县的重叠情况,如表9-1所示。10个省(自治区、直辖市)中,共有386个重点生态功能区所在县,共有504个国家级贫困县,既是重点生态功能区所在县又是国家级贫困县的数量有324个,重点生态功能区所在县中国家级贫困县的比例高达84%,国家级贫困县中重点生态功能区所在县的占比为64%。其中,在青海省和重庆市,所有的重点生态功能区所在县都是国家级贫困县;在宁夏回族自治区,所有的国家级贫困县都是重点生态功能区所在县。

表9-1　西北、西南地区重点生态功能区所在县和国家级贫困县的比对分析

省(自治区、直辖市)	重点生态功能区所在县数量(个)	国家级贫困县数量(个)	重叠数量(个)	重点生态功能区所在县中国家级贫困县的比例(%)	国家级贫困县中重点生态功能区所在县的比例(%)
重庆	9	14	9	100	64
四川	56	66	51	91	77
贵州	46	66	41	89	62
云南	46	88	42	91	48
西藏	36	74	35	97	47
陕西	43	56	36	84	64
甘肃	48	58	36	75	62
青海	41	42	41	100	98
宁夏	12	8	8	67	100
新疆	49	32	25	51	78
合计	386	504	324	84	64

资料来源:财政部公布的2017年重点生态功能区转移支付范围县域名单,国务院扶贫开发领导小组办公室2014年公布的全国832个贫困县名单。

贫困地区与生态脆弱地区高度耦合,使得中国的扶贫开发工作与生态保护工作在区域与目标上都存在高度的重叠,实施生态保护和扶贫开发有机结合是必然选择,中国的生态扶贫是基于这样的现实背景在不断

的实践中逐渐形成的。

二、生态扶贫的理论创新

第一，中国生态扶贫有扎实的理论基础。一是马克思主义关于人与自然关系的思想为中国生态扶贫理论的形成奠定了哲学基础。马克思主义认为，人不是自然界的主宰者，而是自然界的一部分，人靠自然界生活，人与自然是一个统一的整体。[①] 马克思主义进一步提出了人与自然和谐相处的思想，人与自然是互为存在的前提。二是可持续发展理论为中国生态扶贫理论的形成指明了方向。1987 年世界环境与发展委员会在《我们共同的未来》报告中第一次阐述了可持续发展的概念，得到了国际社会的广泛共识。可持续发展是指既满足当代人的需求又不损害后代人满足需求的能力，既要达到发展经济的目的，又要保护好人类赖以生存的大气、淡水、海洋、土地和森林等自然资源和环境，使子孙后代能够永续发展和安居乐业。[②] 三是绿色增长理论为中国生态扶贫理论的发展提供了借鉴。绿色增长是在可持续发展的框架下提出的，比较权威的理解是经合组织（OECD）的定义，它认为"绿色增长是指在确保自然资产能够继续为人类幸福提供各种资源和环境服务的同时，促进经济增长和发展"，绿色增长在强调经济和环境协调发展的同时，还强调通过"改变消费和生产模式完善社会福利、改善人类健康状况、增加就业并解决与此相关的资源分配问题"。[③]

第二，中国生态扶贫的理论指引是"两山"理论。早在 2005 年，习近平总书记在浙江担任省委书记，在安吉县考察工作时，首次提出"两山"理论，当时强调，"我们过去讲既要绿水青山，又要金山银山，实际上绿水青山就是金山银山"。[④] 2013 年，习近平总书记在哈萨克斯坦纳扎尔巴耶夫大学发表演讲时指出，"我们既要绿水青山，也要金山银山。宁要绿水

---

① 马克思：《1844 年经济学哲学手稿》，人民出版社 2005 年版，第 56—58 页。
② 世界环境与发展委员会：《我们共同的未来》，世界知识出版社 1989 年版，第 19 页。
③ OECD, *Towards Green Growth*, Paris, OECD Publishing, 2011, p.24.
④ 《人不负青山　青山定不负人》，《人民日报》2020 年 3 月 10 日。

青山,不要金山银山,而且绿水青山就是金山银山"①。这一论述被公认为习近平总书记对"两山"理论进行得最全面、经典的一次论述。"两山"理论,深刻阐述了经济发展和生态环境保护的关系,揭示了保护生态环境就是保护生产力、改善生态环境就是发展生产力的道理,指明了实现发展和保护协同共生的新路径。"两山"理论是对习近平生态文明思想和绿色发展理念的浓缩概括,丰富了马克思主义人与自然关系论述的思想内涵,为中国生态扶贫实践提供了理论指引。

第三,中国生态扶贫契合了生态产品价值理论。根据联合国千年生态系统评估,生态系统服务主要包括供给服务(提供食物、原料、水等)、文化服务(提供美学景观等)、支持服务(提供生物多样性、养分循环、土壤保持等)、调节服务(提供气体调节、气候调节、净化环境、水文调节等)四大功能。② 按照物品属性,供给服务属于私人物品,可以通过完善市场机制形成可交易的产品,例如发展生态特色种养殖业;文化服务属于俱乐部物品,部分可以通过完善市场机制实现其价值,例如发展乡村生态旅游;调节服务和支持服务属于纯公共物品,无法通过市场机制实现价值,只能是通过政府主导的生态补偿(例如森林、草原、湿地、耕地等领域的生态补偿)、政府创建的市场补偿(例如碳交易、排污权交易、水权交易、森林覆盖率指标交易等)、政府购买服务(如生态公益岗位、生态工程建设等)等方式实现。由此可以看出,中国的生态扶贫实践就是生态产品价值实现的过程。生态产品价值实现与"两山理论"具有内在一致性,2018 年 4 月,习近平总书记在深入推动长江经济带发展座谈会上强调,"要积极探索推广绿水青山转化为金山银山的路径,选择具备条件的地区开展生态产品价值实现机制试点,探索政府主导、企业和社会各界参与、市场化运作、可持续的生态产品价值实现路径"。③

---

① 中共中央文献研究室编:《习近平关于社会主义生态文明建设论述摘编》,中央文献出版社 2017 年版,第 21 页。

② 谢高地、张彩霞、张雷明等:《基于单位面积价值当量因子的生态系统服务价值化方法改进》,《自然资源学报》2015 年第 8 期。

③ 习近平:《在深入推动长江经济带发展座谈会上的讲话》,人民出版社 2018 年版,第 12 页。

第二节　生态扶贫的主要举措

中国的生态扶贫有广泛的实践基础,路径多元,模式多样。2018 年 1月 26 日,国家发展改革委、国家林业局、财政部、水利部、农业部、国务院扶贫办共同制定印发了《生态扶贫工作方案》,要求"牢固树立绿水青山就是金山银山的发展理念,坚持扶贫开发与生态保护并重,切实加大对贫困地区、贫困人口的支持力度,推动贫困地区扶贫开发与生态保护相协调、脱贫致富与可持续发展相促进,实现脱贫攻坚与生态文明建设双赢",从生态工程建设带动、实施生态补偿政策、设置生态公益岗位、发展生态特色产业等方面提出了详细的要求。下面分别从上述四个方面介绍中国生态扶贫的典型做法。

一、生态工程建设带动

中国要求加强贫困地区生态保护与修复,在各类重大生态工程项目和资金安排上进一步向贫困地区倾斜,并且政府投资实施的重大生态工程,必须吸纳一定比例具有劳动能力的贫困人口参与工程建设。采取以工代赈等方式,在贫困地区组建生态建设扶贫专业合作社,让贫困户可以通过参与工程建设获取劳务报酬。

(一)加强贫困地区生态保护与修复

中国实施了很多生态保护和修复工程,包括退耕还林还草工程、退牧还草工程、青海三江源生态保护和建设二期工程、京津风沙源治理工程、天然林资源保护工程、三北等防护林体系建设工程、水土保持重点工程、石漠化综合治理工程、沙化土地封禁保护区建设工程、湿地保护与恢复工程、农牧交错带已垦草原综合治理工程等。中国不断加强贫困地区生态保护与修复,在各类重大生态工程项目和资金安排上进一步向贫困地区倾斜,坚持项目资金优先保障深度贫困地区,年度任务优先向深度贫困地区倾斜,组织动员贫困人口参与重大生态工程建设,提高贫困人口受益程度。例如,在退耕还林还草工程中,要求将新增退耕还林还草任务优先支持有需求的贫困县,特别是深度贫困地区,各贫困县要优先安排给符合条件的贫困人口;在沙化土地封禁保护区建设工程中,优先将贫困县498万亩适宜沙地纳入工程范围,实行严格的封禁保护。2016年以来,在中西部22个省份,中央层面共安排贫困地区林草资金2000多亿元。

(二)组建生态建设扶贫专业合作社

中国采取以工代赈等方式,在贫困地区组建生态建设扶贫专业合作社,让贫困户可以通过参与工程建设获取劳务报酬。2016年至2020年,全国新组建2.3万个生态扶贫专业合作社,吸纳160万贫困人口参与生态保护工程建设,增加了贫困人口收入和通过自身劳动改善家乡面貌的幸福感,年人均增收3000多元。

2018年11月13日,国家林业和草原局办公室、国家发展改革委办公厅、国务院扶贫办综合司联合印发了《关于推广扶贫造林(种草)专业合作社脱贫模式的通知》。推行合作社扶贫工作的主要措施主要包括以下七个方面。一是积极组建合作社带动脱贫。鼓励国土绿化工程施工企业、大户、技术人员通过工商注册,成立合作社。依从《中华人民共和国农民专业合作社法》等法律法规和相关规划,统筹考虑本地区工程任务和贫困人口实际,科学确定单个合作社最低社员人数和贫困社员比例,明确贫困社员所承担的工程建设任务量和劳务报酬等相关标准,确保贫困人口获得合法收益。二是全面落实合作社工程任务。贫困县实施的退耕还林还草、退牧还草、防护林、防沙治沙、石漠化综合治理、草原综合治理、国家储备林、造林补贴、森林抚育等工程建设任务,鼓励安排给合作社。支持合作社参与林业和草原提质增效、中幼林抚育等工程。三是完善合作社带贫减贫机制。鼓励贫困人口参与合作社经营管理,通过参与工程建设、参加公益岗位劳动、经营生态特色林产业等方式,让贫困群众得到租金收益、补助收益、劳务收益和股权收益,提升贫困户参与产业的组织化程度,提高脱贫可持续性。四是支持合作社发展多种经营。鼓励合作社拓宽经营范围,发展木本油料、林下经济、种苗花卉等优势特色产业。引导合作社逐步壮大成为新型经营主体,发展林业产业化项目。支持合作社开展季节造林、全年营林、多种经营、持续脱贫。五是加强合作社资金管理。合作社要将参与工程建设的社员劳动量登记造册,并计入社员账户,实行同工同酬、按劳取酬,所产生的劳务报酬应直付到社员的银行账户,确保支出透明、比例达标、痕迹可查。六是完善政府采购管理制度。根据《中华人民共和国政府采购法实施条例》等法律法规,鼓励依法通过议标方式将工程任务安排给合作社。各地应出台相关规定,明确合作社承担工程项目相关要求,对工程质量、贫困人口收益、规范运行情况进行考核评价。七是建立健全社员退出和补充机制。对合作社中不愿参加或长期不能参加劳动的社员,合作社理事会应组织召开社员大会劝其退出,并按规定办理财务决算。合作社要及时吸收有加入意愿、有劳动能力、可以参加工程建设的贫困人口入社。

典型区域山西省做了丰富探索,详见专栏9-1。

专栏9-1　扶贫攻坚造林专业合作社的山西样本

山西省58个贫困县集中分布在生态环境脆弱、发展条件恶劣的贫困山区,既有加快荒山绿化、改善人居环境质量的生态治理任务,也有让贫困人口增收致富、同步运小康的扶贫攻坚任务。山西省围绕"荒山增绿、群众增收"两条主线,采取组建扶贫攻坚造林专业合作社的形式,搭建起群众参与生态治理、获取劳务收益的平台,让他们在绿化家园的过程中增收致富。

山西省林业厅联合省农业厅、省扶贫开发办公室、省工商局出台了《关于扶持发展扶贫攻坚造林专业合作社的指导意见》,提出扶贫攻坚造林专业合作社成员必须在20人以上,其中建档立卡有劳动能力的贫困人口要占成员总数60%以上,要以承担造林绿化、改善当地生态环境为主要任务。林业部门研究完善扶贫攻坚造林专业合作社的扶持政策,对符合条件的合作社在核发造林资质、发包林业项目、技术指导方面给予优惠政策;农业部门加强规范指导,引导合作社规范运行;扶贫部门对入社贫困人口真实性和所占比例进行审核并出具证明,对贫困人口通过合作社承担造林任务、获取劳务收入和盈余情况进行跟踪统计;工商管理部门对申请登记注册的合作社相关材料进行审核,对符合条件的发放营业执照。

"十三五"期间,山西省将每年安排 58 个贫困县造林任务 260 万亩左右,占全省造林任务的 2/3,每亩投资 800 元(其中,中央投资 500 元、地方投资 300 元),其中的 45% 作为合作社的劳务收入,每年可为贫困群众增加劳务收入 5.6 亿元。山西省共组建扶贫攻坚造林专业合作社 3378 个,社员人数达到 8.9 万人,其中建档立卡贫困劳力 7.03 万人,组建的合作社规模和吸纳社员人数已经能够基本满足年度造林任务需要。

资料来源:国家林业和草原局提供。

二、实施生态补偿政策

生态补偿政策是中国生态文明建设的重要制度保障。生态补偿政策在中国被视为保护生态环境、平衡上下游利益关系、贯彻《全国主体功能区规划》的新的政策工具。2005 年至今,生态补偿的研究和实践在中国获得了快速发展,补偿资金逐年增长、补偿领域逐步拓展、补偿方式逐步多元、补偿机制逐步优化,目前已覆盖耕地、森林、草原、湿地、流域、海洋等重点领域和重点生态功能区等重要区域,并积极拓展横向生态补偿,探索市场化、多元化补偿机制。[①] 虽然生态补偿政策是一项环境政策工具,意在提高自然资源管理效率和促进生态环境保护,但是如果没有贫困地区贫困农户的生计改善,生态补偿的生态保护目标将难以有效实现,因此生态保护目标和缓减贫困目标在生态补偿政策中存在内在一致性。通过对广泛实施的生态补偿政策的观察发现,生态补偿政策可以有效促进生态保护和缓减贫困的目标协同,能够为促进贫困地区和贫困人口脱贫起到显著作用。下面我们分别从重点生态功能区转移支付制度、森林生态效益补偿基金、退耕还林还草补助政策、草原生态保护补助奖励政策四个重点领域,介绍中国的生态补偿政策促进贫困地区和贫困人口脱贫的典

---

① 柳获、胡振通、靳乐山:《生态保护补偿的分析框架研究综述》,《生态学报》2018 年第 2 期。

型做法。

（一）重点生态功能区转移支付制度

中国的重点生态功能区转移支付制度,从 2008 年开始实施,一直延续至今,分类上属于区域生态补偿,形式上是中央政府对地方政府的纵向财政转移支付。实施重点生态功能区转移支付制度的目的在于落实绿色发展理念,推进生态文明建设,引导地方政府加强生态环境保护,提高国家重点生态功能区等生态功能重要地区所在地政府的基本公共服务保障能力。

重点生态功能区转移支付制度的补偿依据主要是 2010 年 12 月 21 日国务院印发的《全国主体功能区规划》中对限制开发和禁止开发的重点生态功能区的划定。《全国主体功能区规划》是中国国土空间开发的战略性、基础性和约束性规划,规划将中国国土空间进行细分,按开发方式分为优化开发区域、重点开发区域、限制开发区域和禁止开发区域;按开发内容分为城市化地区、农产品主产区和重点生态功能区。重点生态功能区是指生态系统十分重要,关系全国或较大范围区域的生态安全,目前生态系统有所退化,需要在国土空间开发中限制进行大规模高强度工业化城镇化开发,以保持并提高生态产品供给能力的区域。中国重点生态功能区具体包括大小兴安岭森林生态功能区等 25 个地区,总面积约 386 万平方千米,占中国陆地国土面积的 40.2%,具体可以分为水源涵养型、水土保持型、防风固沙型和生物多样性维护型四种类型。

经过 13 年的发展演变,中国的重点生态功能区转移支付制度不断完善成熟,支付金额逐年增加,补偿内容不断丰富,测算依据不断优化。

一是支付金额逐年增加。重点生态功能区转移支付金额,从 2008 年的 80 亿元增长到 2020 年的 795 亿元,12 年增长了 9 倍多,年均增长 21.1%。2020 年中国西北、西南地区 10 个省(自治区、直辖市)的重点生态功能区转移支付金额为 424.61 亿元,占全国重点生态功能区转移支付金额的一半以上,其中重庆 25.18 亿元、四川 48.58 亿元、贵州 58.24 亿元、云南 59.75 亿元、西藏 25.93 亿元、陕西 37.22 亿元、甘肃 66.81 亿元、青海 39.15 亿元、宁夏 18.56 亿元、新疆 45.19 亿元。

二是补偿内容不断丰富。2020年重点生态功能区转移支付由四项内容构成,计算公式为:转移支付应补助额＝重点补助＋禁止开发补助＋引导性补助±绩效考核奖惩资金。其中,重点补助对象为重点生态县域和其他生态功能重要区域;禁止开发补助对象为禁止开发区域;引导性补助对象为国家生态文明试验区、国家公园体制试点地区等试点示范和重大生态工程建设地区;绩效考核奖惩资金对象为重点生态县域。2020年国家重点生态功能区转移支付中,重点补助626亿元(含"三区三州"补助40亿元,其他深度贫困县补助80亿元,长江经济带补助40亿元,藏区生态补偿20亿元等),禁止开发补助65亿元,引导性补助106亿元。

三是测算依据不断优化。在重点补助中,重点生态县域按照标准财政收支缺口并考虑补助系数测算;"三区三州"等深度贫困地区补助根据贫困人口、人均转移支付等因素测算;长江经济带补助根据生态保护红线、森林面积、人口等因素测算。禁止开发补助根据各省禁止开发区域的面积和个数等因素分省测算,向国家自然保护区和国家森林公园两类禁止开发区倾斜。引导性补助实施分类补助。绩效考核奖惩资金根据考核评价情况实施奖惩,对考核评价结果优秀的地区给予奖励。

鉴于重点生态功能区所在县与国家级贫困县高度重叠,重点生态功能区转移支付积极引导地方政府加强生态环境保护,提高国家重点生态功能区等生态功能重要地区所在地政府的基本公共服务保障能力,能够起到很好的减贫效果。在具体的政策设计上,重点生态功能区转移支付增量部分向贫困地区倾斜,尤其是向"三区三州"等深度贫困地区倾斜。从2018年开始,国家重点生态功能区转移支付支持范围新增"三区三州"等深度贫困地区,在重点补助中增加"三区三州"等深度贫困地区补助,"三区三州"等深度贫困地区补助根据贫困人口、人均转移支付等因素测算。2018年新增"三区三州"补助40亿元,其中四川7.72亿元、云南4.05亿元、西藏5.08亿元、甘肃4.62亿元、青海5.01亿元、新疆13.52亿元。2019年又新增其他深度贫困县补助65亿元。2020年,其他深度贫困县补助进一步增加到80亿元。

（二）森林生态效益补偿基金

2004 年,中国正式建立中央财政森林生态效益补偿基金。森林生态效益补偿基金,是指各级政府依法设立用于公益林营造、抚育、保护和管理的资金。中央财政森林生态效益补偿基金作为森林生态效益补偿基金的重要组成部分,重点用于国家级公益林的保护和管理。

为了扩大贫困地区和贫困人口的受益程度,中国不断完善森林生态效益补偿补助机制。健全各级财政森林生态效益补偿补助标准动态调整机制,调动森林保护相关利益主体的积极性,推动补偿标准更加科学合理。

2015 年,中央财政将国有国家级公益林补偿标准由每年每亩 5 元提高到 6 元,2016 年提高到 8 元,2017 年提高到 10 元。2010 年,中央财政将集体和个人所有的国家级公益林补偿标准由每年每亩 5 元提高到 10 元,2013 年提高到 15 元,2019 年提高到 16 元。

云南怒江州优化公益林区划布局,调整公益比例和结构,新增 200 万亩权属为集体的国家级公益林,惠及建档立卡贫困户 2.64 万户 9.68 万人,占怒江州贫困户的 60%以上,人均补偿 310 元/年。贡山县独龙江乡新增国家级公益林 5.8 万亩,涉及巴坡、钦郎当两个村委会,按照国家 10元/亩的补偿标准,兑现公益林补偿 58 万元,其中,巴坡村人均补偿 470元/年,钦郎当村组人均补偿 700 元/年。

（三）退耕还林还草补助政策

1998 年中国发生特大洪涝灾害后,党中央国务院决定实施退耕还林还草工程。20 多年来,25 个省(自治区、直辖市)和新疆生产建设兵团的287 个地市(含地级单位)2435 个县(含县级单位)实施退耕还林还草5.15 亿亩,总投资达 5174 亿元,4100 万农户 1.58 亿农民直接受益,户均增收 9000 元。

退耕还林还草 20 多年的实践分为 1999 年起实施的前一轮退耕还林还草和 2014 年起实施的新一轮退耕还林还草。前一轮退耕还林还草始于 1999 年,历时 15 年,造林总面积 4.47 亿亩,其中,退耕地还林还草1.39 亿亩、宜林荒山荒地造林 2.62 亿亩、封山育林 0.46 亿亩。2014 年,国务院批准《新一轮退耕还林还草总体方案》，启动新一轮退耕还林还草工程，实施期为 2014—2020 年，方案确定的退耕对象为具备条件的 25°以上的坡耕地、严重沙化耕地、丹江口库区和三峡库区、15°—25°坡耕地。在《新一轮退耕还林还草总体方案》确定退耕规模 4240 万亩的基础上，2017 年和 2019 年先后扩大规模 3700 万亩和 2070 万亩，使新一轮退耕还林还草总规模达到 1 亿多亩。

新一轮退耕还林还草的补助标准为：退耕还林补助 1600 元/亩（2014—2016 年为 1500 元/亩），其中，财政部通过专项资金安排现金补助 1200 元、国家发展改革委通过中央预算内投资安排种苗造林费 400 元（2014—2016 年为 300 元），补助资金分三次发放，第一年 900 元/亩（含种苗造林费，2014—2016 年为 800 元/亩）、第三年 300 元/亩、第五年 400 元/亩。退耕还草补助 1000 元/亩，其中，财政部通过专项资金安排现金补助 850 元、国家发展改革委通过中央预算内投资安排种苗种草费 150 元，补助资金分两次发放，第一年 600 元/亩（含种苗种草费）、第三年 400 元/亩。

新一轮退耕还林还草，从 2016 年起，在下达退耕还林还草年度任务时，明确要求各地将任务优先安排到贫困地区，优先向建档立卡贫困村和贫困人口倾斜。2016—2020 年，全国共安排集中连片特殊困难地区和国家扶贫开发工作重点县退耕还林还草任务约 4690 万亩，占 5 年总任务的 79%。近 20 年来，有 812 个贫困县实施了退耕还林还草，占全国贫困县总数的 97.6%。对符合政策的贫困村、贫困户实行全覆盖。

（四）草原生态保护补助奖励政策

为了促进草原的可持续发展，中国确立了牧区发展实行"生产生态有机结合、生态优先"的基本方针，从 2011 年开始实施草原生态保护补助奖励政策。草原生态保护补助奖励政策以五年为一个补偿周期，第一个补偿周期为 2011—2015 年，第二个补偿周期为 2016—2020 年。自 2011 年实施草原生态保护补助奖励政策以来，中央财政资金累计投入 1514.1 亿元，实施草原禁牧面积 12.06 亿亩、草畜平衡面积 26.05 亿亩，受益牧民达 1200 多万户。草原生态保护补助奖励政策是中国实施范围最广、投资规模最大、覆盖面最广、农牧民受益最多的一项草原生态保护政策。

草原生态保护补助奖励政策的主要措施是禁牧和草畜平衡,对应两类补偿标准,禁牧补助标准和草畜平衡奖励标准,2011—2015 年的国家标准分别为 6 元/亩和 1.5 元/亩,2016—2020 年分别增加到 7.5 元/亩和 2.5 元/亩。各地参照实际情况制定了差别化的补助标准。例如,甘肃省划分了三大区域的禁牧补助标准,分别是青藏高原区 21.67 元/亩、西部荒漠区 4.62 元/亩、黄土高原区 3.87 元/亩;青海省在 6 个州共实施了 4 类禁牧补助标准,分别是果洛、玉树州 6.4 元/亩,海南、海北州 12.3 元/亩,黄南州 17.5 元/亩,海西州 3.6 元/亩。

草原生态保护奖励政策达到了显著的减贫效果,大大增加了农牧民的收入。位于青海三江源的玉树州杂多县,禁牧 2022 万亩,平均每亩每年补助 5.30 元,草畜平衡 1235 万亩,每亩每年奖励 2.5 元,年草原补助奖励资金 13858 万元,惠及 1.11 万户 4.84 万人,户均补偿 1.25 万元/年,人均补偿 2900 元/年。

三、设置生态公益岗位

中国创新开发生态公益岗位带动贫困户脱贫,倡导提高人的可行性能力和扩展人的发展自由度,体现了"以工代赈""工作换福利"的思想,通过劳动换取福利,以更加积极的形式实施福利供给,并帮助弱势群体获得社会认同。

公益岗位扶贫主要是指在贫困地区特别是贫困村庄,设置一批公益岗位,运用政府(社区)购买服务的理念和方式予以现金或实物补贴,一方面实现贫困人口的就业和增收,另一方面增加当地村庄的公共服务供给。公益岗位扶贫在中国已有广泛的实践基础,各地进行了不同类型的探索,具体包括林业、草原、湿地等领域的生态公益岗位,农村环境保洁岗,农村基础设施维护岗,农村孤寡老人及留守儿童看护岗等。其中,生态公益岗位是目前中国公益岗位扶贫实践中实施最广泛、成效最显著的一种类型,在政策层面称为"生态护林员"。

生态护林员是指在国家级贫困县所在的中西部 22 个省(自治区、直辖市)建档立卡贫困人口范围内,由中央对地方专项转移支付资金支持购买劳务,受聘参加森林、草原、湿地、沙化土地等资源管护服务的人员。享受中央财政补助的生态护林员选聘范围为集中连片特殊困难地区、国家扶贫开发重点工作县及重点生态功能区转移支付补助县(市、区、旗)。

2016 年以来,国家林业和草原局会同财政部、国务院扶贫办开展了建档立卡贫困人口生态护林员选聘工作,连续五年印发建档立卡贫困人口生态护林员选聘工作的通知,并不断修改完善《建档立卡贫困人口生态护林员管理办法》。2016—2020 年,五年累计安排中央财政资金 205 亿元(其中,2016 年 20 亿元,2017 年 25 亿元,2018 年 35 亿元,2019 年 60 亿元,2020 年 65 亿元),共选聘 110.2 万建档立卡贫困人口担任生态护林员,精准带动 300 多万贫困人口脱贫增收,新增林草资源管护面积近 9 亿亩,有效地保护了森林、草原、湿地、沙地等林草资源,实现了生态保护和脱贫增收"双赢"。

《2020 年建档立卡贫困人口生态护林员管理办法》对生态护林员的选聘和管理作出了详细的规定。一是严格规定生态护林员选聘条件和工作职责。生态护林员的选聘条件包括:热爱祖国,遵纪守法,责任心强;列入建档立卡贫困人口范围;身体条件能胜任野外巡护工作。生态护林员工作职责包括:学习宣传林业和草原法律、法规、政策;对管护区内的森林、草原、湿地、沙化土地等资源进行日常巡护,对管护区内发生的森林和草原火情、火灾、有害生物危害情况,乱砍滥伐林木、乱垦滥牧草原、乱捕滥猎野生动物、乱采滥挖野生植物等破坏资源以及毁坏宣传牌、标志牌、界桩、界碑、围栏等管护设施的行为,要及时报告,能制止的应当及时予以制止;做好管护劳务协议规定的其他工作和临时交办任务。二是建立多部门职责分工明确的工作协调机制。各级林业和草原主管部门牵头,与财政、扶贫部门密切配合,根据业务职能划分管理职责。省级编制生态护林员资金分配方案及生态护林员管理实施细则,组织、协调、指导、监督生态护林员选聘与管理工作。县级制定生态护林员管理制度和实施方案,指导乡镇人民政府开展选聘及相关管理工作。乡镇政府具体操作,确保按照严格程序挑选出列入建档立卡且年龄、身体都合适的人成为护林员。

乡镇林业工作站配合乡镇人民政府负责生态护林员选聘、续聘,建立健全生态护林员管理档案,及时更新上报生态护林员动态变化情况,组织生态护林员按照管护劳务协议开展业务工作,加强生态护林员日常管理。三是加强生态护林员的保障管理。中央财政按照每个生态护林员劳务补助标准每人年均 1 万元测算,各地可以结合本地实际情况统筹考虑上一年度选聘的生态护林员管护补助标准、管护面积、管护难易程度以及原有生态护林员劳务补助水平等因素,确定具体补助标准。各地可结合实际,从生态护林员补助资金总量中,或者根据本省财力筹集资金,为生态护林员购置简易装备、人身意外伤害保险。县级林业和草原主管部门或者委托林业工作站每年应当组织开展生态护林员岗位职责、业务知识、基本技能、安全防护等方面的培训。

将有劳动能力的贫困人口选聘为生态护林员这一举措,具有显著的脱贫效果。一是国家支持在贫困县设置生态公益性岗位,可以让贫困户获得稳定的工资性收入,贫困户的收入水平显著提升。二是生态护林员的岗位设置扩充了基层急需的生态保护队伍,织密织牢了生态脆弱区的林草自然资源保护网,各类破坏林草自然资源的案件明显减少,资源保护力度不断加强。三是贫困户通过培训提升了服务技能,实践中还涌现了一批以生态护林员为主体带动的林草大户、产业能手、致富带头人,极大地激发了贫困户依靠就业脱贫的内生动力,建立了一套相对完整的制度体系,实现了"扶智、扶志、扶制"的有机结合。相关典型案例详见专栏9-2 和专栏9-3。

专栏9-2　生态护林员精准助力贡山县
建档立卡贫困户全部脱贫

云南省怒江州贡山独龙族怒族自治县,地处中缅、滇藏结合部,下辖的独龙江乡是全国唯一的独龙族聚居地。贡山县具有独特的自然地理环境和丰富的动植物资源,在全国主体功能区规划中,绝大部分土地属于禁止开发区和限制开发区,森林覆盖率80.5%,生态区位十分重要。2016 年贡山县共有建档立卡贫困户 3820 户,贫困人口 10956 人,人均收入只有 1300 元,缺资金、缺技术、交通不便导致发展能力不足,因病、因残致贫现象突出。

2016 年以来,贡山县通过建档立卡贫困人口转为生态护林员政策,选聘 3800 名贫困人口担任生态护林员,实现了全县有意愿、有劳动能力的建档立卡贫困户全覆盖,生态护林员人均增加工资性收入 1 万元,人均管护面积由原来的 11545 亩降到 1190 亩。贡山县森林资源管护面临山高陡坡、交通不便、管护面积大、巡护任务重等挑战,为了加强生态护林员队伍建设,使其充分发挥护林员、技术员、巡边员、带头员、宣传员、应急员和人力资源储备员"七大员"作用,贡山县建立县、乡、村、组四级生态护林员管护体系,县级设立了森林资源管护大队,乡(镇)级成立森林资源管护中队,村级成立森林资源管护小队,村民小组成立管护小组,实行四级管理模式,制定管理办法和考核制度。

设置生态护林员,不仅有效保护了生态环境,而且使无法外出、无业可扶、无力脱贫、固守边疆的贫困人口获得了就地就业和脱贫机会,每人每年可获得 1 万元的工资性收入。森林得到了有效的管护,贫困家庭有了稳定的收入来源,贫困状况得到了根本改善。2018 年率先实现贡山县独龙江乡独龙族整族脱贫,2020 年实现贡山县全县脱贫摘帽。

资料来源:国家林业和草原局提供和笔者实地调研整理。

专栏 9-3 从放牧员到生态管护员
守护青海三江源生态安全

青海三江源是中国面积最大的自然保护区,素有"中华水塔"的美誉,贡献了长江总水量的 25%、黄河总水量的 49% 和澜沧江总水量的 15%,三江源生态保护事关国家生态安全大局,事关中华民族长远利益和永续发展。

青海三江源国家公园准确把握牧民群众脱贫致富与生态保护的关系,通过设置生态管护公益岗位,充分调动牧民群众保护生态的积极性,使其从放牧员转变为生态管护员。从 2016 年开始,根据园区内实际牧户数量,共聘用 17211 名生态管护员执证上岗,其中,黄河源园区管委会 2545 个,澜沧江源园区管委会 7752 个,曲麻莱园区管理处 2867 个,治多园区管理处 4047 个,实现园区内牧民生态管护公益岗位"一户一岗全覆盖",户均年收入 2.16 万元。

设置生态管护公益岗位取得了显著的综合社会效益。一是生态保护成绩突出。通过设置生态管护公益岗位,广大牧民保护生态环境的参与度明显提升,聘用的生态管护员数量约占园区内牧民总数的 27.3%,并且"一人被聘为生态管护员、全家成为生态管护员"的新风尚正在兴起。二是生态脱贫效果明显。生态管护员每月可获得 1800 元的工资,每年可获得 21600 元的工资,按照人均年纯收入 4000 元的脱贫标准,户均人口 5 人以下的贫困户全部实现脱贫。三是乡村治理能力获得提升。生态管护员在党建、维稳、民族文化传承等方面发挥重要作用,黄河源园区管委会率先构建集"生态管护+基层党建+精准脱贫+维护稳定+民族团结+精神文明"于一体的工作模式,并逐步开始推广。

资料来源:国家林业和草原局提供和笔者实地调研整理。

四、发展生态特色产业

中国鼓励贫困地区依托和发挥生态资源禀赋优势,选择与生态保护紧密结合、市场相对稳定的特色产业,因地制宜发展特色林产业、特色种养业、生态旅游业,将资源优势有效转化为产业优势、经济优势。引导贫困县拓宽投融资渠道,落实资金整合政策,强化金融保险服务,着力提高特色产业抗风险能力。培育壮大生态产业,促进一二三产业融合发展,通过入股分红、订单帮扶、合作经营、劳动就业等多种形式,建立产业化龙头企业、新型经营主体与贫困人口的紧密利益联结机制,拓宽贫困人口增收渠道。

一是大力发展油茶等林草特色产业。油茶等木本油料产业已经成为许多贫困山区的支柱产业。截至 2020 年年底,中国油茶种植面积扩大到 6800 万亩,茶油产量达 62.7 万吨,产值 1160 亿元,带动近 200 万贫困人口脱贫增收。

二是大力支持发展生态旅游产业。依托贫困地区资源禀赋,在贫困地区命名全国森林旅游示范市、县,公布国家森林步道名单;在全国森林旅游节设立"森林旅游扶贫展示推介专区",重点推荐贫困县森林旅游产品;举办全国森林旅游推介会,推介贫困地区森林旅游扶贫典型、全国特色森林旅游线路和新兴森林旅游地品牌等。"十三五"期间森林旅游游客量达到 60 亿人次,平均每年游客量 15 亿人次。通过在贫困地区发展生态旅游产业,已实现增收的建档立卡贫困户达 110 多万人,实现户均年增收 3500 元。

三是加快发展林下经济产业。2012 年以来,中国共建设林下经济示范基地 700 个、国家林业经济示范基地 550 个,其中,贫困地区国家林下经济示范基地 370 个,占比达 67%。中国林下经济产值近 9000 亿元,参与农户达 7000 多万户。相关典型案例详见专栏 9-4。

专栏 9-4 推动生物多样性保护与减贫协同发展
——以五峰县中蜂养殖为例

生物多样性是人类赖以生存和发展的重要物质基础,中国生物多样性丰富的地区主要集中在中西部贫困地区,生物多样性保护和脱贫的矛盾与冲突制约了生物多样性保护水平的提升和当地居民脱贫致富。积极探索生物多样性保护与减贫模式,有助于实现生态环境保护与减贫"共赢"。

五峰土家族自治县探索"中华小蜜蜂(以下简称'中蜂')养殖+蜜源植物种植+生物多样性保护"的生态立体循环产业扶贫"1211"模式(即帮助 1 个贫困户发展 2 亩高标准蜜源植物基

地,饲养10群以上中蜂,年增收1万元以上)。在全县范围内推广中蜂养殖技术,重点扶持和打造中蜂产业,将生物多样性保护与减贫相结合,通过市场运作模式作用于生物多样性保护,激励当地居民主动守护自己的家园,改善生产生活方式,促进生物多样性保护和发展"双赢"。

主要做法包括:通过以奖代补充分调动贫困户积极性、探索"合作社托管分成""合作社+互助组+搬迁贫困户""合作社+搬迁贫困户分段式养殖"等合作社保障模式、推动蜜源植物种植及野生中蜂资源保护、建立中蜂产业发展基金等长效保障体制机制。自"1211"模式实施以来,极大地缓解了当地贫困现状,取得了良好的生物多样性保护成效,显著提高了模式建设能力和目标群体的自我发展和脱贫能力,也为蜜蜂等授粉生物及蜜源植物的保护提供了独特思路,该模式在中国的中南及西南山地生物多样性热点地区具有很强的可复制性。

资料来源:生态环境部提供。

第三节 生态扶贫的成效、经验和展望

贫困地区广泛开展的生态扶贫实践是以"两山论"为精髓的习近平生态文明思想的生动实践,紧紧围绕"生态环境保护"和"农民脱贫致富"两大目标,促进生态保护和缓减贫困相融共赢,成效显著,经验丰富。

一、生态扶贫的成效

中国的生态扶贫实践,成效显著,既稳步增加了贫困农牧民的收入,也显著改善了区域生态环境,还在提升农牧民的生态保护意识、激发贫困户脱贫的内生动力、提高贫困地区乡村治理水平等方面起到了积极的作用。

第一,稳步增加了贫困农牧民的收入。通过实施一系列生态扶贫政策措施,从多个方面显著增加了贫困农牧民的收入。农牧民通过参与生

态补偿政策可以增加转移性收入,通过参与生态公益性岗位可以获得工资性收入,通过参与生态工程建设可以获取劳务报酬,通过发展特色生态产业可以增加经营性收入。在青海三江源的玉树州杂多县,牧民参与草原生态保护补助奖励政策,所有牧民户均补偿 1.25 万元/年,人均补偿 2900 元/年。在青海三江源国家公园,精准识别的 17211 户贫困户实现草原管护员"一户一岗"全覆盖,每位草管员每月工资 1800 元,年发放工资 2.16 万元,单就这项扶贫措施就能实现贫困户整户脱贫。在云南怒江州贡山县独龙江乡,选聘了 313 名生态护林员,覆盖全部建档立卡贫困户,贫困户获得了就地就业和脱贫机会,每人每年可获得 1 万元的工资性收入。怒江州依托当地丰富的森林资源积极发展 10 万亩特色林下产业,带动 2.93 万户、10.77 万人增收,人均受益 1000 元。

第二,显著改善了区域生态环境。一系列生态扶贫政策措施,既可以有效带动贫困农牧户增收,又可以显著改善区域生态环境。无论是生态补偿政策,还是生态公益性岗位,抑或农牧民参与生态保护性工程建设,都可以提升生态系统服务的供给水平,显著改善区域生态环境。生态补偿政策可以激励农牧民采取环境友好型的生产方式,比如农民进行退耕还林可以减少水土流失、增加水源涵养功能,牧民进行禁牧和草畜平衡可以让退化草原得以休养生息。实施农牧民生态公益性岗位,农牧民按照规定进行日常的林业管护和草原管护,履行一系列管护职责,直接对生态环境进行保护。

第三,逐步提升了农牧民的生态保护意识。中西部贫困地区,同时也是国家重点生态功能区,广泛开展的生态扶贫实践,深化了绿色发展理念,逐渐实现了从"以开发为主"向"以保护为主"转变,当地农牧民保护生态环境的意识在不断增强。在云南怒江州贡山县独龙江乡,出台了《云南省贡山独龙族怒族自治县独龙江保护管理条例》,编制了《独龙江乡规民约》,就独龙江流域的保护管理和合理开发做了一系列规定,当地积极开展"保护生态,建设美好家园"的主题教育实践活动,让"绿水青山就是金山银山"的观念深入人心,并充分体现在当地农民的生产生活中,当地农民对生态护林员岗位十分看重,能够从事林业管护工作让贫困农民备感自豪。青海省三江源称多县,是长江、黄河、澜沧江等大江大河的发源地,当地的藏族牧民一直沿袭了传统的敬畏自然的宗教观念,崇尚保护自然,积极发展生态畜牧业,促进牧区可持续发展。

第四,有效激发了贫困户脱贫的内生动力。生态扶贫措施,不是一项兜底政策,也不是直接的给钱、给物,可以避免造成贫困户的"救助依赖"和边缘贫困户的"心理失衡",有效激发贫困户脱贫的内生动力。生态补偿政策可以增加贫困农民的转移性支付收入,但这种转移性支付收入是一种有条件性的转移支付,农牧民为了获得补偿,必须按照规定采取环境友好型的农业生产方式,或实施退耕还林、或实施禁牧和草畜平衡。农牧民参与生态公益性岗位和生态保护工程建设,体现了"以工代赈""工作换福利"的思想,他们通过劳动换取福利,可以获得社会的认同,增强幸福感、获得感。通过实地调研发现,贫困农民非常看重生态护林员这个岗位,他们觉得这是一份很有意义的工作,能够承担这份工作他们感到很自豪也很珍惜,并且他们用实际行动积极投入林业生态管护工作中。

第五,不断提高了贫困地区乡村治理水平。随着经济社会的发展变迁,乡村治理的具体内容在不同地区有不同的体现。中西部深度贫困地区,也是国家重点生态功能区,区域减贫和环境保护是重要的乡村治理内容,这充分体现在当地农牧民的传统认知、日常生产生活习惯中。以林业管护为例,贡山县成立专门机构,县级设立了森林资源管护大队、乡(镇)级成立森林资源管护中队、村级成立森林资源管护小队、村民小组成立管护小组,实行"四级"管理模式,制定管理办法和考核制度。以"森林资源管护"为治理抓手,构建"网格化"管护机制,可以作为村庄自治组织的有效补充,增强了村庄的组织力、凝聚力和向心力,营造了农村发展的良好局面。

二、生态扶贫的经验

中国的生态扶贫实践,采取了一系列的政策措施,激励农牧民"在保护中发展,在发展中保护",将区域生态优势转变成为经济优势,路径多元,模式多样,积累了丰富的经验。

第一,坚持与提高生态系统服务供给水平相结合。贫困地区与国家重点生态功能区高度重叠,国家重点生态功能区承担水源涵养、水土保持、防风固沙和生物多样性维护等重要生态功能,关系全国或较大范围区域的生态安全,需要在国土空间开发中限制进行大规模高强度工业化城镇化开发,以保持并提高生态产品供给能力。因此,贫困地区推动生态扶贫,需要不断提高区域生态系统服务供给水平。在中国已有的生态扶贫措施中,无论是通过实施生态补偿政策激励农牧民采取环境友好型的生产生活方式,还是通过政府购买服务的方式设置生态公益性岗位安排农牧民参与生态管护,抑或通过组建生态扶贫合作社广泛吸收当地农牧民参与重大生态工程建设,都是在提高区域生态系统服务供给水平,以更好地实现国家重点生态功能区的主体功能定位。

第二,坚持与促进生态产品价值实现相结合。生态产品是典型的公共物品,具有受益的非排他性,只有让生态产品的价值能够充分实现,才能激励提供生态产品的区域和当地农牧民更好地保护生态环境。因此,贫困地区推动生态扶贫,需要积极探索生态产品价值实现的途径和方式。中国很多地方已经就如何促进生态产品价值实现做了很多创新性的探索。福建省南平市创新建设"森林生态银行",依托国有林场,以托管、赎买、租赁、合作经营、抵押担保等方式集聚碎片化的森林资源,提升森林生态承载能力和林业资源价值。重庆市在不同区县之间建立以"森林覆盖率"为主要指标的横向生态补偿转移支付机制,调动全社会保护发展森林资源的积极性。

第三,坚持与促进自然资源保值增值相结合。贫困地区农村集体资产构成中,资源性资产相对规模大,经营性资产不多,贫困农民依赖自然资源发展农业的局面将会长期存在。当前贫困地区存在一定数量闲置的集体林地、草地、水域、四荒地和撂荒土地,这些自然资源长期闲置,难以体现其应有的价值。因此,贫困地区推动生态扶贫,需要有效盘活利用闲置的资源资产,促进自然资源保值增值。中国的贵州、重庆等地积极开展农村"三变"改革,在明晰农村资源资产权属的基础上,推进农村资源变资产、资金变股金、农民变股东改革,充分挖掘"山水林田湖草"等自然资源和自然风光价值,因地制宜发展乡村旅游、特色农业等,有效盘活利用资源资产。

第四,坚持与发展乡村特色生态产业相结合。贫困地区通常拥有丰富的自然资源、美丽的自然风光和独特的少数民族文化民俗,为贫困地区发展乡村特色生态产业奠定了坚实的物质基础。因此,贫困地区推动生态扶贫,需要发挥贫困地区生态资源禀赋优势,选择与生态保护紧密结合、市场相对稳定的特色产业,将资源优势有效转化为产业优势、经济优势。与此同时,要延伸产业链条,提高抗风险能力,建立更加稳定的利益联结机制,确保贫困群众持续稳定增收。中国的云南、贵州、陕西、四川等地因地制宜、积极探索乡村特色生态产业。云南怒江州贡山县独龙江乡,依托丰富的林业资源,发展以草果为主的林下特色经济,增加农民经营性收入,草果种植户仅草果一项人均收入 3000 元以上。

第五,坚持与促进农民就业增收相结合。促进农民就业增收要为农民开拓第三就业空间,在耕地之外为农民创造更多的就业机会。中国高度重视贫困地区生态保护和修复,实施了各类重大生态保护工程,在这些工程措施中蕴含了很多生态就业机会,恰好能够契合贫困地区贫困家庭中半劳动力、弱劳动力以及家庭"捆绑"劳动力的特征。因此,贫困地区推动生态扶贫,需要结合生态保护相关措施,为贫困农牧民提供更多就业机会。中国创新开发生态就业模式带动贫困户脱贫,设置生态公益岗位聘请贫困户参与生态管护,组建生态建设扶贫合作社吸纳贫困户参与生态工程建设,体现了"以工代赈""工作换福利"的思想,通过劳动换取福利,以更加积极的形式实施福利供给,并帮助弱势群体获得社会认同。截至 2020 年年底,中国已选聘 110.2 万建档立卡贫困人口担任生态护林员,已组建 2.3 万个生态扶贫专业合作社,吸纳 160 万贫困人口参与生态保护工程建设。

第六,坚持与促进乡村治理有效相结合。乡村善治是国家治理体系和治理能力现代化的重要组成部分。鉴于贫困地区与国家重点生态功能区高度重叠,生态保护将是贫困地区乡村治理的核心内容之一。因此,贫困地区推动生态扶贫,需要围绕生态保护目标,从治理内容、治理方式上不断丰富完善乡村治理体系。中国的很多地方在推进生态扶贫过程中已经就如何促进生态保护和乡村治理相结合做了很多创新探索。云南怒江州贡山县建立了县、乡、村、组四级生态护林员管护体系,该体系不仅实现了生态护林员的有序管理,而且在农村人居环境整治、乡风文明建设等方面起到了显著的积极作用。青海三江源国家公园,实现园区内牧民生态管护公益岗位"一户一岗全覆盖",积极推进"山水林田湖草"组织化管护、网络化巡查,生态管护员还在党建、维稳、民族文化传承等方面发挥重要作用。

三、未来展望

在生态文明和乡村振兴战略框架下,巩固拓展脱贫攻坚成果同乡村振兴有效衔接,加快推进新时代中国特色社会主义生态文明建设,脱贫地区推动生态振兴需要紧紧围绕"生态保护"和"乡村振兴"两大战略目标,强化顶层设计,优化政策措施。

第一,持续深化"生态优先"和"以人为本"的发展理念。"绿水青山就是金山银山",这是重要的发展理念。"两山"理论,阐述了经济发展和生态环境保护的关系,揭示了保护生态环境就是保护生产力、改善生态环境就是发展生产力的道理,指明了实现发展和保护协同共生的新路径。与此同时,"生态优先"并非"只要生态、不要民生",更要坚持"以人为本",避免造成政策执行偏差。要在保护中发展,在发展中脱贫致富,使绿水青山持续发挥生态效益和经济社会效益。

第二,因地制宜拓展生态振兴的多元路径。生态振兴,关键是要创新政策设计,寻找有效路径,激励农民采取环境友好型的生产生活方式,促进生态产品价值实现和自然资源保值增值。各个地方不仅要严格落实好重点生态功能区转移支付、退耕还林还草、森林生态效益补偿基金、草原生态保护补助奖励机制等重点领域实施的生态补偿政策,而且要更广泛地探索运用生态补偿政策,实施市场化、多元化补偿。例如,随着生态保护的加强,野生动物在进,人类活动在退,"人兽冲突"日趋频繁,基于野生动物肇事的生态补偿制度,存在明显的制度缺失,亟须建立和完善。各地要利用公益岗位提供更多就近就地就业机会,在生态护林员的基础上,进一步开发诸如乡村环境保洁员、河道管理地质监测员、巡边护边员等公益性就业岗位,并做好财政配套支持。各地要发挥生态资源禀赋优势,盘活利用闲置的自然资源,因地制宜发展生态特色产业,将资源优势有效转化为产业优势、经济优势。

第三,不断优化生态振兴的机制设计。生态工程建设、生态补偿政策、生态公益岗位、生态特色产业等具体的政策措施,在实施中仍面临诸多挑战,未能有效实现生态保护和缓减贫困的目标协同,需要结合实际情况,逐步优化机制设计,建立有效的激励机制。在生态工程建设中,新组建的生态扶贫专业合作社专业技术力量薄弱,合作社社员普遍学历不高,存在操作不规范、技术不到位等情况,政府相关部门应加强技术培训指导。在生态补偿政策中,政府主导下单一的政策制定往往难以契合全国各地复杂多样的情形,建议优化生态补偿政策的机制设计,包括做好区域瞄准、做好对象瞄准、做好保护行为识别、制定差别化的补偿标准、加强监督管理、完善配套政策措施等。在生态公益岗位中,贫困人口布局和管护范围不对等导致不同村组人均管护面积差异显著,应当按照管护面积,合理配置护林员数量,管护面积较大的村组可以适当吸收边缘贫困户和非贫困户担任生态管护人员。在生态特色产业中,要处理好发展生态旅游和接待能力、生态保护之间的新型矛盾,做好旅游规划,进行适度开发;要促进发展生态特色产业与带动贫困农牧户增收相结合,通过入股分红、订单帮扶、合作经营、劳动就业等多种形式,建立紧密的利益联结机制。

第十章　教育扶贫[*]

　　基于阿马蒂亚·森的可行能力和生活质量视角,贫困是福祉或基本能力被剥夺、基本需要不能得到满足。① 贫困观也是发展观和福祉观,贫困是发展不足的结果和表现。贫困不只是收入不足,更是基本能力缺失。教育对于减贫的根本作用在于提高能力或综合素质,包括以人力资本表征的工具性价值以及寻求幸福生活的可行能力。发展教育对减贫的意义不仅在于促进就业,增加收入,改善物质生活,更在于消除精神贫困,提升居民福祉水平,以及由此而推动社会进步。中国政府通过不断发展贫困地区农村基础教育、促进贫困家庭适龄儿童参加教育、以教育资助减轻家庭经济负担等手段发挥教育扶贫的作用。在脱贫攻坚期,教育精准扶贫政策覆盖到所有贫困地区和贫困家庭,发挥了斩断贫困代际传递的关键性作用。

第一节　教育扶贫历程

　　自新中国成立到改革开放初期,国家逐步在农村地区发展最基本的基础教育体系,不断提高儿童入学率、成人识字率。改革开放以来,伴随农村扶贫开发,中国教育扶贫总体上可以划分为两个阶段。第一个阶段是从改革开放到 2012 年,教育扶贫主要体现为农村扶贫开发政策体系下

　　* 作者:檀学文,中国社会科学院农村发展研究所研究员;曾俊霞,中国社会科学院农村发展研究所助理研究员。

　　① Sen, Amartya, "Capability and Well-Being", in Nussbaum, M.& A.Sen(ed.) , *The Quality of Life* , *Oxford University Press* ,1993 ,pp.30−53.

的专项教育扶贫,其中社会组织发挥了积极推动作用;第二个阶段是2012年以来,在精准扶贫精准脱贫基本方略指导下,发展教育成为"五个一批"脱贫路径之一,逐渐形成了更加完善的教育精准扶贫政策和行动体系,对实现发展教育脱贫目标发挥了决定性作用。

一、农村专项教育扶贫阶段

当整个国家或地区处于整体性贫困以及人民整体文化水平很低时,地区经济发展就意味着贫困的减缓,地区教育发展就意味着贫困人口受教育水平的提高,支持贫困地区教育发展的政策也就是教育扶贫政策。在这个意义上,在脱贫之前,所有在贫困地区采取的推动基础教育发展的政策都具有减贫效应。中国自1986年以来陆续实行的义务教育立法、扫除文盲、"两基"攻坚、贫困地区义务教育工程、发展农村职业教育、东西部地区学校对口支援、农村义务教育阶段学生营养改善计划、学前教育行动计划、乡村教师支持计划等农村教育发展措施,都天然地扮演着教育扶贫的角色。

在此基础上,随着国家大规模有计划农村扶贫开发的启动,教育扶贫成为其中的重要部分,到2012年初步形成教育扶贫政策体系(见表10-1)。1984年,国家发布《中共中央 国务院关于帮助贫困地区尽快改变面貌的通知》,提出要在贫困地区有计划地发展和普及初等教育,重点发展农业职业教育。在1994年出台的《国家八七扶贫攻坚计划》中,要在贫困地区改变教育文化卫生的落后状况,开展成人职业技术教育和技术培训。在国家已提出"两基"目标情况下,贫困地区到2000年的义务教育发展目标仍被设定为基本普及初等教育。1995年,《中华人民共和国教育法》颁布,规定设立教育专项资金,重点扶持边远贫困地区、少数民族地区实施义务教育。与此类似,《中华人民共和国职业教育法》也规定要扶持少数民族地区、边远贫困地区职业教育的发展。2001年,国务院发布《中国农村扶贫开发纲要(2001—2010年)》,将贫困地区义务教育发展目标调高为实现九年义务教育,进一步提高适龄儿童入学率。2011年,国务院发布《中国农村扶贫开发纲要(2011—2020年)》,规定了到 2020 年扶贫对象稳定实现"两不愁三保障"目标,其中在教育方面要保障扶贫对象义务教育,到 2020 年,贫困地区基本普及学前教育,义务教育水平进一步提高,普及高中阶段教育。这对贫困地区的教育发展提出了更高的要求。

　　除了上述寓于综合扶贫政策中的教育扶贫政策,中国还实施了更多专项教育扶贫政策。1989 年 10 月,著名的"希望工程"项目随着中国青少年发展基金会的成立而设立,以救助贫困地区失学少年儿童为目的。1995 年至 2005 年,国家先后实施两期"国家贫困地区义务教育工程",加快中西部地区"两基"进程,改善贫困地区义务教育办学条件。① 2006年,国务院扶贫办面向贫困地区实施"雨露计划";2011 年,国家实施主要面向集中连片特困地区的农村义务教育学生营养改善计划;2012 年,国家启动实施面向贫困地区的定向招生专项计划。至此,中国初步建立起教育扶贫政策体系。

表 10-1　改革开放至 2012 年中国主要教育扶贫政策

重要政策文件及其发布时间、内容	重大政策措施及其实施时间
1985 年:《中共中央关于教育体制改革的决定》,有步骤实行九年制义务教育,大力发展职业教育	基本扫除青壮年文盲:改革开放前—2011 年
1988 年:《扫除文盲工作条例》,接受扫除文盲教育同为权利和义务	普及九年义务教育:1985—2011 年
1993 年:《中国教育改革和发展纲要》,20 世纪 90 年代实现"两基"目标,全面提高教育质量	义务教育"两免一补":2006—2008 年
2001 年:《中国农村扶贫开发纲要(2001—2010年)》,在贫困地区实现九年义务教育、普通教育、职业教育、成人教育统筹	义务教育控辍保学:2006 年至今
2003 年:《国务院关于进一步加强农村教育工作的决定》,开展西部地区"两基"攻坚,建立和完善教育对口支援制度,为农村义务教育阶段家庭经济困难学生提供"两免一补"	免费职业教育及助学政策:2006—2012 年

　　① 《实施国家贫困地区义务教育工程》,中央政府门户网站,见 www.gov.cn/ztzl/fupin/content_396671.htm,2006 年 9 月 23 日。

续表

重要政策文件及其发布时间、内容	重大政策措施及其实施时间
2006 年:《中华人民共和国义务教育法》修订,明确义务教育免费原则,纳入财政保障,采取措施防止适龄儿童、少年辍学;促进义务教育均衡发展	县域义务教育发展基本均衡:2006—2018 年
2010 年:《国家中长期教育改革和发展规划纲要(2010—2020 年)》	东西部地区学校对口支援:2000 年至今
2011 年:《中国农村扶贫开发纲要(2011—2020年)》,保障扶贫对象接受义务教育,贫困地区教育基本公共服务主要领域指标接近全国平均水平	家庭经济困难学生资助政策体系:2007 年至今

资料来源:笔者根据查询资料整理。

二、教育精准扶贫阶段

2012 年以来,随着精准扶贫精准脱贫基本方略的实施和脱贫攻坚战的开展,教育扶贫政策得到进一步加强,尤其是强化了教育精准扶贫政策和措施,教育扶贫政策和行动体系趋于完善(见表 10-2)。2013 年,教育部等有关部门提出《关于实施教育扶贫工程的意见》,这是第一份集成性专项教育扶贫政策文件,涉及基础教育、职业教育、高等教育以及教育资助等。2013 年年底,国家推出全面改善贫困地区义务教育薄弱学校基本办学条件的措施,聚焦于西部农村贫困地区以及集中连片特困地区,兼顾其他国家扶贫开发工作重点地区、民族地区、边境地区等贫困地区,开展义务教育学校标准化建设。2014 年,《国家贫困地区儿童发展规划(2014—2020 年)》发布,同样聚焦于集中连片特困地区,支持内容从义务教育扩大到学前教育以及健康问题。2016 年,《教育脱贫攻坚"十三五"规划》发布,提出教育精准扶贫概念,以保障义务教育为总目标,瞄准所有贫困地区和贫困学生,综合性采取提升基础教育水平、降低贫困家庭就学负担、加快发展职业教育、提高高等教育服务能力等措施,成为脱贫攻坚期教育扶贫的纲领性文件。此后的教育扶贫政策进展都是在此基础上的完善和拓展,包括支持深度贫困地区教育脱贫攻坚、推普脱贫攻坚行动、普及高中阶段教育、义务教育薄弱环节改善与能力提升、继续推进学前教育、解决建档立卡贫困家庭适龄子女义务教育保障突出问题等。

表 10-2　2012 年以来中国主要教育扶贫政策

重要政策文件及其发布时间、内容	重大政策措施及其实施时间
2013 年:《关于实施教育扶贫工程的意见》,明确教育扶贫重点范围及其目标	农村义务教育学生营养改善计划:2011 年至今
2015 年:《中共中央　国务院关于打赢脱贫攻坚战的决定》,义务教育有保障,加强教育脱贫	全面改善贫困地区义务教育薄弱学校基本办学条件:2014 年至今
2016 年:《教育脱贫攻坚"十三五"规划》,明确新的教育扶贫重点范围和对象,实现"人人有学上、个个有技能、家家有希望、县县有帮扶"	职业教育东西协作行动计划:2016 年至今
2017 年:《国务院办公厅关于进一步加强控辍保学提高义务教育巩固水平的通知》	乡村教师支持计划:2016 年至今
2018 年:《深度贫困地区教育脱贫攻坚实施方案(2018—2020 年)》	支持深度贫困地区教育脱贫攻坚:2018—2020 年
2018 年:《推普脱贫攻坚行动计划(2018—2020 年)》	推广普通话支持脱贫攻坚:2018 年至今

资料来源:笔者根据查询资料整理。

2012 年以来,以《关于实施教育扶贫工程的意见》和《国家贫困地区儿童发展规划(2014—2020 年)》为象征,教育扶贫政策呈现集成性和系统性特征,建立了跨部门工作协调机制,形成了完整的政策目标和保障机制。受《中国农村扶贫开发纲要(2011—2020 年)》的影响,2016 年以前教育扶贫政策实施范围主要是集中连片特困地区以及已明确实施特殊政策的西藏、四省藏区、新疆南疆四地州。2015 年年底《中共中央　国务院关于打赢脱贫攻坚战的决定》出台后,教育部等六部门在 2016 年 12 月正式出台了《教育脱贫攻坚"十三五"规划》。该规划在已有措施的基础上,充分贯彻精准扶贫思想,将扶持对象扩大到所有贫困地区和所有贫困人口,措施和目标对应于不同年龄段人群以及贫困地区教育总体发展水平和教育公共服务水平的提升,扶持措施更加丰富和有针对性。

2015 年 10 月 17 日的"扶贫日"活动期间,教育部门曾将教育扶贫政策框架概括为"20 项措施、7 个领域结对帮扶全覆盖"。[①] 从更宽口径

---

①　《全面实施教育扶贫全覆盖行动》,教育部网站,见 http://www.moe.gov.cn/jybxwfb/xw_zt/moe_357/jyzt_2015nztzl/2015_zt12/;《全国教育扶贫全覆盖行动将多层面构建结对帮扶关系》,新华网,见 http://www.xinhuanet.com/politics/2015-10/18/c_1116859122.htm。

看,在精准扶贫思想指导下,日益丰富的教育扶贫政策措施可以划分为发展贫困地区农村教育的政策、对贫困家庭学生的教育资助政策、对贫困家庭学生的教育保障政策、对贫困地区义务教育阶段学生营养保障政策、贫困学生关爱行动、贫困家庭劳动力的职业教育和技能培训政策等类型。教育精准扶贫顶层设计更加完整,政策配套更加完善,政策落实更加有力。

第二节　支持贫困家庭学生接受教育

贫困家庭学生教育支持是指直接以学生为对象的各类政策,其目的是促进和确保他们更好地接受教育,包括教育资助、教育保障以及营养改善。中国自从改革开放以来持续优先发展贫困地区农村教育,改善义务教育办学条件,推进义务教育均衡及城乡一体化发展,强力控辍保学,支持贫困地区乡村教师,实施学前教育发展行动,使得到 2020 年包括脱贫地区在内的农村教育发展水平有了很大的提高。

一、资助家庭经济困难学生

所有为在校学生提供的、与上学相关的直接资助、补助、费用减免政策均可归为教育资助政策。在国家大规模教育资助体系建立之前,社会捐助是教育资助的重要形式。著名的教育救助公益项目"希望工程"早在 1989 年随着中国青基会的成立而设立。中国扶贫基金会以及大量扶贫类、教育类公益项目都设立有教育捐助项目,捐助内容包括捐款、捐物以及捐献教学设备设施等。

自 2006 年以来,中国逐步建立从学前教育到高等教育全覆盖的贫困家庭学生资助体系,资助来源以财政投入为主,学校和社会资金为重要补充,资助金额不断增加(见表 10-3)。2006 年起,随着《中华人民共和国义务教育法》的实施,义务教育进入免费阶段,"两免一补"政策在西部地区试行,免学杂费、免费提供教科书,对家庭经济困难寄宿生补贴生活费。2007 年秋季,"两免一补"政策实现了全国农村的全覆盖,随后向城市扩展并不断完善。① 2007 年,国家教育资助体系初步形成,包括国家奖学金、国家助学金和国家助学贷款,覆盖在校本科学生、高职生和中职生。② 2010 年,普通高中家庭经济困难学生国家资助制度建立。从 2016 年秋季学期起,免除普通高中建档立卡家庭经济困难学生学杂费。③ 从 2009 年起,贫困家庭中职学生,除享受国家助学金外,还享受免学费政策,此项政策覆盖范围后来扩大到所有农村学生。高校资助政策更加完善,由十余类政策组成。对于学前教育,2011 年秋季学期起,国家按照"地方先行,中央补助"原则,建立学前教育资助政策体系。2018 年 11 月,中共中央、国务院出台《中共中央 国务院关于学前教育深化改革规范发展的若干意见》,明确要完善学前教育资助制度,确保接受普惠性学前教育的家庭经济困难儿童(含建档立卡家庭儿童、低保家庭儿童、特困救助供养儿童等)、孤儿和残疾儿童得到资助。可见,中国教育资助已逐步形成了"三个全覆盖",即从学前教育到高等教育各学段全覆盖,公办和民办学校全覆盖,家庭经济困难学生全覆盖。

表 10-3　中国基础教育家庭困难学生资助政策及其演变

教育阶段	政策时间与内容
学前教育	2011 年,建立学前教育资助制度;2018 年,完善学前教育资助制度
义务教育	2006—2007 年,推行"两免一补";2011 年,实施农村义务教育学生营养改善计划;2016 年以来,部分地区提供额外生活费补助
普通高中	2010 年,建立普通高中家庭经济困难学生国家资助制度:国家助学金、学费减免、鼓励社会捐资助学;2016 年,免除普通高中建档立卡家庭经济困难学生学杂费,部分地区提供额外生活费补助
中等职业学校	2006 年,实施国家助学金制度;2007 年,建立家庭经济困难学生资助政策;2009 年起,逐步实行中等职业教育免费政策;2012 年,扩大中等职业教育免学费政策范围;2016 年以来,部分地区提供额外生活费补助

资料来源:笔者根据有关资料整理。

---

① 《我国城乡全面实现义务教育免费历程:三年四大步》,中央政府门户网站,见 http://www.gov.cn/jrzg/2008-08/03/content_1063386.htm,2008 年 8 月 3 日。
② 《国务院关于建立健全普通本科高校、高等职业学校和中等职业学校家庭经济困难学生资助政策体系的意见》。
③ 《关于免除普通高中建档立卡家庭经济困难学生学杂费的意见》。

　　各省份都在落实国家政策基础上制定省内全覆盖的教育资助体系，通常还进一步加大教育资助力度。学前教育资助在大部分地区采取现金补助形式，标准从 300 元到 1000 元不等。较多西部省份实施了免除保教费或者免费学前教育政策，包括广西、重庆、四川、西藏、甘肃、青海和新疆等。义务教育阶段，大部分省份遵照国家"两免一补"和营养改善政策执行。部分省份提高了寄宿生生活费补助标准，或者提供省级补助，如重庆将小学和初中的寄宿生生活费补助标准分别提高到 6 元和 7 元，海南为建档立卡户小学生和中学生分别补助 2400 元和 2900 元。较多省份扩大营养改善计划实施范围，从片区县向重点贫困县扩展，河南已经扩大到全省全部建档立卡家庭学生。普通高中阶段，部分省份提高了建档立卡家庭学生国家助学金标准，如重庆和湖南分别提高到 3000 元和 3500 元；贵州和云南提供省级助学金；还有一些省份免除住宿费或书本费。高等教育阶段，一些省份提供了较为丰厚的省级补助政策，如四川、贵州、云南、陕西、甘肃等，标准介于 4000—6000 元。可见，至少对于基础教育阶段来说，贫困家庭子女都不存在因费用问题而无法上学的问题；再加上中等职业教育免试入学政策，贫困家庭子女完全具备了普及高中阶段教育的条件。教育资助也是国外常见的一种政策工具，通常采取有条件转移支付（Conditional Cash Transfer，CCT）方式，其与中国的教育资助既有相似支出，也有明显区别（见专栏 10-1）。

专栏 10-1　中国教育扶贫与国外的
有条件转移支付项目

　　中国的教育扶贫政策覆盖教育的全过程，以贫困家庭在校生为扶持对象。教育扶贫政策在 2012 年以前是分学段分散实施的，2013 年有了统一的政策框架，2016 年以后随着精准扶贫和建档立卡的实施，可以瞄准每个贫困家庭的适龄子女。主要教育扶贫措施包括：改善贫困农村地区的教育条件，使孩子们能够接受到合格的义务教育；上学距离远的学生可以寄宿；国家提供免费义务教育，学生享受营养餐补助和寄宿生生活费补助，有的地区还提供额外生活费补助;政府和学校承担找回失学辍学学生的责任;贫困生初中毕业后被鼓励继续就读普通高中或中等职业学校。从教育扶贫的资金来源看,2/3 左右来自财政资金,学校和社会捐助资金约占 20%。

与中国教育扶贫政策可以类比的国外同类政策是有条件转移支付项目。有条件转移支付项目在东南亚、拉美众多的发展中国家盛行,其要义是,在贫困家庭满足送孩子上学或孕产妇接受孕产健康服务的条件下,为其提供现金资助以满足家庭基本生活需要。有条件转移支付项目具有促进改善贫困家庭人力资本和阶段性减缓经济贫困的双重功效,与中国的教育扶贫是相似的,而且由于其实施简便、效果可见而广为采用。有条件转移支付项目的不同之处在于,它对政府和家庭都并非强制性的,主要依靠经济激励实现贫困家庭的自主选择,对改善教育有很大的推动作用,但是还达不到完全保障的要求。例如,印度尼西亚的家庭希望计划(Program Keluarga Harapcm,PKH)是一个典型的有条件转移支付项目,覆盖健康、教育、老年人、残疾人等领域。其中,就教育而言,享受了教育转移支付的家庭与对照组家庭相比,他们的学龄儿童常年上学率都是 78%,已上学儿童辍学率则分别为 0.95% 和 0.76%,差异不显著。因此,其实无法判断家庭希望计划是否促进了贫困家庭儿童上学。

资料来源:MSC,"Report on Findings of Impact Evaluation of Program Keluarga Harapan(PKH)", microsave. net/wp − content/uploads/2019/07/Report − on − Findings − of − Impact − Evaluation−of−Program−Keluarga−Harapan−PKH.pdf,20 June 2019。

教育部全国学生资助管理中心发布的数据显示[①],2012 年以来,中国教育资助的人数和金额持续增加。资助学生从 8413.84 万人次增长至 2019 年的 1.06 亿人次,年均增长 3.34%;资助金额从 1126 亿元增长至

---

① 资料来源:中华人民共和国教育部全国学生资助管理中心网站,见 http://www.xszz.cee.edu.cn/index.php/lists/70.html。

2019 年的 2126 亿元,7 年累计达到 1.19 万亿元(不包括义务教育免除学杂费和免费教科书,下同),年均增幅达到 9.50%(见图 10-1)。教育资助的增长来自各个渠道资金的同步增长,其中财政资助资金占主导地位。2019 年,中央和地方财政投入合计 1449.55 亿元,占 68.18%;学校资助和社会捐助合计占 15.54%;助学贷款占 16.27%。中国人均教育资助额逐年增长,已从 2012 年的 1338 元增长到 2018 年和 2019 年的 2000 元以上。

（单位：亿元）　　　　　　　　　　　　　　　（单位：万人次）

图 10-1　2012—2019 年中国教育资助人数和金额

二、义务教育控辍保学

《中华人民共和国义务教育法》规定保障九年义务教育。从政府和学校角度,这需要提供足量合格的办学条件或服务;从适龄儿童及其家庭角度,这需要履行上学的义务。一旦上学义务不能履行,政府、学校和社会就要采取控辍保学措施。义务教育控辍保学具有鲜明的中国特色,这个术语已知最早在 2005 年出现在教育部和国家民委的文件中①,而基层实践中至少在 1994 年就已经出现于辽宁沈阳。当年沈阳的工作方法已

---

① 《教育部　国家民委关于进一步做好民族地区寄宿制中小学管理工作若干问题的意见》,教育部网站,见 http://www.moe.gov.cn/srcsite/A09/s7045/200505/t20050511_61426.html。

经具备控辍保学措施的雏形,包括动员劝返、学杂费减免或提供助学金、初三学习困难学生分流等。①

《中华人民共和国义务教育法》第十三条和第十四条的意图相当于促学或保学、控辍,主要针对有辍学风险的在校生。现在的控辍保学工作以劝返失学辍学学生并使其安心就读为主,后者就包含着控辍、保学这两层含义。贫困地区的控辍保学有两层目标:一是义务教育巩固率要达到95%,这个指标在2018年年底是94.2%,贫困地区显然比这还要低一些;二是建档立卡贫困家庭适龄儿童要100%接受义务教育,失学辍学者必须返校学习,否则家庭无法脱贫。为此,各地"八仙过海、各显神通",想方设法找回并留住流失的学生。经过长期探索,中国逐步健全了五个方面的控辍保学长效机制,包括联控联保的责任机制、定期专项行动的机制、应助尽助的救助机制、依法控辍的治理机制和办学条件保障机制。②

在控辍方面,各地一般都采取行政、教育、司法多部门并举的工作机制。例如,曾经失学辍学率较高的四川凉山州采取了"六长负责、双线八包"工作机制,即由县(市)长、教育局长、乡(镇)长、校长、村长(村主任)、家长共同负责,县(市)领导包乡(镇)、乡(镇)干部包村、村干部包村民小组、组干部包户,教育局领导包学校、学校领导包村小学、班主任包班、科任教师包学生。③ 以这套机制为基础,采取法律宣传、行政执法、动态监测、针对性劝返、目标考核等措施,力争实现2020年95%义务教育巩固率目标。④ 脱贫攻坚以来,贫困地区义务教育阶段辍学人数实现了大幅度减少。从2015年到2020年11月30日,全国义务教育阶段辍学学

① 张卓然主编:《沈阳教育年鉴1991—1994》,辽宁民族出版社1996年版,第548页。
② 《教育2020收官系列新闻发布会第四场:介绍"十三五"以来基础教育改革发展有关情况》(2020年12月10日),教育部网站,见http://www.moe.gov.cn/fbh/live/2020/52763。
③ 《四川省凉山州进一步加强控辍保学提高义务教育巩固水平工作实施方案》,教育部网站,见http://www.moe.gov.cn/jyb_xwfb/xw_zt/moe-057/jyzt_2016nztzl/ztzl-xyncs/ztzl-xy-dfjz/201808/t20180817-345474.html,2018年7月。
④ 《凉山州"五举措"切实抓好控辍保学工作》,凉山彝州新闻网,见http://www.lszxc.cn/html/2019/lszkcbx_0611/11885.html。

生由约 60 万人降至 831 人,其中 20 万建档立卡辍学学生实现动态清零。①

在保学方面,一般采取的措施包括改善上学条件、结对关爱和针对性辅导等。不少贫困家庭学生辍学不是由于经济困难,而是由于家庭流动、过去上学条件差等导致学习困难、缺乏学习兴趣等。因此,除了提供基本的就学条件保障外,更重要的是为那些学习困难的复学生提供有效的个性化帮助措施。例如,海南白沙县一些农村中学在学校层面针对学习困难生组织体育、音乐等特长兴趣班,在班级内组织学习小组,通过激励机制由好学生带动差生学习;该县还组织开展初中学校与职业学校合作,在初中学校开设职教课,或将部分学生提前送到职业学校参加"预科"学习。白沙县的做法非常典型,各地做法大都无出乎其外。此外,海南、云南怒江州一些复学生比较多的学校,专门开展感恩教育、习惯养成教育,促使长期游离于正规教育的孩子尽快回归正常生活;凉山州学校为长期失学、已无法参加正常学习的复学生提供短期补偿教育。

三、改善贫困地区义务教育条件

中国教育扶贫的底线目标是保障义务教育.其前提是从供给角度提供能够满足贫困地区儿童上学需要的教育条件。1986 年中国政府首次颁布《中华人民共和国义务教育法》,规定实施九年义务教育,酌情确定推行义务教育的步骤。2006 年至今,中国农村义务教育的发展,尤其在中西部贫困地区,大体上经历了两个大的历史阶段。第一个阶段是从 1986 年到 2011 年,全面实现"两基";第二个阶段是 2005 年以来持续追求义务教育均衡发展。这两个阶段分别代表着义务教育的普及和质量提高,伴随义务教育参与率和巩固率的不断提高。

为发展农村义务教育,国家首先采取农村教育综合改革思路,以 1988 年开始实施的"燎原计划"为典型载体。燎原计划大约实行了十年,

---

① 《教育 2020 收官系列新闻发布会第四场:介绍"十三五"以来基础教育改革发展有关情况》(2020 年 12 月 10 日),教育部网站,见 http://www.moe.gov.cn/fbh/live/2020/52763。

主要做法是在乡镇范围内采取基础教育、职业教育、成人教育协调,农科教结合的综合发展思路,建设农村教育综合改革示范乡镇。到 1998 年,全国实施燎原计划的乡镇达到近万个,占全国乡镇总数的 20% 左右。[①]1992 年,党的十四大报告提出到 20 世纪末基本普及九年义务教育、基本扫除青壮年文盲目标(即"两基")。这个目标任务经过 1993 年《中国教育改革和发展纲要》、1994 年全国教育工作会议、1995 年科教兴国战略及《中华人民共和国教育法》的实施,逐步得到落实。《中华人民共和国教育法》规定,各级政府设立教育专项资金,重点扶持边远贫困地区、少数民族地区实施义务教育。

1995 年至 2005 年,国家先后实行两期国家贫困地区义务教育工程。第一期工程为 1995 年至 2000 年,中央和地方合计投入资金 125 亿元,实施范围为全国 852 个贫困县。2000 年年底,全国"普九"地区人口覆盖率达到 85%,青壮年文盲率下降至 5% 以下,中央政府宣布基本实现"两基"目标。同期,1994 年颁布实施的"八七扶贫攻坚计划"将贫困地区教育发展目标定位为普及初等教育。

第二期国家贫困地区义务教育工程为 2001 年至 2005 年,中央和地方合计投入资金 72.5 亿元,覆盖未完成任务的 522 个县,中央专款重点向西部地区倾斜。与此同时,2001 年发布的《中国农村扶贫开发纲要(2001—2010 年)》将贫困地区教育扶贫目标上调为实现九年义务教育。随着 2003 年农村教育工作会议的召开,由于未实现"两基"的贫困县多数位于西部地区,教育部于 2004 年起组织实施西部地区"两基"攻坚计划,至 2007 年完成。同期,国家在西部地区农村开展寄宿制学校建设,以应对农村学校布局调整导致的上学困难和失学风险;发布关于义务教育均衡发展的指导意见,将其定位为实现"两基"之后义务教育发展的重要任务。为了进一步推进义务教育发展,《中华人民共和国义务教育法》在 2006 年修订,新增的主要内容包括:实施免费义务教育,建立"两免一补"

---

① 郭福昌、孙文正:《"燎原计划"实施 10 周年的回顾与展望》,《教育研究》1998 年第 12 期。

机制,在西部地区率先实施,2008 年普及至全国;促进义务教育均衡发展,改善薄弱学校的办学条件,分别在 2012 年和 2013 年正式启动;采取措施,保障家庭经济困难的和残疾的适龄儿童、少年接受义务教育。2011年年底,中国全面实现"两基",所有县级行政区通过了"两基"验收。

"两基"验收标准包含覆盖率和普及性,其中隐含着办学条件、师资条件、教育质量、就学率差距等指标。因此,就义务教育来说,"普九"的下一步就是均衡发展,这是在"普九"后期启动并一直持续至今的一项重要举措。2002 年,义务教育学校均衡发展理念首次出现。2005 年,《教育部关于进一步推进义务教育均衡发展的若干意见》发布,要求遏制城乡之间、地区之间和学校之间教育差距扩大势头,积极改善农村学校和城镇薄弱学校的办学条件,逐步实现义务教育的均衡发展。2012 年,《国务院关于深入推进义务教育均衡发展的意见》发布,其目标是积极推进义务教育学校标准化建设,全面实施素质教育,努力提高办学水平和教育质量,率先在县域内实现义务教育基本均衡发展,到 2020 年提高九年义务教育巩固率至 95%。义务教育均衡发展的工作抓手主要是两个:一是县域义务教育发展基本均衡评估认定,为此需要大力推动各项基础性工作,包括学校标准化建设、师资配备、薄弱学校改造等;二是"控辍保学"和不断提高义务教育巩固率。

在贫困地区农村义务教育进一步发展方面,有两项重点工作。一项是在 2014—2018 年开展的全面改善贫困地区义务教育薄弱学校基本办学条件工作。这项工作采取"补短板"思路,要使贫困地区农村义务教育学校各类教学设施满足基本教学需要,学校各类生活设施满足基本生活需要,留守儿童学习和寄宿需要得到基本满足,教师配置基本适应教育教学需要,村小学和教学点能够正常运转。教育部为此发布了义务教育学校办学条件的"20 条底线要求",既要"保底",也要"限高"。[①] 在此期间,2016 年,国务院出台统筹推进县域内城乡义务教育一体化改革发展的意

---

① 《教育部办公厅　国家发展改革委办公厅　财政部办公厅关于印发全面改善贫困地区义务教育薄弱学校基本办学条件底线要求的通知》,教育部网站,见 http://www.moe.gov.cn/srcsite/A06/s3321/201407/t20140730_172545.html。

见。从农村角度,这个意见要求城乡义务教育办学条件趋于统一,其实就是要对照城市标准改善农村地区办学条件。截至 2019 年年底,中央财政和地方财政合计投入 5426 亿元,全国 30.9 万所义务教育学校(含教学点)办学条件达到"20 条底线"要求,占义务教育学校总数的 99.8%;①全国累计通过国家基本均衡督导评估的县已达 2767 个,占全国总县数的 95.32%。②

2019 年 7 月,教育部等部委进一步发布《关于切实做好义务教育薄弱环节改善与能力提升工作的意见》,继续推进城乡义务教育一体化改革发展,按照省级人民政府确定的义务教育学校基本办学标准补齐短板,结合完善乡村义务教育学校布局来加强乡镇寄宿制学校和乡村小规模学校建设,推进农村学校教育信息化建设。随着义务教育薄弱学校基本办学条件的改善和达标,脱贫地区教育基本公共服务水平明显提升。

另一项是 2017 年起由教育部开展的义务教育优质均衡发展督导评估工作。这将推动进一步缩小义务教育城乡、校际差距,整体提高义务教育质量。所谓优质均衡,要求通过国家义务教育基本均衡发展认定三年以上,并且在资源配置(城乡、校际)、政府保障、教育质量、社会认可四个方面达到严格要求。③ 可以预见,优质均衡将是脱贫地区义务教育下一阶段的发展方向。

四、加强贫困地区乡村教师队伍建设

发展贫困地区农村教育,足量、合格的教师队伍同样重要。1994 年实施的《中华人民共和国教师法》规定对少数民族地区和边远贫困地区教师实施补贴和其他支持政策。1999 年以后中国出台的各项教育发展规划、政策逐步建立了边远贫困地区乡村教师支持政策。2010 年《国家

---

① 《教育 2020 收官系列新闻发布会第四场:介绍"十三五"以来基础教育改革发展有关情况》(2020 年 12 月 10 日),教育部网站,见 http://www.moe.gov.cn/fbh/live/2020/52763。

② 《2019 年全国义务教育均衡发展督导评估工作报告》,教育部网站,见 http://www.moe.gov.cn/fbh/live/2020/51997/sfcl/202005/t20200519_456057.html。

③ 《教育部关于印发〈县域义务教育优质均衡发展督导评估办法〉的通知》。

中长期教育改革和发展规划纲要(2010—2020 年)》和 2012 年《国务院关于深入推进义务教育均衡发展的意见》,从城乡义务教育一体化和标准化发展思路出发,构建了乡村教师队伍建设的支持政策体系。2015 年 6 月,国务院办公厅发布《乡村教师支持计划(2015—2020 年)》,使乡村教师支持成为一个专项政策。《教育脱贫攻坚"十三五"规划》对此予以确认。2015 年以后,中国对贫困地区乡村教师支持政策可概括为五个方面。

(一)统一城乡教职工编制标准

2014 年起,中央编办规定,乡村中小学教职工编制按照城市标准统一核定,其中村小学、教学点编制按照生师比和班师比相结合的方式核定。这为采取各类乡村教师补充、调配措施提供了制度保障。例如,乡村教师补充的重要渠道——特岗教师,就是在县域教职工总编制内实施的。

(二)拓宽贫困地区乡村教师补充渠道

从 21 世纪初开始,中国不断建立新的乡村教师补充渠道,其中包括:(1)建立区域内城乡"校对校"教师定期交流制度。首先实施城镇中小学教师到乡村任教服务期制度。城镇中小学教师晋升高级教师职务,应有在乡村中小学任教一年以上的经历。在此基础上,推进义务教育教师队伍"县管校聘"管理体制改革,采取定期交流、跨校竞聘、学区一体化管理、学校联盟、对口支援、乡镇中心学校教师走教等多种途径和方式,引导城镇学校教师到乡村小学和教学点交流轮岗。(2)实施农村义务教育阶段学校教师特设岗位计划。"特岗计划"以项目聘任制形式招聘应届大学生到贫困地区任教,先以国家西部地区"两基"攻坚县为主,后扩展到所有贫困县、纳入国家西部开发计划的部分中部省份的少数民族自治州以及西部地区一些有特殊困难的边境县、少数民族自治县和少小民族县,经费由中央和地方财政共同承担。国家支持的"特岗计划"招聘名额从 2006 年的 1.3 万人增加到 2019 年的 10 万人,很多省份还设立自己的"特岗计划"。(3)增加选派东部地区教师到西部地区任教。(4)组织实施大学毕业生、社会热心人士等志愿者到农村开展义务支教,弥补短期内教师,尤其是科任课教师的缺口。

（三）改善乡村教师待遇，加强乡村教师培训

首先是为中西部困难地区建立农村中小学教师工资保障机制。在此基础上，其他改善待遇措施包括：为在困难地区工作的乡村教师提供生活补助，有的地方视学校艰苦边远程度实行差别化的补助标准；由中央和地方财政共同支付特岗教师工资，适时提高特岗教师工资水平；保障农村教师各项社会保障待遇；对长期在农村基层和艰苦边远地区工作的教师，在工资、职称等方面实行倾斜政策；艰苦边远地区农村学校教师周转宿舍建设工程优先在片区实施。职称职务评聘向乡村学校倾斜；实行乡村教师荣誉制度。从 2010 年起，设立中小学教师国家级培训计划（以下简称"国培计划"），"中西部农村骨干教师培训项目"是其中的项目之一，主要对中西部农村义务教育教师进行有针对性的培训。扶贫政策要求国培计划优先支持贫困地区培训需要。

（四）利用社会力量支持乡村教师队伍建设

社会力量支持贫困地区乡村教师队伍建设，主要体现在以下三个方面：一是开展有组织的义务支教，支教者范围从高校学生扩展到全社会的爱心人士，志愿者组织的发展以及网络技术的普及为义务支教提供了有利条件；二是利用社会力量为乡村教师发展提供能力建设支持。马云公益基金会是其中的典型，该基金设立乡村教师计划，为贫困地区设立乡村教师奖，为优秀乡村教师提供现金资助与发展机会；三是资助家庭经济困难的乡村教师。例如，中国教育发展基金会到 2018 年直接资助中西部地区家庭经济特别困难教师 32 万人次。[1]

五、社会力量参与教育扶贫

社会力量是中国教育扶贫中重要的、不可或缺的投入来源，社会力量投入教育扶贫也构成了中国最早的社会扶贫。社会力量的教育扶贫形式很多，大体上可以划分为非教育机构的捐资助学、义务支教等行动，以及

---

[1] 《中国教育发展基金会简介》，中国教育发展基金会网站，见 https://www.cedf.org.cn/cedf/gywm/201904/20190423/1784831116.html。

教育机构实施的教育协作和对口帮扶。

(一)捐资助学和义务支教

目前,中国已经形成了相当丰富的贫困地区捐资助学的社会机构和机制,以及相当大的教育捐助规模。社会性捐资助学的主体主要是各类基金会和居民。根据不完全信息整理,有教育扶贫功能的基金会大体可以分为五类:教育类基金会、综合性基金会、企业基金会、大学教育基金会以及境外基金会(见表10-4)。这些机构开展的教育扶贫项目包括:捐建学校、捐资捐款改善贫困地区学校条件、贫困生资助、家庭困难教师资助、贫困女童关爱、乡村教师支持、志愿支教等。由中国香港和台湾留美学生在美国发起的滋根基金会早在1988年就在贵州雷山开展教育扶贫活动,并于1995年注册中国滋根乡村教育与发展促进会。1989年,中国青少年发展基金会成立,同期设立捐资助学的"希望工程"项目。这两个项目可以视为中国社会力量助学的"种子"。教育扶贫基金会中的大部分是具有准官方背景的公益机构,随后不断有非官方背景的公益机构成立并投入乡村教育发展和教育扶贫。例如,香港言爱基金会成立于2006年,致力于在海南以及全国各地的贫困地区建设思源学校;陕西纯山教育基金会也成立于2006年,是一个小型公益基金会,通过乡村图书馆、鞋盒礼物等方式促进农村教育;腾讯基金会成立于2007年,2009年设立以教育为主的筑梦新乡村项目;马云公益基金会成立于2014年,专注于发展乡村教育,尤其是教师支持计划。各大学几乎都有自己的教育基金会,面向贫困大学生提供教育资助。

表10-4 教育扶贫基金会类型

基金会类型	基金会举例及其教育扶贫项目
教育类基金会	中国教育发展基金会:学生资助、教师资助; 中国下一代教育基金会:教育培训、救助资助; 中国儿童少年基金会:改善贫困家庭女童受教育状况(春蕾计划); 纯山教育基金会:乡村图书馆、鞋盒礼物; 中国滋根乡村教育与发展促进会:助学金、教师培训; 马云公益基金会:乡村教师计划、校长计划、寄宿制学校计划

续表

基金会类型	基金会举例及其教育扶贫项目
综合性基金会	中国青少年发展基金会:贫困生资助、援建希望学校(希望工程);中国扶贫基金会:爱心包裹项目、乡村教育发展项目、阳光跑道项目等;中华思源工程扶贫基金会:贫困地区学校教育条件改善、贫困生资助(思源助学); 中国社会福利基金会:贫困乡村教育条件改善、关怀帮助贫困女童
企业基金会	腾讯基金会:乡村幼儿班、多媒体教室捐建、支教(筑梦新乡村)
大学教育基金会	都包含资助家庭经济困难学生完成学业职能
境外基金会	香港言爱基金会:捐建思源学校; 滋根基金会:贫困儿童捐助; 联合国儿童基金会:贫困儿童资助、关注儿童贫困

资料来源:笔者根据网络查询资料整理。

居民捐赠也是教育扶贫社会捐助的重要来源。居民一方面向上述各类基金会捐款,另一方面可直接向贫困学校和学生捐款。很多有经济实力的人士选择在公益基金会平台下设专项基金,开展特定方向的捐助,比较典型的是中国社会福利基金会,其旗下的暖流计划公益基金、爱小丫公益基金、免费午餐公益基金等都是由社会名义捐助的教育扶贫项目。居民捐赠的另一种方式是"一对一"直接捐助,这得益于互联网技术的应用,一些个人和机构设立网络助学平台,一头连着待资助学生,另一头连着社会公众,凭借举办者的信誉,使公众捐助资金直接抵达贫困学生。这方面的两个典型例子是湖北长阳县教师刘发英举办的"英子姐姐网络助学"以及陕西福智慈善基金会举办的教育资助网。要想将所有社会性扶贫捐助统计清楚是很困难的。教育部全国学生资助管理中心的数据显示,资助给学生的社会资金,已从 2014 年的 79.5 亿元增加到 2018 年的 135.4 亿元。希望工程从 1989 年到 2019 年累计接受捐款 161 亿元,资助困难学生 617.02 万人次,援建希望小学 20359 所,很多当年受助者成为捐助者。①

---

① 中国青少年发展基金会网站,见 https://www.cydf.org.cn/。

社会力量参与教育扶贫的另一种形式是义务支教,这是解决贫困、偏远地区农村教师不足、水平不高问题的途径之一。在中国,同样得益于互联网技术的普及,社会力量义务支教往往通过网络平台来实现。一些例子有:中国支教联盟、天使支教、中华支教与助学信息中心等,很多大学也都有自己的支教志愿者社团。例如,中国支教联盟创立于2006年,截至2020年已支援偏远山区中小学将近240所,通过联盟参加支教志愿者老师2000余人,支教课时20万余节。①

(二)教育协作和结对帮扶

扶贫协作机制下有组织的教育协作和对口帮扶也是重要的社会帮扶形式。中国的扶贫协作和对口支援始于1996年,主要是地区间协作。2000年年初,"东部地区学校对口支援西部贫困地区学校工程"和"西部大中城市学校对口支援本省(自治区、直辖市)贫困地区学校工程"同时启动。"东部地区学校对口支援西部贫困地区学校工程"对口支援的实施范围参照1996年确定的扶贫协作对口关系。东部地区有关省(直辖市)各选择100所学校、计划单列市各选择25所学校,与对口支援西部地区有关省(自治区)选择的相应数量的贫困地区学校,结成"一帮一"的对子。"西部大中城市学校对口支援本省(自治区、直辖市)贫困地区学校工程"由西部各省(自治区、直辖市)人民政府确定相应对口支援关系。受援地区原则上应是2000年前尚未普及九年义务教育的国家级及省级贫困县。选择受援学校以义务教育阶段学校为重点,集中支援国家级及省级贫困县的相对薄弱学校。援助措施包括选派校领导和教师、教师培训、捐献设施设备、开展"手拉手"活动等。2000—2003年,学校对口支援工作在3年里取得了显著成效,对于西部地区普及义务教育起到了很好的作用。② 2001年起,实施"对口支援西部地区高等学校计划",采取干部挂职、教师支教、专家讲学、教师访学等方式,提升西部地区高等学校建设管理水平。2010年以来,中国加大教育对口支援新疆、西藏等地工作

---

① 中国支教联盟网站,见 http://www.go9999.com/site/pa? c=2。
② 《学校对口支援工作见成效》,人民网,见 http://www.people.com.cn/GB/paper39/8546/801988.html,2003年2月25日。

力度,17 省(自治区、直辖市)对口支援西藏 7 地州,6 省(自治区、直辖市)对口支援青海省藏区 6 个州,19 省(自治区、直辖市)对口支援新疆82 县市。

　　教育扶贫结对帮扶的全覆盖是教育扶贫协作的"升级版"。2012 年,东部地区 10 个职业教育集团与滇西 10 市州签署战略合作协议,对口帮扶滇西职业学校发展。2014 年,建立 17 个东中部职教集团与西藏和四省藏区 17 个地州的职业教育对口帮扶机制。① 2016 年 10 月,《职业教育东西协作行动计划(2016—2020 年)》发布。按照中央确定的东西部扶贫协作关系和教育部推动相关省(自治区、直辖市)建立的教育对口支援关系,全面落实东西职业院校协作全覆盖行动、东西协作中职招生兜底行动以及职业院校参与东西劳务协作三大行动。《教育脱贫攻坚"十三五"规划》提出开展教育扶贫结对帮扶行动,包括东部高校对口支援西部高校、东部地区职教集团对口帮扶贫困地区职业教育、省域内优质普通高中对口帮扶贫困县普通高中、省域内职业教育对口帮扶、市域内优质义务教育学校对口帮扶农村薄弱义务教育学校、县域内城区优质幼儿园对口帮扶乡镇中心幼儿园,自上而下,实现结对帮扶全覆盖。

第三节　加快发展贫困地区非义务教育

　　职业教育和成人教育培训有利于直接改善人力资本和提高劳动力的就业适应性。中国早在 1988 年就以"燎原计划"形式,在农村开展农科教结合,普通教育、职业教育、成人教育统筹的试点,这基本上也是一直以来教育扶贫的机制性框架,被写入《中国农村扶贫开发纲要(2001—2010年)》。《中国农村扶贫开发纲要(2011—2020 年)》以及《教育脱贫攻坚"十三五"规划》则更加强调技能培训,成人的文化素质提升被纳入了扶智扶志范畴。

---

　　① 《职业教育团队式对口支援》,教育部网站,见 http://www.moe.gov.cn/jyb_xwfb/xw_zt/moe_357/jyzt_2015nztzl/2015_zt12/15zt12_20fp/201510/t20151016_213761.html,2015 年 10 月16 日。

一、学前教育发展行动

学前教育在中国不属于义务教育,但是已有普及趋势,例如新疆南疆四地州和云南怒江州普及 14 年免费教育,含两年学前教育;西藏自治区和贵州省基本普及 15 年教育,含三年学前教育。截至 2019 年年底,全国学前教育毛入园率达到 83.4%,比 2015 年提高 8.4 个百分点。① 学前教育的意义不仅在于其对儿童早期发展的价值,还在于其对儿童下一步正常参加义务教育能在语言、生活习惯、行为方式上起到很好的推动作用,这在民族地区、偏远地区、贫困地区尤其明显,非常有利于避免失学辍学。

《国家中长期教育改革和发展规划纲要(2010—2020 年)》首次比较系统地阐述了学前教育发展目标和思路,其中包含着对贫困地区和贫困家庭幼儿学前教育的支持。中国学前教育发展目标是到 2020 年基本普及学前教育,政府承担主导和管理职责,重点发展农村学前教育,支持贫困地区发展学前教育,逐步对农村家庭经济困难和城镇低保家庭子女接受学前教育予以资助。2010 年 11 月,国务院发布《关于当前发展学前教育的若干意见》,实施学前教育三年行动计划,中央财政设立专项经费,支持中西部农村地区、少数民族地区和边疆地区发展学前教育和学前双语教育。2016 年年底发布的《教育脱贫攻坚“十三五”规划》设定的学前教育发展目标,主要是贫困地区每个乡镇至少办好一所公办中心幼儿园,在有条件的大行政村独立建园或设分园,小行政村联合办园,逐步形成学前教育服务网络。规划还要求鼓励普惠性民办幼儿园招收建档立卡等贫困家庭子女,健全学前教育资助制度,帮助农村贫困家庭幼儿接受学前教育。

2011 年、2014 年和 2017 年,国家相继实施了 3 期学前教育三年行动计划。其中,2017 年发布的第三期学前教育三年行动计划中提出,到 2020 年,全国学前三年毛入园率达到 85%,普惠性幼儿园覆盖率达到

---

① 《教育 2020 收官系列新闻发布会第四场:介绍“十三五”以来基础教育改革发展有关情况》,教育部网站,见 http://www.moe.gov.cn/fbh/live/2020/52763/。

80%左右。2018 年,全国共有普惠性幼儿园 18.29 万所,占全国幼儿园的比重为 68.57%。普惠性幼儿园在园幼儿占全国在园幼儿的比重为 73.07%。① 国家政策要求地方政府要加大投入,重点支持边远贫困地区和少数民族地区发展学前教育。以贵州省为例,该省提出普及 15 年教育目标,坚持公益普惠方向,自 2011 年以来投入超过 100 亿元资金,大力发展乡村公立幼儿园和普惠性民办幼儿园。2018 年,贵州省公办幼儿园增加到 54%,普惠性幼儿园覆盖率达到 78.2%,学前三年毛入园率增加到 87%。此外,2016 年,贵州还在国内率先实施农村学前教育儿童营养改善计划,各级财政投入资金近 10 亿元,惠及 87 个县将近 1 万所学前教育机构的 86.16 万名农村儿童,实现了农村学前教育机构营养改善计划全覆盖。② 义务教育较为落后的凉山州,自 2016 年起实施 15 年免费教育,减免全州学前教育 3 年保教费,发展"一村一幼"村级幼教点,省级财政支付每村 2 名幼儿园辅导员劳务报酬,州财政支付彝区县、藏区县农村在园幼儿每人每天 3 元生活补助。③ 2018 年 5 月,凉山州启动"学前学会普通话"行动,试点后向全州铺开,培训辅导员,开发教程,对将上小学的幼儿进行普通话达标测试。截至 2020 年年底,"学前学普"行动已惠及大小凉山学前儿童 42.98 万人,试点阶段儿童进入小学后语言发展水平测试合格率达到 99%。④

二、发展中等职业教育

所有与中等职业学校发展、中等职业学校入学、资助以及实习就业等相关政策均可归为职教扶贫。职教扶贫政策目标是多元的,主要是促进未升入普通高中的贫困家庭子女接受中等职业教育。发展职业教育对于

---

① 余宇、单大圣:《中国学前教育发展 70 年及未来展望》,《发展研究》2019 年第 10 期。
② 《贵州学前教育逆袭之路》,人民网贵州频道,见 http://gz.people.com.cn/n2/2019/0408/c358160-32818394.html,2019 年 4 月 8 日。
③ 《凉山州"八注重八解决"着力补齐学前教育短板》,四川省人民政府网,见 http://www.sc.gov.cn/10462/10464/10465/10595/2017/5/9/10422339.shtml,2017 年 5 月 9 日。
④ 《"学前学会普通话"行动成效明显 彝家孩子的世界变大了》,四川省政府网站,见 http://www.sc.gov.cn/10462/10464/10797/2021/3/26/f96868ef0f674da7b10d4ada9bfcf4ac.shtml。

教育扶贫具有数量增长和结构优化双重意义。其中,结构优化效应更加重要,因为它使教育结构与生源素质结构以及劳动力需求结构更加匹配,更多地覆盖了贫困家庭子女。2014 年以来,中国职业教育进入大发展阶段,目前已经建成世界上规模最大的职业教育体系。截至 2020 年,全国共有 1.15 万所职业院校,在校生 2857.18 万人。① 在劳动力市场表现方面,中职学校毕业生就业率常年保持在 95% 以上。②

在扩大职教规模基础上,职教扶贫还包括职业教育东西协作、省域内优质学校对口帮扶贫困地区薄弱学校、逐步分类推进中等职业教育免除学杂费、设立国家及地方中等职业教育助学金、开展扶贫励志教育等。大部分省份都将职业教育作为教育扶贫的重要领域,并按照 2014 年《国务院关于加快发展现代职业教育的决定》中"加强基础能力建设"的框架来实施。主要做法包括实施现代职业教育质量提升计划,建立生均拨款制度,改善基本办学条件和提高教师素质,推动先后和普通职教学校对口帮扶和合作办学,加大对农村和贫困地区以及民族地区职业教育支持力度,完善资助政策体系等。国家从 2012 年秋季学期起,扩大中等职业教育免学费政策范围,对公办中等职业学校全日制正式学籍一、二、三年级农村学生一律免费,中等职业学校国家助学金资助对象调整为全日制正式学籍一、二年级在校涉农专业学生和非涉农专业家庭经济困难学生。贫困地区采取资助、送生、合作培养等方式,激励未考取普通高中的毕业生,尤其是贫困家庭子女参加职业教育。一些地区制定了贫困家庭初中毕业生都能参加中等职业教育的目标,还有一些地区实施了包括中等职业教育在内的普及高中阶段教育。

三、开展成人教育培训

针对农村贫困家庭的成年人教育培训问题,首先值得提及的是中国

① 《教育 2020 收官系列新闻发布会第三场:介绍"十三五"期间职业教育改革发展情况》,教育部网站,见 http://www.moe.gov.cn/fbh/live/2020/52735/。

② 张德江:《全国人民代表大会常务委员会执法检查组关于检查中华人民共和国职业教育法实施情况的报告》,全国人大网,见 http://www.npc.gov.cn/npc/c12491/201506/4b18e6d65e4548328075bb232bbccba4.shtml,2015 年 6 月 29 日。

的扫除青壮年文盲行动。20世纪80年代中期,中国仍有超过两亿的人口处于文盲半文盲状态。1992年起,基本扫除青壮年文盲成为党和政府的工作目标,即"两基"任务之一。2007年,西部地区"两基"攻坚结束,2011年,"两基"全面完成,实现了基本扫除青壮年文盲目标,这是实现农村整体摆脱贫困和愚昧的基础。另一项值得再次提及的实践是农科教结合,普通教育、职业教育、成人教育统筹。这个原则意味着成人教育范围更广,目标更为综合,总的目标是努力提高贫困地区群众的科技文化素质,科技培训重要但是并非唯一。不过2010年以后,在教育扶贫政策框架中,技能培训成为成人教育的主要内容,关于贫困人口文化素质提升的内容有所弱化。近年来,成人教育扶贫措施有新型职业农民学历教育、"雨露计划""阳光工程"技能培训、农业劳动力转移培训、"两后生"职业技能培训、农民夜校等,很多由教育部门之外的其他部门执行。

目前,大部分地区的做法都是依托县级职教中心等教育资源,或者以县级职教中心为主体,联合教育、人社、农业等部门,开展农业新技术培训和非农业实用技术培训,政府提供免费培训或培训补贴以及开展免费技能鉴定。各地报告的农民培训规模,从每年几万人次到200万人次不等,较多的为全省每年100万人次左右。例如,云南省建立贫困劳动力职业培训实名制管理机制,2016年至2019年,累计培训农村贫困劳动力419.15万人次。① 贵州省于2017年提出全省贫困劳动力全员培训计划,要在2019年前培训84.53万人次以上。② 2018年年底,贵州省进一步制订农民全员培训三年行动计划,要在2019年至2021年,对1842万农民群众开展多种形式的综合素质提升和技能培训,通过3年时间实现农民培训全覆盖。③ 2016年起,河南省在贫困县各遴选一所中职学校,开展职

---

① 《云南省4年培训农村劳动力逾1605万人次　其中贫困劳动力419.15万人次》,昆明广播电视台网站,见 http://web.kunmingbc.com/kmgbdst/lm/zx/150772.shtml。

② 《贵州省精准推进贫困劳动力全员培训》,中华人民共和国人力资源和社会保障部网站,见 http://www.mohrss.gov.cn/zynljss/gzjl/201711/t20171116_281737.html。

③ 《省政府办公厅印发〈贵州省农民全员培训三年行动计划(2019—2021年)〉》,搜狐网,见 https://www.sohu.com/a/284408666_714627。

业教育精准脱贫技能培训,到 2019 年年底累计完成培训 2.75 万人。①

2018 年以后,国务院扶贫办等部门联合开展扶贫扶志行动,除技能培训外,着重开展扶志教育、典型示范、推进移风易俗、加强教育引导等。在此之前,一些地方已经开展了不同形式的类似行动,例如海南在脱贫致富电视夜校节目中播放典型示范和励志教育节目(见专栏 10-2),河南兰考县以乡风文明建设推动"智志"双扶行动,贵州等省广泛开办脱贫攻坚讲习所等。国家扶贫扶志行动开展以来,各地的贫困户素质教育培训得到加强,例如贵州省 2019 年以来开展农民综合素质提升培训全覆盖行动。此外扶志行动更多地与乡风文明建设结合在一起,如流动红旗、红黑榜、星级文明户评选、好婆婆好媳妇等评选、爱心超市积分兑换等,影响范围不断扩大。

专栏 10-2 海南脱贫致富电视夜校

海南脱贫致富电视夜校开办于 2016 年 11 月,由省委、省政府高位推动,采取"电视+夜校+服务热线"的夜校培训模式。每周一晚上八点至九点,由海南电视台播出夜校专题节目;各乡镇和贫困村组织集中收看专题节目,学习之后立即由帮扶干部组织讨论或延续学习;同步开通"961017"服务热线,解决群众关切的问题;技术性问题则由夜校组织专家到田间地头解决。

电视夜校办公室设立在海南广播电视大学,负责选题、选教师、教学设计与田间地头的技术培训等工作;海南省广播电视总台负责专题节目录制和播出;海南省农业厅、教育厅等单位参与授课和接听热线咨询电话和工单办理。电视夜校最初栏目分为政策、产业、技术、办法、经验五个板块。讲课人多数为当地领导干部、专家、致富能手等,擅长"身边人讲身边事",以喜闻乐见的方式解决实际问题。2019 年以来,海南脱贫致富电视夜校对

---

① 《职教技能培训 让更多贫困群众实现脱贫梦想》,河南省人民政府门户网站,见 http://www.henan.gov.cn/2020/05-15/1488765.html。

栏目进行改版,新增了"脱贫攻坚+扶智扶志+感恩励志教育"典型案例、乡村振兴战略、时事热点、"走出去,学回来"省外脱贫案例等系列专题。

在收看和学习方面,海南省由组织部门牵头,要求驻村第一书记、帮扶责任人、乡镇扶贫干部、村"两委"干部和有劳动能力的贫困群众一起集中收看,欢迎一般农户参与。海南省政府与阿里巴巴合作,开发"钉钉"软件,设立脱贫致富电视夜校收看工作管理群,将全省5000多名驻村第一书记、村支部书记和生产队长的名单及手机号码导入群中,通过"钉钉"系统发布收看通知,实行实时收看打卡,强化监测和监管。在村电视夜校收看现场,一般由驻村扶贫干部在收看后组织讨论或延伸学习半小时以上。

据统计,2016年11月18日至2020年2月,海南脱贫致富电视夜校共播出专题172个,累计9976万人次收看,全省人口中接近60%曾参与学习,"钉钉"管理员平均签到率接近100%,贫困户劳动力平均参与率达到96.20%。到2019年年底,"961017"服务热线共形成群众来电来信有效工单4.8万个,有效办结率达99.91%。

海南省还注重发挥电视夜校平台作用,拓宽相关渠道,发挥放大效应。一方面是与电视夜校直接关联的线下渠道和活动,包括贫困劳动力专场招聘会、乡村振兴战略专题和实用技术技能培训班、琼剧巡演、助农促销、"电视夜校+"活动(找工作、爱心集市、相亲、义诊、送课下乡等)等;另一方面是与电视夜校平行的相关活动,包括在海南民生广播电台播出《脱贫致富广播夜校》节目、制作和发布各类短视频和宣传片、组织编写脱贫攻坚与乡村振兴系列丛书等。

海南省脱贫致富电视夜校融合了行政推动、传统媒体和新媒体集成、多方力量合力攻坚的优势,很好地发挥了对扶贫干部和贫困劳动力的教育培训、政策和信息传播、激发内生动力作用以及其他溢出性作用,也成为新时期发展农村社区教育的一条可行途径。2018年,海南脱贫致富电视夜校获得全国脱贫攻坚奖组织创新奖;2019年,海南省脱贫致富电视夜校被评为第三批中国(海南)自由贸易试验区创新案例。

资料来源:根据海南省脱贫致富电视夜校办公室提供资料整理。

四、推普脱贫行动

中国地域辽阔,民族和语言众多,不懂普通话成为限制一部分贫困劳动力获取信息、提高技能以及实现外出务工的主要障碍,对其家庭子女正常学习也形成障碍。为此,2018年起,教育部、国务院扶贫办和国家语委共同开展推普脱贫攻坚行动,开展普通话培训和推广,加强学校和教师的普通话能力建设,确保新增劳动力具有普通话沟通交流和应用能力。该行动精准聚焦两类重点人群,即3—6岁学前儿童,以及教师、基层干部、青壮年农牧民。通过举办少数民族地区双语教师普通话提升国培班和委培班、中西部农村教师语言文字能力提升培训班、青壮年农牧民普通话专项培训等形式,2019年全国共培训教师46.3万人次,青壮年农牧民195.8万人次,基层干部21.3万人次。[1] 四川凉山州"学前学会普通话"、南疆四地州普通话夜校、云南怒江州"直过民族'和人口较少民族群众普通话培训,都是典型的推普脱贫行动。

第四节　中国教育扶贫成效、经验与展望

一、中国教育扶贫成效

教育扶贫是中国农村教育发展的一部分,必须在农村教育发展视野下评价其成效。总的来说,由于教育扶贫,中国逐步实现了从扫除青壮年文盲到普及九年义务教育以及基本实现县域义务教育均衡发展,农村适

---

[1]　薛二勇:《推广普通话助力脱贫攻坚》,《中国教育报》2020年6月5日。

龄儿童义务教育阶段巩固率不断提高,贫困家庭适龄儿童基本杜绝了义务教育阶段失学辍学,适龄儿童普及教育年限明显超越九年义务教育,贫困家庭子女受教育经济压力大大减轻,贫困家庭劳动年龄人口普遍得到劳动技能培训。教育扶贫实现了扩大教育规模、提高人力资本水平、减缓阶段性经济贫困的减贫效果。从贫困农村教育条件以及适龄儿童受教育状况的改善看,贫困人口综合素养的提升也是可以肯定的。

(一)脱贫地区义务教育水平实现提升和跨越

从均衡发展和社会公平的角度,全国整体义务教育水平的提升主要来自贫困落后地区的发展,全国性教育发展指标的改善和目标的实现见证着脱贫地区义务教育水平的提升和跨越。从 1995 年到 2011 年,中国实现了基本扫除青壮年文盲和基本普及九年义务教育的"两基"目标,其中贫困地区普及义务教育实现了从六年向九年的提升。2012 年以来,中国大力开展县域义务教育均衡发展督导评估,督促各县努力缩小校际、城乡义务教育差距,推进义务教育学校标准化建设和薄弱学校改造,到 2019 年年底已有超过 95%的县达到了基本均衡水平,一些县向优质均衡方向发展。

(二)农村适龄儿童义务教育巩固率不断提高

教育脱贫攻坚的底线目标是贫困家庭适龄子女,除非特殊原因,必须完成九年义务教育,这是一个比国家义务教育发展目标更高的目标。因此,在贫困地区的控辍保学工作中,可以看到全体学生和贫困家庭子女义务教育巩固率两个指标的"赛跑",前者要达到 95%,后者要达到 100%。贫困家庭的子女,也许在一年级时没有上学甚至没有登记户口,随后都要被找到并返校复学。2020 年,义务教育巩固率达到 95.2%,20 万建档立卡家庭辍学学生已经实现动态清零。

(三)农村适龄儿童受教育年限得到延长

教育扶贫政策通过普及高中阶段教育、扩大学前教育、鼓励参加中等职业教育、教育资助全覆盖等措施,实际上使得农村适龄儿童受教育年限得到较大的延长。对于年龄稍大的学生,他们倾向于比过去更多地得到参加高中阶段教育的机会,甚至是高等教育机会,基本上可以达到 12 年受教育水平。对于年龄较小的学生,他们可以得到免费或参加普惠性学前教育的机会,将来有望实现 14 年或 15 年教育。

(四)农村贫困劳动力劳动技能普遍得到提升

面对贫困劳动力技能培训有效需求和有效供给都不足的难题,各地迎难而上,采取措施对贫困劳动力开展农业技术或就业技能培训。在国家技能脱贫专项行动政策引导下,各地普遍制定和实施针对有技能培训需求劳动力的技能培训计划全覆盖行动,有的地区还将全覆盖的范围扩大到所有农村劳动力,以此凸显技能培训的重要性。

二、中国教育扶贫经验

中国贫困地区农村教育在三十多年时间里实现了从严重落后向普及九年义务教育、县域义务教育均衡发展、基本普及高中阶段教育、贫困家庭子女消除义务教育阶段失学辍学的巨变。可以从三个方面总结中国教育扶贫的成功经验。

(一)国家基础教育发展战略始终具有强烈的益贫性

中国的教育发展战略从改革开放四十多年的历史看,始终具有三方面的益贫性特征:一是中西部贫困地区教育事业超越经济发展水平,得到中央财政、对口帮扶、社会助学等外部资源的支持;二是基础教育优先,从 20 世纪 90 年代中期到 21 世纪前 10 年致力于实现"两基",自 2012 年起致力于实现义务教育均衡发展,其重点和困难群体都是中西部地区的贫困县及贫困家庭;三是自 20 世纪 90 年代中期开始实施专项教育扶贫措施,到 2013 年对各类教育扶贫措施进行整合,2016 年开展教育脱贫攻坚,发起向贫困地区义务教育薄弱学校以及贫困家庭因贫失学辍学的总攻。可以说教育扶贫长期以来嵌入在国家的教育发展战略与政策之中,寓于国家的教育发展行动进程之中。

(二)中国教育扶贫的推进呈现明显的社会协同性

从教育扶贫的投入力量看,社会力量发挥了重要作用,很早就介入了教育扶贫领域,差不多与政府行动同时起步。中国教育扶贫领域的社会扶贫典型地体现在三个方面:一是以希望工程为代表和引领的社会性捐资助学,以后衍生出普通居民"一对一"助学、社会名人直接捐建学校或设立专项捐助等;二是以滋根等社会组织、志愿者为代表的直接扎根基层的助教活动,其总体规模虽然不大,但是有助于直接改善当地教育条件,还可以发挥示范、拉动作用;三是中国特色的教育扶贫协作的规模、范围和层次不断扩大,成为西部贫困地区农村教育的有机组成力量。

(三)中国教育扶贫具有多阶段的攻坚性

虽然中国的脱贫攻坚是2015年年底启动的,教育脱贫攻坚是2016年年底启动的,但是中国的贫困农村基础教育发展以及教育扶贫从一开始就具有"攻坚战"特征,并且经历了多个阶段。"八七扶贫攻坚计划"是中国的第一轮扶贫攻坚战,其教育发展目标是在贫困地区普及初等教育,这是第一轮教育扶贫攻坚战;2004—2007年,国家开展西部地区"两基"攻坚计划,这可视为第二轮教育扶贫攻坚战;2014年开始实施的全面改善贫困地区义务教育薄弱学校基本办学条件虽未冠以"攻坚",实为"攻坚",既有促进义务教育均衡发展的作用,又不无增加实现九年义务教育"成色"的意义。随后便是2016年以来的教育脱贫攻坚战,将贫困落后地区薄弱、缺失的基础教育以及所有贫困家庭学生的义务教育和成年人的技能培训都纳入了攻坚战的范围。因此,中国教育扶贫成就是二十多年来多轮攻坚战所累积取得的。

三、进一步发展农村教育和促进乡村振兴展望

中国的教育扶贫已经很好地完成了教育脱贫攻坚的阶段性任务。但是,如果对照下一步面向2035年普及有质量的学前教育、实现优质均衡的义务教育、全面普及高中阶段教育、职业教育服务能力显著提升等教育现代化目标,中国中西部很多地区的农村基础教育所面临的问题已不再是教育设施、家庭教育费用等门槛性限制,而是地区差距、城乡差距、城市化集中趋势对教育布局调整和师资配置的现实挑战,以及基础教育可支付性、学校教育单调和社区教育缺失等长期挑战。为巩固拓展脱贫攻坚成果,追求2035年乡村振兴和基本实现社会主义现代化目标,中国农村地区,尤其是中西部农村地区下一步发展基础教育应重视以下五个方面。

（一）建立适应乡村小规模学校的弹性师资和课程体系

未来乡村小规模学校将不可避免地越来越多并成为常态。为避免小规模学校及其在校生沦为基础教育的短板，需要建立适应性的弹性师资和课程体系，使其与教育的标准化相兼容，主要包括：更多的"一专多能"教师、流动和支教岗位常态化、弹性课程体系、更多利用远程教育、学前教育和小学教育一体化。

（二）建立基于社区管理的基础教育监测和相对贫困家庭子女教育资助体制机制

在提供基本办学条件基础上，确保农村家庭、流动家庭适龄儿童不失学辍学将是巩固和保障义务教育成果的底线要求。最有可能掌握适龄儿童上学或失学情况的就是社区以及与其密切联系的学校。建议恢复并普遍建立曾在一些地区实行的学区0—18周岁儿童入学情况登记制度，以此作为教育监测以及未来对相对贫困家庭子女申请教育资助的依据。

（三）利用和弘扬社会助学机制，发展优质均衡的乡村教育

作为社会公益力量发展的一部分，未来中国社会助学力量和机制仍将进一步发展。要充分弘扬和利用好社会助学力量和机制，使其更好地与乡村教育演变趋势契合，满足正规教育难以满足的教育发展需求，成为提供优质均衡的乡村教育的有生力量。

（四）结合乡村学校设施和社区文化职能，发展乡村社区教育

乡村振兴不可无教育。未来乡村以小规模学校为主体的教育设施和师资，在存在不可避免的结构性冗余的情况下，应与当地农村社区的文化发展职能相结合，成为发展农村社区教育的主要阵地。也就是要借助农村学校的场地、师资和象征性意义，将面向农村居民的社区教育更好地开展起来。

（五）建立基于常住人口和适应人口流动的教育基本公共服务供给机制

与农村小规模学校将会越来越多的趋势相一致，城镇学校的流动学生将会越来越多，规模越来越大，这将是另一种的常态化趋势。以常住人

口为基数提供基本公共服务本是基本公共服务均等化的基本原则,但是由于社会治理动态适应能力的不足,在中国还往往难以做到,导致被动局面。为适应人口流动趋势,以常住人口为基础提供城镇基础教育公共服务势在必行。这一方面需要完善常住人口和流动人口登记管理制度,另一方面也将成为改进社会治理的"试验田"。

第十一章　健康扶贫[*]

第一节　健康扶贫的背景与目标

一、健康扶贫的背景

健康是重要的人类"可行能力"及"一种非常基本的自由"[①]，确保人人健康、实现全民健康覆盖（Universal Health Coverage，UHC）是促进人类发展的有力途径。2005 年，所有世界卫生组织成员已将实现全民健康覆盖作为发展目标。[②] 联合国发布的"2030 年可持续发展议程"庄严承诺：必须实现全民健康保险，让人们获得优质医疗服务，不遗漏任何人。在该议程提出的 17 个可持续发展目标、169 个具体目标中，健康领域包含了 9 个具体指标。[③] 在广大的发展中国家，疾病及疾病负担是农村人口陷入贫困的重要因素[④]，中国也是如此。据中国国务院扶贫办建档立卡信息库数据，2015 年年底，1901 万户农村建档立卡贫困户中，因病致（返）贫户约占 44.1%；患病农村贫困人口规模近 2000 万人，约占总建档立卡贫困人口 35.9%；患病贫困人口中，15—59 岁的主要劳动力人口占比超过 40%。

---

[*] 作者：林万龙，中国农业大学经济管理学院教授；刘竹君，中国农业大学经济管理学院博士研究生。

[①] 阿马蒂亚·森：《以自由看待发展》中译本，中国人民大学出版社 2002 年版。

[②] WHO，*The World Health Report* 2013：*Research for Universal Health Coverage*，WHO Press，2013.

[③] United Nations，*Transforming our World：The 2030 Agenda for Sustainable Development*，2016.

[④] 世界银行：《投资于健康：1993 年世界发展报告》中译本，中国财政经济出版社 1993 年版。

与此同时,相对于非贫困地区,贫困地区医疗卫生事业发展滞后,服务能力不足,难以满足贫困人口基本医疗服务需求:2015 年,中国 832 个贫困县每千人口医疗卫生机构床位数仅 3.66 张、每千人口执业(助理)医师数仅 1.28 人,均远低于全国平均水平(见图 11-1)。

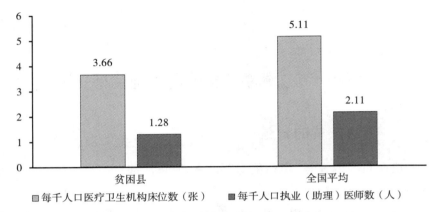

图 11-1 2015 年贫困县与全国医疗卫生资源差距
资料来源:《2015 年中国卫生和计划生育事业发展统计公报》。

从收入差距缩小视角看,健康对农村减贫的作用甚至比教育更为显著。① 贫困人口整体健康水平低下和贫困地区医疗服务水平不足,严重损害了贫困地区的人力资本,阻碍了贫困人口的发展。在此背景下,中国政府于 2015 年 11 月颁布《中共中央 国务院关于打赢脱贫攻坚战的决定》,提出要“实施健康扶贫工程,保障贫困人口享有基本医疗卫生服务,努力防止因病致贫、因病返贫”。2016 年 6 月,经国务院同意,国家卫生和计划生育委员会 15 个部门联合印发了《关于实施健康扶贫工程的指导意见》,明确了健康扶贫工程的总体要求、目标任务和保障措施,并对组织实施提出了具体要求。同年 11 月,健康扶贫工程被正式列入《“十三五”脱贫攻坚规划》,并提出“十三五”期间健康扶贫工程的三项主要内容和六项健康扶贫专项工程。自此,健康扶贫工程的任务目标、政策框架和

---

① 程名望、盖庆恩、Jin Yanhong、史清华:《人力资本积累与农户收入增长》,《经济研究》2016 年第 1 期。

施策方针基本明确,健康扶贫工作全面铺开。

从健康扶贫工程的推行来看,中国政府率先构建贫困人口医疗保障机制,全方位提升贫困人口医疗保障水平。自2016年起,中国政府针对建档立卡贫困人口实行倾斜支持政策,逐步建立健全以城乡居民基本医疗保险、大病保险、医疗救助为核心内容的贫困人口三重医疗保障体系,切实满足贫困人口的看病需求、减轻贫困人口的就医负担。2017年4月,针对农村贫困人口特殊患病情况,中国政府发布《健康扶贫工程"三个一批"行动计划》,按照"大病集中救治一批、慢病签约服务管理一批、重病兜底保障一批"的要求对农村贫困患者实行分类分批救治,并逐年扩充农村贫困人口大病专项救助病种范围。与此同时,中国政府出台多项政策完善医疗保障制度中各环节经办服务,以保障贫困人口医疗保障制度实效。

2018年10月,国家卫生健康委员会等五部委联合发布《健康扶贫三年攻坚行动实施方案》,明确了三年健康扶贫攻坚行动的总体思路和任务目标,提出实施六大三年攻坚行动。该方案标志中国健康扶贫工程进入"补短板、抓重点"的攻坚和巩固提升阶段。2019年7月,中国政府出台《解决贫困人口基本医疗有保障突出问题工作方案》,提出以"县医院能力建设、'县乡一体、乡村一体'机制建设、乡村医疗卫生机构标准化建设"为主攻方向,对照基本医疗有保障十条工作标准全面解决贫困人口基本医疗有保障突出问题。这一阶段,中国政府采用"增供给"的施策思路,重点突破贫困地区医疗条件落后、医疗水平不足、公共卫生条件较差三方面问题,通过提升贫困地区、贫困人口医疗卫生服务的可及性及质量,进一步巩固健康扶贫成效。

二、健康扶贫的目标

2016年6月,中国政府发布了《关于实施健康扶贫工程的指导意见》。根据这一文件,健康扶贫的目标是:到2020年,贫困地区人人享有基本医疗卫生服务,农村贫困人口大病得到及时有效救治保障,个人就医费用负担大幅减轻;贫困地区重大传染病和地方病得到有效控制,基本公共卫生指标接近全国平均水平,人均预期寿命进一步提高,孕产妇死亡率、婴儿死亡率、传染病发病率显著下降;连片特困地区县和国家扶贫开发工作重点县至少有一所医院达到二级医疗机构服务水平,服务条件明显改善,服务能力和可及性显著提升;区域间医疗卫生资源配置和人民健康水平差距进一步缩小,因病致贫、因病返贫问题得到有效解决。

为达到上述目标,中国政府实施了涵盖以下三方面内容的健康扶贫政策:建立健全贫困人口基本医疗保障制度,减轻贫困人口看病负担;健全医疗服务体系,增强贫困地区县、乡、村各级医疗机构服务能力;提升贫困地区公共卫生服务水平,推动疾病预防关口前移。

从全球视野来看,部分国家采取通过购买公共或私人机构健康服务的方式来实现全民健康覆盖(Universal Health Coverage,UHC);另一部分国家则通过完善医疗健康公共服务系统的方式来达到目标。[1] 简要来说,这两种模式分别采取的是补需方和补供方的思路。中国政府的健康扶贫策略则综合了上述两个思路,既强调增强贫困人口(需方)的支付能力、降低支出负担,又重视强化公共医疗卫生系统(供方)的服务能力。

第二节　建立健全贫困人口基本医疗保障制度

为给贫困人口看病就医提供制度保障,中国政府自2016年开始建立并逐步完善涵盖城乡居民基本医疗保险、大病保险、医疗救助的贫困人口三重基本医疗保障制度。这一制度期望达成以下目标:一是贫困人口全部享受基本医疗保险、大病保险和医疗救助政策三重医疗保障;二是贫困人口常见病慢性病能在县、乡、村三级医疗机构获得及时诊治;三是贫困人口得了大病重病基本生活有保障。

为此,在脱贫攻坚期间,中央政府和各级地方政府主要采取了以下政策措施。

---

① Maeda, A., E. Araujo, C. Cashin, J. Harris, N. Ikegami, and M. R. Reich, *Universal Health Coverage for Inclusive and Sustainable Development: A Synthesis of 11 Country Case Studies* (*Directions in Development*), The World Bank Press, 2014.

一、城乡居民基本医疗保险缴费补贴政策

城乡居民基本医疗保险是贫困人口的第一道医疗保障线。中国政府以全面统一的城乡居民医疗保险制度为基础,满足最广大贫困群体的基本医疗需求。为确保实现第一道保障线贫困人口全覆盖,中国政府实施了特困人员参保缴费全额补贴、农村建档立卡贫困人口定额补贴的医保缴费分类补贴政策。此外,中国政府通过对贫困人口实施城乡居民基本医疗保险报销倾斜政策,如提高政策范围内住院费用报销比例、加强负担较重的多发病、慢性病保障等举措,切实提升城乡居民基本医疗保险对贫困人口的保障实效。

2018 年和 2019 年,中央财政对贫困人口的参保补贴投入总额分别为 104.4 亿元和 124.3 亿元,相当于贫困人口人均补贴 120.6 元和 144.9 元。[①] 在中央基本政策要求的基础上,地方政府为进一步减轻贫困人口参保负担,提高其参保积极性,制定了更为细致的差异化缴费补贴政策(见专栏 11-1)。

专栏 11-1　地方政府因地制宜落实贫困人口资助参保政策

2019 年,共有 28 个省(自治区、直辖市)出台了省级层面建档立卡贫困人口参保资助政策,其中实施按贫困人群分类的定额保费补贴政策的省(自治区、直辖市)有 13 个,包括内蒙古自治区、辽宁省、吉林省、黑龙江省、安徽省、山东省、河南省、湖北省、湖南省、海南省、重庆市、贵州省、云南省、陕西省、甘肃省、西藏自治区、宁夏回族自治区和新疆维吾尔自治区,其中河南省、吉林省、湖北省、湖南省、重庆市、贵州省、云南省、陕西省、甘肃省、宁夏回族自治区 10 个省(自治区、直辖市)明确了省级层面补贴标准(见图 11-2),其余 8 个省(自治区、直辖市)实施各市自定标准的定额保费补贴政策。

---

① 国家医疗保障局:《支持脱贫攻坚医保政策经验》,《中国脱贫攻坚研讨会材料汇编》,2020 年。

（单位：%）

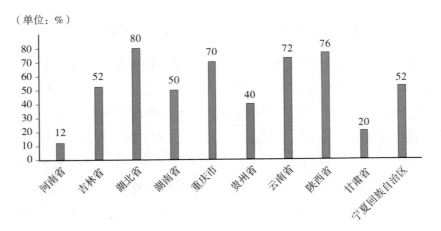

图 11-2　2019 年 10 个省（自治区、直辖市）贫困人口参保补贴比例

资料来源：各省（自治区、直辖市）公开政府文件。

　　另有 10 个省（自治区、直辖市）在全省范围内实施建档立卡贫困人口参保全额补贴政策，包括河北省、山西省、江苏省、浙江省、福建省、江西省、广东省、广西壮族自治区、四川省和青海省。

二、大病保险倾斜报销政策

　　为缓解农村贫困群体大病、重病医疗负担，中国政府以城乡居民大病保险为补充，构筑起贫困人口第二道医疗保障线。具体而言，贫困人口享有两项大病保险倾斜支付政策：一是相对于非贫困人口，贫困人口享有起付线降低 50%、支付比例提高 5 个百分点的大病报销政策；二是自 2019 年起全面取消建档立卡贫困人口大病报销封顶线。与城乡居民基本医疗保险缴费补贴政策类似，在中央基本政策要求的基础上，地方政府的政策设计存在一定差异（见专栏 11-2）①。

---

　　①　资料来源：《关于做好 2019 年城乡居民基本医疗保障工作的通知》，见 http://www.zgzy.gov.cn/caizhengfupinzhuanlan/caizhengfupinzijinguanlibanfa/17323.html；《中卫市医疗保障局关于对 2019 年脱贫攻坚任务分工的通知》，见 http://www.nxzw.gov.cn/zwgk/zfxxgkml/shgysy/fpgz/201905/t20190527_1523201.html，2019 年 5 月 27 日；《漳州市医保局关于做好 2019 年城乡居民基本医疗保险工作的通知》，见 http://ybj.zhangzhou.gov.cn/cms/siteresource/article.shtml? id=60473471802160000&siteId=60469338329640001，2019 年 7 月 17 日。

专栏 11-2　各省份贫困人口大病报销政策

多数省份,如河北省、浙江省、黑龙江省等地,省级层面的贫困人口大病报销政策对标中央基本要求,对贫困人口实施起付线降低 50%、政策范围内支付比例提高 5 个百分点(达 65%)、取消报销封顶线的倾斜支付政策,同时允许各地市结合实际情况开展贫困人口大病报销政策的探索。

黑龙江省:2019 年全省大病保险起付线统一确定为 1.2 万元,报销比例为 60%,封顶线为 30 万元,建档立卡贫困人口起付线为 6000 元,低于该标准的可暂不做调整,报销比例为 65%,不设封顶线。

宁夏回族自治区中卫市:对农村建档立卡贫困人口实施起付线 3000 元的标准。与此同时,将贫困人口大病报销支付比例由 55%—70% 提高到 60%—75%,并对患有 20 种大病的贫困患者,在 60%—75% 报销比例的基础上再提高 2 个百分点,达到 62%—77%。

福建省漳州市:重点对贫困人口(特困供养人员、建档立卡贫困人口和低保对象)实施按起付线降低 50%、各报销阶段支付比例提高 5 个百分点的大病报销倾斜政策。5000—30000 元(含 30000 元)的部分,支付比例为 65%;30000—50000 元(含 50000 元)的部分,支付比例为 75%;50000—70000 元(含 70000 元)的部分,支付比例为 85%;超过 70000 元部分,支付比例为 95%。

三、特惠医疗救助制度

在前述政策基础上,中国政府以全覆盖的医疗救助制度为建档立卡贫困人口提供医疗兜底保障,通过实施灵活的、具有特惠性质的系列医疗救助政策,构筑起贫困人口第三道医疗保障线,进一步完善了贫困人口医疗保障制度建设。具体而言,各级政府需在符合年度救助限额和范围的前提下,确保农村贫困人口个人自付住院医疗费用的政府救助比例不低于70%(专栏11-3)①。

专栏11-3　部分省份的贫困人口医疗救助政策

山东省:实施贫困人口多重医疗救助制度。对纳入重特大疾病医疗救助范围的贫困人口,经基本医保、大病保险保障后,个人缴费部分按照不低于70%的比例实施医疗救助,年度最高救助限额由各市确定,一般为1万—1.5万元。同时,实行重特大疾病再救助制度。即对贫困人口经基本医疗保险、大病保险、医疗机构减免、医疗救助、医疗商业补充保险报销后剩余个人承担合规医疗费用,超过5000元以上的部分按照70%的比例给予再救助,年度累计支付最高限额不超过2万元。

湖北省:实施分段补贴的医疗救助制度。对贫困人口经基本医疗保险报销后政策范围内未超过大病保险起付线(5000元)的个人自付住院医疗费用,按70%比例给予基本住院救助,其中,特困供养人员、孤儿按100%比例给予基本住院救助。对贫困人口政策范围内超过大病保险起付线(5000元)的个人自付住院医疗费用,经大病保险报销后,在年度救助限额(12000元)内按75%比例给予重特大疾病住院救助,其中,特困供养人员、孤儿按100%比例给予重特大疾病住院救助。

自此,中央政府以城乡居民基本医疗保险、大病保险和医疗救助制度三重医疗保障为核心,梯次减负,为贫困人口构建起了坚实的医疗保障防护网。

---

①　资料来源:《山东省医疗保障局、山东省财政厅关于对全省贫困人口和特殊疾病患者重特大疾病实施再救助工作的通知》,见 http://ylbzj. liaocheng. gov.cn/xwzx_316/tzgg/202004/t20200424_3082961.html,2019年8月6日;《关于进一步完善保障农村贫困人口基本医疗的若干措施的通知》,见 http://www. lichuan. gov. cn/xxgk/dfbmptlj/sz/sybj/zc/202012/t20201218_1073899.shtml,2019年6月26日。

四、补充医疗保障政策

为切实提高贫困人口医疗保障水平,健康扶贫期间,各地在中央设立的城乡居民基本医疗保险、大病保险、医疗救助三重医疗保障线之上,探索实施补充医疗保障政策,形成了各具地方特色的贫困人口多重医疗保障机制。截至 2018 年年底,25 个有扶贫任务的省(自治区、直辖市)中,已有 17 个在省级层面制定了贫困人口补充医疗保障政策。[1] 各地设立补充医疗保障机制的做法可大致分为两种。[2]

第一种做法是政府出资为贫困人口购买大病商业医疗补充保险,并直接由商业补充医疗保险发挥兜底保障作用,如青海省、福建省和重庆市;或者由商业补充医疗保险在医疗救助等兜底保障之前发挥补充报销功能,重点解决贫困人口医保报销目录外的费用,如江西省、湖北省、山西省、湖南省、河南省、内蒙古自治区、山东省、海南省、宁夏回族自治区等地。

第二种做法则是在三重医疗保障制度后,地方政府直接实施综合兜底保障政策,如安徽省、四川省、云南省、贵州省、陕西省、辽宁省、广西壮族自治区、黑龙江省等地。专栏 11-4 介绍了部分省份的补充医疗保障政策。[3]

专栏 11-4　部分省份的补充医疗保障政策

江西省:为贫困人口建立"四道医疗保障线",部分市县甚至探索构建了贫困人口"第五道医疗保障线"。江西省自 2016

---

[1]　国家卫生健康委员会:《对十三届全国人大一次会议第 1712 号建议的答复》,见 http://www.nhc.gov.cn/wjw/jiany/201812/16899dd236dc4a33 b74c919198e6fa1a.shtml,2018 年 12 月 18 日。

[2]　中国人口与发展研究中心编著:《中国健康扶贫研究报告》,人民出版社 2019 年版,第 44 页。

[3]　资料来源:国务院新闻办公室:《江西举行精准施策助力健康扶贫新闻发布会》,见 http://www.scio.gov.cn/xwfbh/gssxwfbh/xwfbh/jiangxi/document/1554998/1554998.htm,2017 年 6 月 12 日;《安徽省农村贫困人口综合医疗保障制度实施方案》,见 http://www.huainan.gov.cn/public/118322932/257828353.html,2016 年 10 月 26 日;国务院新闻办公室:《河南举行"决战脱贫攻坚　决胜全面小康"系列健康扶贫专场新闻发布会》见 http://www.scio.gov.cn/xwfbh/ssxwfbh/xwfbh/ghenan/Document/1688744/1688744.htm,2020 年 9 月 23 日。

年起,由政府全额出资,统一按每人每年不低于90元的筹资标准为贫困人口购买重大疾病医疗补充保险,将贫困患者经基本医保、大病保险报销后,个人负担费用全部纳入补充保险保障范围,补充保险后符合条件的部分费用再通过医疗救助等机制解决,使贫困人口个人自付费用比例降到10%以内。江西省石城县、于都县在此基础上,还分别增加"民政救急难"和"健康暖心工程",为贫困人口构建起"第五道医疗保障线"。

安徽省:设定"351"兜底保障线,实施政府直接兜底。安徽省在三重基本医保制度的基础上,设定0.3万元、0.5万元和1.0万元兜底保障线,使贫困人口年度自付医药费用有了封顶线和明确预期,确保实现贫困人口大病住院报销比例在90%以上。

河南省:完善多层次医疗救助形式,为贫困人口构建"3+3"医疗保障体系。为解决贫困人口看病就医问题,河南省通过增加贫困人口大病补充医疗保险,创新医疗救助形式,形成了"基本医保、大病保险、困难群众大病补充医疗保险"+"疾病应急救助、医疗救助、慈善救助"+"各地自主探索的补充保障政策"的健康扶贫医保救助政策体系。

五、确保贫困人口及时诊治的相关政策

为充分发挥三重医保制度的保障实效,中国政府对标贫困人口看病就医需求,从完善医疗服务类型、改进医疗服务质量和优化医疗服务程序等方面全面提升医疗服务水平,确保贫困人口看得起病、看得好病。

(一)建立疾病分类救治制度,将农村贫困人口大病、重病、慢病难题纳入基本医疗保障体系中解决

大病、重病、慢病多发一直是农村贫困人口的健康短板。自2017年起,中国政府全面推行"农村贫困人口大病慢病救助"健康扶贫工程和"重特大疾病医疗救助行动"健康扶贫工程,对贫困人口开展大病、重病、慢病分类分批救治行动。

大病救助。一方面,逐年扩大大病救助的范围,截至 2020 年,贫困人口专项救助的大病病种已扩大到 30 种;另一方面,按照"定定点医院、定临床路径、定单病种费用、定报销比例,加强质量管理,加强责任落实"的原则,对患有专项救治病种的农村贫困大病患者实行集中救治。

慢病签约服务。通过建立农村贫困人口健康卡,搜集贫困人口健康状况和患病信息,实施同步更新的健康管理;此外,开展建档立卡贫困人口家庭医生签约服务,对高危人群和普通慢病患者实施分类管理,为贫困人口提供包含慢病管理、健康咨询和公共卫生等内容的综合服务。

重病兜底保障。以大病保险制度为基础,医疗救助制度为核心,切实减轻农村贫困重病大病患者的医疗负担,有效防止贫困人口因病致贫、返贫。

(二)实施贫困人口看病就医"先诊疗后付费"

为减轻建档立卡贫困人口就医负担,确保其能更好地享有基本医疗卫生服务,中国政府于 2017 年发布《农村贫困住院患者县域内先诊疗后付费工作方案》,全面推行贫困患者县域内定点医疗机构住院"先诊疗、后付费"的结算机制。在该机制下,贫困患者签订"先诊疗,后付费"协议后无须再交纳住院押金,直接住院治疗,有效降低了贫困人口的就医门槛。

(三)实施贫困人口看病就医"一站式"结算

自 2016 年起,中国政府大力推行基本医疗保险、大病保险、医疗救助三项制度的"一站式"费用结算信息平台建设,通过整合基本医保、大病保险、医疗救助、疾病应急救助、扶贫基金、财政基金及慈善救助等保障制度,逐步实现多平台信息联通,并在此基础上为贫困人口提供"一站式"报销结算服务。由此,农村贫困人口可在市(地)域范围内享有"一站式服务、一窗口办理、一单制结算"的经办服务,极大简化了困难群众看病报销的烦琐程序,减轻了贫困人口的垫资压力。

第三节　健全完善贫困地区医疗服务体系

为提升贫困人口基本医疗服务可及性,中国政府从医疗服务供给侧入手,逐步建立起贫困地区医疗服务体系。首先,完善贫困地区县、乡、村三级医疗机构的标准化建设,确保医疗硬件设施条件达标;其次,推进"县乡一体、乡村一体"机制建设,加强县域内医疗资源互联共享;最后,以三级医院对口帮扶工程和医疗服务人才队伍建设为依托,加强贫困地区医疗服务机构的能力建设,促进贫困地区医疗服务水平整体提升。

一、开展贫困地区县、乡、村三级医疗卫生服务网络标准化建设

完善的医疗机构建设是保障贫困人口看病就医可及性的必要条件。为此,中国政府自 2016 年开始实施贫困地区县、乡、村三级医疗卫生服务网络标准化建设工程,2019 年进一步明确了县、乡、村三级医疗卫生机构建设"三个一"的建设标准:每个贫困县建好 1 所县级公立医院(含中医院),具有相应功能用房和设施设备;每个乡镇建成 1 所标准化政府办卫生院,能够承担常见病多发病诊治、急危重症病人初步现场急救和转诊等职责;每个行政村建成 1 个卫生室,具有相应功能用房和设施设备,能够开展基本的医疗卫生服务。

据国家卫生健康委员会统计数据,2013—2019 年中央政府投资支持 832 个贫困县完成县、乡、村三级医疗卫生机构项目建设 59395 个,投资金额达 519.9 亿元。其中,村社卫生服务机构 44703 个,投资额 22.9 亿元;乡镇卫生院 11462 个,投资金额 76.7 亿元;县级医疗卫生服务机构 3230 个,投资额 420.3 亿元(见表 11-1)。

表 11-1 2013—2019 年中央对 832 个贫困县县、乡、村三级医疗
卫生机构建设累计项目个数与资金投入   (单位:个;万元)

项目建设内容		项目数与金额
村卫生室	项目个数	44672
	中央投资	223268
社区卫生服务机构	项目个数	31
	中央投资	6108

续表

项目建设内容		项目数与金额
县级妇幼健康服务机构	项目个数	656
	中央投资	490409
县级急救机构	项目个数	215
	中央投资	40629
县级疾病预防控制机构	项目个数	533
	中央投资	217376
县级计划生育服务机构	项目个数	674
	中央投资	48282
县级医院	项目个数	1148
	中央投资	3405086
乡镇卫生院(含周转宿舍)	项目个数	11462
	中央投资	766700
县级血吸虫病防治机构	项目个数	4
	中央投资	865

资料来源:国家卫生健康委员会,2020年5月。

二、实施全国三级医院与贫困县县级医院"一对一"帮扶行动

自2016年起,中国政府在全国范围实施三级医院与贫困县县级医院"一对一"帮扶行动,组织1107家三级医院对口帮扶832个贫困县的1172家县级医院。主要帮扶措施包括:派专业医务人员在县级医院驻点帮扶;推广适宜县级医院开展的医疗技术,加强县级医院临床专科能力建设;定期派出医疗队,为贫困人口提供集中诊疗服务;建立帮扶双方远程医疗平台,实现贫困县县级医院远程医疗全覆盖。专栏11-5简要介绍了西藏自治区的对口帮扶情况。①

---

① 资料来源:国家卫生健康委员会:《国家卫生健康委员会2019年5月23日例行新闻发布会文字实录》,见 http://www.nhc.gov.cn/xcs/s7847/201905/4c874fd2914e40e4b56b55eeec-21de33.shtml,2019年5月23日。

专栏 11-5　医疗人才组团式援藏工作成效显著

2015 年 7 月,中共中央组织部、国家卫生和计划生育委员会启动了医疗人才组团式援藏工作。组织北京市、辽宁省、上海市、安徽省、广东省、重庆市、陕西省 7 个省(自治区、直辖市)65 家医院对口帮扶西藏自治区医院。4 年共计选派 659 名专家支援西藏医疗卫生事业。主要举措有:

人才培养。援藏医疗专家帮扶了 588 个医疗团队、1446 名本地医务人员,培养本院医疗骨干 984 名和县级医院医疗骨干 1593 名。选派 1147 名有培养潜力的本地医务人员和新入职医生到对口支援医院跟岗培训、进修业务。同时,引进医务人员、各类人才 1500 余人,进藏开展短期医疗服务。

强化科室业务能力。对 65 家医院的 164 个科室进行重点帮扶。由牵头医院选派管理经验丰富、医疗技术精湛的人员担任受援医院院长、科室主任等职务,重点强化科室力量。同时,对受援医院的医疗信息化网络进行升级,建立起援受双方间远程医疗合作。

经过帮扶,自治区医院的诊疗能力明显增强。截至 2018 年底,拉萨市等 6 市人民医院顺利创建"三级甲等"医院,阿里地区创成"三级乙等"医院。已有 338 种"大病"可在区内就诊,1990 种"中病"可在市内就诊,一些常见的"小病"在县级医院就能得到及时治疗。危急重症救治取得重大突破。

三、加强基层医疗机构的人才队伍建设

为保障基层医疗机构医疗卫生服务能力,中国各级政府出台了一系列加强基层医疗机构人才队伍建设的政策措施。一方面,加强对口岗位医疗人才的培养培训,包括加大农村订单定向免费医学生培养力度,持续对乡村医生开展实用技能和适宜技术培训,提高乡村医生常见病、多发病诊治和中医药服务能力等。另一方面,建立健全医疗服务人才选派制度,

强化基层医疗机构人才队伍建设。举措包括：为贫困地区招聘特岗全科医生，全面解决乡镇卫生院无执业医师问题；通过乡镇卫生院医师巡诊、派驻等方式，解决偏远村卫生室缺乏合格医生的问题。

第四节　提升农村地区公共卫生服务水平

为补齐农村公共卫生服务短板，中国政府以国家基本公共卫生服务项目为抓手，将健康扶贫融入农村卫生健康工作各个领域，全力改善农村地区、贫困地区的公共卫生服务水平。

一、普惠性提高人均基本公共卫生服务经费补助标准，逐步完善基本公共卫生服务内容

实施健康工程5年以来，中国人均基本公共卫生服务经费补助标准逐年提升，2020年这一标准已提升至74元/人，相比2016年增长约64%。① 与此同时，基本公共卫生服务的内容与模式也在不断完善。2017年，中国政府将基本公共服务项目扩展至涵盖居民健康档案管理、健康教育等内容的12大类。2019年，国家卫生健康委员会在此基础上增设19项基本公共卫生服务内容，其中有3项内容以提升贫困地区公共服务为核心。

二、全面加强贫困地区重点传染病、地方病综合防治

为解决贫困地区传染病、地方病高发难题，健康扶贫期间，中国政府全面实施贫困地区重点传染病、地方病综合防控三年攻坚行动。按照一地一策、一病一策的原则，综合防治大骨节病、克山病等重点地方病，加大对包虫病、布病等人畜共患病的防治力度，加强对艾滋病、结核病疫情防控。对于"三区三州"等深度贫困地区，中国将其作为传染病、地方病的重点防控区域，实施更为严格的防控措施。

---

① 《关于做好2020年基本公共卫生服务项目工作的通知》，见 http://www.nhc.gov.cn/jws/s7874/202006/619506aa0fd14721b7e5711d389c323f.shtml，2020年6月12日。

通过不断完善防治举措,中国在贫困地区的传染病、地方病防控取得显著成效:一是患者基本得到有效救治;二是病区人居环境普遍改善,环境危险因素得到有效控制;三是群众防治意识有效提高,贫困地区基本构建起可持续的传染病、地方病防治机制。

三、实施农村妇女"两癌"免费筛查,提高贫困县"两癌"检查目标的人群覆盖率

为改善农村妇女健康状况,中国对 35—64 岁农村妇女开展乳腺癌、子宫颈癌免费筛查项目,并以项目为依托普及"两癌"防治知识,增强农村妇女自我保健意识和技能,降低农村妇女"两癌"死亡率。贫困地区则实施更高标准的"两癌"筛查工作目标:一是确保贫困地区"两癌"检查目标人群覆盖率逐年提高;二是实现贫困县"两癌"检查工作必须全覆盖。

四、实施贫困地区儿童营养改善和新生儿疾病筛查等重大公共卫生项目

为解决贫困地区儿童营养不足、新生儿疾病诊治不及时等问题,中国政府在贫困地区开展儿童营养改善公共卫生项目和新生儿疾病筛查项目。具体而言,借助儿童营养改善项目为贫困地区 6—24 月龄婴幼儿补充营养包,普及婴幼儿科学喂养知识与技能,降低项目地区婴幼儿贫血率和生长迟缓率;通过新生儿疾病筛查项目改善新生儿健康状况,对新生儿遗传代谢病苯丙酮尿症、先天性甲状腺功能减低症和新生儿听力障碍进行早期识别,使患儿得到及时诊断和治疗,降低儿童智障和听力残疾发生率。

五、广泛开展农村地区健康教育,提升贫困群众健康意识

中国政府以乡镇卫生院、村卫生室等基层医疗卫生机构为着力点,在农村地区广泛开展健康教育和健康宣传。一方面,提升农村地区群众健康素养、促进其健康生活方式的养成;另一方面,积极改善农村人居环境,推进疾病控制关口前移、重心下移,努力从源头上遏制因病致贫、因病返贫的现象。

第五节　政策成效及展望

一、政策经验与成效

通过实施健康扶贫工程,中国农村贫困地区的医疗服务能力得到明显改善,贫困人口健康水平稳步提升,有效破解了长期以来农村人口因病致贫返贫的难题。这一过程中,中国政府在以下三方面积累了丰富经验、取得了显著的政策成效。

(一)坚持供需两侧同步发力,基本实现了贫困人口有地方看病、有医生看病、有制度保障看病的目标

在需求侧,以贫困人口基本医疗保障制度为抓手,精准建立起防止因病致贫、因病返贫的保障机制。

一方面,中国政府以基本医保、大病保险、医疗救助三项制度为基础为贫困人口建立起了健康防护网,有效减轻了贫困人口的医疗负担。数据显示,截至 2018 年年底,农村建档立卡贫困人口基本医疗保险参保率达 99.8%,建档立卡贫困人口基本实现应保尽保;建档立卡贫困人口已全部纳入医疗救助帮扶范围,实现了贫困人口医疗救助制度全覆盖。通过三项制度发挥综合保障作用,2014—2018 年农村因病致贫人口累计减少 2334 万人,占五年脱贫总人口的 35.4%。[1]

有研究显示,当自付费用所占比例下降到卫生总支出的 15%—20% 时,经济灾难的发生率就可以忽略不计了。[2][3] 国家卫生健康委员会统计

---

① 国家医疗保障局:《陈金甫副局长出席国务院政策例行吹风会介绍药品集中采购及医疗救助工作情况》,见 http://www.nhsa.gov.cn/art/2019/4/16/art_47_1208.html,2019 年 4 月 16 日。

② Xu,K.,P.Saksena,M.Jowett,C.Indikadahena,J.Kutzin and D.B.Evans,*World Health Report* (2010) *Background Paper*19:*Exploring The Thresholds of Health Expenditure for Protection Against Financial Risk*,WHO Press,2010.

③ Xu,K.,D.B.Evans,G.Carrin,A.M.Aguilar-Rivera,P.Musgrove,and T.Evans,"Protecting Households from Catastrophic Health Spending",*Health Affairs*,Vol.26,No.4,2007.

数据显示,2016 年中国贫困人口医疗费用自付比例为 43%,这一比例在 2019 年下降至 10% 左右(见图 11-3)。可见,贫困人口基本医疗保障制度有效减轻了建档立卡贫困人口的医疗负担,其在助力贫困人口摆脱经济灾难、摆脱贫困方面发挥了重要作用。

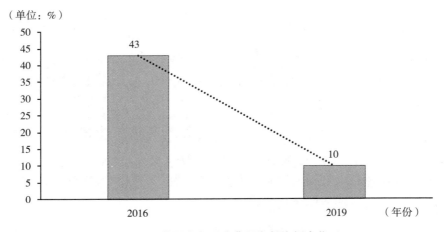

（单位: %）

图 11-3 贫困人口医疗费用自付比例变化

资料来源:新华网《我国深入实施健康扶贫工程》,见 www.xinhuanet.com/henlth/2018/01/31/c_1122343853.htm,2018 年 1 月 31 日;中华人民共和国中央人民政府《国家卫生健康委员会:今年将全面消除乡村医疗卫生机构和人员的"空白点"》,见 www.gov.cn/xinwen/2019-07/09/content_5407655.htm。

另一方面,中国政府通过实行县域内住院先诊疗后付费和"一站式"结算等政策措施,完善了各项医疗经办服务,确保了贫困人口看病就医的程序便利,减轻了贫困人口的垫资负担。贫困住院患者的县域内就诊率逐年提高,2019 年这一比例为 91.5%。[①]

在供给侧,综合改善了贫困地区县域内各级卫生医疗机构可及性、服务条件和服务能力。

首先,贫困地区县、乡、村三级医疗卫生机构服务能力显著提升。截至 2019 年,已实现全国 832 个贫困县每个县至少有一家公立医院。其中,95.1% 的贫困县至少有一所公立医院达到二级医疗机构服务水平;

---

① 人口与发展研究中心:《全国健康扶贫监测报告 2019》,见 https://www.bjnews.cn/news/2019/10/15/636624.html,2019 年 10 月 15 日。

80.3%的贫困县有一所县医院达到二甲医院服务水平。① 同时,每个乡镇和行政村都配备一个卫生院和卫生室,88%的乡镇卫生院和75%的卫生室已经完成标准化建设。②

其次,基层医疗机构人才保障机制得到了强化。2010 年以来,中央政府重点支持中西部地区转岗培训全科医生超 11 万人。自 2013—2019 年,全国各省累计培养农村订单定向医学生 4 万名;2014—2019 年通过全科医生特岗计划为基层医疗机构培养 1.1 万名全科医生。③ 此外,各地政府通过创新组织方式,如实施乡村医生"县聘县管乡用""乡聘村用"以及乡镇卫生院医生巡诊、派驻等方式有效提升了基层医疗机构人员配置效率。截至 2019 年 9 月,全国累计向乡村两级支援医务人员 9.8 万人,已实现 98%的乡镇卫生院至少有 1 名全科医生或执业助理医师;98.2%行政村的卫生室至少拥有 1 名合格的乡村医生。④ 乡村两级医疗服务人员覆盖率基本达标,农村贫困人口的常见病、慢性病能够就近获得及时诊治。

(二)坚持救治预防并举,显著改善了贫困人口的健康状况和贫困地区的健康环境

1. 建立了贫困人口分类救治机制

截至 2019 年 9 月底,中国已累计分类救治贫困患者 1564 万余人,救治覆盖率达 98%,经救治的患者超过 70%实现脱贫;大病救治患者数从 2017 年的 21.1 万人增加到 2019 年的 145.7 万人,人均大病医疗支出费用下降了 31%,贫困人口大病医疗费用报销比例整体提至约 90%;核实

---

① 国家卫生健康委员会:《健康扶贫成效经验及 2020 后工作展望》,此为中农办提供的卫健委内部材料。

② 国家卫生健康委员会:《国家卫生健康委员会 2019 年 9 月 23 日例行新闻发布会文字实录》,见 http://www.nhc.gov.cn/xcs/s7847/201909/6a739ff5ecf4a76be85eb0509497d8d.shtml,2019 年 9 月 23 日。

③ 资料来源:中央农村工作领导小组办公室。

④ 国家卫生健康委员会:《国家卫生健康委员会 2019 年 9 月 23 日例行新闻发布会文字实录》,见 http://www.nhc.gov.cn/xcs/s7847/201909/6a739ff5ecf4a76be85eb0509497d8d.shtml,2019 年 9 月 23 日。

贫困慢病患者 1058 万人,签约 823 万人次,累计随访 2413 万人次。①

2. 全面提升了农村地区公共卫生服务水平

通过实施贫困县全覆盖的农村妇女"两癌"检查、儿童营养改善和新生儿疾病筛查等项目,中国有效完善了农村贫困地区常态化公共卫生服务体系,提升了重点人群的健康水平。国家卫生健康委员会统计数据显示,2016—2018 年儿童营养改善和新生儿疾病筛查等项目的受益儿童数量累计超过 1840 万人。此外,中国还在贫困地区实施健康促进三年行动,通过针对性地开展健康教育和宣传,重点提升贫困人口的健康素养。

自 2016 年起,中国先后在西藏自治区、四省藏区和青海玉树等包虫病高发地区,设立包虫病防治试点,防治成效突出;同时,重点加强南疆四地州结核病防治,通过将结核病筛查纳入新疆全民免费健康体检,设置隔离治疗点,实行特殊医疗保障政策等系列举措,有效遏制了该地结核病高发态势。此外,中国还将凉山彝族自治州的艾滋病防治工作作为该地健康扶贫主攻方向,2019 年凉山州抗病毒治疗覆盖率、成功率分别为 93. 9%、91. 3%。②

3. 建立了符合农村实际的基层医疗卫生服务模式

健康扶贫期间,中国政府从机构、人员、能力以及保障四个方面明确了基本医疗有保障的内涵和标准,不仅为全面解决基本医疗有保障突出问题提供了依据,也为进一步优化农村基层医疗资源配置夯实了基础。通过推进"县乡一体、乡村一体"机制建设,创造性地解决了农村乡村两级医疗卫生人员短缺的问题,盘活了县域内医疗卫生资源,提升了医疗卫生利用效率。通过压实基层人员责任,落实精准扶贫精准脱贫基本方略,推动基层医疗卫生工作者转变观念,将健康扶贫政策落实到人、精准到病,极大增强了贫困群众的获得感。通过逐步推动基层卫生工作由以治

---

① 人口与发展研究中心:《全国健康扶贫监测报告 2019》,见 https://www.bjnews.com. cn/news/2019/10/15/636624.html,2019 年 10 月 15 日。

② 《关于凉山彝族自治州 2019 年国民经济和社会发展计划执行情况及 2020 年计划草案的报告》,见 http://www.lsz.gov.cn/xxgk/ghjh/202008/t20200810_1666829.html,2020 年 6 月 22 日。

病为中心向以健康管理为中心转变,推动疾病预防关口前移。

二、健康扶贫的下一步工作展望

巩固拓展健康扶贫成果同乡村振兴有效衔接,既是建立巩固脱贫攻坚成果长效机制的重要举措,也是全面推进健康中国建设的根本要求,更是中国未来健康扶贫工作的核心。2021 年 2 月,国家卫生健康委员会等 13 部委联合印发《关于巩固拓展健康扶贫成果同乡村振兴有效衔接的实施意见》,提出新阶段健康扶贫应采取"在五年过渡期内,保持健康扶贫主要政策总体稳定,调整优化支持政策,进一步补齐脱贫地区卫生健康服务体系短板弱项,深化县域综合医改,深入推进健康乡村建设,聚焦重点地区、重点人群、重点疾病,完善国民健康促进政策,巩固拓展健康扶贫成果,进一步提升乡村卫生健康服务能力和群众健康水平,为脱贫地区接续推进乡村振兴提供更加坚实的健康保障"的工作思路。

在上述思路的指导下,新阶段健康扶贫力求达成以下任务目标:到 2025 年,农村低收入人口基本医疗卫生保障水平明显提升,全生命周期健康服务逐步完善;脱贫地区县、乡、村三级医疗卫生服务体系进一步完善,设施条件进一步改善,服务能力和可及性进一步提升;重大疾病危害得到控制和消除,卫生环境进一步改善,居民健康素养明显提升;城乡、区域间卫生资源配置逐步均衡,居民健康水平差距进一步缩小;基本医疗有保障成果持续巩固,乡村医疗卫生机构和人员"空白点"持续实现动态清零,健康乡村建设取得明显成效。

新阶段的健康扶贫工作具有目标人群更广和保障程度更深的特征,其政策措施重点围绕"保持政策总体稳定,巩固基本医疗有保障成果""加强和优化政策供给,提升脱贫地区卫生健康服务水平"和"加快推进健康中国行动计划,健全完善脱贫地区健康危险因素控制长效机制"三个方面展开。

(一)保持政策总体稳定,巩固基本医疗有保障成果

在五年过渡期内,保持现有健康扶贫政策基本稳定,巩固脱贫攻坚期内贫困人口基本医疗有保障的成果是中国新阶段健康扶贫的底线任

务。在中央政府指导下,各级政府将在保持投入力度不减、保持帮扶队伍不散和保持保障水平不降的前提下,重点从以下三方面入手保持及优化现有健康扶贫政策:其一,优化医保扶贫政策和疾病分类救治措施,健全防范因病返贫致贫长效机制,既要防止保障不足的情况又要避免保障过度的问题。其二,继续实施并完善以住院先诊疗后付费政策为核心的各类经办政策。其三,优化乡村医疗卫生服务覆盖,实行乡村医疗卫生机构和人员"空白点"动态清零。在此基础上,扩大健康扶贫政策受益人群,将农村低收入人口纳入健康扶贫的帮扶范围,同步构建农村低收入人口常态化健康帮扶机制;健全因病返贫致贫动态监测和精准帮扶机制,对脱贫人口和边缘易致贫人口大病、重病救治情况进行监测。

(二)加强和优化政策供给,提升脱贫地区卫生健康服务水平

从供给角度入手,系统性地提升脱贫地区卫生健康服务水平将是下一阶段健康扶贫工作的重点。为此,中国政府将采取以下举措:一是深化县域综合医改推进措施,提升县域医疗卫生服务能力。按照"县强、乡活、村稳、上下联、信息通"的要求,支持脱贫地区推进紧密型县域医共体建设,统筹整合优化资源配置,完善县域医疗卫生服务体系及县乡一体化管理机制。二是进一步完善医疗卫生服务体系、加强基层医疗卫生人才队伍建设。加大对脱贫地区、易地扶贫搬迁集中安置区等基层医疗卫生机构建设的支持力度,持续推进乡村医疗卫生机构标准化建设、提高其卫生资源配置水平;通过加大本土免费医学生培养规模、给予编制及职称评定倾斜政策、提高待遇等措施,提升基层医疗卫生人才队伍能力。三是持续深入开展三级医院对口帮扶工作并通过"互联网+医疗健康"推动更多优质医疗资源向脱贫地区倾斜。四是补齐公共卫生服务体系短板,进一步加强对脱贫地区疾病预防控制体系、县级医院救治能力等方面的建设支持力度。与此同时,对乡村振兴重点帮扶县和新疆、西藏及涉藏地区实施倾斜支持措施,加大对其的医疗专项资金投入及机构对口帮扶,提升地区的卫生健康服务能力。

（三）加快推进健康中国行动计划，健全完善脱贫地区健康危险因素控制长效机制

从源头上控制健康风险因素是效果最好、成本最低的健康扶贫措施，中国在脱贫攻坚期对部分贫困地区采取的地方病、传染病防控措施正是对此种思路的实践。新一阶段，中国将坚持预防为主的方针，一方面，按照专病专防的思路持续加强重点地区疾病的综合防控，改善地方病流行区的生产生活环境。另一方面，实施重点人群健康改善行动。深入开展农村妇女宫颈癌、乳腺癌和免费孕前优生健康检查项目、继续实施脱贫地区儿童营养改善项目和新生儿疾病筛查项目、加强对农村老年人健康服务及照料问题的重视。此外，全面推进健康促进行动。针对影响健康的行为与生活方式、环境等因素在脱贫地区实施健康知识普及、合理膳食、全民健身等健康促进行动；持续推进脱贫地区农村人居环境整治，建立长效管理维护机制，大力开展健康科普工作，增强农村群众文明卫生意识。新一阶段，中国将通过紧密结合健康扶贫与健康中国行动计划，逐步把贫困地区健康促进、改善重点人群的健康水平、传染病地方病综合防控等专项政策转化为农村公共卫生工作的一般举措，建立起健康危险因素长效防控机制，从源头上防范因病致贫返贫的现象。

第十二章　社会保障兜底扶贫*

　　贫困人口往往具有脆弱性高和抗逆力低下等特征,很容易因各类风险的冲击而陷入贫困。中国建档立卡贫困人口中因病致贫是主要的致贫原因,贫困户中慢性病人口较多,其中残疾人、儿童和老年人的占比也相对较高。2014 年中国建档立卡贫困人口中儿童和老人的占比分别为17.73% 和 20.24%,高于贫困人口中其他群体的占比,且部分地区占比更高。可以说,在建档立卡之初,中国的贫困人口已经呈现明显的生理性脆弱的特征。社会保障是国家或社会依法建立的、具有经济福利性的、社会化的国民生活的支持保障体系①,是现代国家的基本制度。它不仅能为贫困人口提供基本保障,还具有改善投资环境、促进益贫式增长的作用。从国际社会视角来看,社会保障作为一种保护性再分配制度,对缓解绝对贫困具有重要意义。2015 年,联合国在《变革我们的世界:2030 年可持续发展议程》报告中提出了 17 项发展目标,其中目标 1 为:在全世界消除一切形式的贫困,这一目标下的第三款要求各国"执行适合本国国情的全民社会保障制度和措施,包括最低标准,到 2030 年在较大程度上覆盖穷人和弱势群体"②。

　　2015 年 10 月 16 日,习近平总书记在减贫与发展高层论坛上首次提

---

　　* 作者:左停,中国农业大学人文与发展学院教授;金菁,浙江农林大学文法学院讲师。

　　①　郑功成:《社会保障学:理念、制度、实践与思辨》,商务印书馆 2000 年版,第 11 页。

　　②　《变革我们的世界:2030 年可持续发展议程》,2016 年 1 月 13 日,见 httpv://www. fmprc. gov. cn/web/ziliao _ 674904/zt _ 674979/dnzt _ 674981/xzxzt/xpjdmgjxgsfw _ 684149/qtzt/2030kcxfzyc–686343/t1331382.shtml。

出"五个一批"脱贫措施,其中包括"社会保障兜底脱贫一批"。此后,习近平总书记还在不同场合多次对兜底保障作出重要指示,要求各项工作聚焦脱贫攻坚、聚焦特殊群体、聚焦群众关切,着力保基本、兜底线,织密扎牢民生保障"安全网"。此后,社会保障兜底成为中国重要的扶贫制度设计,并且逐渐形成一套较为完善的制度体系。党的十八大以来,尤其是脱贫攻坚期间,中国减贫工作取得显著成效,贫困人口从 2013 年年底的 8249 万人减少到 2019 年年底的 551 万人,贫困发生率降低至 0.6%,其中社会保障制度发挥了重要作用。截至 2019 年年底,中国正在享受农村低保或特困人员救助供养政策的贫困人口 1796 万,累计 2900 万贫困人口享受过农村低保或特困人员救助供养政策;5978 万贫困家庭的劳动力参加了基本养老保险。社会保障在减贫中实现了目标人群全覆盖、发挥了兜底线的作用。

第一节　社会保障兜底扶贫的提出及其必要性

社会保障自身的制度属性和贫困人口的致贫结构以及人口结构特征决定了社会保障制度具有不可替代的基础性扶贫作用。而且开发式扶贫方式有其自身的局限性,很难完全解决所有的贫困问题。因此,社会保障兜底扶贫成为贫困治理发展的必然趋势。在扶贫后期,社会保障的减贫意义越发重要。

一、中国全国建档立卡贫困人口状况及其脆弱性特征

社会人口构成是复杂多样的。无论社会发展到何种阶段,弱势群体总是不同规模地存在。这类群体的弱势性是由天然的生理性、历史的积累性以及社会的结构性等特征共同导致。中国建档立卡贫困人口中也存在一定比例的生理性弱势群体。国务院扶贫办对贫困人口的数据统计显示,2014 年全国建档立卡贫困人口中患慢性病者占比达 16.76%,残疾者占比 6.13%,儿童占比 17.73%,老人占比 20.24%。这些特殊群体的占比在部分地区表现出更高水平,如东部地区的建档立卡贫困人口中患慢性

病和残疾人的占比高达 34.44% 和 11.37%;民族八省的建档立卡贫困人口中儿童占比高达 23.04%;东部建档立卡贫困人口中老人占比高达 39.91%(见表 12-1)。

表 12-1　2014 年中国全国不同区域建档立卡贫困人口脆弱性结构

地区	总人数（人）	其中患大病占比(%)	其中患慢性病占比(%)	其中残疾人占比(%)	其中儿童（0—16 岁）占比(%)	其中老人（60 岁以上）占比(%)
全国	701735555	3.90	16.76	6.13	17.73	20.24
东部	2801512	6.83	34.44	11.37	8.74	39.91
中部	31139637	5.67	22.18	7.44	14.78	24.42
西部	36232406	2.16	10.74	4.61	20.96	15.13
民族八省	22544334	1.89	7.54	3.62	23.04	13.19
国家贫困县	45846156	2.92	13.41	4.68	19.20	17.32
三区三州辖区县	4806905	1.22	5.28	3.08	27.45	9.61

资料来源:国务院扶贫办,其中儿童不包括 16 岁。

从致贫类型来看,因病是最主要的致贫原因,此外还存在一定比例的因缺劳力、因灾、因残等因素致贫(见表 12-2)。老病残弱贫困群体具有高度生理脆弱性的特征,易受自然条件变化、社会转型、市场经济波动影响,比其他群体有更高概率遭受营养不良与患病等风险冲击,存在更多的医疗服务等非收入性的基本需要。换言之,这些贫困人口不仅存在经济维度的"贫",更存在更深层的服务不足、人力资本薄弱和抗逆力低下等非经济维度的"困"和"弱"。因此,这些贫困人口会因缺乏安全保障机制以致无法及时防范和化解风险而加剧其贫困程度。贫困人口的结构特征和致贫原因特征表明,要想实现所有贫困人口顺利脱贫目标,就需要制定更多的社会保障性扶贫措施。

表 12-2　2015 年中国建档立卡贫困人口的致贫类型占比　（单位:%）

地区	自然生产条件			经济社会发展条件			人力资本因素				
	因灾	缺土地	缺水	交通落后	缺技术	缺资金	因学	发展动力不足	因缺劳力	因病	因残
东部	3.6	1.5	0.3	0.8	15.3	23.2	4.8	2.0	21.9	58.1	9.4
中部	5.2	4.0	1.2	2.6	17.6	28.9	6.7	4.9	13.9	51.6	6.8
西部	6.8	6.9	2.3	7.6	28.9	44.9	12.4	7.4	18.9	28.9	4.0
全国	5.8	5.1	1.6	4.7	22.4	35.5	9.0	5.8	16.8	42.1	5.8

资料来源:国务院扶贫办信息中心①。

同时,中国在开展精准扶贫以前,已经经历了近三十年的开发式扶贫。大多数贫困人口已通过开发式扶贫逐渐摆脱贫困,有效缓解了基本经济匮乏和收入不足的问题。虽然多年的扶贫工作能有效解决贫困人口"贫"的问题,但部分贫困人口深层的"困"和"弱"的问题及其贫困本质难以在短期内被改变。简言之,开发式扶贫不可能彻底解决所有的贫困问题,需要设计新的扶贫措施。而从国际社会发展来看,社会保障制度作为一个国家的基础性制度体系,本身具有不可替代的减贫作用,由此也已被内化到多数国家尤其是发达国家的减贫治理政策体系之中。因此,无论是受中国贫困人口结构和致贫原因的特征影响,还是从社会保障制度本身的特征和国际减贫治理经验来看,发挥社会保障在扶贫中的作用是中国贫困治理的必然趋势,而且社会保障在扶贫过程中具有基础性、必要性和不可替代性的作用。在此背景下,2015 年 12 月 27 日,习近平总书记在中央扶贫开发工作会议上强调,按照贫困地区和贫困人口的具体情况,实施"五个一批"工程,明确"社会保障兜底一批"。此后社会保障兜底扶贫被作为重要的扶贫措施,频繁出现在中国统领性的扶贫指导文件之中。

二、社会保障扶贫的兜底性和基础性

社会保障既是中国减贫的重要任务和指标,也是中国减贫的重要工

---

① 左停等:《路径、机理与创新:社会保障促进精准扶贫的政策分析》,《华中农业大学学报(社会科学版)》2018 年第 1 期。

具和手段。在贫困治理中,社会保障举措的作用一方面在于维护贫困人口生存权,另一方面在于最大限度地阻断贫困人口的社会排斥和贫困代际传递,实现贫困人口随全体人民共同迈入小康、共享发展成果的目标。① 具体而言,随着社会保障体系不断完善,社会保障兜底扶贫远超越"兜底"的涵义,拓展为扶贫的基础作用和贫困预防作用,这恰恰是由社会保障自身的制度体系所决定的。

中国农村社会保障制度包括社会救助、社会保险和社会福利等子体系,每个子体系都包含多项社会政策和制度,各制度构成部分的减贫逻辑既有共同点,又各具特色。社会救助根据救助对象实际状况进行相应的收入补差,保障其基本收入以维持基本生活;社会保险是一种将个人投入汇聚为社会风险防御池、从而降低个体所受风险冲击强度的机制;而社会福利是与身份挂钩的不以严格的家计调查为准入条件的普惠性政策。社会保障的各个组成部分相互配合,多维度、多形式应对不同种类的风险,成为个体或家庭完善的抵御社会风险的屏障,进而减少贫困现象的发生。

在中国,社会保障扶贫是防止落入贫困的兜底安全网。社会保障兜底扶贫不仅是直接现金转移支付的社会救助兜底,还有其他形式的兜底。例如公益性岗位为基本就业兜底;医疗保障制度为健康扶贫兜底;危房改造为住房保障兜底等。以社会救助为代表的社会保障制度能够为贫困人口提供基本生活的保障,也是低收入群体落入贫困陷阱前的最后一道防线。对于丧失或缺乏劳动能力的群体,特别是老病残弱人群,社会救助兜底保障发挥直接的、兜底性的作用,也是实现到 2020 年消除绝对贫困、全面建成小康社会目标的重要保障。此外,低保与扶贫开发两项制度衔接的合力也有利于实现对深度贫困人口的切实兜底,防止遗漏贫困人口。

社会保障扶贫也是增强生计系统抗逆性的助推器。社会保障在预防贫困发生方面有着独特的作用。社会保障的贫困预防功能主要是通过社会福利和社会保险来实现。部分由政府提供的社会服务也是社会福利的重要内容,其能够在贫困人口个体和社会整体两个层面同时减少风险的

① 江治强:《在兜底脱贫中实现社会救助新发展》,《学习时报》2019 年 8 月 12 日。

冲击。例如,免费体检可以降低大病发生率、免费午餐可以降低儿童营养不良率,从而在源头上减少家庭医疗支出。同时,政府通过兜底资助贫困人口参加社会保险制度,如城乡居民医疗保险制度、大病补充医疗保险制度等,既能通过强制储蓄提升个人的抗逆性,也能创造出更安全稳定的社会环境,因此同样具有"防贫"的积极作用。

社会保障扶贫是维持经济平稳运行的稳定器。随着中国经济结构优化升级,新旧动能持续转换,对知识型、技能型和创新型人才需求与日俱增,而部分社会个体由于先天能力不足或后天劣势,难以有效参与市场竞争。如轻度弱智人群在劳动力市场竞争中始终处于劣势,且多数都长期处于社会平均生活水平之下,是最容易被忽视的困难人群。此外,产业扶贫政策前期投入多、生产周期长,经营风险较大,在市场经济的竞争性与市场风险的多变性影响下,贫困人口经营失败后生活难以为继。当其基本生计难以得到满足时,势必会影响社会稳定和长久发展。社会保障扶贫给予其基本生活保障,保障贫困人口及其家庭的基本生活,有助于降低潜在的社会风险,维护社会稳定。

总体来看,社会保障兜底扶贫不仅仅是由社会救助进行经济兜底,更是其他政策在就业、健康、住房等方面的兜底。而且社会保障在扶贫中的作用从"兜底一批"发展为"开发式扶贫与保障性扶贫统筹衔接",这表明社会保障在扶贫中的作用不仅仅是兜底,还具有基础性作用。此外,贫困人口和低收入人口还存在基本社会服务供给不足的问题,社会服务兜底也是重要的兜底扶贫内容,虽然社会服务并不属于狭义上的社会保障范畴,但与社会保障息息相关。

第二节　社会保障兜底扶贫的制度和政策

中国在社会主义制度建设的过程中逐渐建立农村社会保障制度,并于党的十八大以后逐渐形成社会保障兜底扶贫的政策体系,成为中国重要的反贫困举措。在社会保障兜底扶贫政策体系建立初期,中国主要强调社会救助政策的兜底作用。在扶贫工作推进过程中,社会保险、社会福利和社会服务供给等其他社会保障扶贫作用也逐渐被挖掘和强调。虽然中国重视社会保障在保障扶贫中的综合作用,但实践中更侧重以社会救助政策为兜底扶贫的核心。整体而言,中国已经建立了一套相对完善的社会保障兜底扶贫的制度框架和政策体系。

一、社会保障兜底扶贫的制度框架

改革开放之前,中国缺乏制度化的社会保障建设,社会保障主要表现为救济形式。时至1986年,中国首次明确提出建立"具有中国特色的社会主义的社会保障制度"。到21世纪之前,中国农村社会保障制度建设依然严重不足,仅有五保制度和合作医疗制度能发挥部分保障作用。21世纪以来,中国农村社会保障制度建设才开始逐步踏上正轨。2002年,党的十六大指出,"有条件的地方探索建立农村最低生活保障制度",并于2006年首次提出在全国建立该制度。2003年,国务院办公厅转发相关部门《关于建立新型农村合作医疗制度的意见》,开始全面建立新型农村合作医疗制度(以下简称"新农合")。2009年,国务院下发《国务院关于开展新型农村养老保险试点的指导意见》,开启新型农村养老保险制度(以下简称"新农保")试点建设。2010年,民政部下发《民政部关于建立高龄津(补)贴制度先行地区的通报》,部分省区开始建立高龄补贴制度等。党的十八大报告中将"社会保障全民覆盖"作为实现全面建设小康社会目标的新要求之一,进一步推进了农村社会保障体系的发展。经过二十年的发展,中国农村地区形成了以包括低保和特困人员供养制度为核心的社会救助、以城乡居民基本养老保险制度和城乡居民基本医疗保险制度为核心的社会保险,以及瞄准老年人、残疾人等群体的社会福利等在内的社会保障制度体系。在此过程中,地方政府也因地制宜探索和创新了诸多社会保障相关举措。总而言之,中国农村社会保障制度在社会主义体系的不断完善之中形成和发展,直至21世纪以后才开始制度化建设,为其兜底扶贫的制度定位奠定了基础。

社会保障制度作为一种再分配制度,天然具有反贫困效用。在中国农村社会保障制度体系建设过程中,社会保障就已经发挥着减贫作用,但并没有形成社会保障兜底的制度建设。2008年,党的十七届三中全会中提出实现农村最低生活保障制度和扶贫开发政策有效衔接(即两项制度衔接),社会保障中的低保制度的兜底作用逐渐明晰和显性化。直至2015年,习近平总书记提出将"社会保障兜底一批"作为"五个一批"的内容后,中国正式开始了社会保障兜底扶贫的制度化建设。同年,《中共中央国务院关于打赢脱贫攻坚战的决定》这一脱贫攻坚统领性文件中提出,实施其他举措脱贫后,"其余完全或部分丧失劳动能力的贫困人口实行社保政策兜底脱贫"。2016年9月,国务院办公厅转发《关于做好农村最低生活保障制度与扶贫开发政策有效衔接的指导意见》,明确两项制度衔接的具体方面和内容。2016年11月发布的《"十三五"脱贫攻坚规划》中提出统筹社会救助体系,健全农村"三留守"人员和残疾人关爱服务体系,并且要求提高贫困地区基本养老保障水平,实现社会保障兜底。2018年9月,民政部同财政部、国务院扶贫办出台《关于在脱贫攻坚三年行动中切实做好社会救助兜底保障工作的实施意见》,推进农村低保的重大制度创新,进一步明确社会救助兜底工作和强化其兜底功能,确保动态管理下的"应保尽保"。

随着扶贫工作不断取得显著成效,社会保障兜底在扶贫中的政策地位不断提升。2018年印发的《中共中央　国务院关于打赢脱贫攻坚战三年行动的指导意见》中提出坚持开发式扶贫与保障性扶贫并举,并要"建立以社会保险、社会救助、社会福利制度为主体,以社会帮扶、社工助力为辅助的综合保障体系,为完全丧失劳动能力和部分丧失劳动能力且无法依靠产业就业帮扶脱贫的贫困人口提供兜底保障"[1]。这一系列论述不但丰富了脱贫攻坚的政策内容,更加突出了社会保障在脱贫攻坚战中的独特优势和兜底作用,使得保障性扶贫政策的内容和体系不断得到完善,与开发式扶贫政策共同致力于实现兜底扶贫。这意味着社会保障兜底扶贫从过去扶贫政策"五元"格局(即"五个一批")中的一元进一步发展为

---

[1]　中共中央党史和文献研究院:《十九大以来重要文献选编》上,中央文献出版社2019年版,第489页。

"两元"格局(即开发式扶贫与保障性扶贫相统筹)中的一元,社会保障兜底在扶贫中的分量和内涵都得到大幅提升。而这些统领性扶贫文件中对社会保障兜底扶贫的明确,为具体的社会保障兜底扶贫制度建设指明方向并奠定基础。相关部委积极打破单一部门负责的局面以及部门业务间的"壁垒",实现跨部门的综合治理和协调合作,印发了一系列与社会保障兜底相关的政策文件(见表12-3)。

表 12-3　党的十八大以来社会保障兜底扶贫相关政策文件

发布时间	政策文件
2014 年 2 月 21 日	《社会救助暂行办法》(国务院令第 649 号)
2014 年 10 月 24 日	《国务院关于全面建立临时救助制度的通知》
2015 年 2 月 5 日	《国务院关于加快推进残疾人小康进程的意见》
2015 年 4 月 30 日	《国务院办公厅转发民政部等部门关于进一步完善医疗救助制度全面开展重特大疾病医疗救助工作的意见》
2015 年 9 月 25 日	《国务院关于全面建立困难残疾人生活补贴和重度残疾人护理补贴制度的意见》
2016 年 2 月 17 日	《国务院关于进一步健全特困人员救助供养制度的意见》
2016 年 3 月 25 日	《中国残疾人联合会关于进一步推动贫困残疾人脱贫攻坚工作的通知》
2016 年 4 月 16 日	民政部关于贯彻落实《中共中央　国务院关于打赢脱贫攻坚战的决定》的通知
2016 年 6 月 20 日	《关于实施健康扶贫工程的指导意见》
2016 年 8 月 4 日	《人力资源社会保障部关于在打赢脱贫攻坚战中做好人力资源社会保障扶贫工作的意见》
2016 年 8 月 22 日	《关于进一步完善社会救助和保障标准与物价上涨挂钩联动机制的通知》
2016 年 9 月 27 日	《国务院办公厅转发民政部等部门关于做好农村最低生活保障制度与扶贫开发政策有效衔接指导意见的通知》
2016 年 10 月 21 日	教育部办公厅等四部门印发《普通高中建档立卡家庭经济困难学生免除学杂费政策对象的认定及学杂费减免工作暂行办法》
2016 年 12 月 22 日	中国残联等《贫困残疾人脱贫攻坚行动计划(2016—2020 年)》
2017 年 1 月 16 日	《民政部　财政部　人力资源社会保障部　国家卫生计生委　保监会　国务院扶贫办关于进一步加强医疗救助与城乡居民大病保险有效衔接的通知》
2017 年 4 月 12 日	《国家卫生计生委　民政部　财政部　人力资源社会保障部　保监会和国务院扶贫办关于印发健康扶贫工程"三个一批"行动计划的通知》

续表

发布时间	政策文件
2017 年 6 月 27 日	《民政部　财政部　国务院扶贫办关于支持社会工作专业力量参与脱贫攻坚的指导意见》
2017 年 8 月 1 日	《人力资源社会保障部　财政部　国务院扶贫办关于切实做好社会保险扶贫工作的意见》
2017 年 9 月 13 日	《民政部　国务院扶贫办关于进一步加强农村最低生活保障制度与扶贫开发政策有效衔接的通知》
2017 年 6 月 28 日	《中国残联关于做好贫困重度残疾人家庭无障碍改造工作的通知》
2018 年 1 月 23 日	《民政部　财政部关于进一步加强和改进临时救助工作的意见》
2018 年 4 月 7 日	《民政部关于推进深度贫困地区民政领域脱贫攻坚工作的意见》
2018 年 6 月 15 日	《中共中央　国务院关于打赢脱贫攻坚战三年行动的指导意见》
2018 年 7 月 16 日	《民政部　财政部　国务院扶贫办关于在脱贫攻坚三年行动中切实做好社会救助兜底保障工作的实施意见》
2018 年 7 月 26 日	《民政部关于印发贯彻落实中共中央　国务院关于打赢脱贫攻坚战三年行动的指导意见行动方案的通知》
2018 年 9 月 30 日	《国家医保局、财政部、国务院扶贫办关于印发〈医疗保障扶贫三年行动实施方案（2018—2020 年）〉的通知》
2018 年 10 月 17 日	《民政部　发展改革委　国务院扶贫办关于印发〈深度贫困地区特困人员供养服务设施（敬老院）建设改造行动计划〉的通知》
2019 年 5 月 13 日	《民政部办公厅关于在脱贫攻坚中做好"福康工程"项目实施工作的通知》
2019 年 7 月 4 日	《民政部　财政部　中国残联关于建立困难残疾人生活补贴和重度残疾人护理补贴标准动态调整机制的指导意见》
2019 年 9 月 19 日	《民政部　财政部　国务院扶贫办关于在脱贫攻坚兜低保障中发挥临时救助作用的意见》
2019 年 10 月 17 日	《国家医疗保障局、财政部、国家卫生健康委、国务院扶贫办关于坚决完成医疗保障脱贫攻坚硬任务的指导意见》
2020 年 4 月 1 日	《民政部　国务院扶贫办关于印发〈社会救助兜底脱贫行动方案〉的通知》
2020 年 3 月 7 日	《中央应对新型冠状病毒感染肺炎疫情工作领导小组关于进一步做好疫情防控期间困难群众兜底保障工作的通知》
2020 年 4 月 8 日	《国家发展改革委　民政部　财政部　人力资源社会保障部　退役军人事务部　国家统计局关于进一步做好阶段性价格临时补贴工作的通知》

注：上述内容是笔者根据相关部门历年发布的政策文件整理而成 由于相关政策文件数量较多，此处仅列出部分主要的政策文件。

　　经过扶贫统领性文件的指导和相关部门的建设,中国逐渐构建了一个以社会救助为核心,同时包含社会保险和社会福利等多层次的社会保障兜底扶贫的制度框架。具体而言,在社会救助方面,以两项制度衔接为核心,完善农村低保、特困人员救助供养、临时救助等社会救助制度,织密兜牢社会安全网。其中最低生活保障制度以收入补差的方式保障政策对象基本生活,特困人员救助供养制度解决"三无"人员的基本生活问题,临时救助应对突发性贫困状况,同时辅助于其他专项救助项目。在社会保险方面,从缴费、报销、给付等方面增强社会保险制度的减贫功能。如代缴保费,提升医疗保险的报销比例和封顶线,降低报销门槛,拓展可报销病种范围,组合多重医疗报销政策;提高基础养老金水平,以及设立新的社会保险制度等。在社会福利方面,在全国范围内基本建成针对经济困难的高龄、失能老年人的护理补贴制度;不断提升失能老人护理补贴和居家养老服务补贴水平,破解特殊群体的养老困境;普通高中建档立卡家庭经济困难学生免除学杂费;给予跨省务工的贫困劳动力交通补贴等。新冠肺炎疫情期间,相关部门重视和强化社会保障兜底扶贫政策,例如国家发改委等六部门于 2020 年 4 月 8 日联合印发《关于进一步做好阶段性价格临时补贴工作的通知》,要求"对城乡低保对象、特困人员、享受国家定期抚恤补助的优抚对象提高补贴标准的增支资金和将孤儿、事实无人抚养儿童纳入保障范围的增支资金,由中央财政通过困难群众救助补助资金分地区给予补助,其中东部地区补助 30%、中部地区补助 60%、西部地区补助 80%"。

二、社会保障兜底扶贫的具体政策

　　目前,中国社会保障兜底扶贫的全国性政策主要表现为农村居民最低生活保障制度发挥的兜底保障、面向老病残群体的兜底保障和临时救助政策。这些制度在保障贫困群体基本生活方面发挥着重要的作用。2013—2018 年,中央财政累计投入城乡低保、医疗救助、特困人员供养、临时救助等项目资金 8400 多亿元。此外,还有农村社会医疗保险、社会养老保险、社会福利和社会服务发挥保障性扶贫作用。

（一）农村居民最低生活保障制度及其与扶贫政策相衔接的兜底保障

农村居民最低生活保障制度是中国兜底扶贫的核心制度。该制度源于扶危济贫，是一种补差型现金救助制度，是政府为无法通过自身努力维持基本生活的群众提供的物质帮助①，在整个社会保障体系中发挥着"兜底保障"的作用。自 2007 年农村居民最低生活保障制度在全国范围内普遍建立以来，制度的救助水平逐年提升，救助形式日益多样，使已覆盖的困难人群的基本生存权得到了有效保障。2008 年党的十七届三中全会提出实现农村最低生活保障制度和扶贫开发政策有效衔接。此后，尤其是党的十八大以来，中国农村低保的保障水平逐年提升。2016 年民政部等六部门出台《关于做好农村最低生活保障制度与扶贫开发政策有效衔接的指导意见》，详细明确要从政策、对象、标准和管理四方面实现两项制度的衔接，其中特别明确要求到 2020 年前所有地区的低保标准要赶上扶贫标准。两项制度衔接强调制度的有机衔接，最基本的是两项制度的标准的衔接。根据相关部门公布的数据显示，2013 年农村低保平均标准已经达到该年贫困线水平，并于此后持续稳步超过贫困线（见图 12-1）。仅从标准来看，农村低保制度发挥了重要的兜底扶贫作用。截至 2019 年12 月底，全国农村低保平均标准为 5336 元/人·年，所有县（市、区）农村低保标准全部动态达到或超过国家扶贫标准。其中，22 个脱贫攻坚任务重的省份农村低保平均标准为每人每年 4697 元，全国深度贫困县平均标准达到每人每年 4199 元，"三区三州"所辖县平均标准为每人每年 4068 元，均高于该年国家贫困线。② 两项制度衔接措施的实施强化了社会保障制度，尤其是社会救助制度在扶贫中的作用，为中国扶贫织牢了兜底的保障网，成为确保 2020 年现行扶贫标准下农村贫困人口实现脱贫的重要举措。

同时，两项制度衔接也要求政策、对象、管理等方面的衔接。具体而言，符合低保的贫困人口应可享受与低保制度相捆绑的相关制度，符合建

---

① 蒲宫光：《充分发挥农村低保的兜底作用》，《行政管理改革》2016 年第 4 期。
② 国家统计局住户调查办公室：《中国农村贫困监测报告 2020》，中国统计出版社 2020年版，第 90 页。

图 12-1　中国农村低保平均标准与贫困线水平变化趋势

资料来源:民政部官网公布的《2008—2018 年社会服务发展统计公报》和历年《中国农村贫困监测报告》。

档立卡贫困人口的低保对象应可享受精准扶贫相关政策,制度化实现了建档立卡贫困人口应保尽保、应扶尽扶;相关部门间信息共享和协作,建立农村低保家庭贫困状况评估指标体系和农村低保与建档立卡贫困家庭经济状况核查机制;对两项制度的目标群体实施动态管理等。农村低保制度在脱贫攻坚期间发挥重要兜底扶贫的作用(见表 12-4)。2019 年年底,中国共有 1857 万建档立卡贫困人口纳入农村低保或者特困人员供养范围,其中已脱贫 1693 万人,占比 91.17%,未脱贫 164 万人,占比 8.83%。①

表 12-4　最低生活保障项目对脱贫攻坚的贡献作用

主要指标	2016 年	2017 年	2018 年	2019 年
覆盖建档立卡贫困人口统计数(万人)	1666.9	1762.2	1675.9	1713.1
受益人口占建档立卡人口比重(%)	19.0	20.1	19.1	19.5
农村低保补助资金(亿元)	358.5	460.2	516.0	547.0
其中中央财政投入(亿元)	245.1	290.1	331.0	363.9
受益人口总投入人均受益(元)	2150.7	2611.5	3078.9	3193.0
建档立卡人口总投入人均受益(元)	408.2	524.0	587.5	622.8

① 民政部党组:《全力推进社会救助兜底脱贫工作》,《求是》2020 年第 9 期。

（二）面向老病残群体的兜底保障：特困人员供养和残疾人"两项补贴"

老病残群体作为社会最弱势的群体，生活来源缺乏，自身生活难以为继。为此，中国面向老病残群体实施兜底保障政策，主要体现为特困人员救助供养制度、医疗救助制度，以及残疾人两项补贴制度等。其中，特困人员救助供养制度是对无劳动能力、无生活来源、无法定赡养抚养扶养义务人或其法定义务人无履行能力的老年人、残疾人和未满16岁的未成年人，在吃、穿、住、医、葬（未成年人义务教育）方面给予生活照顾和物质帮助。该制度是中国农村地区历史最长的救助制度，目前主要分为两种形式，对于具备生活自理能力的，鼓励其在家分散供养，完全或者部分丧失生活自理能力的，优先为其提供集中供养。具体而言，政府为其提供基本生活保障；对生活不能自理的给予日常生活、住院期间的必要照料；提供疾病治疗，全额资助参加城乡居民基本医疗保险的个人缴费部分，医疗费用按照基本医疗保险、大病保险和医疗救助等医疗保障制度规定支付后仍有不足的，由救助供养经费予以支持；负责办理丧葬事宜；对符合规定标准的住房困难的分散供养特困人员，通过配租公共租赁住房、发放住房租赁补贴、农村危房改造等方式给予住房救助；对在义务教育阶段就学的特困人员，给予教育救助；对在高中教育（含中等职业教育）、普通高等教育阶段就学的特困人员，根据实际情况给予适当教育救助①。纳入特困救助供养的贫困人口生活保障标准不低于当地低保标准的1.3倍。截至2019年年底，全国共有农村特困人员439.3万人，其中集中供养75.2万人②。特困人员救助供养制度有力兜牢了特殊困难人员生活保障网，保障特困供养人员的基本生活。

因残致贫是重要的致贫原因之一，国家重视解决残疾人的兜底保障工作，例如加大对重度残疾人大病保险、护理补贴等保障力度，将20项医

---

① 《国务院关于进一步健全特困人员救助供养制度的意见》，2016年2月17日，见 http://www.gov.cn/zhengce/content/2016-02/17/content_5042525.htm。
② 国家统计局住户调查办公室：《中国农村贫困监测报告2020》，中国统计出版社2019年版，第91页。

疗康复项目纳入城乡基本医疗保险支付范围;将贫困残疾人纳入社会救助范围,相应地享受低保和特困人员供养待遇。此外,中国还推进贫困重度残疾人照护服务政策和"两项补贴"支出。残疾人"两项补贴"制度即困难残疾人生活补贴和重度残疾人护理补贴制度,是保障残疾人生存发展权益的重要举措。具体而言,困难残疾人生活补贴主要补助残疾人因残疾产生的额外生活支出,对象为低保家庭中的残疾人。重度残疾人护理补贴主要补助残疾人因残疾产生的额外长期照护支出,对象为残疾等级被评定为一级、二级且需要长期照护的重度残疾人。补贴标准由省级人民政府根据经济社会发展水平和残疾人生活保障需求、长期照护需求统筹确定,并适时调整。此外,逐步推动形成面向所有需要长期照护残疾人的护理补贴制度①。残疾人"两项补贴"制度有利于补齐民生短板,持续解决残疾人特殊生活困难和长期照护困难,有效保障残疾人生存发展权益,确保困难和重度残疾人共享改革发展成果,使残疾人更有获得感、幸福感和安全感。截至 2019 年,"两项补贴"制度已惠及 1000 余万困难残疾人和 1100 余万重度残疾人,年发放资金约 250 亿元。此外,北京、天津、辽宁、上海、江苏、浙江、安徽、福建、西藏、陕西、青海、宁夏等省(自治区、直辖市)将生活补贴对象扩大到无固定收入残疾人、建档立卡贫困户、低保边缘户、低收入家庭、重残无业、一户多残、老残一体、依老养残等困难群体②。截至 2019 年年底,全国享受"两项补贴"的残疾人稳定在 2000 万人以上③。残疾人"两项补贴"制度为兜底保障残疾人基本民生、助力打赢脱贫攻坚战、推动全面小康社会建设发挥了重要作用。为了进一步保障和提高贫困残疾人的基本生活水平,地方围绕贫困残疾人托养模式开展了一系列的有益探索(见专栏 12-1)。

---

① 《国务院关于全面建立困难残疾人生活补贴和重度残疾人护理补贴制度的意见》,2015 年 9 月 25 日,见 http://www.gov.cn/zhengce/content/2015-09/25/content_10181.htm。
② 《民政部对"关于进一步提高残疾人福利水平的建议"的答复》,2019 年 7 月 22 日,见 http://www.mca.gov.cn/article/gk/jytabljggk/rddbjy/201911/20191100021067.shtml。
③ 左停:《社会保障在脱贫攻坚中发挥兜底作用》,《社会科学报》2020 年 12 月 17 日。

专栏 12-1　贫困家庭重度残疾人集中托养政策

2017 年 11 月,河南省驻马店市出台《中共驻马店市委办公室　驻马店市人民政府办公室关于全面推进贫困家庭重度残疾人集中托养的意见》,实施贫困家庭重度残疾人集中托养政策。具体而言,当地建立"政府引导、部门整合、社会参与"的多元化投入机制,在全市乡、村两级建立贫困家庭重度残疾人集中托养中心,从工作人员节能培训、设备配置等多方面完善中心建设,并且与当地医疗卫生机构合作,探索"医养+托养"的模式。当地要求在 2018 年上半年实现所有乡镇全覆盖贫困家庭重度残疾人集中托养中心,所有符合条件又有意愿入住的贫困家庭重度残疾人都有机会得到集中托养。集中托养中心的建设有利于改善贫困家庭重度残疾人及其家庭的生活状况,达到"托养一人,解脱一家,脱贫一户"的目的。[①]

此外,还有面向因病致贫贫困人口的医疗救助制度。该制度是在城乡居民基本医疗保险制度、大病保险制度等医疗保险制度之外的补充性医疗支出兜底性政策,目的在于兜底性承担贫困对象的医疗支出。鉴于健康扶贫专题报告中对医疗制度有详细论述,此处不做赘述。

(三)临时救助政策

临时救助政策是对遭遇突发事件、意外伤害、重大疾病或其他特殊原因导致基本生活陷入困境,其他社会救助制度暂时无法覆盖或救助之后基本生活暂时仍有严重困难的家庭或个人给予应急性和过渡性的救助政策。在脱贫攻坚兜底保障实践中,临时救助是助力解决"两不愁三保障"的一项灵活且及时的救助举措,在解决居民突发性、临时性、紧迫性生活困难方面具有重要作用。脱贫攻坚后期,临时救助政策的兜底保障功能

---

① 《河南驻马店创新开展贫困家庭重度残疾人集中托养——为贫困残疾人家庭解难》,2019 年 10 月 23 日,见 https://www.cdpf.org.cn/ywpd/xcw/gzdt6/13060e27a46245b1a0336a-5e9ecee372.htm。

进一步被强化。2019 年民政部等部门印发《民政部　财政部　国务院扶贫办关于在脱贫攻坚兜底保障中充分发挥临时救助作用的意见》,围绕"两不愁三保障"强化临时救助的作用,明确提出要通过与最低生活保障、特困人员救助供养制度的衔接,实施急难型临时救助、"先行救助"和支出型临时救助,增强临时救助时效性,提升社会救助体系整体效益。对因子女就学、疾病治疗和解决住房问题等造成家庭支出较大,正常生活受到影响的建档立卡贫困户、低保对象和特困人员,给予临时救助,形成救助帮扶合力;对收入不稳定、持续增收能力较弱、返贫风险较高的已脱贫人口和收入水平略高于建档立卡贫困户的群体以及返贫人口,及时给予临时救助,并适当提高救助标准,实现稳定脱贫[①]。

作为保障困难群众基本生活权益的兜底性制度安排,临时救助政策承担着社会救助体系最后一道防线的制度功能,在脱贫攻坚期间发挥了重要作用。2018 年,全国实施临时救助 1074.7 万人次,支出救助资金121.6 亿元,平均救助水平 1131 元／人·次。2019 年,全国共救助建档立卡贫困人口 304 万人次[②]。2020 年新冠肺炎疫情期间,中国启动实施社会救助和保障标准与物价上涨挂钩联动机制,及时向城乡低保对象、特困人员等困难群众发放价格临时补贴,确保困难群众基本生活水平不因物价大幅上涨而降低。据统计,2020 年以来,全国共发放价格临时补贴37.1 亿元,惠及城乡低保对象、特困人员等困难群众 8168.9 万人次。[③]中国社会救助尤其是临时救助发挥了重要作用,有效帮助救助对象避免因突发性风险的冲击而陷入贫困。

(四)农村社会保险、社会福利和社会服务减贫

除社会救助制度外,农村社会保险、社会福利以及社会服务在社会保障兜底扶贫中发挥了独特作用。农村社会保险具有责任分担、互助共济

---

① 《民政部　财政部　国务院扶贫办关于在脱贫攻坚兜底保障中充分发挥临时救助作用的意见》,2019 年 9 月 25 日,见 http://www.mca.gov.cn/article/gk/wj/201909/20190900019881.shtml。

② 民政部党组:《全力推进社会救助兜底脱贫工作》,《求是》2020 年第 9 期。

③ 唐承沛:《兜牢疫情大考下民生保障底线》,《中国民政》2020 年第 9 期。

的特征,强调权利与义务的统一,在承担相应缴费义务的基础上享受一定的保险待遇。农村社会保险通过风险调剂、共济互助的方式降低了贫困人口生活风险,保障了贫困人口基本生活。中国农村社会保险主要包括城乡居民基本养老保险和城乡居民基本医疗保险,其资金主要来源于政府补助与个人缴费,对于无力缴费的贫困户政府予以资助参保。《中国农村扶贫开发纲要(2011—2020年)》中提出"实现新型农村社会养老保险制度全覆盖"是中国扶贫目标之一。虽然目前已基本实现目标人群的全覆盖,但水平较低,亟待提高。为了更好地发挥这一制度的减贫作用,许多省份相继提高基本养老金的水平,部分地方政府实施了帮助贫困人口参加社会养老保险的优惠政策,由政府给贫困人口代缴部分养老保险参保费。例如,江西省南康区从2015年起已开始为本区所有建档立卡贫困户由区财政代缴养老保险参保费。①　地方政府还会对建档立卡贫困人口参加城乡居民医保给予保费补贴,降低报销费用门槛,提高报销比例和报销上限。此外,地方政府进一步完善现有的社会保险扶贫项目,例如增加医疗保障体系中可报销的病种,设立新的保险项目等。

　　社会福利制度不同于社会救助制度,具有一定的普惠性,旨在提高居民的社会福祉,其制度给付形式多样,可以通过津贴等形式增加政策对象的收入,还可以通过非资金形式增加政策对象的非收入性福利,具有良好的兜底扶贫功效。由于社会福利往往不强调严苛的家计调查,而是与人的非经济特征或者身份相挂钩,部分非建档立卡的边缘人口和低收入人口也可享受相应政策待遇,因此能一定程度上缓解扶贫领域存在的福利"悬崖效应"。而地方政府通过扩大福利供给提升补贴标准和补贴范围,提高贫困户的贫困预防能力,补贴的项目多样,包括就业培训补贴、教育补贴、高龄补贴、失能老人补贴、残疾人补贴以及能源补贴等。例如,西安市低收入对象中年龄在60周岁以上(含60周岁)的失能人员每月可享受

---

　　①　南康区政府网:《2015年财政为贫困户代缴养老保险参保费的情况公示》,2015年11月30日,见 http://m.nkjx.gov.cn/news-show-31090.html。

260 元护理补贴。① 内蒙古每年免费为低收入农牧户发放 1 吨过冬煤补贴。② 山西省为每户低收入农户发放 300 元的取暖补贴。③ 此外,脱贫攻坚以来,中国还实施了一些以服务形式提供的社会福利政策,例如免费体检、贫困孕妇住院分娩服务,以及免费开展特殊疾病手术治疗等。这些措施的实施都有利于预防或者及时发现疾病风险,及时采取治理措施,提高贫困人口的健康水平,减少贫困人口患病风险,从而降低其因病致贫的可能。

社会服务并不属于狭义的社会保障范畴,但却是政府贯彻落实社会保障减贫政策的重要载体和手段,诸多社会政策的落实需要内嵌入社会服务之中。贫困人口往往身处低质量社会服务甚至是社会服务缺乏的生活环境之中,面临诸多脱贫障碍。健全农村社会服务体系是解决扶贫"最后一公里"问题的关键,提高社会服务的质量和便利性有利于服务对象更好地获得服务,有利于提升兜底保障扶贫的成效。地方政府积极探索路径提升社会服务质量。服务体系的建设具体涉及服务内容、服务队伍、服务管理以及服务方式等。中国政府重视面向困难群体和弱势群体等特殊群体提供优质的社会服务以改善其生活处境。例如《中共中央国务院关于打赢脱贫攻坚战的决定》中提出要健全留守儿童、留守妇女、留守老人和残疾人关爱服务体系,服务体系建设向贫困地区和贫困群体倾斜。2020 年 2 月 20 日民政部和国务院扶贫办印发的《社会救助兜底脱贫行动方案》中再次强调加强对特殊群体的关爱帮扶。民政部门具体提出鼓励有条件的农村特困供养服务机构在满足特困人员集中供养需求的前提下,逐步为农村低保、低收入家庭和建档立卡贫困家庭中的老年人、残疾人,提供低偿或无偿的集中托养服务。④ 各地方政府在优化社会

---

① 《西安将提高失能老人护理补贴标准》,2015 年 5 月 11 日,见 http://www.gov.cn/xinwen/2017-05/11/content_519870.htm。

② 《跨上和谐发展黑骏马——内蒙古辉煌 70 年系列述评之民生发展篇》,2017 年 8 月 5 日,见 http://www.gov.cn/xinwen/2017-08/05/content_5216127.htm。

③ 《山西:今冬取暖期低收入农户每户补贴 300 元》,2015 年 8 月 8 日,见 http://www.gov.cn/xinwen/2015-08/08/content_2910127.htm。

④ 中共民政部党组:《全力推进社会救助兜底脱贫工作》,《求是》2020 年第 9 期。

服务供给方面也有所探索。例如通过重视村卫生室建设、加强村医培训等来加强基层医疗服务,改善基层敬老院等养老机构的设备和运行模式以拓展养老机构的老年服务供给辐射面和提升贫困老年人的服务供给质量。

第三节　社会保障兜底扶贫的地方实践创新、成效与展望

一、社会保障兜底扶贫的地方实践创新和成效

中国地域的贫困原因及表现差异性大,在中央政府和地方政府的财权事权划分中,民生问题一般被界定为地方事权,地方政府的实践作用更为突出。为了更有效发挥社会保障的兜底扶贫作用,地方政府及相关部门在脱贫攻坚实践中根据地区发展水平和地区贫困人口状况,在进一步细化政策的基础上有所探索和创新。具体涉及建立新的项目、提高标准以及拓展政策覆盖对象等方面,取得了良好效益,也为未来中国社会保障减贫提供了新的政策发展方向。

(一)加强社会救助兜底扶贫的保障水平和保障能力管理

在脱贫攻坚的帮扶措施定位中,不仅要求社会保障发挥兜底作用,更要求兜牢保障底线。常规设置中,兜底的对象主要是最为贫困的对象。例如,特困人员供养对象主要瞄准三无人员,重度残疾人护理补贴主要适用于一、二级重度残疾人。即使有多样化的帮扶措施,也并不能完全避免致贫、返贫风险的发生,尤其是弱能群体面临着更大的致贫和返贫风险,而且存在更大的改变其贫困本质的障碍。由此,一些地方政府在社会保障扶贫建设过程中,在重视新项目开展的同时,也试着有针对性地适当拓展兜底覆盖的政策对象(见专栏12-2)。即在常规的兜底对象之外,将更有可能存在致贫、返贫风险的对象,或者客观上更难改变其贫困和弱能本质的对象纳入低保等兜底性政策对象,适当提高兜底标准。兜底保障提标扩面做法是在聚焦于贫困对象"贫"的问题基础上,也关注其"弱"的问

题,加固兜底保障的政策网。

专栏 12-2　社会救助政策扩面

2018 年 8 月,广西壮族自治区民政厅联合财政厅、扶贫办、残联下发《关于进一步做好成年无业重度残疾人和三、四级精神智力残疾人最低生活保障工作的指导意见》,将靠父母或兄弟姐妹供养,成年无业重度残疾人和三、四级精神智力残疾人,依申请按单人户纳入低保范围,不考虑供养人的家庭经济状况,助推残疾人脱贫攻坚工作。截至 2018 年年底,广西全区已纳入农村低保范围的建档立卡贫困人口 115 万人,占 201 万农村低保对象总数的 57.2%;同时广西还提高和扩大边民补助的标准和政策覆盖面,将陆地边境 0—3 千米范围内的易地搬迁建档立卡贫困对象和城镇无工作单位居民全部纳入边民生活补助范围,补助标准从每人每年 1560 元提高到 2000 元[①]。

(二)优化社会养老保险减贫的制度设计提高减贫效果

老年群体生理机能逐渐退化,其基本需求具有一定的特殊性,因此老年群体贫困问题的解决不仅需要充足的经济保障,还需要更多超越普通扶贫政策的针对性措施。城乡居民基本养老保险制度是中国农村地区核心的社会保险制度之一,也被作为缓解农村老年贫困的重要社会保障政策。目前,该制度已基本实现农村居民目标群体全覆盖。2019 年年末,中国城乡居民基本养老保险参保人数为 53266 万人,占农村常住人口的 96.56%[②](2019 年年底中国农村常住人口 55162 万人)。但该制度的保障水平较低,基础养老金占养老金的比重较大,甚至多数老人的养老金即为基础养老金的金额,对缓解老年人贫困的作用有限。2018 年中国将基

---

① 广西壮族自治区民政厅:《自治区民政厅 2018 年工作绩效报告》,2018 年 12 月 15 日,见 http://mzt.gxzf.gov.cn/gg/201558。

② 中华人民共和国人力资源和社会保障部:《2019 年度人力资源和社会保障事业发展统计报》,2020 年 6 月 8 日,见 http://www.mohrss.gov.cn/xxgk2020/fdzdgknr/ghtj/tj/ndtj/202009/W020200911401822058532.pdf。

础养老金最低标准提标至 88 元/人·月,地方政府根据这一基础标准适当增加。例如吉林省、湖南省和河南省上调至 103 元,福建省为 118 元,内蒙古自治区为 128 元。虽然地方多有提标,各地水平差异较大,但多地水平集中于 120 元左右,养老金年收入约为国家贫困线的 1/2。基础养老金是多数农村老人主要的甚至是唯一的稳定性收入来源,因此既有的城乡居民基本养老保险制度对农村老人的减贫效益有限。中国东北地区存在突出的老龄化问题,老年贫困是当地主要的贫困问题之一。为了有效缓解老年贫困,地方政府积极探索,发挥商业保险和银行贷款的作用,以提高老人的养老金水平,深度挖掘和发挥社会养老保险制度的减贫作用。

(三)开发综合性扶贫政策保险

风险无处不在,疾病、衰老以及农业生产等,都可能包含着风险。当前农村地区实施的社会保险制度主要包括城乡居民养老保险(包括新农保)、城乡居民医疗保险(包括新农合)以及大病保险,其分别旨在降低衰老和疾病风险。贫困户中劳动力大多从事农业相关的行业,其收入情况与自然环境息息相关。国家统计局农村社会经济调查总队调查的结果表明,自然灾害是大量返贫的主要原因。2003 年的绝对贫困人口中有71.2%是当年返贫人口,在当年返贫农户中,有 35%的农户当年遭遇自然灾害,有 16.5%的农户当年遭受减产 5 成以上的自然灾害,42%的农户连续 2 年遭受自然灾害。① 由于收入水平低且波动性大,贫困家庭抵御风险冲击的能力远不及非贫困家庭,自然灾害和人为意外事故都可能对贫困家庭造成沉重打击。为此,地方政府在扶贫过程中探索出一种"模块组合"型的保险模式,通过政府与商业性保险公司合作,以农村建档立卡贫困人口以及贫困线边缘人口为主要保障对象,力求达到帮助参保对象多角度应对生产生活中的风险、防止返贫以及边缘人口落入贫困的目的。由于综合性保险具有灵活性强、方便贫困户理解保险内容、防贫目的明确

---

① 国家统计局农村社会经济调查总队:《2003 年全国扶贫开发重点县农村绝对贫困人口 1763 万》,《调研世界》2004 年第 6 期。

等多种优点,近年来在多地均有形式多样的实践(见专栏12-3)。

专栏12-3 综合保险减贫

贵州省扶贫办于2018年10月与中国人民财产保险贵州省分公司联合印发了《深度贫困地区扶贫保险试点工作的实施方案》(以下简称"深贫保"),在贵州省14个深度贫困县和"保险精准扶贫示范县"先行试点、逐步推开。贵州省"深贫保"是针对省内深度贫困地区开发的"1+2+N"模式的综合性保险方案,具体来说,"1"为普惠金融,注重探索保险资金的融资新模式;"2"为农业保险与扶贫救助险,建立农户生产生活的风险防范体系;"N"为各地因地制宜地选择其他涉农保险,全面增强农户的抗风险能力。河南省兰考县政府与保险机构合作,为贫困户投保了6个生活风险保障类项目和10个生产风险保障项目,并探索打造"协办农险带脱贫"的"农险+就业"扶贫模式,在大大降低贫困户人身风险和生产风险的同时,通过从农村贫困人口中培训吸纳助理协保员和宣传员,为贫困人口直接提供了就业岗位。①

(四)探索基层社会服务方式,形成兜底扶贫+弱势群体增福的复合性成效

为了打赢脱贫攻坚战,各部门和各层级政府实施了大量扶贫举措,其核心目的在于解决贫困问题。但贫困只是复杂民生问题的一个方面,基层社会治理还面临着其他诸多民生问题的挑战。而且一些弱势群体不仅存在经济维度的"贫"的问题,还存在其他维度的"困"的局限。而这些"困"的问题将会成为未来贫困治理和社区治理所要解决的重要问题。地方政府积极探索一些复合型的减贫政策举措,既努力缓解部分贫困人口经济的贫,也试图增加困难群体的福利并减弱部分弱势群体的困。例

①　新华社:《河南推出"农险+就业"扶贫项目》,2017年7月14日,见 http://www.gov.cn/xinwen/201707/14/content_5210479.htm。

如山东省地方政府探索的"精准扶贫+养老服务"的模式(见专栏12-4),该模式本质上是一种基于社区互助的公益性岗位设置,工作内容以提供相关服务为主。如此,一方面缓解了就业者的"贫",解决贫困问题;另一方面也增加弱势群体的福利,缓解服务对象的"困",同时还有助于在社区内营造良好的互帮互助的和谐氛围,促进村庄互助发展。

专栏12-4 "精准扶贫+养老服务"模式减贫增福

山东省淄博市齐陵街道探索"精准扶贫+养老服务"模式。对本街道需要提供养老服务的老人进行摸底排查,确定了贫困户、"五保户"、失独家庭、重点优抚对象中70周岁以上的老年人,新中国成立前老党员,百岁老人等精准养老对象113人,其中贫困老人72人。老人接受服务的方式有两种:一种是通过电话,另一种是服务人员入户为老人提供老人需要的服务。老人能够享受的服务的内容多种多样,主要可以分为两个方面:一是生活上的照料,如洗衣、扫地、做饭、助浴理发、陪同就医、代购代办等;二是精神关怀,如护理人员经常陪老人聊天、帮助老人排解心中苦闷,等等。此外,街道从建档立卡的贫困户中,选择有劳动能力的扶贫对象(主要为妇女)开展护理技能培训,让这些贫困户作为护理人员上岗就业,为老人们提供养护服务。齐陵街道与淄博众爱长者养护中心签订了《精准养老服务协议书》,按照每照顾一位自理老人90元/月、不能自理和半自理老人130元/月标准进行补贴。目前已开发就业扶贫岗位26个,其中低保特困户服务人员15人,大龄就业困难人员11人。"养老+扶贫"模式是将"精准扶贫"与"精准养老"相结合,同时解决了老人缺乏护理和扶贫对象中就业困难人群就近就业这两个问题。此外,近两年山东省地方政府积极探索,推行公益岗位互助模式扶贫:针对有就业意愿和劳动能力旦就业能力较弱的建档立卡适龄贫困人口,设立四类互助性公益性岗位,即互助养老公益扶贫岗位、互助托幼公益扶贫岗位、互助照料病患公益扶贫岗位和互助助残公益扶贫岗位。①

（五）拓展兜底保障资源来源和优化资源分配，降低福利依赖

《中共中央　国务院关于打赢脱贫攻坚战的决定》中将资产收益扶贫纳为中国重要的扶贫方略之一。资产收益扶贫是在不改变用途的情况下，财政专项扶贫资金和其他涉农资金投入设施农业、光伏、乡村旅游等项目形成资产，具备条件的可折股量化给贫困村和贫困户，尤其是丧失劳动能力的贫困户。各地方政府将资产收益水平与贫困户贫困特征相挂钩，探索更为公平长效的资产收益扶贫方式。光伏扶贫是资产收益扶贫的具体项目之一。通常光伏电站的收益是贫困户平均分配，收益相对稳定。资产收益扶贫是一种优先倾向于弱能、失能贫困群体的分配制度，因此，可以说资产收益扶贫是一种半福利半救助的扶贫措施。截至 2020 年5 月，各地开发农村保洁、护林、护路等乡村公益性岗位，安置"无法外出、无力脱贫、无业可就"的贫困劳动力超过 100 万。为了避免贫困人口的福利依赖，地方政府探索更为积极的光伏扶贫举措，将光伏扶贫与公益性岗位相结合。具体而言，将部分光伏扶贫的资金不直接发放到户，而是转变为公益性岗位资金，鼓励有劳动能力的贫困人口通过劳动获得帮扶来缓解贫困，尽可能降低帮扶对象的福利依赖。为了降低新冠肺炎疫情对务工增收的影响，国家于 2020 年 2 月提出 2020 年光伏扶贫发电收益的80%用于贫困人口承担公益岗位任务的工资和参加村级公益事业建设的劳务费用支出，支持鼓励贫困劳动力就地就近就业。公益性岗位在扶贫中具有就业兜底的作用，将光伏扶贫的资金部分用作公益性岗位的资金，既能避免福利依赖，也有利于更好地发挥公益性岗位的就业兜底扶贫的作用。

二、展望：社会保障减贫的长期制度建设

经过脱贫攻坚阶段各部门的努力，中国已经提前 10 年实现了联合国

---

① 　新华社：《山东面向农村推行公益岗位互助扶贫模式》，2017 年 6 月 26 日，见 http://www.gov.cn/xinwen/2017-06/26/content_5205477.htm。

可持续发展目标中提出的面向贫困人口的社会保护兜底(social protection floor)的建设目标,并实现了目标人群的全覆盖。党的十九大报告中要求加强社会保障体系建设,按照兜底线、织密网、建机制的要求,全面建成覆盖全民、城乡统筹、权责清晰、保障适度、可持续的多层次社会保障体系;报告中还要求在强化脱贫攻坚和兜底扶贫的同时,补齐民生短板,实现"幼有所育、学有所教、劳有所得、病有所医、老有所养、住有所居、弱有所扶"。党的十九届四中全会中也提出建立解决相对贫困的长效机制。这意味着未来中国的贫困治理不仅要解决"两不愁三保障",更要努力改善其他方面的问题,例如幼有所育、老有所养、弱有所扶等。社会保障既是巩固脱贫成效的重要制度保障,也是解决相对贫困的长效机制的重要制度组成,在未来的贫困治理中将依旧占有重要地位。但目前来看,中国社会保障兜底扶贫还存在一些问题亟待改善。

(一)加强社会保障减贫制度主流化建设

贫困不可能短期内被完全消除,甚至会永远相对存在。尤其是老弱病残群体贫困问题,短时间内他们的贫困本质很难被改变,对社会保障有很大需求。同时中国社会主要矛盾已经转变,人民生活水平日益提升,对福利的需求也不断增加。社会保障制度是现代国家基本的社会制度之一,与民生息息相关,也与经济、社会发展紧密相连。社会保障制度作为一种收入再分配制度,在增加低收入家庭的收入和提高抗逆力等方面有重要促进作用。脱贫攻坚期间,农村的社会保障制度作为保障性扶贫政策的重要组成部分,减贫意义被提升至历史最高水平,与开发式扶贫并举成为当前中国减贫政策顶层设计的核心内容。保障性扶贫并非局限于狭义的社会保障扶贫,还应有广义上的"大保障"的意义,即政策内容既包含了传统意义上的农村社会保障制度,也包含教育保障、住房保障等保障性政策。国际上在完善教育保障促进减贫方面已有探索且较为成功,例如印度推行的儿童教育和营养方面的减贫项目等,这对中国都有重要借鉴意义。新时代中国社会发展水平和居民的基本需求都有所增长,居民对教育、医疗、养老以及照料等方面基本保障需求不断显现并提高。而且,随着扶贫工作的快速推进,未来中国的贫困人口对保障性扶贫政策的需求会增加。但当前部分保障性政策和举措的有效期仅限于脱贫攻坚期间,具有暂时性。因此,从长远来看,中国要立足于"大保障"的内涵,丰富农村社会保障制度内容和保障范畴,并对暂时性的政策安排进行制度化建设,在较高层次上转变为稳定的制度,逐步进行社会保障减贫的主流化建设。

中国社会保障制度具有二元性,农村社会保障制度建立时期滞后,水平较低,体系简单,且与农村社会发展情况的匹配度不高,仍有较大的精细化现实需求和制度建设空间。因此,在完善社会保障减贫政策的同时,需要正视和解决中国社会保障制度自身的不足,探索更多适合农村社会发展需求的社会保障制度,立足长远,建立更高质量的社会保障制度。虽然随着脱贫攻坚战的打响,农村社会保障制度得到加强,地方政府实施了更符合农村情况的政策和举措。整体上来看,完善农村社会保障制度体系是实现 2020 年现行贫困标准下的贫困人口全面脱贫的制度保障,更是为 2020 年后中国减贫事业新阶段和乡村振兴战略的推进奠定制度基础。

(二)深化益贫式社会保险制度体系建设

社会保障制度体系丰富,各子项目的政策逻辑和运作机制也有所差异,这使得社会保障不仅能缓解已成为结果的贫困问题,还能有效地干预贫困产生机制,预防贫困的产生以及防止返贫。在中国未来的贫困治理中,不仅要解决已发生的贫困和巩固脱贫成果,更要预防贫困的发生。贫困与风险紧密相关。随着农村产业的兴旺和现代化的推进,农村地区的风险种类日益增加,尤其对于贫困人口来说,尽管收入水平获得了提升,但风险的防范能力在短时间内无法得到提升,需要通过政府主动巡查引导和给予帮助,并为从事农业的家庭购买政策性农业保险以及投保农房保险等。通过产业脱贫形成稳定可持续的收入来源是摆脱贫困的根本路径,但产业扶贫难度较大,不仅需要有适应的市场发展环境,而且对企业和贫困人口自身素质都提出较高条件要求,此外还存在自然风险和市场风险。而社会保障政策恰好能弥补产业扶贫的欠缺,通过牢固的社会安全网解除产业扶贫的后顾之忧。坚持开发式扶贫与保障式扶贫并重,建立健全以社会保险、社会救助、社会福利制度为主体,以社会帮扶、社工助力为辅助的综合保障体系,通过政府主导、农户参与的方式,着力建立起益贫式的社会保险政策体系,共同建立起农村地区社会保护安全网。

(三)健全基层多层次社会服务供给体系

完善区域内的社会服务供给对于从源头上减少贫困的发生有基础性的作用,是实现贫困人口"教育、医疗有保障"目标的前提。社会保障减贫不仅强调通过转移支付来增加贫困家庭的收入,还强调要通过向贫困人口尤其是需要被照料的弱势群体提供社会服务来使其生活有保障。没有完善的社会服务,社会保障的反贫困作用难以被充分发挥。

社会服务涵盖类型广泛、涉及的消费者极广,存在领域(如养老领域、医疗领域)、层次(如全国性社会服务和地方性社会服务)、群体(如儿童、老年)等差异。因此,农村地区的社会服务供给也需要多样性和针对性,一方面将重心放在不同的地理空间之上,另一方面做好不同社会服务层级之间的配合与衔接。村庄一级的社会服务供给是完善农村地区社会服务的基石。诸如老年人居家养老服务、幼儿短期日间照料服务、常见疾病的治疗服务和常用药购买等,都可以放在村庄内部建设。充实村庄层面的社会服务供给有利于提高农村居民社会服务的可及性和降低养老、托幼、看病等生活问题的成本,从而达到减少农村贫困人口家庭支出、降低照料负担、给予贫困人口基本生活保障以及更好地解放家庭劳动力等效果。此外,由于较为落后的地区以及农村地区目前普遍面临着优质人才缺乏的问题,诸如更优质的教育、更专业的医疗设备和养老照护等服务则更适合在更高层次的空间中建设和供给。基于此,应促进中国社会服务的便利性与规模效应相统筹。

多层次的基层社会服务供给的建设可以以基层医疗卫生体系为参考。中国基层医疗卫生体系分为县、镇、村三级。在健康扶贫中,由于建立起了多途径、多种方式的联动机制,基层三级医疗体系相互配合、紧密衔接,为家中有重病大病的贫困人口"送医上门",这样既弥补了村级医疗条件不足的问题，又缓解了贫困人口普遍存在的难以主动获得医疗服务的问题。与此类似，在未来乡村振兴战略中，中国农村基层社会服务的建设总体上应遵循多层次性原则，分别在村级、镇级和县级建立起一套能够相互衔接、协力发挥作用的基层社会服务体系。

第十三章　聚焦深度贫困地区[*]

　　回顾 1986 年来的中国减贫历史,"贫困区域"的政策概念先后有贫困地区、贫困县(乡、村)、集中连片贫困区等,"贫困区域"的范围在不断聚焦。

　　集中连片特困地区①是扶贫开发的重点区域和主战场,具有贫困人口多、贫困发生率高和贫困程度深等特点,全国农村贫困人口六成以上集中在这些地区。2012 年集中连片特困地区的贫困人口 6039 万人,农村贫困发生率为 23.2%,比全国农村平均水平高 13 个百分点。

　　党的十八大以来,以习近平同志为核心的党中央及时提出精准扶贫方略,针对贫困人口所处的不同区域环境和差异性致贫原因,分类施策、精准施策。2017 年,在脱贫攻坚关键时刻,为了更有效、更有力地开展精准扶贫精准脱贫工作,党中央又及时提出"深度贫困地区"的概念,要求脱贫攻坚工作要聚焦深度贫困地区。

第一节　深度贫困地区的基本状况

一、深度贫困地区概念的提出

　　为攻克深度贫困的堡垒、实现全面建成小康社会,2017 年 6 月 23 日

---

　　* 作者:左停,中国农业大学人文与发展学院教授;李卓,西北农林科技大学人文社会发展学院副教授。
　　①　集中连片特困地区主要指:14 个集中连片特困地区和片区外的国家扶贫开发工作重点县,共 832 个。

习近平总书记在山西太原主持召开了深度贫困地区脱贫攻坚座谈会，提出"脱贫攻坚本来就是一场硬仗，而深度贫困地区脱贫攻坚是这场硬仗中的硬仗。我们务必深刻认识深度贫困地区如期完成脱贫攻坚任务的艰巨性、重要性、紧迫性，采取更加集中的支持、更加有效的举措、更加有力的工作，扎实推进深度贫困地区脱贫攻坚"①。"聚焦深度贫困地区"是打赢脱贫攻坚战过程中的一个关键战略。

"深度贫困地区"一词可以用来综合描述一些贫困程度较深的地区，这些地区存在贫困发生率较高、区域内贫困人口的脱贫难度大、陷入贫困境地的时间很长，以及致贫原因复杂、贫困人口内生性脱贫动力不足等现象和问题。根据国家统计局的相关数据，2017年年底，中国的贫困人口下降到2840万人（建档立卡数据），贫困发生率为3.25%，而"三区三州"的贫困发生率仍高达14.6%，在各种类型的区域中最高（见表13-1），贫困人口数量占全国的10%。

表13-1　2017年全国不同区域贫困情况

地区	贫困户		贫困人口		贫困发生率（%）
	贫困户数（户）	贫困户占全国比重（%）	贫困人口数（人）	贫困人口占全国比重（%）	
全国	9320910	100.00	28397063	100.00	3.25
东部	150641	1.62	306610	1.08	0.31
中部	4300103	46.13	11018405	38.80	2.86
西部	4870166	52.25	17072048	60.12	6.19
集中连片特困地区	5622351	60.32	18588861	65.46	8.86
民族八省区	3142493	33.71	11415273	40.20	7.76
国家贫困县	6441469	69.11	20709644	72.93	7.87
"三区三州"辖区县	744259	7.98	3047980	10.73	14.60

为全面贯彻落实习近平总书记深度贫困地区脱贫攻坚座谈会讲话精

---

①　习近平：《在深度贫困地区脱贫攻坚座谈会上的讲话》，人民出版社2017年版，第7—8页。

神,加快推进深度贫困地区的脱贫攻坚,2017 年 9 月中共中央办公厅和国务院办公厅印发了《关于支持深度贫困地区脱贫攻坚的实施意见》的通知(以下简称《意见》),《意见》指出,"西藏、四省藏区、南疆四地州和四川凉山州、云南怒江州、甘肃临夏州(以下简称'三区三州'),以及贫困发生率超过 18% 的贫困县和贫困发生率超过 20% 的贫困村,自然条件差、经济基础弱、贫困程度深,是脱贫攻坚中的硬骨头……"①。除国家层面连片的"三区三州"深度贫困地区外,其他一些省份也有一定的深度贫困县分布②,《意见》要求各地在实际开展扶贫工作中将工作重心向深度贫困地区转移。此后,深度贫困地区作为一种官方话语,频频出现在各级政府部门的政策文件中,各级政府进一步加大政策倾斜,采取更加有效的扶贫举措,集中精力,扎实工作,全力攻克深度贫困堡垒,确保深度贫困地区的贫困群众同全国人民一道进入小康社会。

"三区三州"作为典型的深度贫困地区,是脱贫攻坚的"难中之难,坚中之坚"。由于内外部诸多因素的共同制约,深度贫困地区仍面临着较多的发展阻碍,包括自然环境恶劣、基础设施落后、地区经济发展落差大、基本公共服务严重滞后,等等。深度贫困地区的顺利脱贫不仅要在降低贫困发生率方面投入更多的人力资源和物质资源,更要采取超常规举措在削减贫困深度上集中用力,在增加贫困户收入的同时,还要提供非竞争性的基本公共服务,通过"输血"为"造血"创造条件,提升贫困人口的可持续发展能力,助其早日走出贫困的泥沼。帮助深度贫困地区解决长期存在的贫困问题,是国家与社会发展进程的必然性与必要性的集中体现。

根据国务院扶贫办建档立卡数据库和国家统计局数据显示,截至2019 年年底,全国还剩 551 万人尚未脱贫,贫困发生率下降到了 0.6%,但剩余贫困人口一半以上分布在深度贫困地区,未摘帽的 52 个贫困县基

---

① 新华社:《中办国办印发意见 支持深度贫困地区脱贫攻坚》,2017 年 11 月 21 日,见 http://www.gov.cn/zhengce/2017-11/21/content_5241334.htm。

② 中国网:《全国共确定 334 个深度贫困县和 3 万个深度贫困村》,2018 年 3 月 7 日,见 http://news.china.com.cn/live/2018-03/07/content_39131915.htm。

本多集中在深度贫困地区,贫困发生率高,贫困人口多的县也集中在深度贫困地区。因此,从这个意义上来讲,深度贫困地区能否如期完成脱贫任务,直接关系到全面脱贫攻坚任务的完成,也关系到全面小康社会的建成,聚焦深度贫困地区意义重大。

二、深度贫困地区的范围与特点

当前中国深度贫困地区的范围既包含了贫困较为集中的"三区三州",也包含了各省内部贫困问题较为严重的分散区域,其地理位置、自然条件、区域发展情况均不利于脱贫攻坚的开展。习近平总书记在深度贫困地区脱贫攻坚座谈会上的讲话总结了当前深度贫困地区的特征,即总体可以概括为"两高、一低、一差、三重",具体来说,"两高"即贫困人口占比高、贫困发生率高;"一低"即人均可支配收入低;"一差"即基础设施和住房差;"三重"即低保五保贫困人口脱贫任务重、因病致贫返贫人口脱贫任务重、贫困老人脱贫任务重。[1] 至 2018 年年底,全国共识别 334 个深度贫困县;在所有省份中深度贫困县数量排名前三位的省份为四川省(45 个)、西藏自治区(44 个)、云南省(27 个)。全国共有 1381 万剩余贫困人口,其中 627 万贫困人口分布在深度贫困县,占贫困人口总数的 45.4%[2];而在全部剩余贫困人口中,"三区三州"占 12.4%,"三区三州"外的 199 个深度贫困县占 34%[3]。

除了识别深度贫困县,一部分省份还进行了深度贫困乡镇、深度贫困村的识别。如贵州省内的深度贫困地区就包括深度贫困县、极贫乡镇和深度贫困村三个层次,共识别出 14 个深度贫困县、20 个极贫乡镇和 2760 个深度贫困村。

总体来说,深度贫困地区总是具有相对复杂的历史发展背景、建设较

---

① 习近平:《在深度贫困地区脱贫攻坚座谈会上的讲话》,人民出版社 2017 年版,第 7 页。
② 国家乡村振兴局:《人类减贫史上最伟大的篇章》,2019 年 9 月 27 日,见 http://www.cpad.gov.cn/art/2019/9/27/art_624_103982.html。
③ 资料来源:《2019 年度扶贫开发专题分析报告:贫困人口动态管理数据分析报告》。

落后的基础设施水平、发展较缓慢的社会发育进程以及较为脆弱的自然生态条件,这些因素进一步叠加,使得深度贫困地区实际上处于一些发展经济学家描述的贫困陷阱(poverty traps)[1]或者贫困的恶性循环(vicious cycle of poverty)[2]之中,只有通过整体性的、足够强的反贫困干预措施才能使它们摆脱贫困。

表 13-2　深度贫困地区的类型、范围与特点

类型	分布区域(范围)	特点
连片的深度贫困地区	"三区三州",即西藏、四省藏区、南疆四地州;凉山彝族自治州、怒江傈僳族自治州、临夏回族自治州,214 个县	生存环境恶劣,致贫原因复杂,基础设施和公共服务缺口大
其他各省认定的深度贫困县	集中分布在 14 个省(市/区),120 个县	平均贫困人口接近 3 万人,贫困程度深
深度贫困村	3 万个建档立卡贫困村	基础设施建设和公共服务严重滞后,村"两委"班子能力普遍不强,3/4 的村无合作经济组织,2/3 的村无集体经济,无人管事、无人干事、无钱办事现象突出

注:根据习近平总书记 2017 年在深度贫困地区脱贫攻坚座谈会上的讲话整理。

三、深度贫困地区的基本状况

深度贫困地区是当前中国农村脱贫攻坚的重点扶持区域,如上文所述,当前的深度贫困地区主要分为三种类型:

第一类是国家层面的深度贫困地区,即"三区三州"。2016 年年底"三区三州"的建档立卡贫困人口共有 318.54 万人,占全国贫困人口总量的 8.2%,总体贫困发生率约为 16.69%,相当于全国平均水平的 3.7 倍。[3]"三区三州"作为连片深度贫困地区的典型代表,这些地区的贫困

---

① 程名望等:《农户贫困及其决定因素——基于精准扶贫视角的实证分析》,《公共管理学报》2018 年第 1 期。

② [美]吉利斯:《发展经济学》,经济科学出版社 1989 年版,第 32 页。

③ 李俊杰、耿新:《民族地区深度贫困现状及治理路径——以"三区三州"为例》,《民族研究》2018 年第 1 期。

发生率普遍在 20% 左右,生存环境恶劣、致贫原因复杂,基础设施薄弱,基本公共服务建设缺口大。

第二类是各省确定的深度贫困县。这些县集中分布在 14 个省区,平均贫困人口接近 3 万人,贫困发生率平均在 23% 左右。全国贫困县总数量为 832 个,民族八省区有 372 个,占全国贫困县总数的 44.71%;全国深度贫困县为 334 个,民族八省区有 162 个,占全国深度贫困县的 48.50%①,这些深度贫困县的贫困发生率为 11%②,而全国贫困发生率只有 3.1%。③

第三类是各省确定的深度贫困村。这些村庄集中分布于 12.8 万个建档立卡贫困村中,这些村庄基础设施和公共服务严重滞后,村"两委"班子能力普遍较弱,3/4 的村庄无合作经济组织,2/3 的村庄无集体经济,无人管事、无人干事、无钱办事的现象突出,这些都是深度贫困地区的主要特点。2017 年经各省确定的深度贫困村有 3 万个,民族八省区的深度贫困村数量占全国总量的一半左右。

在贫困人口特征方面,以"三区三州"地区为代表的深度贫困地区表现为低龄人口较多、辍学贫困儿童较多,但老年贫困人口比重相对不高(与人均预期寿命较低也有关系)。2017 年,"三区三州"地区 0—16 岁儿童占当地贫困人口比重为 33.22%、义务教育辍学儿童占当地贫困儿童比重为 3.83%,均高于全国平均水平,为众多贫困区域中单项指标之最。其中,贫困儿童占比高、辍学比例高,一方面反映出贫困家庭在抚养子女和供养其接受教育方面面临着巨大压力,另一方面也潜藏着未来数十年这部分儿童可能面临着教育和健康资本积累不足的隐患。在"三区三州",实现"三保障"中的"义务教育有保障"并不是一项轻松的任务。

---

① 贫困县数量由笔者根据国务院扶贫办和国家民委提供的名单整理。
② 笔者根据国务院扶贫开发领导小组提供的《扶贫开发基础资料工作手册》整理。
③ 国家统计局住户调查办公室:《中国农村贫困监测报告 2018》,中国统计出版社 2018 年版,第 2 页。

表 13-3　2017 年"三区三州"和其他区域贫困人口特征　（单位:%）

地区	女性占当地贫困人口比重	儿童(0—16 岁,不含 16 岁)		老年人(60 岁以上)	
		儿童占当地贫困人口比重	义务教育辍学儿童占当地贫困儿童比重	60 岁以上老年人占当地贫困人口比重	65 岁以上老年人占当地贫困老年人口比重
全国	45.47	19.88	2.68	22.71	70.89
东部	45.59	8.79	6.26	43.52	70.80
中部	44.51	15.90	2.75	30.47	71.31
西部	46.08	22.65	2.63	17.33	70.42
民族八省区	46.43	24.52	2.85	15.31	71.28
国家贫困县	45.77	21.01	2.65	20.62	70.53
"三区三州"辖区县	49.29	33.22	3.83	9.35	69.51
集中连片特困地区	45.82	21.58	2.68	19.57	70.46

资料来源:国务院扶贫办。

在国家颁布针对深度贫困地区的专项扶贫政策之初,集中连片特困地区的农户住房及家庭基础设施情况明显要比其他地区差。根据相关统计数据显示,截至 2017 年年底,"三区三州"辖区县的贫困发生率为15.84%,比全国平均贫困发生率高了 12.59 个百分点。

表 13-4　2017 年分地区农户家庭基础设施建设情况　（单位:%）

地区	饮水困难户占当地贫困户比重（%）	未通生活用电户占当地贫困户比重（%）	居住危房户占当地贫困户比重（%）
全国	5.66	2.09	17.2
东部	0.38	0.72	10.61
中部	4.67	2.59	11.01
西部	6.7	1.7	22.87
民族八省区	7.03	2.25	23.72
国家贫困县	7.22	2.23	19.69
"三区三州"辖区县	11.61	8.07	22.51
集中连片特困地区	7.93	2.33	20.76

资料来源:国务院扶贫办。

农户家庭基础设施建设中,饮水安全、生活用电保障以及住房安全是居民生活基本需求的保证。但以"三区三州"地区为代表的深度贫困地区,在以上三个方面的建设水平均远低于全国平均水平。截至2017年年末,"三区三州"地区内仍然有超过10%的贫困户饮水问题仍未解决、8%的贫困户未通生活用电、超过20%的贫困户仍面临危房问题。这表明在未来,改善农村居民家庭生活基础设施条件仍然是十分必要且迫切的工作。

"三区三州"地区的基础设施和公共服务情况也比全国其他地区要差,而这一状况在其他深度贫困地区则表现得更差,比如2017年,西藏区所在自然村能便利乘坐公共汽车的农户比重为51.0%,四省涉藏州县为48.1%,南疆四地州为73.7%,四省涉藏州县所在自然村能便利上幼儿园的农户比重为73.6%,所在自然村能便利上小学的农户比重为78.8%(见表13-5)。

表13-5　2017年"三区三州"农村基础设施和公共服务情况 （单位:%）

片区名称	所在自然村能接收有线电视信号的农户比重	所在自然村进村主干道路硬化的农户比重	所在自然村能便利乘坐公共汽车的农户比重	所在自然村能便利上幼儿园的农户比重	所在自然村能便利上小学的农户比重
西藏区	77.0	100.0	51.0	90.2	95.1
四省涉藏州县	85.7	88.2	48.1	73.6	78.8
南疆四地州	93.5	100.0	73.7	98.6	97.2

资料来源:《中国农村贫困监测报告2018》和国家统计局农村贫困监测调查。

第二节　面向深度贫困地区的脱贫攻坚主要政策

2017年6月,中共中央总书记、国家主席习近平在山西省太原市主持召开深度贫困地区脱贫攻坚座谈会,就攻克"坚中之坚"和解决"难中之难"、坚决打赢脱贫攻坚战作出战略部署,将深度贫困地区列为脱贫攻坚的重中之重。2017年10月,习近平总书记在党的十九大报告中又再次提到脱贫攻坚的重点在于攻克深度贫困地区的脱贫任务,确保到2020

年我国现行标准下农村贫困人口实现脱贫,贫困县全部摘帽,解决区域性整体贫困。随后中共中央办公厅和国务院办公厅印发了《关于支持深度贫困地区脱贫攻坚的实施意见》,对深度贫困地区脱贫攻坚工作进行全面部署。各部门针对深度贫困问题,也相继出台了政策文件和实施方案,如国土资源部发布《国土资源部关于支持深度贫困地区脱贫攻坚的意见》、国家旅游局和国务院扶贫办印发《关于支持深度贫困地区旅游扶贫行动方案》、农业部印发《"三区三州"等深度贫困地区特色农业扶贫行动工作方案》等,这些政策文件和实施方案的出台,进一步完善了国家解决深度贫困问题的政策体系和治理框架。

一、中央的顶层政策设计

根据《中共中央 国务院关于打赢脱贫攻坚战的决定》和习近平总书记在深度贫困地区脱贫攻坚座谈会上的重要讲话精神,为攻克深度贫困堡垒,确保全面建成小康社会,优先支持深度贫困地区脱贫攻坚。在此背景下,中共中央办公厅、国务院办公厅于 2017 年 11 月发布《关于支持深度贫困地区脱贫攻坚的实施意见》,对深度贫困地区脱贫攻坚进行了重要部署。首先,中央统筹,重点支持"三区三州"地区发展。具体而言,要在中央资金支持、金融扶贫、项目布局、易地扶贫搬迁、生态扶贫、干部人才支持和社会帮扶等方面增加对该地区的帮扶与支持。其次,中央和国家机关有关部门要落实行业主管责任,重点解决因病致贫、因残致贫、贫困户饮水安全、贫困户住房安全等问题,加强教育扶贫力度、就业扶贫力度、基础设施建设、土地政策支持和兜底保障工作,由各相关部门牵头负责予以支持解决。再次,由省负总责,解决区或内深度贫困问题。各省、自治区、直辖市党委和政府需要落实脱贫攻坚责任、确定深度贫困地区、做实做细建档立卡、加强驻村帮扶工作、实施贫困村提升工程。最后,需要加强组织领导和市县抓落实,强化打赢脱贫攻坚战的政治和制度保障。

2018 年 6 月 15 日,中共中央和国务院又发布了《关于打赢脱贫攻坚战三年行动的指导意见》,此意见明确指出未来三年将有 3000 万左右农村贫困人口需要脱贫,特别是身处"三区三州"等深度贫困地区的贫困人口的脱贫难度较大,表现为:贫困发生率高、贫困程度深,而且基础条件薄弱,致贫原因复杂、发展严重滞后,公共服务不足。不仅贫困发生率高、贫困程度深,而且基础条件薄弱、致贫原因复杂、发展严重滞后、公共服务不足,脱贫难度更大,由此中央提出需要集中力量支持深度贫困地区脱贫攻坚。

资金安排方面,"十三五"以来,国家发改委、财政部每年在中央预算内投资和中央财政专项扶贫资金中安排约 60 亿元,地方每年还安排财政资金约 6 亿元,专项用于以工代赈,重点投向"三区三州"等深度贫困地区。国家发展改革委大力推进"十三五"脱贫攻坚规划的实施,在强化落实"省负总责"的同时,进一步明确了中央部门 37 项重点任务和 69 项重大工程(行动或计划)的责任分工,在资金安排、政策细化、项目布局、改革示范等方面采取超常规举措①。在产业发展和转移就业、易地扶贫搬迁、集中连片地区脱贫、教育健康扶贫和体质机制创新等方面明确细化了具体的工作任务。为加快推进连片特困地区和老少边贫地区脱贫攻坚,国家发展改革委印发实施的《加大深度贫困地区支持力度推动解决区域性整体贫困行动方案(2018—2020 年)》,明确提出要深入推进集中连片特困地区规划实施,推动新增资金、新增项目、新增举措进一步向深度贫困地区倾斜,并要求各级发展改革部门要进一步优化投资结构,加大对"三区三州"等深度贫困地区的支持力度②。

2020 年 1 月 25 日,为贯彻落实习近平总书记关于"对工作难度大的贫困县和贫困村挂牌督战"的重要指示精神,国务院扶贫开发领导小组印发《关于开展挂牌督战工作的指导意见的通知》,明确对"2019 年年底,未摘帽的 52 个贫困县""贫困人口超过 1000 人的 88 个村和贫困发生率超过 10% 的 1025 个村,共 1113 个村"开展挂牌督战工作。国家挂牌县、

---

① 国家发展和改革委员会网站:《国家发展改革委大力推进"十三五"脱贫攻坚规划实施》,2017 年 3 月 15 日,见 https://www.ndrc.gov.cn/fzggw/jgsj/dqs/sjdt/201703/t20170315_1050530.html。

② 国家乡村振兴局:《对十三届全国人大一次会议第 5560 号建议的答复》,2018 年 12 月 21 日,见 http://www.cpad.gov.cn/art/2018/12/21/art_2202_92288.html。

挂牌村主要集中在广西壮族自治区、四川省、贵州省、云南省、甘肃省、宁夏回族自治区和新疆维吾尔自治区 7 个省区,这些未脱贫的县大部分集中在以"三区三州"为代表的深度贫困地区。此次督战的目的是督促各地狠抓工作、责任落实,及时解决制约完成脱贫攻坚任务的突出问题,确保剩余贫困人口如期脱贫、贫困县全部摘帽。

二、国家相关部委部门责任的落实

在中央《关于支持深度贫困地区脱贫攻坚的实施意见》《关于打赢脱贫攻坚战三年行动的指导意见》颁布后,逐渐形成了中央统筹、省负总责和市县抓落实的攻克深度贫困堡垒的工作体制。国家各部委积极响应,陆续制定和提出了针对本部门要负责领域的深度贫困地区脱贫的计划、政策和安排。

(一)优先加快深度贫困地区社会发展

为重点攻克深度贫困地区脱贫任务、促进深度贫困地区金融精准扶贫,2017 年 12 月,人民银行、银监会、证监会、保监会联合印发了《关于金融支持深度贫困地区脱贫攻坚的意见》(以下简称《意见》),《意见》要求金融部门坚持新增金融资金优先满足深度贫困地区、新增金融服务优先布设深度贫困地区,力争 2020 年以前深度贫困地区贷款增速每年高于所在省(自治区、直辖市)贷款平均增速。另外,《意见》还指出,要加大对深度贫困地区的扶贫再贷款倾斜力度、拓宽深度贫困地区直接融资渠道、优先下沉深度贫困地区金融网点,力争 2020 年年底前实现助农取款服务在深度贫困地区行政村全覆盖、建档立卡贫困户信用体系建设全覆盖、贫困村金融宣传教育全覆盖等。此外还包括开展国债下乡、实现政策性农业保险乡镇全覆盖以及设立风险补偿基金等多方面工作要求。2019 年,中央财政专项扶贫资金增量 200 亿元,主要用于以"三区三州"为主的深度贫困地区①。

---

① 央视网:《2019 年中央财政专项扶贫资金增量 200 亿元 深度贫困地区脱贫取得重大进展》,2019 年 12 月 21 日,见 https://news.cctv.com/m/a/index.shtml? id = ARTIffFLkXA4kNa-Y7vkzdM9m19122/。

为了促进深度贫困地区脱贫攻坚,国家开发银行同样从政策和资金方面给予深度贫困地区优惠和放宽限制。一方面,为深度贫困地区脱贫攻坚提供资金支持,截至 2020 年 8 月底,国家开发银行"十三五"以来累计发放支持脱贫攻坚贷款 1.5 万亿元,其中本年发放 2325 亿元①,有效缓解深度贫困地区的资金瓶颈制约。另一方面,通过规划咨询、干部培训等方式为深度贫困地区提供融智服务。协助地方政府编制《四川凉山州"十三五"旅游扶贫规划》《喀什市"十三五"扶贫攻坚融资规划》等专项规划和融资规划,并先后为"三区三州"25 个深度贫困市、州、县编制脱贫攻坚规划咨询报告,有力支持了深度贫困地区实现可持续发展。

(二)突出深度贫困地区特色产业培育

农业农村部制定了《关于支持深度贫困地区农业产业扶贫精准脱贫的方案》和《"三区三州"等深度贫困地区特色农业扶贫行动工作方案》,发挥行业优势,大力帮扶"三区三州"等深度贫困地区特色产业。《工作方案》提出,按照"一县一业、全程帮扶、重点打造、典型示范"原则,在"三区三州"等深度贫困地区选取 19 个县作为扶贫联系县重点支持;明确了项目落地、技术服务、人才培训、主体培育、市场营销、典型示范 6 方面的帮扶举措;要求农业部各有关司局和单位要充分认识深度贫困地区脱贫攻坚的严肃性、重要性和紧迫性,强化"一把手"责任制,让扶贫联系县"吃小灶",统筹各类措施倾斜支持特色农业发展。② 此外,2019 年,农业农村部制定《农业农村部 2019 年"三区三州"等深度贫困地区农业扶贫实施方案》,优先支持深度贫困地区推进高标准农田建设,在安排建设任务和补助资金时予以倾斜。

(三)完善深度贫困地区基础设施建设

2017 年 8 月,水利部印发了《关于加快推进深度贫困地区水利改革发展的实施意见》,为深度贫困地区如期实现脱贫攻坚目标提供水利支

① 新华社:《"十三五"以来国开行发放支持脱贫攻坚贷款 1.5 万亿元》,http://www.gov.cn/xinwen/2020-09/19/content_5544802.htm。
② 农业部新闻办公室:《农业部给深度贫困地区办实事"吃小灶"》,2018 年 1 月 29 日,见 http://www.moa.gov.cn/xw/zwdt/201801/t20180129_6135955.htm。

撑和保障。《实施意见》向各地水利部门提出了"集中力量补齐水利基础设施短板,到 2020 年,使深度贫困地区水利基本公共服务能力接近全国平均水平"的工作目标,并且要求做好深度贫困地区水利改革发展工作。要着力解决深度贫困地区引水灌溉防洪等问题、扎实开展生态水土保持生态建设、加快推进重大水利工程建设等。水利部在近年来加快推进"三区三州"等深度贫困地区水利扶贫工作,开工建设新疆和田玉龙喀什水利枢纽工程、四川凉山州龙塘水库及灌区工程等重大水利工程。2016—2019 年,"三区三州"深度贫困地区解决了 785 万贫困人口饮水安全问题。

2017 年 11 月,交通运输部印发《关于支持深度贫困地区交通扶贫脱贫攻坚的实施方案》,提出了"围绕 2020 年如期完成建制村通硬化路、通客车的交通扶贫兜底性目标要求……加快深度贫困地区干线公路建设",坚持"问题导向","重点支持'三区三州'交通建设项目""部省合力、协同联动"等方面的要求。在重点任务上包括了五个方面:一是优先推进深度贫困地区国家高速公路、普通国省道等对外通道建设;二是加快贫困地区剩余乡镇和建制村通硬化路建设;三是支持贫困地区一定人口规模自然村通硬化路,推动农村公路向进村入户倾斜;四是强化深度贫困地区"四好农村路"建设,进一步提高深度贫困地区农村交通运输服务水平;五是加大定点扶贫和交通"扶智"工作力度,推动深度贫困县加快实现脱贫目标。

2017 年 11 月,国家能源局印发了《关于加快推进深度贫困地区能源建设助推脱贫攻坚的实施方案》的通知,其中要求"实施深度贫困地区农村电网改造升级工程……确保到 2020 年深度贫困地区供电服务水平达到或接近本省(自治区、直辖市)农村平均水平"。2018 年 3 月,国家能源局启动了"三区三州"农网改造升级攻坚三年行动计划编制工作,要求各有关方制定"三区三州"农网改造升级攻坚三年目标(2018—2020 年),为"三区三州"顺利脱贫提供坚强的电力保障[①]。同年 5 月,国家能源局

---

① 刘泊静、王怡:《电网通达 梦想惟新——写在"三区三州"、抵边村寨农网改造升级全面完成之际》,2020 年 7 月 22 日,见 http://www.nea.gov.cn/2020-07/03/c_139186385.htm。

印发了《进一步支持贫困地区能源发展助推脱贫攻坚行动方案（2018—2020年）》，提出了到2020年完成西藏等地区农村通动力电，实现全国贫困地区农村动力电全覆盖。进一步加大对"三区三州"等深度贫困地区的支持力度，做到项目优先安排、资金需求优先保障、工作事项优先推进、重大改革优先试点、政策措施优先落实等工作安排。国家电网公司积极拓宽深度贫困地区电力外送通道，在新疆维吾尔自治区、西藏自治区、甘肃省、四川省、青海省等西部省份先后建成了青藏、川藏、藏中联网和新疆—河南、新疆—安徽等特大电网工程，开工建设青海—河南、阿里与藏中联网等电网工程，不断拓宽"西电东送"通道，扩大西部省份电力外送规模。2018年以来，组织藏电、疆电、青电外送1566亿千瓦时，组织扶贫专项电力交易3项27亿千瓦时，已提取7500万扶贫基金用于四川藏区40个贫困县脱贫攻坚，助力贫困地区由资源优势向经济优势转换。

为提升深度贫困地区旅游业发展水平，国家发展改革委员会（以下简称"发改委"）于2018年6月和10月分别印发了《"三区三州"等深度贫困地区旅游基础设施改造升级行动计划（2018—2020年）》（以下简称《行动计划》）和《"三区三州"等深度贫困地区旅游基础设施提升工程建设方案》（以下简称《建设方案》）。《行动计划》要求加快"三区三州"的主通道建设，完善区域干线公路网络，加大对于旅游基础设施和公共服务设施的资金投入和项目倾斜，同时要引导社会资本丰富旅游产品和服务；提出了"到2020年，四省藏区高速公路覆盖所有地级行政中心"的行动目标。《建设方案》在《行动计划》总体要求的基础上，进一步提出了"到2020年，支持一批'三区三州'等深度贫困地区的旅游基建投资项目建设，提高可进入性和接待能力，提升服务质量和水平"的建设目标，并对旅游景点内部建设标准进行了细化。

（四）加强深度贫困地区的教育扶贫和健康扶贫力度

保障贫困人口的受教育权利与机会是切断贫困代际传递的重要手段。2018年1月，教育部和国务院扶贫办联合印发了《深度贫困地区教育脱贫攻坚实施方案（2018—2020年）》，聚焦深度贫困地区教育扶贫，用三年时间集中攻坚，确保深度贫困地区如期完成"发展教育脱贫一批"任务。《实施方案》确定了到 2020 年,"三区三州"等深度贫困地区实现建档立卡贫困人口教育基本公共服务全覆盖,保障各教育阶段建档立卡学生从入学到毕业的全程全部资助,建档立卡贫困学生都有机会通过职业教育、高等教育或职业培训实现家庭脱贫,教育服务区域经济社会发展和脱贫攻坚的能力显著增强的工作目标。《实施方案》同时明确了建立"三区三州"教育扶贫台账、提升"三区三州"教育基本公共服务水平、面向"三区三州"实施推普脱贫攻坚行动以及多渠道加大"三区三州"教育扶贫投入等具体做法。

2018 年 11 月,财政部联合教育部发布了《关于进一步加强财政投入管理深入推进"三区三州"教育脱贫攻坚的指导意见》,提出了到 2020 年"三区三州"实现建档立卡等贫困人口教育基本公共服务全覆盖。守住底线"有学上",贫困地区义务教育学校达到基本办学条件,学生资助政策实现应助尽助,在人口集中和产业发展需要的贫困地区办好中等职业学校,支持贫困家庭学生利用好现有特殊帮扶政策获得一技之长,增强谋生技能等工作目标,同时明确了细化工作方案、加大财政投入力度、合理统筹安排资金等主要举措。2019 年 1 月,教育部、财政部以及国务院扶贫办联合印发了《关于进一步加大深度贫困地区支持力度切实做好义务教育有保障工作的通知》,明确了瞄准突出问题和重点任务、强化资金支持和监管以及强化责任落实三大工作重点,其中的"突出问题和重点任务"包括了着力推进"控辍保学"、加快偏远地区寄宿制学校和乡村小规模学校建设、落实乡村教师工资待遇、加大在深度贫困地区推广普通话的工作力度等方面。

提高贫困人口的健康素质、不让贫困人口因病致贫,是提升贫困人口人力资本的又一举措。2018 年 4 月,国家卫生健康委员会(以下简称卫健委)印发了《关于坚决完成深度贫困地区健康扶贫任务的实施方案》,提出了到 2020 年实现"大病和慢性病分类救治全覆盖""医疗卫生服务能力明显提升""传染病、地方病等重大疾病危害得到有效控制"等工作目标,并确定了全面建立农村贫困人口医疗兜底保障机制、全面实施大病和慢性病贫困患者分类救治、全面提升医疗卫生服务能力、全面加强疾病预防控制和公共卫生工作以及加强深度贫困地区计划生育工作等主要政策措施。

2018年10月，国家医保局、财政部以及国务院扶贫办联合印发了《医疗保障扶贫三年行动实施方案（2018—2020年）》，其中提到了未来三年要"重点聚焦'三区三州'等深度贫困地区和因病致贫返贫等特殊贫困人口""协同解决深度贫困地区医疗资源不足问题"，明确了"2018年率先实现深度贫困地区每个县有一家医院纳入全国跨省异地就医直接结算系统"等具体措施，同时提出"深度贫困地区要更加注重医疗费用成本控制"，防止医疗费用的不合理增长。

（五）保障深度贫困地区居民住房安全和饮水安全

2019年4月，财政部与住房和城乡建设部（以下简称住建部）联合下发了《关于加强农村危房改造资金使用管理助力全面完成脱贫攻坚任务的通知》，其中要求着力加大对深度贫困地区和特困农户农村危房改造的倾斜支持，中央财政单列对"三区三州"等深度贫困地区的农村危房改造补助资金，同时各省（自治区、直辖市）财政、住房和城乡建设部门也要统筹安排好地方财政补助资金，对"三区三州"等深度贫困地区给予重点倾斜。2019年7月，住建部联合财政部以及国务院扶贫办共同印发了《关于决战决胜脱贫攻坚　进一步做好农村危房改造工作的通知》，其中提出，要加大对深度贫困地区的倾斜支持力度，中央财政2019年按照对4类重点对象在全国户均1.4万元的基础上每户提高2000元、对其他危房户户均补助1万元的标准，单列"三区三州"等深度贫困地区农村危房改造补助资金。同时，要加强技术力量培训，组织省内技术力量调度支援深度贫困地区开展技术帮扶，指导并协助当地落实危房鉴定相关技术要求，确保危房鉴定准确，不错不漏。

2017年12月，水利部发布了《关于扎实做好深度贫困地区农村饮水安全工作的通知》，对推进深度贫困地区饮水安全工作作出部署。《通知》要求各地要切实加强组织领导，提高对于贫困地区农村饮水安全问题的重视程度；扎实做好基础工作，细化考核指标、摸清真实情况、把农村饮水安全巩固提升工程规划与当地扶贫规划和经济社会发展规划布局紧密结合;千方百计落实工程建设资金,加大对深度贫困地区饮水安全巩固提升工程倾斜支持力度、整合多项资金、鼓励和引导社会力量社会资本参与农村饮水安全巩固提升工程建设与管理等。2018年10月,国务院扶贫办等10部委联合下发的《关于加快推进贫困村提升工程的指导意见》的通知中,水利部作为联合单位之一,承担了提升贫困村基础设施建设水平的工作职责,需着力推进贫困村实施安全饮水提升专项行动,不断提升贫困村供水保障能力和水平。

(六)强化对深度贫困地区弱势群体的兜底保障

保障无法通过自身发展起来的弱势群体的基本生存权,是维护基本人权、兜牢脱贫底线的必行之举。2018年4月,民政部印发了《民政部关于推进深度贫困地区民政领域脱贫攻坚工作的意见》,提出各级民政部门要"把做好深度贫困地区民政领域脱贫攻坚工作,助推深度贫困地区脱贫攻坚作为民政系统的一项重要政治任务,摆上重要位置,增强责任担当,加大工作力度,确保取得实实在在的成效"的要求,同时明确了加强农村低保制度与扶贫开发政策有效衔接,加大临时救助、特困人员救助供养力度,健全残疾人福利保障,关爱农村留守人员,鼓励引导社会力量参与深度地区扶贫,加强深度贫困地区基层政权和社区建设,推动深度贫困地区优化行政区划设置等多方面的工作举措。

2018年1月,中国残联与教育部、民政部等六个国家部门共同印发了《着力解决因残致贫家庭突出困难的实施方案》,对推动解决因残致贫家庭突出困难问题和工作要求,提出更加有力、更加精准的政策措施。《实施方案》中提出,需要科学分析因残致贫问题具体情况,切实把贫困残疾作为群体攻坚的重点;要逐一解决贫困家庭未入学适龄残疾少年儿童义务教育问题,确保到2020年实现残疾儿童义务教育入学率95%的目标。2018年10月,民政部与发改委、国务院扶贫办联合制定了《深度贫困地区特困人员供养服务设施(敬老院)建设改造行动计划》。《行动计划》提出到2020年,"三区三州"等深度贫困地区"逐步形成布局合理、设施完善、服务便捷、保障有力的特困人员供养服务体系"以及深度贫困地区每个县至少建有1个县级供养服务中心,护理型床位达到70%以上;对特困人员的集中供养保障能力进一步增强,生活不能自理特困人员集中供养率超过50%;逐步实现面向低保、低收入家庭及建档立卡贫困家庭老年人、残疾人的无偿或低偿集中托养服务的工作目标。2019年,民政部发布了《民政部办公厅关于在脱贫攻坚中做好"福康工程"项目实施工作的通知》及其附件《"福康工程"项目实施管理办法(试行)》,"福康工程"项目在西藏自治区等"三区三州"地区为福利机构集中供养的残障者、社会特困人员、贫困人员、低收入残障对象实施肢体畸形矫治手术150例,为残障者配置假肢500具、配置矫形器974具,为"三区三州"示范福利机构配发康复辅具产品1230件(套),有效助力残疾人精准脱贫。

(七)激发贫困人口内生动力,培育贫困人口发展能力

《关于支持深度贫困地区脱贫攻坚的实施意见》中提出,要激发深度贫困地区和贫困人口脱贫致富内生动力,通过建立正向激励机制、培育贫困群众发展生产和务工经商的基本能力、弘扬劳动光荣等传统美德、大力宣传推广脱贫攻坚先进典型等方式,积极推动深度贫困地区人口形成发展意识、走出长期贫困。

2018年9月,人社部联合国务院扶贫办下发了《关于开展深度贫困地区技能扶贫行动的通知》,计划在2018年9月至2020年底,在全国组织开展深度贫困地区技能扶贫行动,做到对深度贫困地区贫困人口"应培尽培、能培尽培""2020年底前,实现'三区三州'每所技工院校至少建设一个特色优势主体专业、建立一个资料室,每名教师至少参加一次培训,提高教学质量"等工作目标。2019年,人社部向"三区三州"针对性下达就业补助资金36.5亿元,同比增加17.3亿元,增幅90.3%;动员15个省份全国44所技工院校对口帮扶"三区三州",新建技工院校或开设分校(教学点)10所。协调北京市、江苏省等16所技师学院对口帮扶西藏技师学院14个专业,从加强专业和师资队伍建设等方面提出帮扶举措。2019年,西藏技师学院开学,结束了西藏没有技工院校的历史。

2018年2月,科技部印发了《科技部关于在"三区三州"大力实施"三区"人才支持计划科技人员专项计划工作方案》(以下简称《工作方案》)。根据《工作方案》的总体安排,科技部每年为"三区三州"重点培养 1200 名创业扶贫带头人,持续为深度贫困地区特色支柱产业发展提供科技服务和创业带动。① 2018 年 6 月,科技部印发了《科技部办公厅关于深入实施科技扶贫"百千万"工程助力深度贫困地区脱贫攻坚有关工作的通知》,2017 年启动的科技扶贫"百千万"工程更加聚焦于深度贫困地区。该通知提出,各地要优先支持和鼓励深度贫困地区建设农业科技园和星创天地,广泛动员促成科技精准帮扶结对,全面推进和实现科技特派员贫困村科技服务和创业带动全覆盖②,通过宣传典型营造科技扶贫良好社会氛围。另外,为助力"三区三州"脱贫攻坚工作,激励事业单位工作人员担当作为、干事创业。2019 年 4 月,人社部印发了《在"三区三州"事业单位开展脱贫攻坚专项奖励的通知》,对在脱贫攻坚工作中表现突出、成绩显著的"三区三州"事业单位工作人员和集体颁发专项奖,以激励他们更好地开展工作。

第三节 深度贫困地区地方贫困治理的特殊举措

一、"三区三州"深度贫困地区地方贫困治理的特殊举措

(一)西藏自治区

西藏自治区深度贫困地区致贫原因复杂,历史原因和现实原因、社会因素和自然因素相互叠加。从致贫因素看,西藏自治区海拔高、气候恶劣、资源匮乏、生存条件差、贫困人口平均受教育程度低、内生动力不足;从生产结构来看,深度贫困区内农区县、牧区县和半农半牧区县兼有;从产业支撑来看,西藏自治区传统农牧业生产占比高、产业链条短,产品的生产、加工和销售体系之间缺乏紧密联系;从基础设施来看,由于西藏地

---

① 科技部:《科技部对"三区三州"深度贫困地区创业扶贫带头人进行集中培训》,2018 年 10 月 22 日,见 http://www.gov.cn/xinwen/2018-10/22/content_5333586.htm。

② 2018 年,辽宁省、江苏省、浙江省、福建省、山东省、广东省 6 个省份要实现贫困村全覆盖;河北省、山西省、吉林省、黑龙江省、安徽省、江西省、河南省、湖北省、湖南省、海南省 10 个省份要覆盖不少于 80% 的贫困村;四川省、贵州省、云南省、青海省、内蒙古自治区、西藏自治区、宁夏回族自治区、新疆维吾尔自治区 8 个省份要覆盖 50% 以上的贫困村。

广人稀、群众居住分散以及地区发展欠佳,基础设施和基本公共服务难以实现有效供给和完全覆盖。① 作为"三区三州"中唯一一个省级整体性深度贫困区域,西藏自治区根据新情况、新问题、新要求,进一步完善顶层设计,制定出台脱贫攻坚综合规划、专项规划和方案措施,建立完善本地区"四梁八柱"的脱贫攻坚政策体系②,推动本区域内脱贫攻坚问题取得阶段性进展。2018 年,西藏自治区为推进脱贫事业,先后采取了举办学习研讨班、出台脱贫攻坚指导方案、加大力度整合涉农资金等多项举措。2018 年西藏自治区党委、政府带领各级各部门举办各级学习研讨班 120余期,出台了《西藏自治区深度贫困地区脱贫攻坚实施方案(2018—2020年)》和《西藏自治区打赢深度贫困地区脱贫攻坚战三年行动计划》,修订完善《关于开展统筹整合使用财政涉农资金工作的实施意见》等 5 个规范性文件,脱贫攻坚政策性文件累计超过 70 件。③ 为保证脱贫政策得到充分的资金支持,西藏自治区将 2018 年本级财政专项扶贫增量资金和存量资金 15 亿元全部安排到深度贫困县(区);按照中央重点支持"三区三州"的工作部署,综合考虑全区 44 个深度贫困县(区)的实际情况和面临的困难,西藏自治区通过了《关于下达 2018 年中央专项扶贫增量资金的通知》,安排中央财政专项扶贫增量资金 69.865 亿元用于支持地(市)深度贫困地区基础设施和生产发展。

(二)四省涉藏州县

四省涉藏州县是对分布在四个省区的藏民族聚居区的统称,包含了云南省 1 个州、甘肃省 1 州 1 县、四川省 2 州 1 县、青海省 6 个州,共 10 州两县。一方面,四省涉藏州县作为中国 14 个集中连片特困地区之一受到特定政策扶持与关注;另一方面,四省涉藏州县不同于西藏自治区这样完

---

① 国家统计局住户调查办公室:《中国农村贫困监测报告 2018》,中国统计出版社 2018年版,第 230 页。

② 西藏自治区人民政府:《脱贫攻坚的西藏模式:决战深度贫困,我们在路上》,2018 年 5月 26 日,见 http://www.xizang.gov.cn/xwzx_406/ztzl_416/cxzt/fpgj/201901/t20190117_49292.html。

③ 阿里地区行政公署:《两会聚焦:2018 年西藏脱贫攻坚取得新成绩》,2019 年 1 月 10日,见 http://www.al.gov.cn/info/1034/12719.htm。

整的省级行政划分,而是零散地分布在四个省内,因此在政策实施上存在跨省级统筹的难度。此外,根据《关于支持深度贫困地区脱贫攻坚的实施意见》,四川凉山州、云南怒江州以及甘肃临夏州被划定为新的国家级深度贫困地区。由于新的"三州"地区同样分布在云南省、甘肃省、四川省内,所以在贫困问题的表现以及省级治理责任主体方面与四省涉藏州县大体相同。但是,作为集海拔高、地形复杂、生态脆弱、少数民族聚居等多个特殊条件于一体的深度贫困地区,四省涉藏州县与"三州"地区的贫困问题的解决也需要采取不同于普通地区的特殊措施。

为了加强解决深度贫困问题的统筹性,云南省、甘肃省、四川省和青海省均出台了针对省内藏区的专项脱贫攻坚工作方案,通过找准致贫原因、摸清地区发展特色、稳住"人马班子"和"钱袋子"等多方举措,集中人力、物力、财力攻坚深度贫困难题。例如,云南省于 2018 年推动实施了《云南省迪庆州怒江州深度贫困脱贫攻坚实施方案(2018—2020 年)》,并协同配合省教育厅等部门率先在迪庆州、怒江州实施 14 年免费教育①。甘肃省高度聚焦"两不愁三保障"脱贫标准,2019 年以来,省委省政府部署开展了义务教育、基本医疗、住房安全"三保障"及饮水安全"拾遗补阙、冲刺清零"专项行动;全面落实"一户一策"产业发展措施,加快推进"牛羊菜果薯药"六大特色产业精准落户、落地见效。

(三)南疆四地州

南疆四地州是全国集中连片深度贫困地区之一,是新疆维吾尔自治区脱贫攻坚的难点和重点。长期以来,南疆四地州由于自然禀赋差、基础设施薄弱,始终处于发展的落后位置、农村绝对贫困问题严重。而随着近年来农村扶贫开发的持续大力帮扶,南疆地区的贫困问题已得到了较大的改善。

为了帮助南疆四地州攻克深度贫困难关,各级政府和相关部门陆续加大了对于南疆四地州地区的政策倾斜力度。2018 年 11 月,新疆维吾尔自治区扶贫开发领导小组下发了《关于下达南疆四地州深度贫困地区

---

① 中国政府网:《云南省多举措抓实民族地区脱贫攻坚》,2018 年 11 月 20 日,见 http://www.gov.cn/xinwen/2018-11/20/content_5341882.htm。

脱贫攻坚资金计划的通知》,下拨给四地州地区脱贫项目资金合计8.05亿元。截至2018年年底,南疆四地州共有48.69万贫困人口实现脱贫,513个贫困村退出,贫困发生率由2017年年底的18.3%下降至2018年年底的10.51%,全区解决区域性贫困迈出坚实步伐。①

(四)四川省凉山彝族自治州

作为脱贫任务最重的"三区三州"之一,凉山州的脱贫攻坚事关全国脱贫攻坚的大局。2018年2月,习近平总书记来到大凉山深处,走进彝族贫困群众家中,同当地干部群众共商精准脱贫之策。两年间,住新房、修通路、抓就业促增收、激活土地资源、改善人居环境,凉山州正在发生巨变。脱贫攻坚是一场硬仗,而且深度贫困地区脱贫攻坚是一场必须打赢的硬仗中的硬仗。

为了解决贫困村、贫困人口的安全住房问题,凉山州积极做好彝家新寨、易地扶贫搬迁、农村危房改造建设问题,群众安全住房得到了有效保障。在脱贫攻坚战中,凉山州始终把易地扶贫搬迁作为脱贫攻坚的主抓手,既抓新村新貌改造,也抓农牧发展,不仅改善彝族群众的居住条件,也提高彝族群众的经济收入。事实表明,只有不断提升农村人居环境,才能提升群众幸福指数。

因病致贫、因病返贫是深度贫困地区的大难题。为此,四川省凉山州按照中央和省委、省政府精准扶贫、精准脱贫决策部署,探索出一套脱贫攻坚战的决胜密码,通过改善农村医疗条件和重塑农村新风,既解决了当地村民们"小病拖,大病扛"的难题,也引导村民形成良好的行为习惯,探索出一条"精神脱贫"之路,在全省乃至全国形成了可借鉴的成功经验,开展移风易俗,解决精神之困。②

在少数民族教育事业中,打通语言的壁垒始终是帮助少数民族学生

① 新华网:《新疆自治区人社厅制定〈南疆四地州深度贫困地区就业扶贫培训促进计划(2018—2020年)〉》,2018年6月9日,见http://m.xinhuanet.com/xj/2018-06/09/c_1122960704.htm。

② 中新网:《以脱贫攻坚成效折射大凉山巨变》,2020年3月12日,见http://www.jl.chinanews.com/2020-03-09/116265.html。

摆脱文化之困的首要门槛。为了更好地推广国家通用语言,凉山州开展了"学前学会普通话"专项工作。《凉山州"学前学会普通话"行动全覆盖工作实施方案》结合凉山州学前教育实际等,将全州幼儿园和幼教点分成两类:学前学普支持型幼儿园和学前学普管理型幼儿园(幼教点)。前者将实现具有正常学习能力的儿童在接受义务教育前全部听懂、会说、敢说、会用普通话。后者在此基础上还将形成一套管理型幼儿园(幼教点)的管理流程和辅导员、幼儿教师的考核评价体系,逐步提高保教质量。2019年9月起,"学前学会普通话"行动在该州所有幼儿园、幼教点全覆盖,着力解决民族地区学龄儿童语言关问题,提高民族地区教育质量,阻断贫困代际传递。①

(五)云南省怒江傈僳族自治州

党的十八大以来,云南省怒江州全面压实责任,推动力量下沉,从2017年年底实施州县机关单位1/3干部驻村集中攻坚脱贫工程,解决贫困村攻坚力量薄弱问题;把易地扶贫搬迁作为怒江深度贫困地区打赢脱贫攻坚战的头号战役,帮助10万贫困人口挪穷窝、拔穷根、摘穷帽;狠抓产业就业扶贫,实施以草果为代表的200万亩绿色香料产业发展工程,实施10万农村劳动力转移就业工程,解决贫困人口长效增收问题;全面推广独龙族整族脱贫帮扶经验做法,集中攻坚傈僳族、怒族等"直过民族"整族脱贫。怒江州贫困发生率从2014年的56.24%下降到2019年年底的10.09%。

(六)甘肃省临夏回族自治州

临夏州聚焦"两不愁三保障",全力推进精准扶贫精准脱贫。临夏州所属8县市全部被列为国家六盘山集中连片特困片区扶贫重点县,2018年核定建档立卡贫困村560个,占全州行政村的48.7%,核定贫困人口90.02万人,占全州农业人口的52.04%。截至2017年年底,全州剩余贫困人口26.05万人、贫困发生率14.82%。② 然而,目前临夏州剩余的

① 四川省人民政府:《9月起凉山"学前学会普通话"行动全覆盖》,2019年7月17日,见http://www.sc.gov.cn/10462/12771/2019/7/17/2f58b03663d345998caf15641cfd9967.shtml。

② 《临夏回族自治州、临夏州扎实推进脱贫攻坚工作》,2018年1月6日,见http://www.linxia.gov.cn/Article/Content?/temID=f39fcbdf-44a3-4480-bcc1-fb3db30fcbbb。

26.05万贫困人口可谓是贫中之贫、困中之困,是最难啃的"硬骨头"。

2017年,临夏州抢抓国家将其纳入"三区三州"重点扶持范围、出台《关于支持深度贫困地区脱贫攻坚的实施意见》的历史机遇,按照"六个精准"和"七个一批"要求,加快推进农村道路、安全饮水、危房改造、易地搬迁等基础设施项目,同时大力实施村有主导产业、户有增收门路、劳动力有增收技能的"三个一"工程,多元发展特色种植、畜牧养殖、劳务输转、生产加工、旅游扶贫、电商扶贫等富民增收产业,取得了显著成效。

二、其他省(自治区、直辖市)应对地方深度贫困的特殊举措

根据《关于支持深度贫困地区脱贫攻坚的实施意见》的相关规定,除"三区三州"地区以外,全国范围内贫困发生率超过18%的贫困县和贫困发生率超过20%的贫困村均被划定为"深度贫困地区"。随着脱贫攻坚工作的推进,这些散布在各省(自治区、直辖市)的深度贫困地区已经逐渐成为本省顺利实现全面脱贫工作的重中之重,各地纷纷集中精力、加大帮扶力度,帮助深度贫困地区消除绝对贫困、逐步赶上社会经济发展的总体步伐。

从实际情况来看,贵州省、青海省、河北省、山西省、内蒙古自治区等多地均已将深度贫困地区的帮扶措施落地实施。相比于此前已有的贫困地区与贫困人口的帮扶措施,深度贫困地区的帮扶措施一般会加大政策倾斜的力度、扩大优惠政策覆盖范围,以及针对本省深度贫困区域的特点因地制宜探索一些针对性的特色做法。例如贵州省对省级划定的20个极贫乡镇开展了定点帮扶;内蒙古自治区将深度贫困旗县25°以上坡耕地非基本农田全部纳入退耕还林还草项目,享受国家现行补贴政策;广西壮族自治区则研究出台解决"土瑶"等人口较少少数民族深度贫困问题的方案等。这些地方上的政策探索都为当前阶段深度贫困问题的解决提供了宝贵经验。

表 13-6 "三区三州"以外省份针对深度贫困地区的主要举措

省份	政策措施
贵州省	(1)100%的贫困村建立农民专业合作社,100%的贫困人口参加专业合作社; (2)对 20 个极贫乡镇开展定点扶贫
青海省	惠民项目向深度贫困地区倾斜
河北省	聚焦"山区教育扶贫工程"
山西省	(1)聚焦"生态脆弱与深度贫困交织问题",建立造林扶贫合作社机制; (2)实现贫困村光伏资产收益全覆盖
内蒙古自治区	(1)将深度贫困旗县 25°以上坡耕地非基本农田全部纳入退耕还林还草项目,享受国家现行补贴政策;(2)农村牧区中小学改造资金项目重点向深度贫困旗县倾斜
安徽省	设立了"大别山等革命老区、皖北及贫困县专项"革命老区专项扶贫项目
江西省	深度贫困村组全部纳入 2018 年新农村建设整治范围
山东省	推进 2000 个省扶贫工作重点村在脱贫基础上加快建设美丽乡村
湖北省	创立"政府+市场主体+农户+银行+保险"产业扶贫机制
湖南省	(1)加大项目布局倾斜力度,公益性基础设施、社会事业领域重大工程建设项目以及能源、交通等重大投资项目优先安排深度贫困县,建成了怀邵衡铁路,加快实施张吉怀、黔张常等重大铁路工程,力争到 2019 年深度贫困县县城实现 30 分钟内上高速;(2)计划在 4 年内支持包括民族地区 11 个深度贫困县在内的 40 个集中连片特困县和国家级贫困县,每县建设 1 所至 2 所规模适中、条件达标、风格统一、办学质量和管理水平较好、主要面向贫困家庭招生的中小学校
广西壮族自治区	研究出台解决"土瑶"等人口较少少数民族深度贫困问题的方案
重庆市	生态工程向深度贫困乡镇倾斜

第四节　展望:深度贫困地区的发展融合

　　近年来,在中国政府的强力推动和专项政策的支持下,深度贫困地区的脱贫攻坚工作取得了显著成绩,贫困人数和贫困发生率持续下降。2020 年已如期实现全面消除现行标准下的绝对贫困,全面建成小康社会的目标。脱贫攻坚以来深度贫困地区的减贫脱贫实际上是中国减贫的一个历史进程和地理空间的浓缩,其核心经验是,在中国政府主导下,充分调动各种资源,通过整体的强有力的反贫困干预措施,促进深度贫困地区社会历史性发展跨越,最终摆脱贫困。中国的这一经验对世界许多深度和极端贫困地区都有启迪意义。

但是,社会各界也需要认识到中国在消除绝对贫困之后,只是说贫困的性质和特点发生了变化,欠发达现象并未在中国消失,未来中国将进入以缩小贫富差距、城乡差距和人群差距为主的相对贫困阶段。中国仍然是全球最大的发展中国家,国民经济社会发展水平与发达国家仍有较大差距。同时,进入新时代,中国社会的主要矛盾已经转化为人民日益增长的美好生活需要和不平衡不充分的发展之间的矛盾,区域发展差距、城乡发展差距和社会群体之间的差距依旧很大。所以,农村依旧是未来反贫困的主战场,因为低收入人群的空间分布与绝对贫困人口的分布基本一致,刚刚摆脱绝对贫困的绝大多数贫困人口仍将是社会中的低收入人群,依旧生活在基本公共服务供给匮乏的农村地区,这一事实并未改变。这些人群的分布基本上还是以之前的深度贫困地区为主要片区。

因此,在 2020 年完成脱贫攻坚的任务之后,考虑到之前的深度贫困地区大多为民族地区、山区、边境地区,国家还应该继续重点关注和支持这些欠发达地区的发展,使之融入国家现代化建设的进程。

一、以发展进程融合,培育欠发达地区经济增长的持续动力

发展进程的融合,意味着欠发达地区的发展进程要融合于较为发达地区的发展进程,融合于国家整体的发展进程。这种发展进程的融合是多方面的,包括了治理体系现代化、农业现代化、城镇化等社会主义现代化进程的融合,以及市场经济发展进程的融合;等等。为此,一方面,国家需要持续地向边疆民族地区注入发展资源,破解其经济发展陷入低水平均衡的局面;另一方面,边疆民族地区需要以不断完善的市场经济体制来促进社会分工的细化与非农就业岗位的增加,从而从居民收入提升方面增强居民消费对于经济增长的影响力,相对降低对于外部投资的依赖。

由于在欠发达地区内,发展需要兼顾多重目标的特殊性,其发展进程很难以快取胜,未来的现代化方式可能更多体现为"多头并进、小步慢走"。为此,需要通过更高站位、更远周期的跨区域协同发展规划,来适

当规避在短期多重发展目标之间的时间冲突,从而使得边疆民族地区的发展更扎实、更从容。只有符合地区实际发展进程的脱贫,才是"真脱贫",而非表面脱贫、短期脱贫。而只有在保证地区经济增长动力充足、处于较高水平的情况下,才能保证农村可持续发展和乡村振兴目标的实现。

二、以城乡和区域融合,提升欠发达地区机会公平与区位优势水平

欠发达地区由于其绝对和相对地理空间位置不利条件,长期面临着与周边较发达地区互联互通的困难。即便在欠发达地区内部,城乡之间也由于大部分的城市分布于地势平坦地带,而大部分的农村散布于高山和深林之间,从而在人口的多寡、居民收入水平等方面自然形成了发展分隔,这也是造成发展机会不平等的原生困难。为此,有必要切实推进基本公共服务均等化进程,同时培养区域"多中心"式的发展模式,把空间区位由劣势变优势,以此打破空间分隔,在跨区域和区域内部都打破互联互通的屏障。

提升基础设施建设水平以及推进基本公共服务均等化是降低发展机会不平等、减少地区空间分割感的重要途径。为此,除了着力减少教育、医疗与养老相关的基本公共服务的空间配置不平等的问题外,也需要全面改善深度贫困地区居民的住房、交通及通信、饮水安全、生活用能和人居环境等条件,从多个方面提高深度贫困地区与周边较发达地区交流合作的可及性和便利性。

居住空间的融合是促进不同民族人口相互融合的一种途径。考虑到基础设施建设与公共服务供给的难度、成本以及维持边境安定等现实因素,对于部分边境地区人口流失严重、公共服务对象较少的,在与边境维稳目标不冲突的前提下,可以适当建设居民聚居点、提升单位面积内人口密度。脱贫攻坚阶段边疆民族地区扶贫工作中,易地扶贫搬迁工程为人群融合提供了物质基础,而软性的文化交流融合则为贫困人口"搬得出、留得住、能致富"提供精神层面的保障。

此外,应该通过减少边疆地区与周边发达地区的空间割裂感,来充分放大边境区位的正面效应。近年来,国家对于边境贸易的关注也在逐步上升,"一带一路"倡议的推进、中国—东盟自贸区的建设也为边境地区充分利用自身区位优势提供了政策上的便利。在地区间交流顺畅的前提下,边境地区可以联通国内国外两个市场,从而实现以各个边境港口为辐射中心带动周边贫困地区发展,边疆民族地区也可以以此走出独具特色的"多中心"发展模式。

三、以社会融合,促进欠发达地区民族团结和社会经济统筹协调发展

社会融合是指通过多种方式,促进欠发达地区的人口与其他地区人口之间的交流交往与交融。实现欠发达地区的人群融合,意味着散落在深山中的一些贫困人口的活动空间逐渐汇聚于人口密集的发达地区,不仅降低了生态脆弱地区的环保压力,也加快了欠发达地区城镇化与现代化的进程,同时也为防止返贫实现乡村振兴提供了基础条件。

就业是鼓励欠发达地区人群社会融合的又一重要方式。为此,欠发达地区在推进乡村振兴进程中不仅需要持续加强贫困劳动力劳动技能的提高,还需要注重对其竞争意识、契约精神、合作意识等现代市场观念的培养,以此来拓展欠发达地区少数民族劳动力的就业市场边界。普通话作为中国的国家通用语,既是国家身份的标志,也是各民族成员交际的最重要工具。[1] 不仅学龄儿童的国家通用语的教育工作十分重要,对于非在校的少数民族人口来说,掌握普通话也是扩大人际交流边界的前提。

---

[1] 王浩宇:《多民族国家视角下的国家通用语及其相关问题》,《新疆大学学报(哲学·人文社会科学版)》2018 年第 4 期。

第十四章　双向减贫经验的分享：
2020 年后的减贫国际合作[*]

　　过去 40 年间，中国完成了让 7 亿多农村人口脱贫的伟大壮举，为全球减贫事业作出了重大贡献。除中国政府主导的大规模扶贫开发和高速的经济增长之外，国际多边、双边和民间援助机构也发挥了重要作用。据不完全统计，1979—2003 年，中国接受的官方援助总额为 1072 亿美元，中国与联合国开发计划署（UNDP）、儿童基金会（UNICEF）及欧盟、日本、德国、澳大利亚、加拿大等 20 多个国际组织和政府开展发展合作。国际援助机构援华范围广泛，但是大多都直接和间接聚焦贫困问题。世界银行在 20 世纪 80 年代一度是中国最大的海外投资机构，为中国提供大量的优惠贷款和商业贷款，涉及基础设施、工业、社会发展和技术转让等领域。

　　国际援助机构在以下层面对中国的减贫产生了重要的影响。第一，援助机构通过具体的援助项目为中国的扶贫带来了很多国际减贫的经验和方法，如综合农业开发、参与式扶贫、妇女扶贫、小额信贷等。第二，通过促进市场经济发展而使贫困人口从中受益，如世界银行、亚洲开发银行和日元贷款支持的全国范围内大量的基础设施投资和农村发展以及扶贫项目。第三，国际援助机构通过项目引入了国际减贫领域通用的管理经验和手段，如可行性研究、独立评估、环境影响评价、社会影响评价以及招标采购等众多至今在中国广泛应用的管理理念和方法。第四，国际减贫

　　* 作者：李小云，中国农业大学文科讲席教授；于乐荣，中国农业大学人文与发展学院副教授。

机构通过对中国的援助培养了一大批有影响力的专家,也影响了中国扶贫智库和各种扶贫机构的建立,如联合国开发计划署与中国政府共同建立的中国国际扶贫中心。最为重要的是国际发展援助体系与中国 40 多年的合作将中国融入了国际减贫的大系统中,为中国与世界分享减贫经验提供了基本的条件。总体来讲,世界银行与中国政府 2004 年在上海召开的世界减贫大会标志着中国与国际社会的减贫学习由主要是单向的学习转向了双向的学习,中国减贫经验开始成为国际社会的热点。

中国从 20 世纪 50 年代就开始对外援助,在改革开放之前以提供援助为主,之后则进入以接受援助为主的阶段。进入 21 世纪以来,随着中国经济的快速发展和综合国力的增强,中国已经从传统的受援国开始转向援助国并积极参与到全球减贫进程中。特别是党的十八大以来,随着"一带一路"倡议以及建设人类命运共同体的推动,中国立足自身的减贫经验,通过南南合作向其他发展中国家提供援助,支持和帮助广大发展中国家特别是最不发达国家消除贫困。中国减贫经验的交流和传播极大地提升了中国国际影响力,构成了中国软实力的重要内容之一。与此同时,中国继续学习国际减贫经验,中国的减贫国际合作进入以分享中国减贫经验为主的双向发展学习的阶段。随着中国绝对贫困的消除,中国将进入以缓解相对贫困为主的新的减贫阶段,减贫国际合作也将进入一个新的阶段。

本章简要梳理中国减贫国际合作的历程以及不同阶段减贫国际合作的主要内容和方式,并对不同阶段减贫国际合作的成效和影响进行总结,最后对 2020 年后减贫国际合作进行展望并提出相应的建议。

第一节　中国减贫国际合作的历程

中国减贫国际合作主要体现为输入型和输出型并存的特点,不同时期侧重不同。改革开放开始到 21 世纪,中国的减贫国际合作总体上是更多地学习国际减贫的经验。减贫合作的主要内容是吸引外部资源,学习先进管理经验和培养中国自身减贫工作能力三个方面。进入 21 世纪以后,特别是自 2012 年以来,随着"一带一路"倡议和人类命运共同体理念的提出,中国的减贫国际合作在继续学习国际减贫经验的同时,开始逐步转向更多地与世界分享中国减贫经验的阶段。

一、中国作为受援国的减贫国际合作

伴随中国改革开放的进程以及中国政府主导的大规模减贫工作,中国减贫领域的国际合作和交流逐渐开始并不断发展。中国与联合国发展系统和世界银行在扶贫领域开展广泛合作,同时接受部分发达国家提供的援助、实施减贫合作项目,不仅在资金投入、知识转移、技术援助等方面获得支持,而且学习借鉴国际社会先进的扶贫理念与方式方法,这些推动了中国减贫事业发展。从 1979 年到 2009 年,中国与联合国开发计划署、儿童基金会及欧盟、日本、德国、澳大利亚、加拿大等 20 多个国际组织和政府,在减贫、环境保护、教育、卫生、能源等 30 多个领域开展了富有成效的发展合作,共接受无偿援助近 67 亿美元,实施项目近 2000 个。① 这一阶段,中国减贫国际合作的成就是获得了大量用于减贫的资金、物资、技术和管理理念以及政策建议。中国被评为接受援助效果最好的国家。

最早参与到中国减贫工作中的是从 1979 年开始在中国展开工作的联合国开发计划署和位于澳大利亚的民间组织关怀国际。根据联合国开发计划署在 1997 年的统计,有 50 多个各类国际组织从不同角度参与了中国的扶贫开发活动②,并在不同层面对中国减贫事业产生广泛的影响。

(一)在中国开展减贫活动的国际机构

1979 年以来,中国作为受援国,接受了大量的来自各类国际机构的贷款和赠款。从 1981 年至 1990 年,世界银行共批准向中国贷款超过 120 亿美元。早期的贷款和赠款多数都投向基础设施和工业发展,直接用于减贫的资金被放在次要位置。随着中国《国家八七扶贫攻坚计划

---

① 商务部网站:《陈德铭对 30 年来国际多双边对华援助给予高度评价》,2009 年 5 月 11 日,见 http://www.gov.cn/gzdt/2009-05/11/content_1311165.htm。

② 黄承伟:《论发展扶贫开发领域国际交流与合作的作用及对策》,《学术论坛》2005 年第 1 期。

（1994—2000年）》的实施,越来越多的主体参与到中国减贫进程中,并在减贫、农业开发、妇女发展和环境保护层面发挥作用。

按照反贫困行动中国际资源提供者的性质与地位划分,参与中国扶贫开发活动的国际机构大致包括政府间国际组织和国际非政府组织两类。表14-1显示了在中国开展扶贫活动的部分国际机构。

表14-1　在中国开展扶贫活动的部分国际机构

联合国发展援助机构	联合国开发计划署（UNDP）、粮农组织（FAO）、世界粮食计划署（WFP）、联合国儿童基金会（UNICEF）、联合国工业发展署（UNIDO）、国际劳工组织（ILO）、联合国人口基金会（UNFPA）
国际金融机构	世界银行（WB）、亚洲开发银行（ADB）、国际农发基金（IFAD）、日本协力银行（JBIC）
政府间双边机构	英国国际发展部（DFID）、澳大利亚开发署（AUSAID）、加拿大开发署（CIDA）、德国技术合作公司（GTZ）、日本国际协力机构（JICA）、瑞典的国际发展合作署（SIDA）等
国际非政府组织	福特基金会、世界自然基金会、香港乐施会、世界宣明会、英国救助儿童会、国际计划、国际鹤类基金会等

（二）合作内容和形式

在几十年的反贫困国际合作中,根据援助资源的特点,国际组织在中国扶贫开发领域的合作与交流大致形成以下几种模式。

一是贫困地区的区域综合开发项目。这类项目以自然条件恶劣、贫困人口集中的特定区域为目标,通过发展农业生产和基础设施建设提高农户能力;通过提供信贷支持和各项社会服务等综合措施,增加粮食产量和收入,缓解农村贫困,促进区域经济的增长。以20世纪90年代中期世界银行在西南地区开展的西南、秦巴和西部扶贫项目为代表。

二是专项扶贫项目。针对专项目标、单独人群或特定内容的项目。这类项目中,规模和影响最大的是各类机构积极在中国推广的小额信贷扶贫项目。20世纪90年代初以来,伴随中国政府"八七扶贫攻坚计划"的实施,联合国开发计划署（UNDP）和联合国儿童基金会（UNICEF）等许多国际组织在中国开展了形式多样的小额信贷示范项目。以UNDP为例,1994 年该机构开始在中国发展小额信贷,并与商务部中国国际经济技术交流中心合作开发了大规模扶贫与可持续发展方案,项目在云南省建立基层农村发展协会,小额信贷是其中一项工作内容。项目总投入2000 万美元,其中小额信贷循环资金超过 1000 万美元,共向中国超过 30万的贫困户发放了小额贷款。此外,专项扶贫项目中还有人力资源开发、城市扶贫、科技扶贫、环境保护、妇女儿童关爱等项目,也在不同领域和地区发挥着作用。

三是实物或技术援助。这种类型的援助形式主要是粮食援助等实物援助以及技术援助,涉及的国际机构有联合国世界粮食计划署(WFP)、国际小母牛组织(HPI)以及亚洲开发银行(ADB)等。1979—2005 年,WFP 共向中国无偿提供粮食援助项目 70 个,援助总金额达到 10 亿美元,项目涉及中国 31 个省(自治区、直辖市),受益人口达 3000 多万。① WFP 提供的无偿援助项目中,大部分是通过“以工代赈”形式进行的农业和农村综合开发项目,具有解决温饱和投资替代的双重效应。除粮食援助外,一些国际非政府组织也为中国提供了其他类型的实物援助,主要是农牧生产资料,如牛、羊等,并提供相应的生产技术帮助贫困地区实现可持续发展。例如,到 2004 年 6 月,国际小母牛组织已经在中国的 13 个省(自治区、直辖市)的 74 个县实施了 42 个项目,为 4 万多户农民发放了420 万头/只畜禽②。

国际发展机构如世界银行、亚洲开发银行和联合国发展计划署等还向中国提供了很多技术援助,涉及农业、生态环境保护、水资源管理等领域,很大一部分的技术援助都和减贫相关。这些技术援助主要以管理技术的引进和政策研究为主。

此外,20 世纪 90 年代末期,中国政府与世界银行开展的中国农村扶贫的研究,为中国后期的农村扶贫政策提供了重要的政策建议,对中国政府的扶贫战略和政策产生了积极的影响。例如,2001 年中国政府和亚洲

---

① 《以人为本,扶贫开发——国务院扶贫办主任刘坚访谈录》,《人权》2005 年第 4 期。
② 李华:《扶贫“周转羊”的经验与启示》,《经济论坛》2006 年第 4 期。

开发银行合作的村级扶贫规划的研究被中国政府采用,成为中国2000—2010 年农村扶贫战略的基本框架。

二、中国作为援助提供国的减贫国际合作

消除贫困是人类的共同使命。中国在致力于自身消除贫困的同时,始终积极开展南南合作,力所能及向其他发展中国家提供不附加任何政治条件的援助,支持和帮助广大发展中国家特别是最不发达国家消除贫困。60 多年来,中国共向 166 个国家和国际组织提供了近 4000 亿元人民币援助,派遣 60 多万援助人员……中国先后 7 次宣布无条件免除重债穷国和最不发达国家对华到期政府无息贷款债务。中国积极向亚洲、非洲、拉丁美洲和加勒比地区、大洋洲的 69 个国家提供医疗援助,先后为 120 多个发展中国家落实千年发展目标提供帮助。[①]

2004 年在上海召开世界扶贫大会表明中国减贫与发展的经验开始走向国际。其后联合国计划开发署和中国政府正式建立中国国际扶贫中心。中国国际扶贫中心建立以来先后发起了国际减贫论坛、中非减贫与发展论坛、中国—东盟社会发展论坛、东盟村官减贫交流,开展了大量的国际减贫理论和实践以及中国减贫经验总结的研究,成为中国减贫合作的重要平台。

党的十八大以来,为加快全球减贫进程、扩大中国扶贫的国际影响力,中国政府提出了帮助发展中国家发展经济、改善民生的一系列新举措。正如习近平主席在 2015 年减贫与发展高层论坛上指出的,中国将设立"南南合作援助基金",首期提供 20 亿美元,支持发展中国家落实 2015 年后发展议程;继续增加对最不发达国家投资,力争 2030 年达到 120 亿美元;免除对有关最不发达国家、内陆发展中国家、小岛屿发展中国家截至 2015 年年底到期未还的政府间无息贷款债务;未来 5 年向发展中国家提供"6 个 100"的项目支持,包括 100 个减贫项目、100 个农业合作项目、

---

① 习近平:《携手消除贫困 促进共同发展——在 2015 减贫与发展高层论坛的主旨演讲》,人民出版社 2015 年版,第 7 页。

100个促贸援助项目、100个生态保护和应对气候变化项目、100所医院和诊所、100所学校和职业培训中心;向发展中国家提供12万个来华培训和15万个奖学金名额,为发展中国家培养50万名职业技术人员,设立南南合作与发展学院,等等。① 中国对外援助越来越与中国的减贫经验相联系,实施诸多惠及民生的国际减贫合作项目。在亚洲地区,中国与东盟国家共同开展乡村减贫推进计划,在老挝、柬埔寨、缅甸三国乡村基层社区实施"东亚减贫示范合作技术援助项目"。在非洲地区,中国为非洲国家援建水利基础设施、职业技术学校、社会保障住房等设施,打造农业合作示范区,推进实施中非菌草技术合作、中非友好医院建设、非洲疾控中心总部建设等项目。在南太平洋地区,中国推动落实对太平洋岛国无偿援助、优惠贷款等举措,开展基础设施建设和农业、医疗等技术合作援助项目。在拉美地区,援建农业技术示范中心,帮助受援国当地民众摆脱贫困。中国还与联合国教科文组织合作设立国际农村教育研究与培训中心等机构,面向非洲、东南亚等国家实施农村教育转型、教师培训等项目。②

(一)中国减贫国际合作的实施部门

根据参与形式和作用的不同,中国减贫国际合作的实施部门主要包括三部分:一是国家的外交外事部门,主要包括外交部、中联部和国家部委办局的外事部门以及附属的从事国际交流合作的事业单位。二是主管对外援助以及承担对外援助任务的机构,主要指国家国际发展合作署和商务部及承担援外任务的机构。三是专业的减贫部门或机构,如国务院扶贫办、中国国际扶贫中心、中国国际发展知识中心等。四是研究机构和大学,如北京大学南南合作与发展学院、中国农业大学中国南南农业合作学院等。

由于各部门职能和分工的不同,参与扶贫合作的方式就有自身的特

---

① 习近平:《携手消除贫困　促进共同发展——在2015减贫与发展高层论坛的主旨演讲》,人民出版社2015年版,第8—9页。

② 中华人民共和国国务院新闻办公室:《人类减贫的中国实践》,人民出版社2021年版,第61页。

点。比如,外交部主要以正式的外交渠道包括使领馆、常驻代表团等,通过协调或整合国内外机构或资源,或参与国际减贫与发展议程制定,宣传和传播中国减贫成就和经验,提升中国在国际上的话语权。商务部则主要通过减贫援外项目,扩大中国减贫的国际影响力,彰显中国负责任大国形象。专业性的减贫部门则通过人员交流、能力建设、知识传播、示范项目等方式,加强中国扶贫经验的分享,讲述扶贫领域的中国故事。研究机构和大学作为智库机构,主要开展中国减贫国际合作的课题研究、政策咨询以及留学生培养工作。此外,参与中国扶贫国际合作工作的还包括企业(主要指国有企业)、民间组织(主要指公益基金会)。

(二)减贫国际合作的方式及内容

根据中国减贫国际合作的实践,大致包括减贫项目援助、减贫经验分享和能力建设以及参与全球贫困治理三类。

一是减贫援助。减贫援助是对外援助的一部分,主要指帮助一个国家的贫困对象摆脱贫困的援助,包括具有减贫效益的发展项目援助和直接的减贫项目援助两大类。根据《中国对外援助(2014)》白皮书显示,支持广大发展中国家减少贫困、改善民生一直是中国对外援助的主要内容,涉及领域包括农业发展、公共卫生、基础设施、教育医疗,等等。从援助资金方面看,从2010年至2012年,中国提供的无偿援助为323.2亿元,占援助总额的36.2%,无息贷款为72.6亿元人民币,占援助总额的8.1%,两项相加共占援助总额的44.3%。这两类援助项目主要支持的领域就是受援国各类民生和社会公共设施项目,也就是说,有将近一半的援助资金是投入到与减贫相关的民生项目①。

从援助项目方面看,通常情况下,发展中国家贫困主要分布在农村,因此农业发展对受援国减贫效果至关重要。中国通过帮助受援国建立农业技术示范中心、开展农业技术合作和能力建设等方式促进受援国地区农业发展。从2010年至2012年,中国就为受援国援建了40个农业技术

---

① 中华人民共和国国务院新闻办公室网站:《中国对外援助(2014)》白皮书,2014年7月10日,见 http://www.scio.gov.cn。

示范中心,派遣了1000多名农业技术专家,而且还提供了大量的农用物资,如化肥、种子、机械等①。中国国际扶贫中心在老挝、柬埔寨和缅甸开展了村级减贫项目,并与中国农业大学合作在坦桑尼亚开展了村级减贫学习中心项目。

二是减贫经验分享和能力建设。通过搭建平台、组织培训、智库交流等多种形式,开展减贫交流,分享减贫经验。在国际消除贫困日,中国与联合国驻华机构联合举办减贫与发展高层论坛活动。中国发起中国—东盟社会发展与减贫论坛、人类减贫经验国际论坛,举办中非减贫与发展会议、"摆脱贫困与政党的责任"国际理论研讨会、改革开放与中国扶贫国际论坛等一系列研讨交流活动。与东盟秘书处和东盟有关国家合作,面向基层村官(社区官员)实施"东盟+中日韩村官交流项目"。与有关国家和地区组织合作开展国际减贫培训,2012年以来,共举办130余期国际减贫培训班,来自116个国家(组织)的官员参加培训。② 见专栏14-1。

专栏14-1　减贫援外培训班

中国国际扶贫中心成立于2005年5月,是中国政府与联合国开发计划署等国际组织共同发起并组建的国际性扶贫机构。致力于开展减贫研究,分享发展经验,推动国际交流,促进南南合作,引进外资扶贫,旨在为世界消除贫困事业作出贡献。作为减贫与发展领域的国际平台和中国政府开展南南合作的重要渠道,中国国际扶贫中心为发展中国家和相关机构提供五个方面的服务,其中一项就是开展国际减贫培训,与发展中国家实现减贫知识分享。2005—2016年中心共为来自100多个发展中国家2000多名减贫工作者分享了中国的减贫经验。

2017年5月26日,由商务部主办、中国国际扶贫中心承办

① 中华人民共和国国务院新闻办公室网站:《中国对外援助(2014)》白皮书,2014年7月10日,见 http://www.scio.gov.cn。

② 中华人民共和国国务院新闻办公室:《人类减贫的中国实践》,人民出版社2021年版,第63页。

的"2017年发展中国家包容性增长与持续减贫官员研修班"在北京闭幕。本次研修班为期15天,参加研修的31名官员分别来自巴勒斯坦、格鲁吉亚、约旦、巴基斯坦、埃塞俄比亚、津巴布韦、马拉维、突尼斯、乌干达、多米尼加、格林纳达等11个国家的经济、财政、工业、社会保障等部门。本次研修班主题为"包容性增长与持续减贫",通过专家讲座和实地考察等方式向发展中国家官员介绍中国经济社会可持续发展的成就和经验,推动各国在经济社会政策与实践方面的知识分享。在广西壮族自治区河池市实地考察期间,学员考察了产业扶贫、社会保障以及移民搬迁等项目,学员认为中国农村减贫的经验措施很有借鉴意义。

资料来源:董铭胜:《"2017年发展中国家包容性增长与持续减贫官员研修班"在北京闭幕》,2017年6月1日,见 http://www.cpad.gov.cn/art/2017/6/1/art_39_63721.html。

以中国国际扶贫中心为代表,中国在减贫知识传播层面也做了大量的工作。开发与中国减贫经验相关的研究报告、媒体信息、书籍、杂志、光盘等知识产品,并以中英文发布,对推动中国减贫经验对外传播起到非常重要的作用。此外,中国国际扶贫中心所开展的"中国—坦桑尼亚村级减贫学习示范中心"项目通过示范玉米种植技术提高当地玉米产量,当地农民吃饭问题明显改善,同时还有余粮出售增加收入,一定程度上缓解了贫困。类似减贫示范合作项目也在东亚的老挝、缅甸、柬埔寨三国开展,见专栏14-2。

专栏14-2　中国经验助力缅甸减贫

2017年11月,中缅双方签署了中国援助缅甸减贫示范合作项目实施协议。中方希望通过在缅甸推广中国"精准扶贫"经验,助力改善缅甸农村基础设施条件、提升农村公共服务水平和提高农户自我发展能力。

2018年1月,作为这一项目实施单位的云南省国际扶贫与发展中心派出多名专家赴缅甸的埃羌达村和莱韦镇敏彬村,帮助改善当地村民交通、饮水、教育、卫生等情况。同年年底,在中国专家的帮助下,缅甸埃羌达村从 3 千米外的水库引水进村,建设水塔、蓄水池并安装饮用水入户设施。改善教育条件是减贫示范合作项目内容之一。项目组为村里学校新建了教学楼并配置课桌椅,大大改善了学校的硬件条件。

减贫示范合作项目中方专家组组长介绍,项目旨在通过中方减贫经验,因地制宜,因贫施策,以当地发展需求为导向,实施精准帮扶,改善当地生产生活条件,多样化贫困农户的收入途径。

资料来源:杨静等:《我的家乡成了形象示范村——中国经验助力缅甸减贫》,2020 年 1 月 15 日,见 http://www.iprcc.org.cn/Home/Index/skip/cid/5795.html。

三是参与全球贫困治理。参与全球贫困治理也是当前中国减贫国际合作的重要方式之一。通过与世界银行、联合国系统等国际组织以及经济发展与合作组织发展援助委员会(OECD—DAC)的合作参与到全球贫困治理中。同时,中国积极参与到 2030 年可持续发展议程的制定和实施过程中,为议程的制定提出了很多有益的意见。此外,中国在所参与的 G20、金砖国家机制、上海合作组织等机制下,也越来越注重发挥自身作用,积极把减贫与发展问题纳入其中。比如,在 2016 年 9 月杭州 G20 峰会上,中国就充分发挥东道主优势,首次将减贫与发展等议题纳入其中,得到了国际社会尤其是发展中国家的积极支持,也进一步彰显了中国政府关注民生、注重发展的立场。

第二节　减贫国际合作的影响

一、国际机构对中国减贫的影响

各类国际组织在中国开展的扶贫实践与活动在不同层面产生积极影响。无论是世界银行等国际金融机构提供的扶贫贷款,还是国际非政府组织在中国开展的扶贫行动,一般都是针对自然环境恶劣、灾害频发、基础设施与医疗卫生状况落后的贫困地区以及贫困农户。这些活动的直接效果就是改善当地基础设施状况并减缓贫困地区的贫困程度;间接影响则是改善区域经济发展环境并促进经济增长。此外,国际合作项目在设计、实施、监测和管理等方面积累的经验和做法,为提高国内扶贫开发项目的管理水平也起到很好的示范和推动作用。

(一)项目的直接影响

以世界银行开展的西南扶贫项目为例,项目在食物安全、贫困发生率以及基础设施建设方面取得了比较显著的减贫效果。

一是促进项目区农户的食物安全。1995 年西南项目区人均粮食消费量仅 189 千克,营养不良一直是项目区的难题。西南扶贫项目中投资额最高的土地和农业开发项目,通过土壤改良和推广先进实用农业技术等措施,帮助项目农户提高粮食产量,改善食物安全。根据扶贫中心提供的数据,到 2000 年,项目区受益农户人均粮食消费量达到 209.4 公斤,提高了 10.7%,比对照村农户增长速度高 2.2 个百分点。

二是直接缓解了项目区贫困人口和目标社区的贫困程度。中国西南扶贫世界银行贷款项目是区域综合开发项目,项目区的变化也是多维度的。一个直接的效果是项目村的贫困发生率下降了 13.8 个百分点,下降幅度比对照村要高 5.8 个百分点。贫困深度指数的下降幅度也高于对照村。表明项目村内贫困人口的收入改善状况要好于对照村。

三是减贫效果相对稳定。项目的减贫影响,不仅表现在某一时期内贫困发生率的下降,同时也反映在减贫效果的稳定性。通过监测返贫率指标发现,1995—2000 年西南扶贫项目区的返贫率从最初的 18.4% 下降到 2000 年的 8.4%。返贫率的下降,意味着项目区贫困农户赖以脱贫的创收或就业基础比较扎实,自我应对风险的能力更强。

(二)间接影响

除了直接的减贫效果外,各类国际组织在中国的扶贫实践还在以下方面作出贡献。

一是国际投资项目在项目区补充了中国扶贫资金的不足。由于中国财政能力有限,相对于绝对数量很大的农村贫困人口,政府的投入力度显得不足。国际组织对于中国贫困地区的投资,大部分集中在财政能力较低的西部地区,在一定程度上补充了这些地区的政府投入,促进这些地区贫困人口增加收入,解决温饱。据有关资料统计,1981 年到 1995 年,贫困地区用于与扶贫相关的项目投入为 55 亿元人民币左右。而从 1995 年开始,直接引入扶贫领域的外资大幅度增加,到 2000 年 6 年累计利用外资达到 170 亿元人民币①。

二是改善当地贫困人口的生产和生活条件。中国长期以来一直是发展援助的受援国,早期的国际机构的贷款和赠款主要投向基础设施领域,通过刺激经济增长,或向某些特定行业提供技术支持实现减贫。从 1981 年至 1990 年,世界银行共批准向中国贷款超过 120 亿美元,其中超过 24 亿美元直接投向交通基础设施,17 亿美元流向能源和矿业,近 10 亿美元用于支持工业和贸易。而一些区域综合开发项目也比较注重当地的基础设施建设。WFP 的粮食援助项目在中国 18 个省(自治区、直辖市)的 31 个项目区中,共改良土壤 22.03 万公顷,新建和整修水库 2260 座,兴修排灌站 819 座,修筑乡村道路 1.1 万千米,植树造林 18.73 万公顷;等等。西南扶贫项目建设完成乡村学校 1600 所,新建或恢复 232 所乡医院,建立 1648 个村健康保健点。这些措施大大改善了贫困农村的生产和生活条件,增强了地区可持续发展能力,对项目贫困地区的经济发展和市场建设起到了积极的促进作用。②

(三)溢出效应

首先,通过引进和推广新的发展理念以及有效的扶贫体制,扶贫国际合作对中国扶贫开发的理念、政策、方法和制度建设方面产生了积极影响。这些影响集中表现在:多部门综合扶贫,参与式村级规划,一次规划、分期实施,建立科学的贫困统计和监测系统等方面。这些有效的扶贫理念和方法,经过世界银行等国际机构与中国政府合作的国际合作扶贫项目的不断实践,逐渐被纳入中国政府的扶贫战略和政策中并向全国推广。如在《中国农村扶贫开发纲要(2001—2010 年)》中,"综合开发、全面发

---

① 黄承伟:《论发展扶贫开发领域国际交流与合作的作用及对策》,《学术论坛》2005 年第 1 期。

② 帅传敏、孔祥智:《联合国 WFP 援华项目的经验、教训与启示》,《中国软科学》2006 年第 3 期。

展"被作为新时期农村扶贫开发的一项基本方针。

其次,促进项目管理的现代化。国际援助机构为中国的项目管理方式带来了显著变化。在 20 世纪 80 年代初期,当世界银行评价中国的项目(有些也不是减贫项目)管理能力时,发现中国具有能够胜任完成项目规划和执行的基本要素,但缺乏成本效益分析和会计准则等专门管理技能。世界银行在随后实施的近 280 个投资项目的项目规划、实施、监测和评价等环节都采用了标准化、格式统一的协议文本和管理框架。这就使得中国的项目工作人员始终处于现代项目管理的环境下。除在工作中学习外,国际援助机构还对中国工作人员进行正式培训。1982—1987 年,世界银行学院与中国多所大学合作,为数百名官员和专业人员进行了项目管理技能的培训。①

最后,促进中国扶贫机构和专业人员的能力建设。通过正式和非正式的培训以及在职学习,促进中国扶贫部门工作人员的能力提升,为科学、高效地执行和管理项目提供了人才基础。西南扶贫项目在 10 年的运行期间,共举行了 199 场专题研讨会,培训的项目工作人员达 11875 名。此外,能力建设还体现在对中国行政管理机构的影响。正如世界银行报告《中国:二十世纪九十年代的扶贫战略》所言,如果没有一个常设的、独立自主的部级扶贫机构的存在,未来的扶贫工作将受到削弱。这在一定程度上也推动中国国际性扶贫机构的成立。

二、中国通过提供援助和分享减贫经验的影响

与发达国家的对外援助不同,中国的减贫与发展经验与其他发展中国家形成了平行经验的关系。中国在提供援助上首先注重实物性和可见性,比如在非洲国家支持建立工业园区、农业示范中心、村级减贫中心等。在经验分享方面注重介绍国家的作用和治国理政经验等。在这个过程中,强调不干涉内政,互惠互利的原则。中国与国际社会分享减贫经验最

① 世界银行:《中国与世界银行:推动创新的伙伴关系》,世界银行出版社 2007 年版,第3 页。

主要的特点是提供了与西方不同的发展知识和发展路径,丰富了全球减贫的知识和实践,为发展中国家提供了独立自主发展的样板,促进了 21 世纪以来发展中国家的减贫事业。

一是注重实地的示范。以援非农业技术示范中心项目为例,自"一带一路"倡议提出以来,中国明显加快了援非农业技术示范中心的建设步伐。截至 2018 年年末,中国在非洲共计建设示范中心 25 个,其中 11 个进入商业化运营期,8 个进入技术合作期,4 个处于在建和论证阶段,2 个因受援国内乱暂停。[①] 援非农业技术示范中心的主要职能之一就是对非洲国家进行中国农业发展和减贫经验的试验示范。中国援助赞比亚农业技术示范中心每年会举办至少 10 期的农业技术培训,内容涉及食用菌种植、大田作物耕作、病虫害防治、农用机械操作等实践知识,这些农业技术的示范和农业活动的实践大大提高了当地学员的农业技术水平,对当地的农业技术传播和农业生产发展都起到一定的示范和促进作用。中坦村级减贫学习示范中心项目通过示范中国玉米密植技术,使得当地示范户的玉米产量增加了一倍多,并通过示范效应带动普通村民采用该技术。之后在中国政府和坦桑尼亚政府的领导下,中国农业大学从 2018 年起与莫罗戈罗省政府进一步合作,在全省范围展开"千户万亩玉米增产示范工程",实现 1000 户 10000 亩玉米亩产提高 2—3 倍(见专栏 14-3)。

专栏 14-3　中国农业发展和减贫经验的平行分享

"千户万亩玉米增产示范工程"是中国农业大学项目组在中国国际扶贫中心支持下开展"坦桑尼亚村级减贫中心"示范项目基础上的一个延续。自 2018 年开始,在中国农业大学和盖茨基金会项目的支持下,在坦桑尼亚莫罗戈罗省的 10 个县共同实现 1000 户 10000 亩的玉米增产。该项目致力于如何更好地与非洲分享中国农业发展和减贫的两个经验,即"政府支持农

---

① 孟雷、齐顾波、于浩淼:《"一带一路"倡议下中国对非洲农业政策及其减贫路径研究》,《世界农业》2019 年第 9 期。

业发展的中国经验"和"劳动密集型农业技术的中国经验"。通过分享经验,该项目还将探索更广范围内,基于民间交往、注重科技开发,关注粮食安全,侧重减贫的民心项目,从而有效推动中非合作可持续发展方案和模式的探索。

在 2012 年至 2017 年的六年中,中国农业大学在坦桑尼亚进行了一项有意义的发展试验,根据中国自身的发展经验和坦桑尼亚当地的实际情况,设计了一个以社区为基础的发展模式。通过分享中国地方政府下乡的工作方式,支持当地地方政府、大学和研究机构与当地农村社区三者之间建立有机联系,从而完整呈现了中国劳动密集型、低资本投入的农业技术方案。这一基于社区的发展模式在两个项目村试点后,当地主粮玉米产量增加 2—3 倍,当地政府支持发展的能力明显提升,当地政府、大学和当地农村社区三者之间的联系也有所加强。

资料来源:王方:《中坦合作:农业驱动减贫之道》,《中国科学报》2015 年 7 月 29 日。

二是多主体参与。中资企业、民间组织和智库等也都通过自身的方式参与中国减贫国际合作项目的实施。自 20 世纪 90 年代实施"走出去"战略以来,中国企业在海外的影响力不断提升,也越来越关注自身的海外社会责任建设,教育、环境保护、卫生、医疗和减贫都是企业关注的内容。例如,中国水电集团在博茨瓦纳先后为贫困家庭、艾滋病防治组织和孤儿救助中心等提供援助。企业优势在于通过市场和商业行为,参与扶贫援助,一方面扩大了市场,另一方面也树立了自身的企业形象,巩固了当地社会发展基础。

民间组织则利用自身专业的知识和人才队伍,参与到扶贫援助或扶贫经验的传播中,形式灵活多样。比如中国民间组织国际交流促进会、中国扶贫基金会、中国红十字会等都在海外开展了一些减贫或者民生类的项目。2010 年 11 月,中国石油尼罗公司与中国扶贫基金会签订协议,捐赠 60 万美元用于支持援建苏中阿布欧舍友谊医院,并启动该医院的母婴保健网络,截至 2013 年 7 月,医院共接纳患者 58128 名,解决了医院周边

200多个贫困村镇的就医问题(见专栏14-4)。

专栏14-4　中国扶贫基金会

2009年10月,中国扶贫基金会访问苏丹比尔特瓦苏慈善组织并开展减贫发展合作。比尔特瓦苏慈善组织(英文名称AL Birr & AL—Tawasul Organization,BTO)是一家非营利组织,成立于2000年,于2004年正式注册。该组织的目标是通过满足苏丹妇女儿童服务需求,改善苏丹妇女儿童的生活条件。中国扶贫基金会与该组织已经在医疗物资捐赠、NGO能力建设培训、阿布欧舍医院援建和公益非洲论坛等方面开展了良好的合作,其中阿布欧舍医院更是被评为中国外交部2011年公共外交典范工程。

2014年5月,中国扶贫基金会决定捐赠270万元用于帮助苏丹饥饿儿童(微笑儿童项目),每年90万元,分三年执行。微笑儿童项目旨在为苏丹公立小学受饥儿童提供免费早餐,帮助苏丹贫困家庭儿童健康成长,同时加强中国与苏丹的民间交往,加深两国人民友谊,在苏丹民众面前树立中国正面形象,打造民间帮助民间新模式。

2015年1月2日,中国扶贫基金会工作人员在苏丹开展微笑儿童项目可行性调研,了解当地学制安排和学生饥饿现状,明确了项目内容与项目执行流程,并与合作伙伴BTO达成执行项目的细节。2016年,在华夏西部公司、腾讯爱心网友、蚂蚁金服、纳泓财富有限公司及爱心人士李玫等公众捐赠者的支持下,基金会投入了150万元,将受益学校从3所增加到7所,受益儿童从2030人增加到3630人。

2016年11月,基金会对项目进行了监测。监测发现,项目目标群体定位准确,项目对食物原料采购和厨房操作要求严格,学校供餐组织有序,供餐效果得到校长老师一致好评。

资料来源:张琼瑛:《中国扶贫基金会苏丹公益项目落地开花》,2017年5月9日,见 http://news.china.com.cn/txt/2017—05/09/content_40773172.htm。

研究机构和高校等智库参与扶贫国际合作的方式是与国家相关部门或企业、民间组织合作传播扶贫知识和中国减贫经验。近年来,中国农业大学、北京师范大学、中国社会科学院等高校院所通过课题研究、项目设计、专家授课以及培养留学生等形式参与到国际减贫合作中,向国外传播和示范中国的减贫经验和做法,起到很好的传播效果。

三是三方合作方式。除了政府和民间展开减贫国际合作推动中国减贫经验的传播以外,中国还与联合国开发计划署、英国国际发展部等国际多边和双边机构与第三国展开三边发展合作,以中英非农业合作项目最为突出。

继传统的北南合作、南南合作之后,中国和英国在农业领域探索了一种新的农业合作模式,即"一个发达国家+一个发展中国家+一个目标国"的三方合作方式。中英非农业合作项目(AgriTT)是这种模式落地实施的第一个三方农业合作项目。该项目始于 2013 年,并于 2017 年结束,由英国提供总额 1000 万英镑的资金,中国提供专家和农业技术,帮助乌干达和马拉维两个非洲国家提升农业生产力,改善粮食安全水平。项目分别帮助马拉维和乌干达实现了罗非鱼养殖技术、木薯技术方面的提高,而且促进了中国、英国与马拉维、乌干达两国在相关技术领域的深层次合作,并通过知识共享将项目成果推广到了更多的区域。[1]

从中英非农业合作项目实施的结果来看,这种三方合作模式比双边合作能够调配更多资源且整合了处于不同发展阶段国家的优势资源、技术与管理经验,比多边合作更有针对性、更加高效,不仅得到了英中双方的认可,而且得到受援国的高度评价。

四是注重中国"发展—减贫"理念的输出和经验分享。2018 年 3 月,联合国秘书长古特雷斯表示:"过去 10 年,中国是为全球减贫作出最大贡献的国家。"[2]基础设施建设、产业扶贫、金融扶贫、教育扶贫、健康扶贫、生态扶贫、培训转移、易地搬迁、社会保障兜底等"中国式扶贫"做法丰富

---

[1]　吴瑞成、张利利:《探路中英非三方农业合作》,《中国投资(中英文)》2019 年第 10 期。

[2]　刘峣:《"中国式扶贫"贡献全球减贫》,《人民日报(海外版)》2018 年 3 月 10 日。

了全球减贫国际公共产品,并获得包括非洲大陆在内的国际社会的广泛认同。近年来,中国在与非洲国家减贫合作中采用的加强基础设施建设、农业技术合作、"一带一路"倡议下的产能合作以及减贫人力资源培训等做法,体现了带有"中国标识"特色的"发展—减贫"理念,可"从根本上增强非洲国家的内生发展动力,撬动其经济和社会协调发展"。中国现已成为中非减贫国际合作的有力推动者,为实现可持续发展目标注入了强劲动能。由此,中非减贫合作也从传统的扶贫济困向改善贫困人口生产生活条件、增强自我减贫能力等综合施策方向深化,中非减贫合作层次明显提升。[①]

第三节　2020 年后减贫国际合作的展望

自改革开放以来,中国大规模减少贫困的成就以及在脱贫攻坚推动下消除农村绝对贫困的成就是 20 世纪以后人类发展的巨大进步。中国的减贫成就改变了全球减贫的景观,也极大地丰富了人类减贫的知识体系,成为人类共有的实现共同富裕的宝贵财富。2020 年后中国一如既往同各国加强减贫交流合作,携手推进国际减贫进程,为构建没有贫困、共同发展的人类命运共同体作出更大贡献。

一、在构建人类命运共同体思想指引下推进减贫国际合作

环顾世界,和平与发展仍然是当今时代两大主题。要解决好各种全球性挑战,根本出路在于谋求和平、实现发展。"让和平的薪火代代相传,让发展的动力源源不断,让文明的光芒熠熠生辉,是各国人民的期待,也是我们这一代政治家应有的担当。中国方案是:构建人类命运共同体,实现共赢共享。"[②]这是 2017 年 1 月 18 日习近平主席在联合国总部日内瓦的演讲时提出了构建人类命运共同体的重要思想。这种心怀天下、命

---

① 安春英:《全球贫困治理中的非洲减贫国际合作》,《当代世界》2019 年第 10 期。
② 《习近平谈治国理政》第二卷,外文出版社 2017 年版,第 539 页。

运共同的全球观超越了民族国家和意识形态的藩篱，为人类社会实现合作共赢、共同发展提交了中国智慧和中国方案。构建人类命运共同体重要思想为中国国际减贫合作指明了发展方向。①

（一）着力加快全球减贫进程

中国在 2020 年如期打赢脱贫攻坚战，这在中华民族几千年历史发展上是首次整体消除绝对贫困现象，对中华民族、对整个人类减贫与发展都具有重大意义。为推动国际发展合作，中国将利用南南合作援助基金、中国—联合国和平与发展基金、中国气候变化南南合作基金等机制，积极助力其他发展中国家落实可持续发展议程。

（二）推动合作共赢的国际减贫交流合作新机制

坚持合作共赢，建设一个没有贫困、共同繁荣的世界，坚持发展是第一要务，适用于各国。中国倡导和践行多边主义，积极参与多边事务，支持联合国、世界银行等继续在国际减贫事业中发挥重要作用；同各方一道优化全球发展伙伴关系，推进南北合作，加强南南合作，为全球减贫事业提供充足资源和强劲动力；落实好《中国与非洲联盟加强中非减贫合作纲要》《东亚减贫合作倡议》，更加注重让发展成果惠及当地民众。

（三）着力为发展中国家发展营造良好外部环境

维护和发展开放型世界经济，推动建设公平公正、包容有序的国际经济金融体系，为发展中国家发展营造良好外部环境，是消除贫困的重要条件。中国提出共建丝绸之路经济带和 21 世纪海上丝绸之路，推动成立亚洲基础设施投资银行、丝路基金、金砖国家新开发银行，就是要支持发展中国家开展基础设施互联互通建设，帮助他们增强自身发展能力，更好融入全球供应链、产业链、价值链，为国际减贫事业注入新活力。

（四）实施国际减贫合作项目

中国坚定不移支持发展中国家消除贫困，推动更大范围、更高水平、更深层次的区域合作，对接发展战略，推进工业、农业、人力资源开发、绿色能源、环保等各领域务实合作，帮助各发展中国家把资源优势转化为发

---

① 黄承伟：《中国共产党怎样解决贫困问题》，江西人民出版社 2020 年版，第 178 页。

展优势。中国倡导合作共赢的国际减贫合作新机制不附加任何条件，而且采用参与式的方式充分考虑受援国基层社区百姓的需求。

（五）加强减贫经验分享

减贫经验分享是开展国际减贫合作的重要途径之一。由于每个国家的国情和发展阶段不同，对于贫困的理解和减贫方式也不同，通过分享减贫经验，各国可以互学互鉴，共同发展，进一步推动全球减贫进程。此外，各国之间开展的以减贫为主题的人员互访、能力建设、政策咨询、合作研究、信息交流等，也是减贫经验分享的重要内容。

二、在新的条件下与世界分享中国减贫的新经验

中国在减贫领域取得的巨大成效赢得了世界高度赞誉。自 2004 年起，中国减贫经验的国际分享主要通过两个机制展开。一是在国际发展机构的推动下，中国的减贫经验分享逐渐成为全球化发展学习的重要内容。二是中国官方和民间发起的通过减贫经验的交流传播中国发展经验，树立中国国际形象，打造中国的软实力。进入 21 世纪以来，中国与世界分享中国减贫经验的过程以及内容侧重点均有不同。国际发展系统主导的交流主要集中在中国经济增长、农业和工业化以及城市化和经济特区模式、国家的作用和减贫的机制等方面；中国政府主导的交流学习主要集中在治国理政经验、中国共产党的作用、国家的作用、农业、工业化和城市化、经济特区等诸多方面。在国际社会和中国政府的积极推动下，中国减贫经验也就成为全球发展学习潮流中的重要内容。

2020 年以后，随着中国的减贫进入缓解相对贫困的时代，中国与世界分享减贫经验将会进入一个新的阶段。首先，随着中国贫困格局的演变，中国的减贫战略和实践都将会从消除绝对贫困转型为缓解相对贫困；其次，中国将会形成一系列旨在缓解相对贫困的新的减贫政策和不同的减贫机制；最后，由此将会产生在新的条件下的减贫新经验。因而，不论国际发展体系还是中国政府推动的减贫分享活动均需要调整。中国将本着构建人类命运共同体的理念发育新的与国际社会减贫经验的学习体系。

（一）2020年后中国减贫经验分享的主要目标

基于2020年之前中国减贫经验国际合作的基础,2020年后中国国际减贫经验分享的主要目标除促进全球范围内减贫知识和经验分享外,还应该注重如何有机地将中国2020年后应对相对贫困的经验融入全球减贫的知识与实践体系中,使得减贫经验真正成为中国引领全球发展治理的软实力,支持中国不仅成为一个经济发展的大国,同时也成为现代新发展知识的大国。具体的目标:一是促进全球范围内减贫知识和经验的分享,通过交流增进了解;二是加强中国国际化的新发展知识的生产,主导国际发展话语权;三是总结新的条件下的新的减贫实践,充实已有的减贫实践内容;四是建立起与国际发展社会分享中国减贫经验的新的合作机制。

（二）2020年后中国减贫经验的主要内容

2020年后中国与世界减贫经验的交流将主要集中在分享中国消除绝对贫困的经验以及如何缓解相对贫困方面。首先,中国在减贫实践中探索形成的宝贵经验,既属于中国也属于世界,未来国际减贫合作应持续将中国脱贫攻坚经验分享给世界,持续推进国际减贫领域的交流与合作。主要包括中国制定相对贫困标准的经验,中国应对相对贫困和不平等的具体战略和政策以及具体的政策工具选择,中国应对不平等和相对贫困的全球发展含义以及中国处理经济发展与社会保障两者关系的战略和政策等。其次,2020年后中国如何建立减贫长效机制的经验也是未来与国际社会分享中国减贫经验的重要内容。中国在2020年后的减贫战略需要考虑经济社会转型带来的贫困问题,这是具有全球意义的领域,因此,未来缓解收入不平等、实现公共服务均等化和城市化以及乡村振兴等都会成为与国际社会分享中国减贫经验的内容。

（三）2020年后与国际社会分享经验的模式选择

进入21世纪以后,中国减贫经验的国际交流不断深化,在实践中呈现了不同的交流模式,但呈现了分享话语化、碎片化的现象。2020年后,应将减贫经验的活动机制化和系统化,避免碎片化。第一,从国际发展的角度讲,应充分发挥国际组织在传播中国减贫经验中的优势。通过提高财政支持和鼓励中国国内高水平的智库参与，与国际发展体系建立长期的合作。支持国际发展机构按照国际话语体系总结中国减贫经验对于传播中国经验的有效性十分重要。应鼓励中国国际发展知识中心和中国国际扶贫中心等国家层面的减贫交流机构与国际发展机构就 2020 年后中国减贫的新经验的总结与分享建立长期合作。第二，加强与国际民间组织的合作。这方面一直是个短板，众多的国际民间组织在中国都有长期的减贫工作经验和基础，如英国救助儿童组织、梅琳达和比尔·盖茨基金会等，可以通过政府资助形式与国际民间组织展开合作。第三，鼓励中国本土的民间组织在海外展开活动。中国扶贫基金会已经展开了有益的探索，鼓励更多的中国民间组织"走出去"，为这些组织提供资金和其他的支持。第四，将对外援助与减贫经验的交流紧密结合。在发展中国家建设一批能反映中国减贫经验的实地示范项目。

（四）2020 年后与国际社会分享中国减贫经验的支持政策

2020 年后与国际社会分享中国经验的工作将会逐渐制度化和系统化，因此需要稳定和系统的政策支持体系的支撑。第一，在中央外事工作委员会的领导下，确定一个具体的部门协调总体的战略和计划以及效果的评估等机制，建议由国家国际发展合作署负责这一项工作；第二，建设一批国家级的、不同类型的减贫交流项目，涵盖与国际组织合作以及中国民间组织"走出去"在实地展示中国减贫经验的示范项目；第三，支持与具有重大国际影响力的国际多边组织如世界银行，双边组织如英国国际发展部以及国际民间组织如盖茨基金会等共同形成具有国际影响力的中国减贫经验的理论总结报告；第四，在南南合作基金框架下，列支上述活动的财政预算。

三、建立系统的学习国际减贫经验的机制，提升中国 2020 年后减贫战略和政策水平

中国在过去几十年中创造了在发展中摆脱贫困的经验。这一经验主要是中国特色发展道路的成就，同时也有学习国际减贫经验的贡献。2020 年后，中国的减贫将会面临新的格局和很多新的挑战。一方面，如

何在转型的过程中应对不平等和相对贫困问题,国际上并无现成的经验,主要靠中国按照自身的国情探索。同时,很多发展中国家也处于与中国相似的条件,这些国家的经验对于中国具有重要的参考价值。此外,发达国家已经建立了完备的缓解相对贫困的政策体系,对于中国制定和落实应对相对贫困政策具有重要的价值。因此,2020年后中国学习国际减贫经验的主要内容均会发生变化。

(一)学习国际减贫经验的主要目标

未来学习国际减贫经验的主要目标应围绕着如何在中国建立应对相对贫困和不平等问题的长效机制方面。具体的目标是学习发达国家和中等发达国家在应对不平等和相对贫困方面的战略和政策,特别是在实施这些政策方面的教训和经验。

(二)2020年后学习国际减贫经验的主要内容

2020年后学习国际减贫经验将主要围绕着如何应对相对贫困和不平等的长效机制这个目标展开。主要的内容为:第一,不同国家相对贫困标准的制定以及相应的依据;第二,不同国家根据相对贫困问题制定的减贫政策和社会公共服务政策,特别是具体的政策工具和实施的细则;第三,不同国家区域减贫的战略和政策及乡村振兴的战略和政策;第四,不同国家相对贫困的监测评价体系;第五,不同国家的贫困立法工作;第六,不同国家减贫财政政策体系。

(三)2020年后学习国际减贫经验的支持性政策

过去很长一段时间学习国际减贫经验主要依靠国际组织在华实施减贫和与减贫相关的项目,国际组织有目标地向中国介绍相关的经验,如将小额信贷等引入中国,以及中国政府的扶贫部门有组织地到国外学习两个方面。随着中国接受国际援助的减少,依靠国际组织通过在中国实施项目的形式学习的机会将会大大减少,同时,以往出国考察学习的方式在新冠肺炎疫情影响下难以开展。因此,需要研究在新的形势下如何有效地借鉴国际减贫的经验,促进中国2020年后应对相对贫困长效机制的发育。

虽然中国在过去的减贫实践中创造了举世公认的成就,积累了丰富的经验,但是在应对转型、区域发展和相对贫困和不平等方面将会面临诸多挑战,学习国际相关的减贫经验依然十分重要。因此,需要从制度上发育系统的有效学习国际减贫经验的机制。首先,未来负责减贫工作的机构需要制定系统的学习国际减贫经验的战略和政策,力求做到学习的目标明确,能够有效地提高中国未来减贫的效益;其次,与减贫相关的部门应针对不同国家应对相对贫困问题的战略和政策等组织系统的政策研究;再次,相关部门应与国际组织如世界银行等展开针对中国应对相对贫困问题的合作研究,依托国际社会的智力资源,为中国制定和实施 2020年后减贫战略提供咨询服务;最后,充分发挥中国国际发展知识中心和中国国际扶贫中心作为专门减贫学习机构的作用。以这些机构为平台开展合作研究,组织国外考察,召开研讨会等。通过这些组织对一些新的做法在基层进行试点探索。

参 考 文 献

［1］阿马蒂亚·森:《以自由看待发展》,中国人民大学出版社 2002 年版。

［2］安春英:《全球贫困治理中的非洲减贫国际合作》,《当代世界》2019 年第 10 期。

［3］白南生、卢迈:《中国农村扶贫开发移民:方法和经验》,《管理世界》2000 年第 3 期。

［4］《以人为本,扶贫开发——国务院扶贫办主任刘坚访谈录》,《人权》2005 年第 4 期。

［5］陈诚:《党旗在脱贫攻坚战场高高飘扬——中央和国家机关定点扶贫工作综述》,《旗帜》2021 年第 2 期。

［6］程名望、盖庆恩、Jin Yanhong、史清华:《人力资本积累与农户收入增长》,《经济研究》2016 年第 1 期。

［7］程名望等:《农户贫困及其决定因素——基于精准扶贫视角的实证分析》,《公共管理学报》2018 年第 1 期。

［8］单德朋、余港:《农户创业与贫困减缓》,《财贸研究》2020 年第 4 期。

［9］范小建:《中国扶贫开发:回顾与展望》,载范小建主编:《扶贫开发形势和政策》,中国财政经济出版社 2008 年版。

［10］付胜南:《精准扶贫监督体系的构建与完善——基于机制设计理论的视角》,《求索》2019 年第 3 期。

［11］高颖、李善同:《基于 CGE 模型对中国基础设施建设的减贫效

应分析》,《数量经济技术经济研究》2006 年第 6 期。

[12]顾天翊:《产业扶贫的减贫实现:理论、现实与经验证据》,吉林大学 2019 年博士学位论文。

[13]郭福昌、孙文正:《"燎原计划"实施 10 周年的回顾与展望》,《教育研究》1998 年第 12 期。

[14]郭君平:《交通基础设施建设的农村减贫效应》,《贵州农业科学》2013 年第 12 期。

[15]国家统计局农村社会经济调查总队:《2003 年全国扶贫开发重点县农村绝对贫困人口 1763 万》,《调研世界》2004 年第 6 期。

[16]国家统计局住房调查办公室:《中国农村贫困监测报告》(2011、2015、2016、2017、2018、2019、2020),中国统计出版社 2011、2015、2016、2017、2018、2019、2020 年版。

[17]国家统计局住户调查办公室:《中国农村贫困监测报告 2020》,中国统计出版社 2020 年版。

[18]国家统计局住户调查办公室:《中国农村贫困监测报告 2018》,中国统计出版社 2018 年版。

[19]国务院扶贫办:《扶贫小额信贷》,《中国扶贫》2017 年第 5 期。

[20]国务院扶贫开发领导小组办公室:《脱贫攻坚政策解读》,党建读物出版社 2016 年版。

[21]国务院新闻办公室:《人类减贫的中国实践》,人民出版社 2021 年版。

[22]黄承伟:《论发展扶贫开发领域国际交流与合作的作用及对策》,《学术论坛》2005 年第 1 期。

[23]黄承伟:《中国共产党怎样解决贫困问题》,江西人民出版社 2020 年版。

[24]江治强:《在兜底脱贫中实现社会救助新发展》,《学习时报》2019 年 8 月 12 日。

[25]吉利斯:《发展经济学》,经济科学出版社 1989 年版。

[26]李华:《扶贫"周转羊"的经验与启示》,《经济论坛》2006 年第

4 期。

[27]刘峣:《"中国式扶贫"贡献全球减贫》,《人民日报(海外版)》2018 年 3 月 10 日。

[28]柳荻、胡振通、靳乐山:《生态保护补偿的分析框架研究综述》,《生态学报》2018 年第 2 期。

[29]陆汉文、覃志敏:《我国扶贫移民政策的演变与发展趋势》,《贵州社会科学》2015 年第 5 期。

[30]马克思:《1844 年经济学哲学手稿》,人民出版社 2005 年版。

[31]孟雷、齐顾波、于浩淼:《"一带一路"倡议下中国对非洲农业政策及其减贫路径研究》,《世界农业》2019 年第 9 期。

[32]民政部党组:《全力推进社会救助兜底脱贫工作》,《求是》2020 年第 9 期。

[33]潘学先、陈晓雨:《资本市场扶贫的理论与实践——以上交所扶贫工作为例》,《清华金融评论》2020 年第 7 期。

[34]平卫英、罗良清、张波:《就业扶贫、增收效应与异质性分析——基于四川秦巴山区与藏区调研数据》,《数量经济技术经济研究》2020 年第 7 期。

[35]蒲宫光:《充分发挥农村低保的兜底作用》,《行政管理改革》2016 年第 4 期。

[36]佘宇、单大圣:《中国学前教育发展 70 年及未来展望》,《发展研究》2019 年第 10 期。

[37]世界环境与发展委员会:《我们共同的未来》,世界知识出版社 1989 年版。

[38]世界银行:《投资于健康:1993 年世界发展报告》中译本,中国财政经济出版社 1993 年版。

[39]世界银行:《中国与世界银行:推动创新的伙伴关系》,世界银行出版社 2007 年版。

[40]帅传敏、孔祥智:《联合国 WFP 援华项目的经验、教训与启示》,《中国软科学》2006 年第 3 期。

[41]檀学文:《中国移民扶贫 70 年变迁研究》,《中国农村经济》2019
年第 8 期。

[42]唐承沛:《兜牢疫情大考下民生保障底线》,《中国民政》2020 年
第 9 期。

[43]唐丽霞、林志斌、李小云:《谁迁移了——自愿移民的搬迁对象
特征和原因分析》,《农业经济问题》2005 年第 4 期。

[44]王方:《中坦合作:农业驱动减贫之道》,《中国科学报》2015 年 7
月 29 日。

[45]王浩宇:《多民族国家视角下的国家通用语及其相关问题》,《新
疆大学学报(哲学·人文社会科学版)》2018 年第 4 期。

[46]王萍萍:《贫困标准问题研究》,《中国农村贫困监测报告
2015》,中国统计出版社 2015 年版。

[47]王修华、王毅鹏、赵亚雄:《改革开放 40 年中国金融扶贫动态演
进与未来取向》,《福建金融》2018 年第 12 期。

[48]王亚华、臧良震:《小农户的集体行动逻辑》,《农业经济问题》
2020 年第 1 期。

[49]吴传清、郑开元:《保险精准扶贫的路径选择与促进机制》,《甘
肃社会科学》2018 年第 3 期。

[50]吴国宝:《改革开放 40 年中国农村扶贫开发的成就及经验》,
《南京农业大学学报(社会科学版)》2018 年第 6 期。

[51]吴华:《扶贫小额信贷的制度创新》,《清华金融评论》2020 年第
7 期。

[52]吴瑞成、张利利:《探路中英非三方农业合作》,《中国投资(中
英文)》2019 年第 10 期。

[53]习近平:《习近平谈治国理政》第二卷,外文出版社 2017 年版。

[54]习近平:《携手消除贫困 促进共同发展——在 2015 减贫与发
展高层论坛的主旨演讲》,人民出版社 2015 年版。

[55]习近平:《在脱贫攻坚总结表彰大会上的讲话》,人民出版社
2021 年版。

［56］谢高地、张彩霞、张雷明等:《基于单位面积价值当量因子的生态系统服务价值化方法改进》,《自然资源学报》2015 年第 8 期。

［57］谢申祥、刘生龙、李强:《基础设施的可获得性与农村减贫——来自中国微观数据的经验分析》,《中国农村经济》2018 年第 5 期。

［58］杨穗、冯毅:《中国金融扶贫的发展与启示》,《重庆社会科学》2018 年第 6 期。

［59］余欣荣:《特色产业扶贫重在"精准"》,《行政管理改革》2016 年第 4 期。

［60］袁方、史清华:《创业能减少农村返贫吗?——基于全国农村固定观察点数据的实证》,《农村经济》2019 年第 10 期。

［61］张德江:《全国人民代表大会常务委员会执法检查组关于检查〈中华人民共和国职业教育法〉实施情况的报告》,2015 年 6 月 29 日,见 http://www.npc.gov.cn/wxzl/gongbao/2015-08/27/content_1946104.htm。

［62］张卓然主编:《沈阳教育年鉴(1991—1994)》,辽宁民族出版社 1996 年版。

［63］章元、许庆、邬璟璟:《一个农业人口大国的工业化之路:中国降低农村贫困的经验》,《经济研究》2012 年第 11 期。

［64］郑功成:《社会保障学:理念、制度、实践与思辨》,商务印书馆 2000 年版。

［65］中共中央党史和文献研究院:《习近平扶贫论述摘编》,中央文献出版社 2018 年版。

［66］中共中央党史和文献研究院:《习近平关于"三农"工作论述摘编》,中央文献出版社 2019 年版。

［67］中共中央党史和文献研究院:《十九大以来重要文献选编》上,中央文献出版社 2019 年版。

［68］中共中央国务院编:《乡村振兴战略规划(2018—2022 年)》,人民出版社 2018 年版。

［69］中共中央文献研究室编:《十八大以来重要文献选编》上,中央文献出版社 2014 年版。

［70］中共中央文献研究室:《十四大以来重要文献选编》下,中央文献出版社 2011 年版。

［71］中共中央文献研究室:《习近平关于社会主义生态文明建设论述摘编》,中央文献出版社 2017 年版。

［72］中国人口与发展研究中心编著:《中国健康扶贫研究报告》,人民出版社 2019 年版。

［73］中华人民共和国国务院新闻办公室网站:《中国对外援助(2014)》白皮书,2014 年 7 月 10 日,见 http://www.scio.gov.cn。

［74］左停、王琳瑛、旷宗仁:《工作换福利与贫困社区治理:公益性岗位扶贫的双重效应——以秦巴山区一个行动研究项目为例》,《贵州财经大学学报》2018 年第 3 期。

［75］左停:《社会保障在脱贫攻坚中发挥兜底作用》,《社会科学报》2020 年 12 月 17 日。

［76］左停等:《路径、机理与创新:社会保障促进精准扶贫的政策分析》,《华中农业大学学报(社会科学版)》2018 年第 1 期。

［77］Beck T., Demirgüç—Kunt A., Levine R., "Finance, Inequality and the Poor", *Journal of Economic Growth*, Vol.12, No.1, 2007.

［78］Chibba M., "Financial Inclusion, Poverty Reduction and the Millennium Development Goals", *European Journal of Development Research*, Vol.21, No.2, 2009.

［79］Feder G., Lau L.J., Luo L.X., "The Relationship between Credit and Productivity in Chinese Agriculture: A Microeconomic Model of Disequilibrium", *American Journal of Agricultural Economics*, Vol.72, No.5, 1990.

［80］Inoue T., Hamori S., "How has Financial Deepening Affected Poverty Reduction in India? Empirical Analysis Using State—Level Panel Data", *Applied Financial Economics*, Vol.22, No.5, 2011.

［81］Li, Cong, et al., "Does China's Anti—Poverty Relocation and Settlement Program Benefit Ecosystem Services: Evidence From a Household

Perspective", *Sustainability*, Vol.11, No.3, 2019.

[82] Omotola A., "Microfinancing for Poverty Reduction and Econominc Development: A Case for Nigeria", *International Research Journal of Finance and Economics*, Vol.72, 2010.

[83] WHO, *The World Health Report* 2013: *Research for Universal Health Coverage*, WHO Press, 2013.

[84] Binswanger H.P., Khandker S.R., "The Impact of Formal Finance on the Rural Economy of India", *Journal of Development Studies*, Vol.32, No.2, 1995.

[85] David Coady, Margaret Grosh and John Hoddinott, *Targeting of Transfers in Developing Countries: Review of Lessons and Experience*, Washington, D.C.: The World Bank, 2004.

[86] Fan, Shenggen, and Connie Chan—Kang, *Road Development, Economic Growth, and Poverty Reduction in China*, Washington, D.C.: International Food Policy Research Institute(IFPRI), 2005.

[87] Galor O., Zeira J., "Income Distribution and Macroeconomics", *The Review of Economic Studies*, Vol.60, No.1, 1993.

[88] Li, Cong, et al., "The Impact of the Anti-Poverty Relocation and Settlement Program on Rural Households' Well-Being and Ecosystem Dependence: Evidence from Western China", *Society & Natural Resources*, Vol.34, No.1, 2020.

[89] Lo, Kevin, and Mark Wang., "How Voluntary is Poverty Alleviation Resettlement in China?", *Habitat International*, Vol.73, 2018.

[90] Maeda, A., E. Araujo, C. Cashin, J. Harris, N. Ikegami, and M.R. Reich, *Universal Health Coverage for Inclusive and Sustainable Development: A Synthesis of* 11 *Country Case Studies(Directions in Development)*, The World Bank Press, 2014.

[91] Mookerjee R., Kalipioni P., "Availability of Financial Services and Income Inequality: The Evidence from Many Countries", *Emerging Markets*

Review, Vol.11, No.4, 2010.

[92] Nurkes R., "Problems of Capital Formation in Underdeveloped Countries", *International Journal of Economics & Management*, Vol.20, No.4, 1954.

[93] OECD, *Housing and Inclusive Growth*, Paris: OECD Publishing, 2020.

[94] OECD, *Towards Green Growth*, Paris, OECD Publishing, 2011.

[95] Pham B.D., Yoichi I., "Rural Development Finance in Vietnam: A Microeconometric Analysis of Household Surveys", *Word Development*, Vol.30, No.2, 2002.

[96] Pouliquen, Louis., "Infrastructure and Poverty", *Background Paper to the World Bank's* 2001, 2000.

[97] Rossel C.K., "Do Multiple Financial Services Enhance the Poverty Outreach of Microfinance Institutions?", *Working Papers CEB*, 2010.

[98] Seetanah, Boopen, S. Ramessur, and Sawkut Rojid., "Does Infrastructure Alleviate Poverty in Developing Countries", *International Journal of Applied Econometrics and Quantitative Studies*, Vol.6, No.2, 2009.

[99] Sen, Amartya, *Capability and Well-Being*, in Nussbaum, M.& A.Sen (ed.): The Quality of Life, Oxford University Press, 1993.

[100] Subbarao, K., "Public Works as an Anti-Poverty Program: An Overview of Cross-Country Experience", *American Journal of Agricultural Economics*, Vol.79, No.2, 1997.

[101] United Nations, *Transforming Our World: The 2030 Agenda for Sustainable Development*, 2016.

[102] Wang, H.C., Androws, K. "The Third Way and the Third World: Poverty Reduction and Social Inclusion in the Rise of Inclusive Liberalism", *Study of Finance & Economics*, Vol.29, 2012.

[103] World Bank, Involuntary Resettlement Sourcebook: Planning and Implemention in Development Projects. *The World Bank*, 2004.

[104]Xu,K.,D.B.Evans,G.Carrin,A.M.Aguilar—Rivera,P.Musgrove, and T.Evans,"Protecting Households from Catastrophic Health Spending", *Health Affairs*,Vol.26,No.4,2007.

[105]Xu,K.,P.Saksena,M.Jowett,C.Indikadahena,J.Kutzin and D.B. Evans, *World Health Report* (2010) *Background Paper*19: *Exploring The Thresholds of Health Expenditure for Protection Against Financial Risk*,WHO Press,2010.

[106]Xue,Longyi,Mark Y.Wang,and Tao Xue,"'Voluntary' Poverty Alleviation Resettlement in China", *Development and Change*,Vol.44,No.5, 2013.

[107] Zimmermann, L., " Public Works Programs in Developing Countries Have the Potential to Reduce Poverty", *IZA World of Labor*,2014.

策划编辑：郑海燕

责任编辑：郑海燕　孟　雪　李甜甜　张　蕾

责任校对：周晓东

封面设计：曹　妍

图书在版编目（CIP）数据

中国脱贫攻坚的实践与经验/陈锡文,韩俊 主编. —北京:人民出版社,2021.7

ISBN 978－7－01－023498－4

Ⅰ.①中…　Ⅱ.①陈…②韩…　Ⅲ.①扶贫-工作经验-中国　Ⅳ.①F126

中国版本图书馆 CIP 数据核字(2021)第 111088 号

中国脱贫攻坚的实践与经验

ZHONGGUO TUOPIN GONGJIAN DE SHIJIAN YU JINGYAN

陈锡文　韩　俊　主编

人民出版社 出版发行

（100706　北京市东城区隆福寺街 99 号）

中煤(北京)印务有限公司印刷　新华书店经销

2021 年 7 月第 1 版　2021 年 7 月北京第 次印刷

开本:710 毫米×1000 毫米 1/16　印张:27.25

字数:403 千字

ISBN 978－7－01－023498－4　定价:118.00 元

邮购地址 100706　北京市东城区隆福寺街 99 号

人民东方图书销售中心　电话 (010)65250042　65289539